國際機場
旅客服務實務

Practice in International
Airport Passenger Service

楊政樺、曾通潔◎著

楊　序

　　航空運輸服務業的管理巨擘，北歐航空公司（Scandinavian Airlines）前總裁Jan Carlzon在其著作《關鍵時刻》（*Moments of Truth*）曾經把顧客與服務傳遞系統在互動過程的「服務接觸」（service encounters）定義為「嚴峻的考驗」，並將之具象地稱為「關鍵時刻」。他指出：「北歐航空公司不僅是一堆有形資產的集合，更是一次令人滿意的接觸：一方是乘客，另一方是直接服務乘客的員工，我們稱這些員工為『第一線人員』。」透過顧客經驗中各個接觸點的檢核、組合與管理，俾使目標客群在一系列的「關鍵時刻」內能體驗到公司品牌訊息的真實影響力。

　　航空業是人力密集、尖離峰及淡旺季明顯，且全年無休運轉的運輸服務業，無論就產業特性或人力結構而言，皆較一般產業複雜。「機場運務員」（front-line ground staffs）是航空公司派駐於機場，需要和旅客高度接觸，執行「情緒勞務」（emotional labor）的基層工作者，一般被廣稱為「地勤人員」。他（她）們在執勤時必須按照組織所要求的「情緒表達規則」（emotion display rules），依循標準作業程序（standard operating procedure, SOPs）與旅客進行接觸，其表現非僅代表公司給予旅客第一印象的良窳，更是累積、刻畫「品牌」在消費者腦海中的樣貌。因此，Jan Carlzon在《關鍵時刻》一書內，稱其為「關鍵人物」（key person）。機場運務員的職責範圍係由旅客到機場櫃檯報到劃位開始，一直至登機完畢前之相關事務，大抵包含：報到櫃檯（check-in counter）、聯檢（c.i.q.）、登機門（boarding gate）、失物協尋（lost and found）、機坪勤務（ramp service）、載重平衡（weight balance and load control）和貴賓室服務（VIP lounge）等七大工作要項。其工作內容五花八門，涵蓋：迎賓問候（greeting）、文件檢查、劃位（seat selection）、行李託運、到站前準備（pre-arrival preparation）、轉機／過境（transfer/transit）、班機異常處理、特殊旅客處理、內候機室作業、機坪作業協調、清艙作業、航空器放行作業、離境班機後續處理、貴賓室服務、服務補救與顧客抱怨處理等。本書期望藉由兩位作者多年來浸淫於國際機場運務的實務研究，就應用面提供讀者體驗機場運務場景的諸多態樣，以顧客為中心，從事一切顧客所需要的價值活動，以及相對應的服務應對流程與技巧，裨益優化整體服務傳遞系統。

　　從2001年撰寫《航空地勤服務管理》起，歷經《民航法規》、《民航法規》（第二版）到這本《國際機場旅客服務實務》。轉眼之間，末學由航空產業轉換跑道至學術界任職已有十餘年。這本書，是末學與曾通潔先生依據多年的職場經驗，並參考國際航空運輸協會及各航空公司相關作業規章，將兩人在該領域累積的研究心得，勉力彙集成冊，惟時間倥傯，疏謬之處，效野人獻曝之誠，就教於四方賢達，深盼各方指正，冀求拋磚引玉之效。

楊政樺　謹誌

於國立高雄餐旅大學
航空暨運輸服務管理系

曾　序

　　Jeffrey F. Rayport and Bernard J. Jaworski於2005年在其著作*Best Face Forward: Why Companies Must Improve Their Interfaces with Customers*中提到，服務業的革命時代來臨。國際民航業者面對資訊與媒體挑戰，911恐怖攻擊事件與國際燃油價格狂飆，消費者意識與環保意識抬頭，加上新興的航空服務模式——低成本航空的競爭，傳統航空業正面對急遽的成本壓力、服務考驗與流程改造。從傳統的顧客、航空公司與旅遊仲介商之間的互動模式，進化到新型態的網際網路商業平台服務架構。旅客搭機時不再侷限於單純的購票登機行為，更進一步企望航空公司能提供全方位的諮詢服務。運務人員瞬間成為關鍵人物，肩負與顧客第一次接觸「形象大使」的角色，面對旅客期望，運務人員能展現專業知識與運用最佳服務技巧，已成為無情的考驗。因此，唯有熟悉工作職掌與服務流程，掌握服務的核心價值，有效地進行組織中跨部門合作，繼而與駐機場公部門的橫向溝通協調，盡力滿足顧客的需求建立雙贏的契機，創造品牌魅力，達成品牌行銷，成為航空公司關鍵存活因素。

　　國際機場的運作完全地配合航機時刻表運轉，運務人員面對不同的國籍、膚色、性別、年齡、文化、宗教、風俗、習慣的旅客，服務過程經常性地面對時間、速度、法規與人格特質的壓力，維持服務一致性是運務工作的重要課題。依照《IATA運務服務作業》流程規範，配合各國政府政策與法令，各航空公司設計《旅客服務手冊》（*Passenger Service Manuel*），是航空公司的標準作業流程（SOPs）。本書中，除了拆解運務工作中各基礎工作環節，一一詳細介紹與說明，諸如：旅客報到、出境通關、貴賓室服務、登機作業、航機離站、旅客到站、過境轉機、行李提領、入境通關與異常事件處理，更進一步介紹運務工作中相關知識與能力，如：旅遊證件查核、航空公司組織架構與工作職掌、民航組織

暨機場駐站公部門各主要轄司與旅客應注意事項，以及航空服務電子化變革、顧客抱怨處理技巧，並配合美國運輸部《航空器可及法案》（Air Carrier Access Act, ACAA）以及美國聯邦航空總署典集《標題14第382部法案》（DOT's 14 CFR Part 382）對於機場運務工作的規範，期望藉由本書兩位作者長年浸淫民用航空運輸工作的研究心得，提供實際的作業情境解說與經驗分享，遞送服務經驗與創造顧客價值，裨益增進「服務接觸」的技巧與品質。

末學自1992年任職復興航空公司，於1994年轉換至中華航空公司服務迄今，工作期間承蒙諸位長官與前輩指導，俟拜公司的輪調機制，接觸各服務領域而有所饒益。2006年因緣俱足，師承　楊政樺博士，恩師抬愛成就此次共同著作。著作期間蒙受高雄國際航空站各公部門長官提供諮詢與拍照授權，以及中華航空、長榮航空、國泰航空、港龍航空、日本航空、馬來西亞航空、澳門航空、越南航空、立榮航空、復興航空、勝安航空、西北航空與台灣航勤公司各公司經理與主任提供多項協助，結合末學與楊博士多年研究的學友李佳如、何芯茹、李郁潔及林詠晴等人的協助，本書方能如期付梓。然若有未盡之處，就教諸位賢達，期盼各方指正，期能達到拋磚引玉之效。

曾通潔 謹誌

目　錄

第1章

國際民航運輸簡介

第一節　國際航空運輸產業概述

　　「運輸」（transportation）的定義爲「利用各種運輸工具及通路，將人或貨物從甲地運送到乙地，藉以排除空間阻隔及縮短時間的一種社會經濟活動」。因運輸工具的不同而區分爲陸面運輸、管道運輸、海洋運輸及航空運輸等運輸方式，而航空器憑藉空氣之反作用力飛行於大氣之中從事運輸行爲者，稱之「航空運輸」。台灣因地理位置正好處在繁忙的越太平洋航線的幅軸中心，快速與便捷的國際航空運輸，與新興的兩岸直航，促使商旅服務從過去的賣方市場轉變成買方市場。爲了因應全球化競爭，業者對內，除了斥資提升服務能量與硬體建設，盡力提供優質服務與採取全面品質管理；對外，透過策略聯盟或區域性異業整合，以資源共享、互利共榮的思維，試圖擴大營運規模及全球服務競爭力。

　　然而，在一連串恐怖攻擊事件、金融危機、貿易趨緩、SARS及H1N1疫情、國際燃油價格飛漲的餘波盪漾下，即便全球旅客運輸量有逐步增長的趨勢，空運業仍籠罩在不景氣的氛圍且面臨成本控制的現實緊迫性。2004年6月於新加坡召開的國際航空運輸協會（International Air Transportation Association, IATA）第六十屆年會暨世界航空公司高峰會議察覺到「簡化商業模式」（Simplifying the Business, StB）的重要性，除了就航線交換、電子客票標準、職工操作培訓達成一致性規範外，亦通過五項特別議案：(1)在2008年6月1日前全面實施電子售票，期望能節省30億美元的行政庶務成本；(2)實施旅客自助報到劃位；(3)制訂條碼的標準碼（barcode standards, BS）取代現有磁條登機證，可加速登機證的印製流程，縮短報到與登機時間；(4)發展無線射頻識別系統（radio frequency identification, RFID），使用非接觸式的識別技術來辨識行李標籤，加速行李分裝轉運作業，並減低行李異常發生率；(5)發展無紙化貨運運輸（Field, 2004; Pilling, 2005；楊政樺，2007）。

　　提高機票價格與徵收燃油附加稅或許能夠減緩經營壓力，但高票價時代的來臨，亦會降低國人的搭機旅遊意願，降低航空公司的酬載率。航空運輸事業已經成為一個投資大、回收慢且利潤低的龐大事業。以全球載客量最高的客機空中巴士A380是法國空中巴士公司的最新巨型客機為例，有「空中巨無霸」之稱。A380總長度達73公尺，機身直徑達7.14公尺，高度達24.1公尺，是雙層四引擎客機，採最高密度座位安排時可承載850名乘客，在傳統的三級服務艙等配置（頭等─商務─經濟艙）下也可承載555名乘客，造價約2億4,000萬至2億8,500萬美元。倘若航空公司要擁有一個完整的機隊，更將耗資百億美元。龐大的資金挹注，端賴投資者的魄力與專業經理人冷靜精準的市場評估。

　　本節將就「航空運輸的定義」、「空運發展回顧」、「我國空運產業發展簡史」及「外籍航空公司在台營運概況」四大面向從事概論性介紹，茲分述如後：

一、航空運輸的定義

　　航空運輸，簡稱「空運」（air transportation），顧名思義，基於達到某種活動目的，以航空器為工具，將人或貨物透過各種運輸工具及通路，從甲地運送到乙地的現象稱之「航空運輸」。航空的原理係根據飛機引擎發動後產生動力，帶動渦輪使其轉動，渦輪不斷地旋轉產生推力，藉著地表空氣之反作用力而使航空器得以浮升於空中，並經由地表海面之反作用力而浮升或推進。航空運輸是國民經濟的一個重要的部門，是技術密集和資金密集的產業，屬於「第三產業」的第一個層次，亦即「流通領域」。航空運輸在國民經濟和社會活動中從事運送旅客和貨物的生產部門，它雖不直接創造新的物質產品，不增加社會的產品總量，但它是直接生產過程的繼續，對保持國民經濟、各部門、各地區、各企業之間的聯繫、交流及促進國際貿易具有舉足輕重的地位。

　　在工商業高度發展的環境下，人們從事商務往來及觀光旅遊將更加頻繁。為了縮短兩地往來的時間，在交通工具的選擇上，也就趨向於

速度快及準點性高的運具。尤其，航空運輸更具備跨越山川海洋阻隔的特性，在沒有其他更適合的替代運具被發展出來之前，它仍是人們長途旅行的最佳選擇。航空運輸不僅縮短了各地區的距離，也擴大個人活動的能力，促使人和人之間的交流密切，國際間觀光、文化、經貿活動往來頻繁，使國界意識逐漸淡薄，「天涯若比鄰」的地球村雛形已逐漸形成。藉著便利而密集的航空運輸網路，也可逐漸縮短城鄉差距，有利於政府的國土規劃。除此之外，無遠弗屆的特性，也提高了工業製品及農產品的附加價值，促使交通、地區、都市、產業等結構發生變化，改變了傳統的社會生活型態、人民意識及經貿活動脈絡。然而，航空運輸的運作方式比其他運輸方式複雜許多，茲就廣義及狹義兩部分，從事簡明的界定：

廣義的「航空運輸系統」包含：主管部門（如交通部民用航空局、行政院飛航安全委員會）、航空站（包含機場管理當局、航空貨運站、機場管制塔台、氣象諮詢、機場捷運系統、購物餐飲、轉機旅館、商務中心、公共藝術展示等）、政府機構（財政部關稅局、內政部入出國及移民署、動植物防疫檢疫局、內政部警政署航空警察局、衛生署疾病管制局、外交部領事事務局、交通部觀光局機場旅客服務中心）、民航六業（民用航空運輸業、普通航空業、航空貨運承攬業、航空站地勤業、空廚業、航空貨物集散站經營業）及航空器製造商、發動機製造商、航空器租賃公司等相關產業。而狹義的「航空運輸系統」僅專注在航空公司所提供的運輸行為。由以上定義可知，其主要差別在於提供旅客服務為直接或間接方式。

二、空運發展回顧

根據《民用航空法》第2條第1項：「航空器：指任何藉空氣之反作用力，而非藉空氣對地球表面之反作用力，得以飛航於大氣中之器物。」，從1804年至今，航空運輸的發展可謂一日千里，茲於後將航空史上重要的里程碑依時間順序摘錄之：

1.1804年至1859年，英國的卡萊（Cayley）發展出第一架成功離開
　陸地飛行的滑翔機。

2.1903年12月17日，美國北卡羅萊納州的萊特兄弟（Orville and
　Wright）以自造雙翼飛機「飛行家一號」（Flyer I）成功地完成最
　早的動力飛行。

3.1906年，巴西的杉多斯‧都蒙特以自製的雙翼飛機，飛行了220公
　尺，此爲歐洲境內首次的動力飛行。

4.1911年（清宣統三年），中國革命興起，革命軍擬以航空制勝攻
　取帝都北京，遂向奧地利訂購「伊特立克式」單翼飛機兩架以備
　策應。1913年，該機運至上海，清朝宣統皇帝愛新覺羅‧溥儀與
　隆裕皇太后同意遜位、還政民國後，此機乃於上海從事飛行表
　演，供人觀賞。

5.1919年，英國的「維卡斯‧維爾雙」引擎雙翼飛機，從紐芬蘭
　（New-Foundland）到愛爾蘭（Ireland），以十六小時十二分的時
　間，飛行3,040公里。

6.1927年5月20日，美國的林白上尉駕駛「聖路易斯精神號」首創自
　紐約至巴黎之橫渡大西洋的歷史飛行，航程3,625浬，歷時三十三
　小時三十九分鐘。

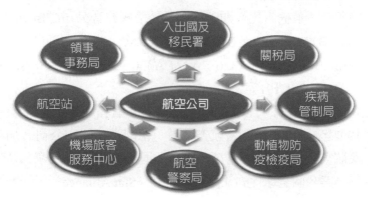

圖1.1　與航空公司作業直接產生影響的各政府單位

資料來源：作者整理。

7.1928年，英國工程師法蘭克‧懷特爵士首先提出噴射引擎的實際方案，並在1937年試驗成功，英國第一架噴射戰機「格洛斯特‧米底亞」則是1945年開始服役。

8.1952年，英國製造出第一架噴射客機「地海維蘭德」（Dehavilland Comet）D.H.106慧星I號，自此，噴射客機成為民航機的主流。

9.1958年，渦輪噴射螺旋槳飛機正式服務，波音707型客機成為美國第一架的商務噴射客機，並淘汰以往的複式螺旋槳飛機（reciprocating propeller）。

10.1976年1月21日，英航和法航宣布以合製的「協合號」（Concord）在兩地同時起飛營運，開啟了超音速客機的紀元。雖然該機巡航時速高達2,300公里，高度62,000呎，但卻因噪音太大引起美國的抵制，在開航的前幾年幾乎無法降落美國的機場。此外，協合號飛機造價昂貴，營運費用偏高（其班機座位數僅約一百零八至一百二十八個座位），致使其票價約為一般噴射客機頭等艙票價再加17%～20%。

11.1980年代以後，因應自1970年代之全球性能源危機及國際性經濟不景氣，以及因應環保訴求提高機場周邊環境的噪音管制標準，航空器製造商必須推出較以往節省燃油及降低噪音水準的諸多新型飛機，比較顯著的例子是美國波音公司之Boeing B737-800、B777-200ER及B787，英國的BAC-176，法國的空中巴士集團Air Bus A319、A320、A321.A330、A340、A380與巴西航太ERJ190、ERJ191等。

12.1990年代後期，全球的航空公司之間瘋狂地進行結盟或合併。1997年5月由美國聯合航空公司、德國漢莎航空公司、加拿大楓葉航空公司、北歐航空公司及泰國國際航空公司五家公司率先組織了第一個全球性的「星空聯盟」（Star Alliance），至2010年，加拿大航空（Air Canda）、紐西蘭航空（Air New Zealand）、全日空航空（ANA）、韓亞航空（Asiana Airlines）、奧地利

航空（Austrian Airlines）、英倫航空（bmi）、波蘭航空（LOT Polish Airlines）、德國漢莎航空（Lufthansa）、北歐航空（Scandinavian Airlines）、新加坡航空（Singapore Airlines）、西班牙航空（SpanAir）、葡萄牙航空（TAP Portugal Airlines）、泰國航空（THAI Airways）、聯合航空（United Airlines）、全美航空（US Airways）、瑞士國際航空（Swiss International Air Lines）、南非航空（South African Airways）、中國國際航空（Air China）、上海航空（Shanghai Airlines）、土耳其航空（Turkish Airlines）、美國大陸航空（Continental Airlines）、塔姆航空（TAM Airlines）、愛琴海航空（Aegean Air）、亞德里亞航空（Adria Airways）、藍天航空（BLUE1）、布魯塞爾航空（Brussels Airlines）、克羅地亞航空（Croatia Airlines）及埃及航空（Egypt Air）。二十八家成員航空涵蓋全球五大洲的航線，將使星空聯盟的全球航空網路更為廣泛及完整。

13. 1998年9月，美國航空公司、英國航空公司、加拿大國際航空公司、國泰航空公司和澳洲航空公司五家大公司也成立了第二個全球性的「寰宇一家聯盟」（One World Alliance），至2009年共有十一家航空公司會員分別是美國航空公司（American Airlines）、英國航空公司（British Airways）、國泰航空公司（Cathay Pacific）、澳洲航空公司（Qantas）、芬蘭航空（Finnair）、伊比利亞航空（Iberia）、日本航空（Japan Airlines）、約旦皇家航空（Royal Jordanian）、匈牙利航空（Malév）、墨西哥航空（Mexicana, MX）與LAN。2000年6月法國航空、達美航空、墨西哥航空、大韓航空成立了天合聯盟（SKY TEAM），至2010年會員航空公司有：俄羅斯航空（Aeroflot）、墨西哥國家航空（Aeromexico, AM）、法國航空／荷蘭皇家航空（Air France/ KLM Royal Dutch Airlines）、意大利航空（Alitalia）、中國南方航空（China Southern）、越南航空（Vietnam Airlines）、捷克航空（CSA Czech Airines）、達

美航空（Delta Air Lines）、大韓航空（Korean Air）、肯亞航空（Kenya Airways）、西班牙歐洲航空（Air Europa）與羅馬尼亞航空（TAROM）共十二家，為全球第二大航空聯盟。透過此全球最綿密的轉運系統，短期來說，合併的議題可以為參與者在營運上帶來許多動力，增進在世界上的排名；長期來看，他們必須為設置更新的服務水準，共同創造一個可以超越競爭者的團隊。

14. 2003年10月，由英法兩國合作研製的協和超音速飛機舉行告別飛行，英國航空公司最後一架飛往紐約的協和飛機當晚從希思羅機場起飛。

15. 2005年4月27日，法國空中巴士公司研發史上最大「超級巨無霸」（Super-Jumbo）A380客機首次在法國吐魯斯試飛成功，並於2005年11月11日，首次跨洲試飛抵達亞洲的新加坡。空中巴士公司於2007年10月15日交付A380客機給新加坡航空公司，並於2007年10月25日首次載客從新加坡樟宜機場成功飛抵澳洲雪梨國際機場。此外，號稱美國波音公司迄今最新型的巨無霸貨機747-8F，2010年2月10日亦已成功進行首次試飛，準備和空中巴士公司的A380一較高下，波音同時也在研發747-8的客機版。

16. 2008年6月13日，為促進海峽兩岸經貿關係發展，便利兩岸人民往來，財團法人海峽交流基金會與海峽兩岸關係協會就兩岸空運直航事宜簽署兩岸週末包機及大陸人民來台旅遊等兩項協議。兩岸週末包機於2008年7月4日正式啟航，大陸觀光客也於2008年7月18日正式來台觀光。依據交通部觀光局統計，自2009年1月1日至2010年1月20日止，計有634,750人次大陸地區人民來台觀光，以平均每人每日消費250美元（來台旅客消費及動向調查98年上半年調查結果），平均停留夜數八天七夜（以七夜）計算，業已增加11.1億美元（匯率33.5，約372億元新台幣）之外匯收入，使觀光相關產業普遍受惠。

17. 國際航空運輸協會（International Air Transport Association, IATA）於2010年2月1日宣布，亞太地區於2009年共計有6億4,700

萬名旅客，超越北美的6億3,800萬名乘客，已成爲全球最大的航空市場。

三、我國空運產業發展簡史

1909年，一位法國航空技師梵朗先生在上海的上空從事航空器的表演，此爲中國神洲穹蒼第一次出現人造的飛行器邀遊天際。爾後，在軍閥割據時代，1921年北洋政府航空署開辦北京與上海的國內定期航線。1930年8月，我國第一家民營的中國航空公司開啓上海、四川、廣東、北京、昆明及香港、舊金山等航線的空運服務。1931年，歐亞航空公司飛航北京、廣州、蘭州、四川及香港、河內等航線。後來，歐亞航空公司收歸國有後，於1951年改組爲中央航空運輸公司，飛航國內各大都市及香港、馬尼拉、舊金山等國際航線。歷經八年艱辛的對日抗戰，1945年，由美國志願航空隊（飛虎隊）指揮官陳納德將軍（Claire Lee Chennault）以及商人魏豪爾（Whiting Willauer）合資創辦第一家以台灣爲基地的民航業者——民航空運隊（Civil Air Transport Inc, CAT），諸多外籍航空公司將經營航線延伸至我國境內。民航空運隊與中央航空公司及中國航空公司當年並爲中國三大航空公司。

1949年，因中國共產黨取得大陸政權，以蔣介石爲首的國民黨政府遷都台灣。原先中國的三大航空公司僅民航空運隊隨政府遷台，維持台灣國內及香港等地空中交通。民航空運隊在1955年改組成立民航空運公司，經營國內外航線，但1975年該公司法人股東美國太平洋公司決議宣布解散。繼而，1951年由陳文寬、戴安國、蔡克非等人共同創辦復興航空公司，是台灣第一家純民營經營國內航線的航空公司。但1958年10月1日，復興航空因一架自馬祖返台北的水陸兩用客機PBY型藍天鵝式商用飛機失事，遂改變經營方針，暫停國內航線，以代理國際客運業務及經營空中廚房爲主，1983年由國產實業集團接掌後，始恢復國內航線經營。1957年，胡侗清成立遠東航空公司，初期經營空中運報業務、不定期國內外包機及航測、農噴等工作，1962年起陸續開闢國內航線班機，

為經營國內航線之主要航空公司。1959年，一批空軍退役軍官以資本額新台幣40萬元、員工二十六人及PBY型飛機兩架成立中華航空公司，從事至寮國、越南代行戰地運補工作，1962年開始經營國內航線，1966年華航以DC-4開闢第一條國際航線，台北至西貢（越南胡志明市），1970年開闢中美越洋航線，華航為台灣的民航發展立下嶄新的里程碑。1982年，華航又增闢台北至盧森堡歐洲航線，1984年完成環球航線，躋身國際的大型航空公司，為代表台灣的國家航空公司（flag carrier）。除此之外，1966年，大華航空公司、台灣航空公司、永興航空公司紛紛成立。大華航空初期以直昇機農噴、運補或包機業務為主。台灣航空公司以經營蘭嶼、綠島等離島航線為主。而永興航空公司除了經營離島航線外，尚從事農噴業務。

1987年，台灣的高速公路壅塞，鐵路營運績效不佳，政府於是頒布《民航運輸業申請設立、增闢航線、購機執行要點》，放寬國內航空運輸新業者加入及允許業者增闢航線的管制，此即一般所謂的「開放天空政策」。在航空客運量大幅增加的狀況下，台灣遂進入高競爭環境的空運市場。在國內航線市場利潤固定，且競爭激烈的生存危機下，天空開放後的航空公司均紛紛改組，添購新機，擴大國內線的經營規模及拓展國際及區域航線。1989年長榮航空公司獲准籌設，經營國際航線。1991年華航子公司華信航空公司成立，飛航國際航線。迄2001年6月，小小的台灣地區，共計有六家航空公司經營民用航空運輸業，分別為中華、長榮、華信、復興、遠東、立榮。另外，尚有亞太、大鵬、中興、凌天、金鷹經營普通航空業。開放天空後的台灣國內航線雖飛航班次增加，但因供給增加導致相對的承載率下降，和航空公司家數成反向關係，在具商業優勢的國際航權拓展不易、海峽兩岸的直航市場又不明朗的狀況下，國內航空公司集團化、聯盟化遂成為生存法則下的必然趨勢，如同美國開放天空後航空市場的質變經驗，台灣的航空公司初期以維持市場占有率為競爭策略似乎在經營一段時日後有所改變。他們確信最有效率的競爭武器在規模，因此開始併購小型航空公司或將航空公司

彼此間的藩籬給集團化、聯盟化。遠東航空公司持有復興航空公司股票愈見明顯，且兩家公司也採取航線與票價聯盟。立榮航空自1998年7月1日合併大華、台灣航空後，同時長榮航空也停飛國內航線。此外，華航亦在考量飛航品質與專心經營國際線下，自1998年11月由華信航空接手飛航國內線。

四、外籍航空公司在台營運概況

除國籍航空公司外，至2010年在台灣營運客機業務的外籍航空公司，如**表1.1**所示。

然而，印尼森巴迪航空（印尼）、汶萊皇家航空（BI/RBA; Royal Brunei Airlines）、澳亞航（QF/QFA：澳洲航空公司子公司）、澳洲安捷（AN/AAA; Ansett Australia）、紐西蘭（NZ/ANZ; Air New Zealand）、沙烏地（SV/SVA; Saudia）、南非、英亞航（BA/BAW; British Asia Airways）、法國亞洲航空（Air France Asie）、德國漢莎（Lufthansa）、荷蘭馬丁（MP/MPH; Martinair Holland）、盧森堡國際航空貨運（CV/CLX; Cargolux Airlines International）、新加坡勝安航空（MI/SLK; Silk Air）等業者，受到國際經濟不景氣與台灣航空市場運能衰退的雙重影響下，部分航空公司採取與我國國籍航空公司以共掛班號（Code Sharing）經營方式退出台灣航線，或是直接退出台灣航線轉往中國發展。目前，在台經營定期貨機業務的外籍航空僅有聯邦快遞（FM/FDX; Fedex）、優比速（5X/UPS; United Parcel Service）與中國國際航空（CA/CCA; Air China）等。近年來，由於兩岸互動頻繁，在直航班機帶動下，已吸引部分「低成本航空」（Low Cost Carrier; LCC）飛航台灣，如宿霧航空（5J/CEB; Cebu Pacific Air）、亞洲捷星航空（3K/JSA; Jetstar Asia）、全亞洲航空（D7/XAX; Air Asia）等。另外，國籍航空公司與中國大陸航空公司感受到直航班機所帶來的經濟效應，遂逐步開放兩岸直航航點與互設辦事處，並藉由兩岸協商簽署海峽兩岸空運協定，在兩岸同意的互惠基礎上，對參與兩岸航空運輸業者在對方領域取得的

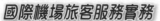

表1.1 2010年在台灣營運客機業務的外籍航空公司

區域	航空公司	英文名稱	IATA CODE	ICAO CODE	附註
港澳	澳門航空	Air Macau	NX	AMU	
	國泰航空	Cathay Pacific Airways	CX	CPA	
	港龍航空	Dragon Air	KA	HDA	
	香港快運航空	Hong Kong Express Airways	UO	AUO	
東北亞	日本航空	Japan Airlines	JL	JAL	
	全日空航空	All Nippon Airways	NH	ANA	
	大韓航空	Korean Air	KE	KAL	
	韓亞航空	Asiana Airlines	OZ	AAR	
東南亞	菲律賓航空	Philippine Airlines	PR	PAL	
	馬來西亞航空	Malaysia Airlines	MH	MAS	
	泰國航空	Thai Airways	TG	THA	
	新加坡航空	Singapore Airlines	SQ	SIA	
	印尼航空	Garuda Indonesia	GA	GIA	CI共掛班號
	越南航空	Vietnam Airlines	VN	HVN	
	越南太平洋航空	Pacific Airlines	BL	PIC	
	宿霧航空	Cebu Pacific Air	5J	CEB	LCC
	全亞洲航空	AirAsia	D7	XAX	LCC
	泰亞洲航空	THAI AirAsia	FD	AIQ	LCC
	亞洲捷星航空	Jetstar Asia	3K	JSA	LCC
美洲	美國航空	American Airlines	AA	AAL	JL共掛班號
	美國大陸航空	Continental Airlines	CO	COA	BR共掛班號
	達美航空	Delta Air Lines	DL	DLA	CI/NW 共掛班號
	西北航空	Northwest Airlines	NW	NWA	與DL合併
	聯合航空	United Airlines	UA	UAL	與CO合併
	加拿大航空	Air Canada	AC	ACA	BR共掛班號
歐洲	荷蘭皇家航空	KLM	KL	KLM	與AF合併
	義大利航空	Alitalia Linee Aeree Italiane	AZ	AZA	CI共掛班號
	捷克航空	CSA Czech Airlines	OK	CSA	CI共掛班號
大洋洲	澳洲航空	Qantas Airways	QF	QFA	BR共掛班號
中國	中國國際航空	Air China	CA	CCA	
	中國東方航空	China Eastern Airlines	MU	CES	
	中國南方航空	China Southern Airlines	CZ	CSN	
	上海航空	Shanghai Airlines	FM	CSH	將與MU合併
	廈門航空	Xiamen Airlines	MF	CXA	
	山東航空	Shandong Airlines	SC	CDG	
	四川航空	Sichuan Airlines	3U	CSC	

資料來源：台北市航空運輸商業同業公會聯合時刻表及作者整理。

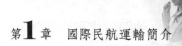

營運收入給予免徵營業稅與所得稅，如此積極的協商討論或許會再次帶動台灣航空市場的活絡。

 ## 第二節 國籍航空公司簡介

　　民用航空運輸業主要可分爲經營國際航線及國內航線的航空公司。在「天空開放」實施之前，我國計有四家航空公司：中華、遠東、台灣、永興航空公司。其中，僅華航營運國際航線。「天空開放」政策實施以來，新加入營運業者計有復興、大華、馬公、中國亞洲航空（中亞航空）四家航空公司。爾後，因金融危機蔓延，油價波動、需求疲軟和激烈的市場競爭，國內航線業者隨即開始整併：永興航空由華航與國華集團收購，並更名爲國華航空，後因經營理念不同，國華集團退出營運，而成爲華航集團的子公司——華信航空。而中亞航空因經營不善由大台中地區知名建築商瑞聯建設收購成爲台灣的第一家「低成本航空」瑞聯航空以「（新台幣）一元機票」造成市場話題。然而，因爲瑞聯航空本身經營策略失敗，空有低價航空的票價卻無低價航空的營運方式，使得虧損連連；再加上瑞聯航空併購菲律賓及越南的航空公司，試圖跨足東南亞及海峽兩岸。但其錯誤的策略、營運的高成本（飛機皆爲自購而非租賃）以及低利潤的票價逐漸侵蝕獲利，瑞聯航空在財務窘迫下，積欠民航局「國內機場降落費」及「航站相關設備使用費」共計新台幣18,396,377元，其「民用航空運輸業許可證」遭到註銷而倒閉。另一方面，1995年在長榮集團購買馬公航空之股權後，於1996年3月正式更名爲立榮航空。1998年7月1日，立榮航空正式與大華航空及台灣航空合併，同時承接長榮航空之國內航線。截至2008年5月，台灣的國籍航空公司以固定翼航空器經營國際定期航線者有中華、長榮、華信、復興、遠東及立榮等六家，茲於後分別介紹之：

一、中華航空公司

中華航空公司為我國第一家經營國際航線的國籍航空公司，1959年以資本額新台幣40萬元、員工26人及PBY型飛機2架成立從事至寮國、越南代行戰地運補工作，1966年，開闢第一條由台北至西貢（今稱胡志明市）的國際航線，正式步上了國際航空舞台。1988年在原有27位股東捐出股權後，成立「財團法人中華航空事業發展基金會」將監督管理權交給社會。為突破航線取得障礙與成為股票上市民營化公司的目標，華航創造新的企業形象與全新的企業識別標誌CIS，首先於1991年正式申請股票上市；1993年開始在台灣證券交易所掛牌買賣股票，成為台灣第一家股票上市的國籍航空公司；1995年10月華航推出全新的企業識別標誌「紅梅揚姿」（其中「紅梅」代表「自信、體貼入微」；「淡藍」代表「智慧、專業品質的堅持」；「印鑑」代表「追求卓越的承諾」。）

中華航空四十多年來稟持的最初的服務理念：「相逢即是有緣，華航以客為尊。」來服務人群，造福群眾。為了因應時代的變遷及企業目標的改變，1998年完成新版《中華航空公司策略規劃書》確定出整體企業的新願景為「最值得信賴的航空公司」，且頻頻透過各種行銷通路及

圖1.2　華航慶祝日本北海道開航繪製之薰衣草彩繪機

圖片來源：曾通潔攝於高雄國際機場。

媒體主動出擊，將此新願景與國人分享，並從事企業改造。2003年為華航開闢最多航點的一年，包括越南胡志明市貨運航線、復飛英國曼徹斯特貨運航線、台北—漢城（仁川機場）包機航線、台北—河內客運航線及澳洲布里斯本客運航線，同年1月26日利用上海春節包機，開啟兩岸五十三年首度直航。2004年則榮獲英國曼徹斯特機場最佳航空公司，同年引進全球第一架導入波音飛機公司「概念客艙」（Signature Interior）設計主軸的全新中華航空B747-400客機。2005年首次榮獲國際航協IOSA飛安認證，至2009年共榮獲三次安全認證；2005年以蝴蝶蘭彩繪機身的中華航空全新A330-300客機，向全球介紹台灣優質農產品。2006年中華與達美兩大航空美亞兩洲擴大共用班機合作，且於當年4月25日首航阿布達比，開啟台灣與中東間唯一的客運航班服務；同年9月與民航局簽約進行華航園區的工程計畫。2008年7月展開兩岸週末包機後，同年12月開始兩岸平日包機業務；2009年分別成為高雄世運與台北聽奧的指定航空公司；同年11月台灣正式成為國際航協電子貨運（IATA e-Freight）國家與地區，中華航空亦正式成為IATA e-Freight航空公司。

　　華航累積了半世紀的努力，截至2009年11月30日止，經營的航線已達27個國家84個航點；華航員工總數合計為10,467人（包括國內8,694人，國外1,773人），機隊規模包含波音、空中巴士等各型航機共66架（客機46架／貨機20架），平均機齡7.3年，為世界最年輕機隊之列。另一方面，華航於1993年成為台灣第一家上市的民營國際航空公司。多年來相繼設立許多關係企業及轉投資事業，延伸經營的廣度與深度是全球少數保有獲利的航空公司之一。其各項投資事業，如**表1.2**所示。

資料來源：http://www.china-airlines.com/ch/index.htm

表1.2　華航集團投資事業

產業別	公司名稱
地勤服務業	台灣航勤股份有限公司、桃園航勤股份有限公司
航空業	華信航空股份有限公司、揚子江快運航空有限公司
空廚業	華膳空廚股份有限公司、高雄空廚股份有限公司
洗滌業	華潔洗滌股份有限公司
航空貨運站	華儲股份有限公司

（續）表1.2　華航集團投資事業

產業別	公司名稱
資訊業	先啓資訊系統股份有限公司
旅行社	華旅網際旅行社股份有限公司、華泉旅行社
投資業	華美投資公司、華航（亞洲）股份有限公司、中美企業公司、華航園區股份有限公司、華夏股份有限公司
物流業	全球聯運股份有限公司、科學城物流股份有限公司
旅館業	華航夏威夷假日酒店、華航大飯店股份有限公司

資料來源：http://www.china-airlines.com

二、長榮航空公司

　　長榮航空公司爲台灣第二家經營國際航線的國籍航空公司，該公司的中文名稱傳承長榮集團一貫之命名。公司英文名稱「EVA」（EVA Airways Corporation）乃取自長榮集團英文名稱EVERGREEN GROUP之字首，加上航空事業AIRWAYS之字首組合而成。該公司在政府宣布「天空開放政策」後，集團總裁張榮發先生構想利用海運的基礎延伸航空業務，整合海、陸、空爲一全面性之運輸網路，遂於長榮海運公司內部成立一航空籌備小組，開始進行規劃，並於1988年9月1日長榮海運二十週年慶時，向該集團之各分公司、代理商宣布此項計畫，並由交通部將此申請案轉報行政院，復由行政院指示經建會研究評估，於經建會完成研究報告後，送呈行政院裁示，並經過交通部和學界、業者溝通後，於1988年1月17日公布了國際航空客、貨運公司的申請條件，長榮航空於向民航局申請籌設甲種民用航空運輸業後，1989年4月7日正式成立，並於1991年7月1日正式起飛。

　　發展至今，長榮航空充分發揮「飛航安全快捷、服務親切周到、經營有效創新」的經營理念，自1991年推出全球首創的「第四艙等」——長榮客艙，並於2005年的B777-300ER機隊中，將長榮客艙改名爲「菁英艙」。長榮航空的機隊繼汰換767-300後，2003年陸續引進11架A330-200後，2005年長榮航空導入15架波音777長程客機，成爲長榮航空未

圖1.3　長榮航空於2009年12月3日起啟用自助式報到亭

圖片來源：楊政樺攝於桃園國際機場長榮航空快速報到服務區。

來十年的主力機隊包含：貨機B744-400F、MD11-F；客機B747-400、
B747-400Combi、B777-300ER、A330-200、MD90等，至2009年機隊規
模達到50架，2010年達到53架。新機隊的加入，無論在艙等規劃、內裝
設備及整體服務品質，皆將再次升級。營運至今，飛航航點已遍及亞、
澳、歐、美四大洲51個城市，並藉由與世界各主要航空公司策略聯營合
作，形成全球完整的客、貨運飛航網路。除了不斷開拓新的國際航線，
長榮航空更以其獨到的航空事業經營理念，領導國內航空資源整合；自
1995年即陸續投資立榮、大華、台灣等多家國內線航空公司，開創國內
航空事業合作經營新趨勢。1998年7月1日起，三家航空公司更合併為
立榮航空公司；此外，長榮航空完美的飛安紀錄，深獲海內外業界肯
定，2004年除了再度榮獲民航局頒布「金翔獎」的殊榮，並獲得德國
*Aero International*雜誌評選為全世界十大安全航空公司之一。2005年至
2009年，長榮航空與日本三麗鷗集團攜手合作，聯手打造全球第一架
Kitty Jet彩繪機，成功創造商機，成為世人注目的焦點；2008年長榮航
空獲得英國知名航空服務調查機構SKYTRAX公司之「2008年全球航空
公司服務評鑑」，評選為全球「最佳豪華經濟艙」（BEST PREMIUM
ECONOMY CLASS）第一名，同年成功運送大陸四川熊貓團團圓圓返
國；2009年開啟兩岸直航服務，同年11月台灣正式成為國際航協電子貨

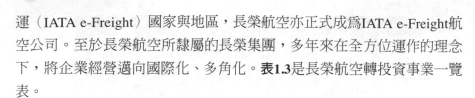

運（IATA e-Freight）國家與地區，長榮航空亦正式成為IATA e-Freight航空公司。至於長榮航空所隸屬的長榮集團，多年來在全方位運作的理念下，將企業經營邁向國際化、多角化。**表1.3**是長榮航空轉投資事業一覽表。

資料來源：http://www.evaair.com/html/b2c/chinese/

表1.3　長榮航空轉投資事業一覽表

公司名稱	公司名稱
長榮航太科技（股）公司	Green Siam Air Services Co., Ltd.
長榮航勤（股）公司	翔利投資（股）公司
長榮空廚（股）公司	PT Perdana Andalan Air Service
長榮空運倉儲（股）公司	Sky Castle Investment Ltd.
Evergreen Airways Services (Macau) Ltd.	Concord Pacific Ltd.
RTW Air Services(s) Pte. Ltd.	

資料來源：http://www.evaair.com/html/b2c

三、遠東航空公司

胡侗清先生於1957年6月5日創立遠東航空股份有限公司，從四○年代台灣尚處物資匱乏、百業待興中，以僅僅三十餘名員工、資本額60萬元起家，初期以經營貨運為主，並長期擔任「空中運報」任務，直到1978年中山高速公路通車後，此一工作始告終止。遠航早期的服務範圍極為廣泛，除經營客運、貨運外，還承攬國內外包機、空中照相、森林防護、海上搜尋及支援石油鑽探等運補工作外，亦接受軍方、民航局、省府委託維護其飛機和直昇機，並接受國外航空公司飛機及發動機維修工作，因此累積了豐富完整的經驗，並在觀光事業蓬勃發展的六○年代順勢成為國內航線的龍頭老大。

然而，世事如棋，人生詭譎，正當遠航在胡侗清先生的努力下逐漸茁長，胡先生卻因心肌梗塞導致腦溢血於1986年驟然辭世，由於未預立遺囑，因此造成一連串的家族股權糾紛，對經營管理產生鉅大衝擊，

圖1.4 遠航在松山機場準備起飛
圖片來源：國立高雄餐旅大學航空暨運輸服務管理系王穎駿老師提供。

這段路可謂一步一針氈！屋漏偏逢連夜雨，在當時石油危機及內亂未定下，由於政府的「開放天空政策」，小小一個台灣市場，擠進了八家航空公司共同搶食國內航線這塊大餅，市場競爭激烈的程度已達白熱化，當時的市場占有率由60%大幅滑落到40%。前總經理蔣洪彞先生上任後奮起直追，先將管理權與股權分開，使公司業務運作不受股權紛爭影響，經過一連串經營革新之後，逐漸把市場占有率拉回到50%左右，重新登上國內線龍頭的寶座。

　　「天空雖然浩瀚，卻無處容納錯誤」，要求飛安不打折的李雲寧先生於1994年8月繼蔣洪彞先生回華航擔任董事長後，任職遠航的總經理，成立「加強服務委員會」，宏觀在多元化的社會型態轉變中，消費者意識逐漸高漲，處於競爭更激烈的時代，要有屬於遠航專有的異質性產品。遂提出「飛安第一、顧客至上、員工為重、品質為先」的經營理念，深信只有絕對的確保飛行安全、真誠的以顧客為導向、滿意的員工及標準化的服務品質，才能創造滿意的顧客。在此明確的方針指引下，一切的作為均是朝著「制度化、標準化、資訊化、國際化」的企業方針，並以「穩定國內、發展區域、放眼兩岸、進軍國際」為企業目標。期能真正的為國家、社會及大眾提供更多的貢獻，亦將永遠以「關懷之心」為社會貢獻服務。1995年，中華開發信託公司（現為中華開發工業

銀行）及南山人壽保險集團入主取得經營權，擁有53.17%之股權，並於8月1日成立董事會。以AIG投資集團台灣分公司負責人角色入主董事會的副董事長崔湧先生上任後，突破舊有體制成規，導引遠航由員工自主邁入企業經營的模式。1995年時，並開闢兩條國際定期包機：高雄至帛琉及高雄至蘇比克航線；1996年，機務維修獲得ISO-9002認證；1996年獲得經營國際定期航線的資格及飛安評鑑甲級的殊榮，而於同年9月將兩條包機航線升格為定期航線，並於12月時股票正式上櫃，隨著業務量的擴大，1998年成立遠航集團，總裁由胡定吾先生擔任，李雲寧先生任遠航董事長兼總經理。1999年10月新增亞庇航線。2000年遠航董事長由崔湧先生接任，陳每文先生為總經理，2007年6月遠航董事長由自華信航空退休的樂大信先生接任，但同年11月30日突然請辭，由林寶漳先生繼任董事長，陳尚群先生為總經理。2008年5月12日傍晚，遠航發布股市重大訊息，因資金問題，自2008年5月13日起暫時停止營業，公司經營瀕臨倒閉危機。2009年10月初成為遠東航空新金主的樺福建設董事長張綱維先生帶領企業團隊努力進行重整計畫尋求復航的機會。該公司已於2010年4月30日邀集債權人召開重整計畫會議，過半數債權人同意遠航擬定的清償方案，遠航也向法院聲請重整，期待再次看到服務優質的遠航再次翱翔。

資料來源：http://www.fat.com.tw/

四、復興航空公司

復興航空公司成立於1951年5月21日，由陳文寬、戴安國、蔡克非等人共同創辦，為第一家國人自辦的民營航空公司。當時除了經營台北－花蓮－台東－高雄定期班機與金門、馬祖不定期包機業務外，並代理外籍航空公司客、貨運銷與機場地勤業務。1958年10月1日，因一架由軍方包機，自馬祖返台北的水陸兩用客機PBY型藍天鵝式商用飛機失事，遂改變經營方針，暫停國內航線，加強代理事業，並於1966年在台北興建空中廚房，供應國際航機餐點；1979年配合中正機場啟用，國際

圖1.5　復興航空公司空中巴士A320客機整裝待發

圖片來源：曾通潔攝於高雄國際機場。

機場遷至桃園，該公司遂於南崁興建空中廚房。

　　1983年，該公司由國產實業集團接掌改組後，乃於1988年8月25日恢復國內航線營運。於1992年1月28日包機首航菲律賓佬沃，而於1994年11月4日升等為國際定期航線。其間陸續增闢馬尼拉、金邊、宿霧、普吉島、泗水、澳門、菲律賓克拉克及馬來西亞亞庇等地。1995年3月啓用全球獨步中英文雙語旅客訂位系統（MARBLE Computer Reservation System）。同年6月和8月，高雄及桃園空中廚房雙雙榮獲「ISO9002品質認證」，確保空中餐飲的衛生與品質。10月、12月陸續開航中正泗水與中正澳門國際定期航線；1996年開闢高雄澳門國際定期航線區域聯盟「廈門航空」及「雲南航空」，提供國內旅客聯程轉運服務，經澳門轉機至福州、廈門與昆明；1998年增闢馬來西亞亞庇航線。而復興也與「上海航空」聯程轉運，旅客可經澳門轉機上海；1999年則開闢中正普吉國際定期航線；並於次年與海南航空聯程轉運，旅客可經由澳門轉機海口及三亞。

　　2009年，該公司主要機隊包括7架空中巴士（A320、A321）及9架ATR72型飛機。截至2009年為止，復興航空所經營的國內航線包含：台北、高雄、花蓮、金門、馬公等五個據點五條航線，提供每天約70個班次的飛航服務。國際則有台北─澳門、高雄─澳門、台北─釜山、台

北一濟州四條定期航線。並與上海、廈門、澳門、海南等中國籍航空公司聯程轉運合作，並提供澳門轉機，轉入上海、廈門、福州、杭州、北京、南京、深圳等內地重要城市。另有不定期飛航普吉、亞庇、襄陽、仁川、石垣島與峴港等亞洲各地包機。

　　復興航空為服務廣大的兩岸商務旅客，除推出金廈快線的服務，整合了航空、海運及地面服務，並串聯台北、高雄、澎湖、金門、廈門，規劃了台澎金廈海陸空聯運票；另一方面亦積極加入兩岸直航，飛航廈門、福州、上海、杭州、昆明、天津、武漢、成都、長沙、青島與大連。此外，亦代理美國大陸航空、泰國航空、越南太平洋航空等外籍業者的不定期客貨包機代理及地勤代理，與部分班機的維修代理。

資料來源：http://www.tna.com.tw/

五、立榮航空公司

　　立榮航空公司原名馬公航空公司，成立於1988年8月1日，由陳文武先生創辦，以服務澎湖鄉親加強鄉土發展為職志，初期以2架英國航太公司生產之BAE HS-748經營台北、高雄、馬公之定期客運業務。1995年，該公司取得經營國際包機資格，包機首航菲律賓佬沃。同年4月長榮航空購買馬公航空30%的股權，同時全面導入國際航空公司之管理制度與系統，1996年3月8日，原馬公航空為了調整市場形象及業務拓展需求，正式更名為立榮航空。1998年7月1日起，因應航空市場上環境的變化及資源配置的有效化，立榮航空正式宣布與大華及台灣航空合併。合併後，以立榮航空公司為存續公司，同時長榮航空亦全面退出國內線，將額度及MD-90交由立榮航空使用。在接收長榮航空、大華航空及台灣航空之飛機後，一時機型繁多，維修及管理成本上升。該公司為了簡化機隊運作、降低維修成本，即以「機隊單純化」為經營要務，先於1998年陸續引進6架MD-90同型機，將原有的5架BAE-146汰換掉。截至2009年底，MD-90機型在國內航線有6架、國際航線有5架，並擁有DHC8-300螺旋槳型客機8架。藉著航線網路脈絡的密集及機隊調度彈性的便利性

圖1.6　立榮航空總公司外觀

圖片來源：楊政樺攝於立榮航空公司。

提升，立榮已成為目前國內航線中航線網路最密集的航空公司。

立榮航空目前的經營航線，國內線遍布全省各地，過去國際線飛航馬來西亞的亞庇、印尼的巴里島、緬甸的仰光及泰國的普吉島等區域航線，現僅經營高雄－胡志明市與高雄－河內國際航線，與不定期亞洲區域包機業務，另外尚有高雄至台灣桃園機場來回接駁服務。在空中餐飲方面，立榮空廚原為南台灣規模龐大的空中廚房之一，提供自有機隊和其他航空公司國內線及國外線的機上餐飲，且於1999年7月獲得ISO 9002國際品保認證；2001年3月亦獲得ISO 9001：2000認證。後來，因高雄機場國際線航班減少，在經營成本考量下與高雄空廚合併。2004年2月，立榮航空首創「金廈一條龍」小三通產品，提供往返金廈台商最便捷快速的服務，只要一通電話即可確認所有船位、機位，並提供機場—碼頭的雙向行李運送及專屬櫃檯服務等。為了提供消費者更即時便利的訂位購票服務，立榮航空更於2003年4月，開發自有的網路訂位購票系統，並於2005年7月全新改版，首創國內航空「線上劃位」服務，以此建立更制度化、標準化的完善作業流程。

資料來源：http://www.uniair.com.tw/uniairec

六、華信航空公司

　　華信航空公司係於1991年6月1日由中華航空公司及和信集團共同合資成立，是我國第三家飛航國際航線的航空公司。1992年10月31日由於和信集團撤資，華信航空遂成為由華航百分之百投資的子公司，但人事及財務章程、前後艙組員的招募、訓練則完全獨立。1996年4月並獲得國內航空界第一張空中服務ISO-9002品質系統國際認證。華信航空是我國民航史上直飛澳洲、加拿大的第一家航空公司。

　　1998年8月，華信航空與國華航空合併後統稱為華信航空。有關國華航空公司（Formosa Airlines），原名為永興航空公司，成立於1966年，創立初期以飛航離島航線及經營農噴業務為主；直至1990年加入經營本島主要航線；1994年10月與誠洲電子集團結盟，正式更名為國華航空公司，當時擁有國內12條航線，往來台灣地區與離島地區共10個城市，每日起降架次約120班左右，主要以SAAB SE-340、FK50、FK100及Donier-228從事飛航服務；1996年7月1日，中華航空與國華航空開始策略聯盟關係，首創國內與國際航線全程訂位、一票到底、行李直掛之服務，同時並與誠洲電子集團各自擁有42%的股權，且具有經營管理權。

圖1.7　華信航空公司ERJ-190客機剛剛抵達停機坪
圖片來源：曾通潔攝於高雄國際機場。

於1999年7月起，國華與華信研究合併的可行性及資源、訂位系統的整合，而於同年8月起正式合併，存續公司為華信航空公司。為了增取電子商務的無限商機，1999年11月起率先推出國內航線電子機票（electric ticket, ET）後，在2000年6月中旬推出網上購票、海東青會員卡，並曾於2001年2月13日起，在台北、高雄兩地的機場櫃檯裝設「Kiosk自動報到亭」，引進國內旅客自動報到系統，讓旅客從購票、付款、取登機證皆可獨立完成。此外，國華航空在2000年納入華信航空之後，隨即展開再次全面品質認證作業，並於當年12月8日由英國SGS Yarsley International Certification Service公司頒給 ISO-9002品質保證合格證書，認證範圍包括航務、機務、飛安、聯管、空服、地服及貨運服務。並於2003年12月完成更新驗證，取得SGS United Kingdom Ltd.所頒發ISO 9001的2000年版品質保證合格證書。

華信航空是目前國籍航空公司中唯一的採行單一機隊的航空公司，使用巴西航空工業公司EMBRAER ERJ-190機型，機隊規模共8架，平均機齡1.75年。並與中華航空共同經營兩岸直航班機，統稱華航集團，進行機隊與空勤機組員相互濕租，採用集團機隊聯合派遣作業達到經濟效用，來創造集團營收。

資料來源：www.mandarin-airlines.com.tw

 ## 第三節　民航六大特許產業

依據《民用航空法》第2條第11至16項，民用航空業的種類有：民用航空運輸業、普通航空業、航空貨運承攬業、航空站地勤業、空廚業及航空貨物集散站經營業等六種。這六種業務，均係國家特許事業。所謂「特許事業」，其經營權原保留於國家，在特定情形下，國家將其經營權之全部或一部分，授予私人經營之事業。民航六大特許產業的定義如下：

一、民用航空運輸業

　　指以航空器直接載運客、貨、郵件，取得報酬之事業。

　　有關民用航空運輸業之業務，依據《民用航空運輸業管理規則》第2條規定，如依航空器分：(1)飛機運輸業務（指民用航空運輸業以飛機直接載運客、貨、郵件，取得報酬之業務）；(2)直昇機運輸業務（指民用航空運輸業以直昇機直接載運客、貨、郵件，取得報酬之業務）。依運輸規則性分：(1)定期航空運輸業務（指以排定規則性日期及時間，沿核定之航線，在兩地間以航空器經營運輸之業務）；(2)不定期航空運輸業務（指除定期航空運輸業務以外之加班機、包機運輸之業務）；另

表1.4　民用航空運輸業基本資料統計表

航空公司	經營業務項目	備註
中華	經營國際或國內航線定期或不定期客、貨、郵件運輸業務	1.1959.12.16成立 2.以飛機營運
長榮	經營國際或國內航線定期或不定期客、貨、郵件運輸業務	1.1989.04.11成立 2.以飛機營運
華信	經營國際或國內航線定期或不定期客、貨、郵件運輸業務	1.1991.06.01成立 2.以飛機營運
遠東	經營國際或國內航線定期或不定期客、貨、郵件運輸業務	1.1951.09.19成立 2.以飛機營運 3.2008.05.17停止營運
復興	經營國際或國內航線定期或不定期客、貨、郵件運輸業務	1.1951.05.21成立，1958年暫停國內航線，1988.08.25恢復國內航線營運 2.以飛機營運
立榮	經營國際或國內航線定期或不定期客、貨、郵件運輸業務	1.1996.03.08成立 2.以飛機營運
德安	經營國內航線定期或不定期直昇機運輸業務及國內離島偏遠航線定期或不定期運輸業務	1.1996.07.10成立 2.以直昇機營運並兼營普通航空業 3.以飛機經營離島偏遠航線
中興	經營國內航線直昇機不定期航空運輸業務	1.1991.11.14成立 2.以直昇機營運並兼營普通航空業

資料來源：中華民國交通部（2008），《交通年鑑》，張美玲。

有所謂包機，指民用航空運輸業以航空器按時間、里程或架次為收費基準，而運輸客貨、郵件之不定期航空運輸業務。目前計有中華、長榮、遠東、華信、立榮、復興等六家航空公司經營飛機運輸業務，德安及亞太經營直昇機運輸業務。

二、普通航空業

指以航空器經營民用航空運輸業以外之飛航業務而受報酬之事業，包括空中遊覽、勘察、照測、消防、搜尋、救護、拖吊、噴灑、拖靶勤務、商務專機及其他經核准之飛航業務。

過去，普通航空業多半從事高空攝影、高空量測、工程吊掛、醫療運送、清洗電力公司高壓電塔絕緣礙子等業務，以往規定不得經營載運人、貨。然而，在經濟發展較為先進的國家，早已開放個人或企業擁有私人飛機，或者開放民航業者提供商務專機服務，以滿足社會經濟發展需要，企業團體或個人對於時間節省、安全舒適、隱密性或企業形象等需求，而由民航業者依時間、里程或架次計算，提供客戶特定需求之「商務專機」（business chartered planes）服務。鑑此，依2009年12月30日修訂之《普通航空業管理規則》第2條，已將「商務專機」納為普通航空業管理，該條文為：「指以航空器經營民用航空運輸業以外之飛航業務而受報酬之事業，包括空中遊覽、勘察、照測、消防、搜尋、救護、拖吊、噴灑、拖靶勤務、商務專機及其他經核准之飛航業務。」該條文更明確律訂：「普通航空業經營商務專機業務，應以座位數十九人以下之飛機或直昇機提供單一客戶專屬客運服務，不得有個別攬客行為。」商務專機已在歐美市場蔚為風尚，隨著海峽兩岸密切往來，商務專機的業務將促使民航業者的營運面向更加多元化與活絡化。目前普通航空業計有德安、金鷹、亞太、凌天及華毅等五家業者。

表1.5　普通航空業基本資料統計表

航空公司	經營業務項目	備註
德安	以航空器從事空中遊覽、勘察、照測、消防搜尋、救護、拖吊、噴灑及其他經專案核准除航空客、貨、郵件運輸以外之營業性飛航業務。	1.1996.07.10成立 2.以直昇機營運
中興	以航空器從事空中遊覽、勘察、照測、消防搜尋、救護、拖吊、噴灑及其他經專案核准除航空客、貨、郵件運輸以外之營業性飛航業務。	1.1991.11.14成立 2.以直昇機營運
大鵬	以航空器從事空中遊覽、勘察、照測、消防搜尋、救護、拖吊、噴灑及其他經專案核准除航空客、貨、郵件運輸以外之營業性飛航業務。	1.1992.03.20成立 2.以飛機營運
凌天	以航空器從事空中遊覽、勘察、照測、消防搜尋、救護、拖吊、噴灑及其他經專案核准除航空客、貨、郵件運輸以外之營業性飛航業務。	1.1994.10.20成立 2.以直昇機營運
群鷹翔國土資源	以航空器從事空中遊覽、勘察、照測、消防搜尋、救護、拖吊、噴灑及其他經專案核准除航空客、貨、郵件運輸以外之營業性飛航業務。	1.2000.05.15成立 2.以飛機營運
漢翔	專案核准以航空器兼營普通航空業之「飛航測試」「拖靶勤務」二項營業性飛航業務。	1.1996.06.24成立 2.以飛機專案核准經營飛航測試及靶勤業務。

資料來源：中華民國交通部（2008），《交通年鑑》，張美玲。

三、航空貨運承攬業

指以自己之名義，為他人之計算，使民用航空運輸業運送航空貨物及非具有通信性質之國際貿易商業文件而受報酬之事業。

依據《航空貨運承攬業管理規則》第2條之定義，航空貨運承攬業指以自己之名義，為他人之計算，使民用航空運輸業運送航空貨物及非具有通信性質之國際貿易商業文件而受報酬之事業。通常，貨運承攬業多與航空公司多具有依存關係，其主要業務為辦理航空貨物的集運工作，亦即將不同託運人交運的貨物，一次交付航空公司承運出口，或將航空公司進口的貨物分別交付給貨主。承攬業通常與航空公司訂有契約協定，相互依存。承攬業者在整個航空貨物運輸過程中可說是航空貨物

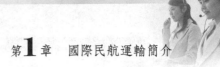

表1.6　航空貨運承攬業者分布狀況統計表

縣、市別	家數
臺北縣、市	946
桃園縣、市	69
新竹縣、市	10
苗栗縣、市	1
臺中縣、市	43
彰化縣、市	4
南投縣、市	1
嘉義縣、市	1
臺南縣、市	19
高雄縣、市	56
屏東縣、市	1
基隆市	1
合計	1,152

資料來源：中華民國交通部（2008），《交通年鑑》，張美玲。

在地面上的接駁運輸者。目前登記在案的國內承攬業者計有1,152家，外國籍著名承攬業（快遞業）者有DHL、UPS、TNT、FDX等。

四、航空站地勤業

指於機坪內從事航空器拖曳、導引、行李、貨物、餐點裝卸、機艙清潔、空橋操作及其有關勞務之事業。

「航空站地勤業」簡稱「地勤公司」，地勤作業為機場整體客貨運輸作業中重要的一環，其主要的工作項目大抵包含：

(一)機坪作業督導與管制

負責協調和處理有關作業及資料的處理、通報航機作業的督導、協調機下作業的人力、裝備的需求等。

(二)機坪服務作業

機坪服務主要係提供各型飛機到離機場所需之場面服務，並引導航機順利起降。服務項目包含：航機進離場引導作業；航機進離場輪檔及滅火作業；航機進離場車道管制及耳機通話作業；航機加油作業；航機飲水處理及添加作業；航機清廁作業；飛機供電設備（ground power unit, GPU）；氣源車（air starter units, ASU）；機艙空調機（ground air conditioner unit, GAU）；航機煞車冷卻作業；航機擋風玻璃擦拭作業；航機離場推機作業；航機移位作業；航機異常支援作業等。

(三)裝卸服務

主要負責客機、貨機出口與入口行李、郵件的裝載及航機貨物的打盤、裝櫃作業。裝卸作業必須依照各航空公司航機到離時間，配合適當的人力與裝備以順利完成裝卸航機任務。

(四)貨物服務

主要提供郵件、貨物的裝載調度服務。服務項目包含：進出口郵件集調；進出口貨物集調；場內、外貨運倉儲進出口貨物拆理、打盤（櫃）服務等。

(五)旅客服務

服務項目包含提供傷患輪椅、擔架服務；出境櫃檯行李裝櫃與託運服務；進口行李拆理、轉機處理服務；出、入境旅客手推車服務等。

(六)機艙服務

服務項目為負責航機之客艙清潔及餐點、侍應品補給。航機在經過勞頓的旅途後，客艙必須重新整理後，方能以全新面貌上路，服務次一

航次使用該航機的旅客。

我國計有台灣航勤股份有限公司、桃園航勤股份有限公司、長榮航勤股份有限公司、立榮航空公司、復興航空公司等五家專業地勤公司；一家經營單項「機艙清潔」之華夏股份有限公司，以及兩家經營單項「空橋操作」之欽發產業與福恩機械工程股份有限公司，其主要營業地點詳如**表1.7**所示。

五、空廚業

指為提供航空器內餐飲或其他相關用品而於機坪內從事運送、裝卸之事業。

我國自1998年1月21日在修訂之民用航空法增列「空廚業」為民用航空業的種類之一起，「空廚業」得以「自己名義」而非「航空站地勤業」身分提供航空器內餐飲服務。目前計有華膳空廚股份有限公司、長榮航勤股份有限公司、高雄空廚股份有限公司、立榮航空公司、復興空廚股份有限公司及台中空廚股份有限公司等六家空廚公司供應國際航線之餐飲及相關用品。主要營業地點詳如**表1.8**。

表1.7 各航空站營運之地勤業者統計表

營業地點	營業公司	備註
桃園國際航空站	長榮航勤公司、桃園航勤公司、華夏公司（機艙清潔）、欽發產業公司（空橋操作）	
高雄國際航空站	立榮航空公司、臺灣航勤公司	
臺北國際航空站	立榮航空公司、臺灣航勤公司、華夏公司（機艙清潔）	
花蓮航空站	臺灣航勤公司	
馬公航空站	立榮航空公司、復興航空公司、福恩機械公司（空橋操作）	
臺南航空站	立榮航空公司、臺灣航勤公司	
臺東航空站	立榮航空公司、桃園航勤公司	
臺中航空站	立榮航空公司、臺灣航勤公司	
金門航空站	立榮航空公司、臺灣航勤公司	
嘉義航空站	立榮航空公司	

資料來源：中華民國交通部（2008），《交通年鑑》，張美玲。

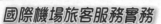

表1.8　各航空站營運之空廚業者統計表

營業地點	營業公司	備註
桃園國際航空站	華膳空廚公司、長榮空廚公司、復興空廚公司	
高雄國際航空站	高雄空廚公司	
臺北國際航空站	華膳空廚公司	
臺中航空站	臺中空廚公司	

資料來源：中華民國交通部（2008），《交通年鑑》，張美玲。

六、航空貨物集散站經營業

指提供空運進口、出口、轉運或轉口貨物集散與進出航空站管制區所需之通關、倉儲場所、設備及服務而受報酬之事業。

根據《航空貨物集散站經營業管理規則》第3條對航空貨物集散站經營業務範圍規範如下：

1.航空貨物與航空貨櫃、貨盤之裝櫃、拆櫃、裝盤、拆盤、裝車、卸車。
2.進出口貨棧。
3.配合通關所需之服務。

集散站經營業得兼營下列業務：

1.航空貨櫃、貨盤保養、維護及整修。
2.與航空貨物集散站倉儲、物流有關之業務。

航空貨物集散站經營業是專供進出口貨拆打盤、拆併裝櫃或存儲未完成海關放行手續的進出口貨物的場所，為陸空運輸的中繼站，其功能有：理貨、通關、存儲及驗放等綜合性作業性質。目前計有華儲、永儲、長榮空運倉儲股份有限公司及遠雄航空自由貿易港區股份有限公司等四家業者。

上述民航六大產業均係採取「進入障礙」之經濟管控措施保障產業發展之國家特許事業，規範這些產業的法律規定包括：母法《民用航空法》

表1.9　航空貨物集散站現況資料表

名稱	基地面積（m²）	正式啓用日期	97年貨物處理量（萬公噸）	實收資本額（億元）	備註
華儲股份有限公司	146,425（桃園）	89.1.16	49.19	25	
	16,813（高雄）	89.1.16	5.73		
永儲股份有限公司	42,763	82.7.1	15.39	12.2	
長榮空運倉儲股份有限公司	44,748	91.2.26	35.69	12	
遠雄航空自由貿易港區股份有限公司	129,591	95.1.1	22.77	29.5	

資料來源：中華民國交通部（2008），《交通年鑑》，張美玲。

及其子法，包含《民用航空運輸業管理規則》、《普通航空業管理規則》、《航空貨運承攬業管理規則》、《航空站地勤業管理規則》、《空廚業管理規則》及《航空貨物集散站經營業管理規則》等共同構成政府推動及管制特許經營事業發展的依據。

第四節　民航其他相關產業

　　台灣爲典型的海島型國家，島內缺乏自然資源，除了基本的農產品可以自產自足之外，整體國計民生的發展還是得依靠賺取外匯，因此我國的貿易依存度高達85%以上，對外交通運輸顯得特別重要。除海運外，航空運輸爲必然蓬勃發展的事業之一。

　　整個民航運輸系統是以滿足旅客、貨主之運輸需求爲目的，雖然此系統是以航空公司爲營運主體，但所涉及行業甚多。因此，除了六大特許產業之外，其他與航空運輸的相關產業尚有飛機製造及維護廠商、航空器租賃業、快遞業、報關行、航空代理業、旅遊業、旅館業、物流與倉儲業、固定基地營運服務業（fixed base operator, FBO）、飛行訓

練中心、航空器周邊設備製造商（如航空座椅、自動空廚系統、侍應車……）等。此外，與機場建設有關者，則涉及建築業、運輸顧問公司、助導航設備製造業、飛航管制設備……。限於篇幅，援舉數例如後：

一、航空器製造及維護業

由於航空器本身與飛航安全息息相關，航空器製造國的民航主管當局對航空器製造、維護都訂有一套繁雜但不失井然有序的規定，除了生產者必須具備航空器「機型檢定證」始准出售外，使用者之航空公司須按照飛機製造廠規定維護手冊、程序或指令維護航空器。因此，航空器製造商在售出飛機後，尚必須指派專責駐廠代表於購買者的航空公司充當技術顧問及協調者，因此航空器製造商與航空公司的售買關係是長期的。

較著名的飛機製造廠包含美國波音、洛克希德（Lockheed Aircraft Corp.）、龐巴迪公司（Bombardier）、貝爾公司、賽考斯基公司、法國空中巴士集團、俄羅斯的圖波列夫公共股份公司（俄語：Туполев）、荷蘭的福克公司（Fokker）、巴西航空工業（葡萄牙語：Empresa Brasileira de Aeronáutica S.A.或Embraer）、中國的西安飛機工業（集團）有限責任公司及我國的漢翔航空工業股份有限公司等。至於飛機維護專業公司如亞洲航空公司，也有航空公司自己維護並替其他航空公司飛機維護，如中華、遠東航空公司。而在製造飛機發動機的知名製造商包含美國的General Electronic Co.及Pratt & Whitney、英國的Rolls-Royce LTD等。

二、航空器租賃業

現代企業經營，對於生產、營運所需要之機器、設備，往往不以購買之方式取得所有權，而是以租賃方式，取得所需機器、設備之使

用權，以配合企業本身業務及財務上之需求，採取更靈活之經營策略，為企業創造更大之利潤。航空運輸是屬於資本密集的產業，由於飛機造價昂貴，若欲維持規模經濟的機隊，無疑是一大負擔。除了少數航空公司可用自有資金購買之外，多數航空公司除向銀行貸款外，尚可透過飛機製造商或銀行尋求融資協助。於是，為了配合企業成長及快速取得機隊，航空器租賃業乃隨市場需求因運而生。另外，如果航空公司不急著購買飛機，但需要添置飛機來滿足營業或其他決策所需，為滿足這種要求，於是出現了以租借方式來進行的新行業，稱為「航空器租賃業」。除此之外，近年來我國國籍航空公司由於匯率因素，亦有多家業者以「售後租回」（sale lease back）方式將飛機出售予租賃公司，再向租賃公司承租，可緩解航空運輸企業的資金壓力，避免造成當年度財報帳面上嚴重虧損。

在實務操作上，航空公司租機可粗分為「營業性租賃」（operation lease）與「融資性租賃」（finance lease）兩大類。所謂「營業性租賃」是出租人擁有飛機的所有權，承租人擁有飛機的使用權，當雙方租約期滿時，承租人將飛機歸還出租人，由出租人再租予其他航空公司。於會計報表中，營業性租賃可為承租人提供經營的彈性與靈活運用，亦可隨著預估市場的蓬勃、萎縮，採彈性租賃期間。營業性租賃又細分為「乾租」（dry lease）及「濕租」（wet lease）兩類。

「濕租」指的是航空公司跟其他公司租借飛機，是建立在「ACMI」，亦即飛機（aircraft）、機組員（crew）、維修（maintenance）與保險（insurance）等四項出租內容的基礎上。這種狀況最常出現在剛成立的航空公司，或自己的公司沒有租借的同型機，還有旅遊旺季等特殊節日。由於業界承租契約常因各種因素而略有差異，因此「濕租」還可以再細分為「半濕租」（damp lease）。一般來說，濕租時，出租方除了「ACMI」的租機模式外，其出租價格還會包含燃油的費用，而所謂「半濕租」，其型態和濕租很類似，但出租方不提供空服組員或不提供油料，而由承租方自行派遣空服組員值勤。相對於濕租，乾租是出租方僅出租飛機，而不提供組員、維修服務與保險。

其次，我們來看看所謂的「融資性租賃」：融資性租賃的特性則為承租標的物（飛機）係由承租人自行決定，出租人僅提供融資資金，且雙方事先約定於租約期滿時，出租人以雙方約定的價格售予承租人。承租期間有關飛機的維修、保險，應繳稅捐均由承租人負擔。目前世界上的專業航空器租賃業已由資本額超過100億美元的「ILFC」（International Lease & Finance Corp.）與「GECAS」（General Electronic Capital Aviation Service）兩家租機公司占領大半個租機市場；較小的租賃公司則以日本租機公司居多，主要參與航空器租賃業務為「CIT」（日本第一勸業銀行主控）、「Sanwa」、「Tombo」、「Orix」、「Sunrock」等公司，他們約有三十至五十架不等的飛機；歐美亦有幾家中型的租機公司，如德國漢莎航空系列的租賃公司「Lufthansa Leasing」、「GATX」、「Ansett」、「IAL」等，一般中型租賃公司多負有母公司財務系統配合的需求，因此除了租賃業務能夠獲得利益之外，在購機費用與折舊費用上的攤提亦有減少母公司稅賦的助益。我國目前承作飛機租賃業務的有「中租迪和公司」、「中央租賃公司」、「永豐金租賃公司」（原華信租賃公司）、「華美飛機租賃公司」、「華夏租賃公司」、「翔和租賃公司」等。

三、貨運相關行業

以一般國際航空貨運作業程序來說，航空貨運承攬業向貨主收取出口貨物，安排班機時間，經過報關行（通常承攬業也自兼報關業務），通過海關查驗，暫儲於集散站或貨運站，等貨物在此上盤櫃再交給航空公司運送。所謂盤櫃是指裝載空運貨物、行李之貨櫃或貨盤。進口貨物則完成通關手續後，由承攬業派車將貨物送達貨主。

四、報關行

報關行係指受進出口商（貨主）委託，到海關辦理進出口通關手續

的一種服務業，其業務內容為代理貨主繕打進出口報單、遞送報單、申
請驗貨、領取貨樣、會同查驗貨物、簽證查驗結果、繳納稅捐及規費、
提領放行貨物等，目前航空貨運承攬業大部分兼營報關行業務。

五、觀光旅遊業

包括旅行業、休閒遊憩業、度假村、旅館服務業、餐飲服務業、交
通遊覽公司、租賃車等行業。

六、固定基地營運服務業（FBO）

指專為商務航空客戶所提供的相關地面後勤服務。諸如：航空器地
面處理、旅客接待、出入境協助、航務作業、飛行計畫等，FBO業者通
常有專屬之機坪、辦公大樓及棚廠，可提供私人專機託管服務。

七、其他

其他與民用航空有關的相關產業包含：航空專業訓練中心、為了旅
遊便利所提供旅行支票、信用卡，外匯兌換的「金融業」、為了旅行人
員暨產物平安及海外事故的急難救助而生的「保險業」、提供航空旅遊
行銷體系中的廣告業、印製機上雜誌及空中售賣型錄的印刷業、航空專
業雜誌及出版公司、航空專業人員培訓短期補習班、飛行訓練學校等。

參考文獻

楊政樺（2007）。〈應用離散型順序反應資料轉換法探討空運旅客對科技型
　　服務接觸滿意度之研究〉，《顧客滿意學刊》，第3卷，第2期，頁153-
　　189。

張美玲（2008）。《交通年鑑・第十篇民用航空》，中華民國交通部。

Field, D. (2004). A Paperless World, *Airline Business, 20*(7), 58-85.

Pilling, M. (2005). Efficiency Drive, *Airline Business, 21*(5), 70-72.

第2章

旅行證件

　　當旅客在航空公司國際航線運務櫃檯辦理報到劃位，依照國際慣例，凡從事跨國觀光旅行者必須具備三種基本旅行證件，即：護照（passport）、簽證（visa）和續（回）程機票。少數落後國家或地區因為公共衛生環境不佳或無有效防疫的措施，因此往往會要求旅客必須出示預防接種證明文件（vaccination）。實務上，航空公司僅負責旅客或貨物的運送，旅客必須對自己的旅行證件負責。若旅客因旅行證件不完備而導致行程受阻或遭到遣返，必須自行擔負相關損失。航空公司從業人員檢查證件，除了協助旅客再次檢查證件是否合適，減少旅客因持用不正確的旅行證件而產生隱藏性的財產損失。再者，亦是為了減少航空公司因承載旅行證件錯誤的旅客而招致他國入境邊防檢查站的巨額罰款。

　　舉例來說，倘若旅客持用不正確的旅行證件而導致違規入境事件，往往會被原機遣回，除了要負擔來回機票費用與簽證的辦理費用外，還可能需要支付額外的安全檢查費用或航警押送費用與旅館的住宿費用。航空公司亦將因違規載客而被罰款。以美國為例：航空公司載運未持有有效旅行證件前往或過境美國的旅客，每承載一位違規旅客，依情節輕重，罰款承運航空公司USD2,000至USD3,300；非美國籍旅客未依規定填寫入境申報書I-94或I-94W，罰款承運航空公司USD1,000。為了避免公司產生無謂損失，運務人員檢查旅客旅行證件時，不可不慎。

圖2.1　德國漢莎航空韓國仁川機場運務櫃檯的旅客報到作業現場
圖片來源：曾通潔攝於韓國仁川國際機場。

　　本章所介紹的旅行證件泛指旅客進行跨國旅行所需的相關證明文件（護照、簽證、落地簽證許可證與船員保證書），以及因應《台灣地區與大陸地區人民關係條例》（簡稱《兩岸關係條例》）所開放的中國大陸與港澳人士來台之入境許可與「申根簽證」（Schengen visa）相關規定。

第一節　護照或其相等性之文件

　　「護照」是一個國家的政府發放給本國公民（citizen）或國民（national）的一種旅行證件，用於證明持有人的身分與國籍，以便其出入本國及在外國旅行，同時亦用於請求有關外國當局給予持照人通行便利及保護。一般而言，護照是由本國的主管單位（外交部）所發給的文件，予以證明持有人的國籍與身分，並享有國家法律的保護，且准許通過其國境，而前往指定的一些國家。簡言之，護照是用以證明持照人屬該國公民，並得以持照返回護照發出國的文件。

　　自從2001年美國發生911事件後，國際國土安全意識高漲，驅使多數航空公司在旅客進入登機門之前，仍會再要求旅客出示證照查驗。然而，為了確切落實國際航空運輸協會推行「自助服務科技」（self-service technologies, SSTs）的政策，在不影響保安的前提之下，能兼顧加快旅客前進速度並縮短等待的時間，諸多國家已積極推廣「生物辨識技術」及「晶片護照」等解決方案，讓「低風險旅客」的檢查自動化，有關當局便可集中其專業的資源，全心專注於辨識「高風險威脅」旅客，提升機場和邊境的控制。就目前在「生物辨識技術」已取得具體績效的國際機場包含：加拿大溫哥華機場（Vancouver International Airport）及英國倫敦希斯羅機場（Heathrow International Airport），已分別自2006年5月8日及2006年12月7日起，凡自願將個人指紋、瞳孔、臉孔等生物特徵被掃描存檔的旅客，可以快速通關，不必再排隊等候海關人員進行證照查驗。以色列班古利安國際機場（Ben Gurion International

Airport）亦採取自願將個人掌形識別（hand-geometry）資料存檔的旅客，接受其於機場通關時，一旦確認資料掃描無誤，便可快速通過安全檢查流程。

另一方面，就「晶片護照」（內建生物辨識特徵之IC晶片護照，又稱「電子護照」，簡稱「ePassport」）而言，自馬來西亞率先於1998年發行晶片護照以來，諸多國家也陸續發行。美國國土安全部自2006年10月26日起，所有受免簽證計畫保護的旅客可藉由出示「可機器讀取護照」（Machine-Readable Passport, MRP），可以免簽證入境美國旅行。免簽證計畫的參與國包括：安道爾共和國、澳洲、奧地利、比利時、汶萊、丹麥、芬蘭、法國、德國、冰島、愛爾蘭、義大利、日本、列支敦斯登、盧森堡、摩納哥、紐西蘭、挪威、葡萄牙、聖馬利諾、新加坡、斯洛維尼亞、西班牙、瑞典、瑞士、荷蘭以及英國。我國外交部亦自2008年12月29日起發行晶片護照，成為全球第六十個使用晶片護照的國家（詳如**表2.1**）。

對於護照的種類，大致可區分為以下數種型式：

(一)外國人護照

某些國家發給沒有公民身分的居民的護照。

(二)兒童身分證明

核發給未成年者以代替護照。

(三)外交或領事護照（diplomatic passport）

核發給現任在職之外交、領事及政府其他官員，且於國際慣例下賦予外交及領事人員的權利。依據《護照條例》第7條規定：「外交護照之適用對象如下：一、外交、領事人員與眷屬及駐外使領館、代表處、辦事處主管之隨從。二、中央政府派往國外負有外交性質任務之人員與其眷屬及經核准之隨從。三、外交公文專差。」

表2.1　使用晶片護照的國家與地區

	國家或地區		國家或地區		國家或地區		國家或地區
1	馬來西亞 （1998.3.1）	16	冰島 （2006.5.23）	31	俄羅斯 （2006.9.1）	46	馬爾地夫 （2007.7.26）
2	多明尼加 （2004.5.1）	17	奧地利 （2006.6.16）	32	安道爾 （2006.9.1）	47	奈及利亞 （2007.8.17）
3	巴基斯坦 （2004.10.25）	18	葡萄牙 （2006.7.31）	33	瑞士 （2006.9.4）	48	拉脫維亞 （2007.11.20）
4	比利時 （2004.11.24）	19	丹麥 （2006.8.1）	34	聖馬利諾 （2006.10.12）	49	巴哈馬 （2007.12.5）
5	泰國 （2005.5.26）	20	美國 （2006.8.14）	35	愛爾蘭 （2006.10.16）	50	摩多瓦 （2008.1.1）
6	摩納哥 （2005.7.18）	21	西班牙 （2006.8.14）	36	列支敦士登 （2006.10.26）	51	斯洛伐克 （2008.1.15）
7	瑞典 （2005.10.3）	22	芬蘭 （2006.8.21）	37	義大利 （2006.10.26）	52	韓國 （2008.3.11）
8	挪威 （2005.10.3）	23	荷蘭 （2006.8.26）	38	索馬利亞 （2007.1.21）	53	卡達 （2008.4.20）
9	澳大利亞 （2005.10.24）	24	希臘 （2006.8.26）	39	香港 （2007.2.5）	54	蒙特內哥羅 （2008.5）
10	德國 （2005.11.1）	25	立陶宛 （2006.8.28）	40	汶萊 （2007.2.17）	55	印度 （2008.6.25）
11	紐西蘭 （2005.11.4）	26	盧森堡 （2006.8.28）	41	馬其頓 （2007.4.2）	56	塞爾維亞 （2008.7.7）
12	英國 （2006.3.6）	27	斯洛維尼亞 （2006.8.28）	42	愛沙尼亞 （2007.5.22）	57	土庫曼 （2008.7.10）
13	日本 （2006.3.20）	28	波蘭 （2006.8.28）	43	烏克蘭 （2007.6.1）	58	象牙海岸 （2008.7.30）
14	法國 （2006.4.12）	29	匈牙利 （2006.8.29）	44	伊朗 （2007.7.1）	59	馬爾它 （2008.10.8）
15	新加坡 （2006.4.29）	30	捷克 （2006.9.1）	45	委內瑞拉 （2007.7.1）	60	中華民國 （2008.12.29）

註：統計至2009.12.31。

資料來源：外交部領事事務局網頁，http://www.boca.gov.tw。

(四)由聯合國核發的護照

　　Laissez-Passer（譯為「聯合國通行證」，聯合國與各專門機構根據

《聯合國特權和豁免公約》和《專門機構特權和豁免公約》，對該組織職員頒發之具有護照效力的身分證件，其效力分別相當於外交護照和公務護照）、International Red Cross Passport、Nansen Passport（無國籍人士持用的護照，除因公共安全或秩序之理由，不受驅逐出境之權）、免驗證、難民證等。

(五)合辦護照（家庭護照）

家庭成員共同旅行可持有合辦護照。目前馬來西亞、新加坡、日本、菲律賓與歐洲部分國家會將未成年兒童的護照以家庭護照的方式，將兒童相關身分註記在父母的護照內頁。

(六)公務護照

官方、特別或行政部門之護照：核發給政府單位或其他具有官方任務的人，此類護照必須經由有關單位之授權方可核發。依據《護照條例》第8條規定：「公務護照之適用對象如下：一、各級政府機關因公派駐國外之人員及其眷屬。二、各級政府機關因公出國之人員及其同行之配偶。三、政府間國際組織之中華民國籍職員及其眷屬。前項第一款、第三款及前條第一款、第二款所稱眷屬，以配偶、父母及未婚子女為限。」

(七)普通護照

普通護照（ordinary passport）之適用對象為具有中華民國國籍者。依據我國外交部《護照條例》規定，外交護照及公務護照之效期以五年為限，一般人民（十四歲以上）的普通護照以十年為限。但未滿十四歲者之普通護照以五年為限。此外，男子於年滿十四歲之日起，至年滿十五歲當年之十二月三十一日前，核給效期五年以下之普通護照。男子於役齡前出境，在其年滿十八歲當年之十二月三十一日以前，申請換發護照者，效期以三年為限；在其年滿十九歲當年一月一日至十二月

圖2.2 高雄機場入出國移民署出境查驗台，旅客排隊等候通關
圖片來源：曾通潔攝於高雄國際機場。

三十一日間，申請換發護照者，其效期最長至申請人屆滿二十一歲當年之十二月三十一日止。但年滿十九歲當年之一月一日以後，符合兵役法施行法及役男出境處理辦法之就學規定者，經驗明其在學證明後，得逐次換發三年效期之護照。

 第二節　簽證或其相等性之文件

「簽證」是指本國政府發給持外國護照或旅行證件的人士，允許其合法進出本國境內的證件。依國際法一般原則，國家並無准許外國人入境之義務。目前國際社會中鮮有國家對外國人之入境毫無限制。各國政府基於國際間平等互助與互惠的原則，而給予兩國國民間相互往來的便利，並維護本國國家安全與公共秩序。因此，各國對於辦理簽證的規定不盡相同，有些國家給予特定的期限內免予簽證，即可進入該國，有些國家發給多次入境的優惠，也有些國家設有若干的規定須具保證人擔保後，始發出允許入境的簽證。簽證在意義上為一國之入境許可。各國為對來訪之外國人能先行審核過濾，確保入境者皆屬善意以及外國人所持

證照真實有效且不致成為當地社會之負擔，乃有簽證制度之實施。

依據國際間簽證發放作業，簽證之准許或拒發係國家主權行為，故任何政府均有權拒絕透露拒發簽證之原因。綜上可知，簽證係用以證明持證人已取得發證國之入境許可。某些國家對於特定國家可予以免簽證方式進入該國。簽證有獨立一本者，亦有蓋戳記或貼於護照上者。簽證有單位時間內被授權「單次」或「多次」入境該國之權利，一旦單次簽證已使用，即失去作用。我國政府自1987年4月10日外交部修訂，持外國護照或外國政府所發之旅行證件，擬申請進入我國之簽證區分為下列數種：

一、免簽證

「免簽證」（visa free）是基於平等、互惠原則，外交部對特定國家國民，或因特殊需要，得給予免簽證待遇或准予抵我國時申請簽證。就美國而言，「免簽證計畫」（visa waiver program, VWP）允許特定國家的公民出於旅遊或商務的需要前往美國境內旅行最多九十天而無需事先申請簽證。就我國而言，除了日本護照效期應有三個月以上，其他適用免簽證的國家所持護照效期須在六個月以上，且持有訂妥回（續）程的有效機（船）票，可以免簽證入境停留台灣三十日。截至2009年12月底，計有澳大利亞（Australia）、奧地利（Austria）、比利時（Belgium）、加拿大（Canada）、哥斯大黎加（Costa Rica）、捷克（Czech Republic）、丹麥（Denmark）、愛沙尼亞（Estonia）、芬蘭（Finland）、法國（France）、德國（Germany）、希臘（Greece）、匈牙利（Hungary）、冰島（Iceland）、愛爾蘭（Ireland）、義大利（Italy）、日本（Japan）、韓國（Republic of Korea）、拉脫維亞（Latvia）、列支敦斯登（Liechtenstein）、立陶宛（Lithuania）、盧森堡（Luxembourg）、馬來西亞（Malaysia）、馬爾他（Malta）、摩納哥（Monaco）、荷蘭（Netherlands）、紐西蘭（New Zealand）、挪威（Norway）、波蘭（Poland）、葡萄牙（Portugal）、新加坡

（Singapore）、斯洛伐克（Slovakia）、斯洛維尼亞（Slovenia）、西班牙（Spain）、瑞典（Sweden）、瑞士（Switzerland）、英國（U.K.）、美國（U.S.A.）、梵蒂岡城國（Vatican City State）等三十九國旅客適用免簽證。

　　「免簽證」持有人的停留期限自入境翌日起算，由於日本、英國、愛爾蘭、紐西蘭給予持中華民國護照的本國國民免簽證的禮遇，因此持日本、英國、愛爾蘭、紐西蘭護照入境者我國亦給予九十天免簽證停留期限；持其他國家護照者爲三十天，最遲須於期滿當日離境。使用免簽證入境後停留期屆滿不得延期及改換其他停留期限之停留簽證（stopover visa）或居留簽證，除非因罹患急性重病、遭遇天災等重大不可抗力事故，致無法如期搭機離境，或於入境後於停留期限內取得工作許可之白領專業人士及與其同時入境之配偶、未滿二十歲子女，經外交部領事事務局或外交部中部、南部、東部辦事處專案同意改換停留簽證者不在此限。

　　另外，爲了振興觀光產業，我國比照部分國家的旅客入境規範（如日、韓），開放東南亞五國（印度、泰國、菲律賓、越南及印尼）旅客可在來台前先使用網際網路，向內政部入出國及移民署建置之「東南亞五國人民來台先行上網查核作業系統」登錄個人基本資料，取得憑證後據以辦理登機及移民證照查驗手續入國。

二、一般簽證

(一)簽證類別

　　中華民國的簽證依申請人的入境目的及身分可分爲四類：

1.停留簽證（visitor visa）：係屬短期簽證，在台停留期間在一百八十天以內。

2.居留簽證（resident visa）：係屬於長期簽證，在台停留期間爲

一百八十天以上。

3.外交簽證（diplomatic visa）。

4.禮遇簽證（courtesy visa）。

(二)入境限期

入境限期（簽證上VALID UNTIL或ENTER BEFORE欄）係指簽證持有人使用該簽證之期限。例如VALID UNTIL（或ENTER BEFORE）APRIL 8, 2010，即2010年4月8日後該簽證即失效，不得繼續使用。

(三)停留期限

停留期限（duration of stay）指簽證持有人使用該簽證後，自入境之翌日（次日）零時起算，可在台停留之期限。

【說明】

1.簽證停留期一般有十四天、三十天、六十天、九十天等種類。持停留期限六十天以上未加註限制之簽證者，若須延長在台停留期限，須於停留期限屆滿前，檢具有關文件向停留地之內政部入出國及移民署各縣（市）服務站申請延期。

2.居留簽證不加停留期限：應於入境次日起十五日內或在台申獲改發居留簽證簽發日起十五日內，向居留地所屬之內政部入出國及移民署各縣（市）服務站申請「外僑居留證」（Alien Resident Certificate）及「重入國許可」（Re-Entry Permit），居留期限則依所持外僑居留證所載效期。

(四)入境次數

入境次數（entries）分為單次（single）及多次（multiple）兩種。

(五)簽證號碼

旅客於入境應於「旅客入出國登記表」（Embarkation/Disembarkation Card，簡稱E/D卡）填寫簽證號碼（visa number）。

(六)註記

係指簽證申請人申請來台事由或身分之代碼，持證人應從事與許可目的相符之活動

三、簽證核發的型式

(一)外交簽證

適用於持外交護照或其他旅行證件的下列人士：

1.外國正、副元首；正、副總理；外交部長及其眷屬。
2.外國政府駐中華民國之外交使節、領事人員及其眷屬與隨從。

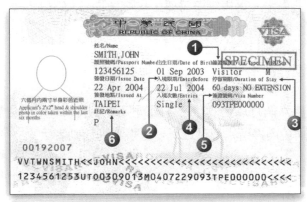

圖2.3 中華民國簽證樣本

資料來源：外交部領事事務局網頁，http://www.boca.gov.tw。

3.外國政府派遣來台執行短期外交任務之官員及其眷屬。

4.因公務前來中華民國所參與之政府國際組織之外籍正、副行政首長等高級職員及其眷屬。

5.外國政府所派之外交信差。

對於以上人士，得視實際需要，核發一年以下之一次或多次之外交簽證。

(二)禮遇簽證

適用於持外交護照、公務護照、普通護照或其他旅行證件的下列人士：

1.外國卸任之正、副元首；正、副總理；外交部長及其眷屬來台做短期停留者。

2.外國政府派遣來台執行公務之人員及其眷屬。

3.因公務前來中華民國所參與之政府國際組織之外籍職員及其眷屬。

4.應我政府邀請或對我國政府有具體貢獻之外籍社會人士及其家屬來台做短期停留者。

對於以上人士，得視實際需要，核發效期及停留期間各一年以下之一次或多次之禮遇簽證。

(三)停留簽證

適用於持六個月以上效期之外國護照或外國政府所發之旅行證件，擬在中華民國境內停留六個月以下，從事下列活動者：

1.過境。

2.觀光旅遊。

3.探親：需親屬關係證明，例如被探親屬之戶籍謄本或外僑居留

證。

4.訪問：必備出具邀請函或相關證明文件。

5.研習語文或學習技術：被主管機關核准公文或經政府立案機構出具之證明文件。

6.洽辦工商業務：備國外廠商與國內廠商往來之函電。

7.技術指導：備國外廠商指派人員來台之證明。

8.就醫：備本國醫院出具之證明。

9.其他正當事務。

對於以上人士，應備離台機票或購票文件，若實際需要時，並備「外人來華保證書」兩份。有關「簽證效期」簽證效期，對於互惠待遇之國家人民，依協議之規定辦理；其他國家人民，除另有規定外，其簽證效期為三個月。至於「停留期限」，有自十四天至六十天者。

(四)居留簽證

適用於持六個月以上效期之外國護照或外國政府所發之旅行證件，擬在中華民國境內停留六個月以上，從事下列活動者，簽證效期為一年至三年不等。

◆依親

來台依親生活之配偶或直系親屬，需檢具相關證明者。例如：出生證明、結婚證書、戶籍謄本或外僑居留證等。若為大陸地區來台團聚、居留或定居者，必須依照《大陸地區人民申請進入台灣地區面談管理辦法》第3條規定申請面談。必要時，其台灣地區配偶或親屬亦應接受訪談，通過面談後，申請人方可入境。

◆來台留學或研習中文

在教育主管機關立案之學校或大學附設之國語文中心就學之人員。經教育部或其他相關機關核准，在我國進行研習、受訓之人員。申請人需檢具教育部承認其學籍之大專校院以上學校所發之學生證，或在教育

部核可之語言中心,已就讀四個月,並另繳三個月學費之註冊或在學證明書。

◆應聘

需主管機關核准公文,且必須是下列情況:

1.專門性或技術性人員。

2.由中華民國政府核准之華僑或外籍人士所投資或設立事業中的幹部、經理人或主管。

3.學校教師。

4.依補教法設立之立案短期補習班中的全職外語教師。

5.體育教練與運動員。

6.於立案公私立學院或大學就讀的外籍留學生、僑生與其他華裔外籍學生。

7.宗教、藝術與娛樂事業工作者。

◆長期住院就醫

因病重需長期住院者,應提供中華民國醫學中心、準醫學中心或區域醫院出具之證明文件。

◆投資設廠

指經目的事業主管機關依法核准在我國投資之外國投資人或外國法人投資人之代表人。需主管機關核准公文。

◆傳教

需指經合法立案之宗教團體邀請來台宣揚教義者;需有傳教學經歷證件、在華教會邀請函及其外籍教士名單。

◆工作簽證

台灣僱主必須向行政院勞工委員會的職業訓練局申請許可後才能正式聘用外籍人士。僱主和其準備聘用的人員都必須符合某些特定條件才能核准僱用。

◆APEC商務旅行卡

亞洲太平洋經濟合作會（Asia-Pacific Economic Cooperation）所發行的「亞太經濟合作商務旅行卡」（APEC Business Travel Card，簡稱ABTC，是供商務人士所持用，能夠在會員體間通關入出境的一種許可證）。亦即，以商務旅行卡取代傳統簽證型態，使持有該卡之商務人士得持憑有效護照享有三年效期、多次入境每次停留最長三個月之簽證待遇（各會員體核定時間長短不同），適用之國家名稱詳列於卡片背面，僅適用在卡片上有註名之國家才享有通關禮遇與免簽證禮遇；另於通關時，得經由APEC專用通關道，節省商務人士辦理簽證及通關時間。

表2.2　外僑居留證效期，依據來台居留目的區分表

居留目的	居留效期	指涉對象
依親	三年以下	指來台依親生活之配偶或直系親屬。
應聘	三年以下	1.依公司法認許之外國公司在我國境內之負責人或其分公司經理人。 2.經目的事業主管機關依法核准受聘僱在我國工作或執業之外國人。 3.經目的事業主管機關依法核准在學校、學術或研究機關（構）研究、指導或教學之人員。
投資	三年以下	指經目的事業主管機關依法核准在我國投資之外國投資人或外國法人投資人之代表人。
傳教	一年以下	指經合法立案之宗教團體邀請來台宣揚教義者。
就學	一年以下	1.在教育主管機關立案之學校或大學附設之國語文中心就學之人員。 2.經教育部或其他相關機關核准，在我國進行研習、受訓之人員。
其他	一年以下	指其他有居留需要且經入出國及移民署服務站許可其居留者。

附註：
1.外僑居留證效期，均不得逾護照效期或主管機關核准之工作許可效期。
2.來台依親生活之外國人，以其所依外籍親屬之居留期間為居留期間。
3.與本國人結婚之外籍配偶，第一次申請外僑居留證時，只核給一年效期。

資料來源：外交部領事事務局網頁，http://www.boca.gov.tw。

（正面）　　　　　　　　　　（背面）

圖2.4　亞太經濟合作商務旅行卡正、背面樣本

資料來源：外交部領事事務局網頁，http://www.boca.gov.tw。

表2.3　APEC卡片欄位說明

欄位說明（正面）		欄位說明（背面）		
APEC	APEC 商務旅行卡	Passport	核發持卡人護照所屬的會員體代碼	
Chinese Taipei	發卡會員體	000000000	持卡人的護照號碼	
Name	持卡人姓名	VALID FOR TRAVEL TO	持卡人可以前往之會員體詳列如下：	
Date of Birth	持卡人出生日期	Australia / 澳大利亞	AUS	Malaysia / 馬來西亞	MYS
Document No	卡號	Brunei Darussalam / 汶萊	BRN	New Zealand / 紐西蘭	NZL
Expiry Date	商務卡效期截止日期	Chile / 智利	CHL	Peru / 祕魯	PER
		People's Republic of China / 中國	CHN	Philippines / 菲律賓	PHL
	持卡人照片	Hong Kong, China / 香港特區	HKG	Papua New Guinea / 巴布新幾內亞	PNG
	持卡人簽名				
ABTC參加會員體以外交部最新公布為準，相關資訊均可查詢外交部領事事務局網站 www.boca.gov.tw		Indonesia / 印尼	IDN	Singapore / 新加坡	SGP
		Japan / 日本	JPN	Chinese Taipei / 中華台北	TWN
		Republic of Korea / 大韓民國	KOR	Thailand / 泰國	THA
		MEXICO / 墨西哥	MEX	VietNam / 越南	VNM

資料來源：外交部領事事務局網頁，http://www.boca.gov.tw。

四、健康證明

　　為了落實檢疫作業，藉由入出境航機、船舶、人員與貨物之檢疫，以及船舶鼠類管制與港區病媒調查管制作業，以防範傳染病境外移入，危及國內防疫安全。世界各國均在國際機場、港口及邊界關卡設置檢疫單位（Quarantine Inspection），對入境船舶、航空器及其所載人員、貨物執行必要的傳染病檢疫、監測和衛生監督，並要求入出境的旅客提供預防接種證明，以證明其已通過衛生檢疫措施而避免傳染，從而維護國內防疫安全及保障國民健康。

　　舉凡接種後，該國檢疫單位將會簽發「國際旅行健康檢查證明書」和（或）「國際預防接種證明書」（International Vaccination Certificate）予被接種者，由於其證明書為黃色的封面，故也稱為「黃皮書」。

　　檢疫傳染病是國際上對鼠疫、霍亂、天花和黃熱病，這四種對人類危害極大的傳染病的通稱。由於天花病菌在世界範圍內基本上已獲得控制，世界衛生組織自1980年起已經取消對天花的預防要求。目前世界各國對於觀光旅遊者大部分皆無硬性規定要準備黃皮書。但是，對於出入某些被世界衛生組織（World Health Organization）公告之國際疫情流行之國境或地區者，若未持有上述手續者，檢驗檢疫機關視情況可以阻止其入（出）境。

五、機票或適量之金錢

　　各國政府為了降低外籍人士入境後，延滯不歸所帶來的社會問題及治安風險，通常會要求入境的外籍人士持有並證明其具有回程機票或續程航段的機票，抑或證明其具有足夠之金錢或能力足以返回其原出發地或其他國家，否則將保留其入境該國的權利。

　　綜合前述幾項旅行證件的介紹，值得一提的是航空公司雖有權要求旅客出示其旅行證件，但航空公司對於旅客旅行證件之適用性並不

圖2.5　國際機場海關行李提領區
圖片來源：曾通潔攝於高雄國際機場。

需要負擔法律責任。雖然，航空公司在運務作業上會要求旅客出示其旅行證件的程序，係根據旅遊目的國政府之要求，且大部分國家之政府多以罰款要求航空公司遵守其規範。但是，持有不堪適用之旅行證件者係屬個人行為，旅客應對其旅遊文件之適法性負有責任，航空公司並非入境國移民局，並無法知悉旅客是否可以順利進入該國。以長榮航空公司之機票運送條款規定為例，該公司強調旅客應持用有效的旅行證件，並且符合旅遊目的國所有法條、規定、命令及要求而負責。依據該公司的政策，審核旅客之旅行證件乃是為了使其順利完成整段的行程，而得以保有拒絕搭載未持有有效護照及簽證旅客的權利。當核發機票或行前預訂，旅客會被告知有關護照、簽證、健康狀況及疫苗接種等各項證明，其目的亦是為了使旅客能完成整段的行程，免遭旅遊目的國當地拘留或遣返的困擾。

第三節　港、澳、大陸地區居民來台作業規範

　　台灣的旅遊資源豐富，複雜奇特的地貌景觀、變化多端的氣候和種類繁多的動植物，從清代以來便有「八景十二勝」之說。近半世紀以來，許多主題公園和樂園相繼被開發出來，更增添了可遊性。然而，觀光資源雖然豐富，旅遊人次卻無法大幅度增長。尤其，台灣迄今仍呈現出境旅客多於入境旅客，觀光收益逆差較大的態勢。近年來，無論是政治與經濟，皆面臨前所未有的衝擊，尤其在經濟結構上更面臨強大的轉型壓力。為了加速與國際接軌，塑造寶島形象，創造就業與提振國家經濟，行政院揭櫫了旨在開創更多觀光客來台旅遊的「觀光客倍增計畫」，並列為國家發展的十大重點投資計畫之一。

　　大陸地區與台灣雖僅一水之隔，緊相毗鄰，在歷史淵源、文化與血緣上亦有緊密的聯繫。然而，囿於政治因素，海峽兩岸長期隔絕，互不往來，不同的政治體制和社會制度讓台灣蒙上了一層神祕的色彩。隨著大陸的改革開放，兩岸關係的緩和，使得大陸居民急於掀開這層神祕的面紗。赴台旅遊的不易，更會激起人們一探究竟的願望，這本身就是赴台旅遊的最大賣點。世界觀光組織在「旅遊業2020宏願」（Tourism 2020 Vision）預測，至2020年時，中國的出境旅遊總人次將有一億人次之多，並將成為世界第四大旅遊客源輸出國，顯見中國已成為國際旅遊業眼中奪目的亮點。尤其，對台灣來說，島內旅遊市場長年來一直面臨尖離峰需求差距過大、觀光勞務市場嚴重逆差的窘境。因而，業者對於引入大陸客源來活絡第三產業抱持正面看法，甚至部分業者已紛紛在各熱門旅遊景點斥資闢建觀光休閒飯店、規劃整建特產購物、遊憩與度假中心等硬體設施，試圖擴大寶島整體旅遊資源的縱深與接待能力。兩岸四地因中華歷史文化與經濟發展等方面背景相似，形成中外旅客探索中華新興文化的魅力旅遊圈。因應目前兩岸四地往來頻繁，本節分別就港、澳及大陸地區居民來台作業規範說明如下：

一、港、澳居民來台入境作業

因應兩岸關係和緩，以及直航班機擴展，2001年8月8日內政部開放港、澳居民來台落地簽證作業辦法，凡曾經來過台灣的港澳居民，在抵達台灣桃園機場或高雄機場後，可以免費申請時效為十四天（自入境之翌日起十四日內）落地簽證。申請落地簽證，應該具備的文件，包括申請書（落地時再填）、三個月內的照片二張（持有有效入出境證件者，免附照片）、有效入出境證件或曾經進入台灣的證明文件、有效期間六個月以上的香港或澳門護照或永久性居民身分證正本（驗畢退還）、訂妥機位並在十四日內離境的回程或離境機票。內政部警政署入出境管理局並於2007年修訂「香港澳門居民申請臨時入境停留簡要說明」（編碼0403），規則如下：

(一)臨時入境停留

香港或澳門居民有下列情形之一者，得申請臨時入境停留：

1. 持有有效單次入出境許可或逐次加簽許可或多次入出境許可證件（以下簡稱有效入出境證件）者。
2. 曾經許可進入台灣地區者（係指曾經許可以香港或澳門居民身分，且進入台灣地區者）。
3. 在香港或澳門出生者。

其中，對於香港澳門居民的定義是指具有香港或澳門永久居留資格的港市居民，且未持有外國護照（不含British National Overseas, BNO），或雖持有葡萄牙護照但係於葡萄牙結束治理前於澳門取得者。機場實務常見的港澳人士來台時遭遇拒絕入境的原因，大致可歸類如下：(1)護照不足六個月；(2)未持有三十日內確認訂位的離境回（續）程機（船）票；(3)未持有效入出境證件或曾經許可進入台灣地區之證明文

件；(4)持用的香港或澳門護照上出生地欄登載不是香港或澳門。

(二)短期停留

　　居住在香港或澳門的居民，可向我國行政院設立、指定機構或委託的民間團體（如香港中華旅行社、澳門台北經濟文化中心）申請短期停留許可，相關承辦單位核轉內政部入出國及移民署辦理後簽發單次入出境許可或逐次加簽許可。單次入出境許可，自核發之翌日起六個月內為許可證的有效期間，在效期內可入出境一次，因故未能於有效期間內入境者，可於有效期間屆滿前，向入出國及移民署申請延期一次，停留期間自入境之翌日起算最長停留期限三個月，並得申請延期一次，期間不得逾三個月；須經常來台者，得核發逐次加簽許可，有效期間可分為一年多次入境許可或三年多次入境許可兩種，依許可證證效期自核發之翌日起算一年或三年有效，入出境台灣必須在許可證效期內另外辦理逐次加簽，每一次加簽後可於加簽的翌日起六個月內可入出境台灣。

(三)延期停留

　　香港、澳門居民經許可進入台灣地區，持用三個月效期的停留許可，自入境之翌日起未逾三個月，可以申請延期一次，再次停留期間以三個月為限；或是已經申請延長停留但期間屆滿，有特殊事故，申請再延長停留期間者，稱為「延期停留」。所謂的特殊事故以下列所述為主：

1. 懷胎七個月以上或生產、流產後兩個月未滿者：每次不得逾兩個月。
2. 罹患疾病而強制其出境有生命危險之虞者：每次不得逾兩個月。
3. 在台灣地區設有戶籍之配偶、直系血親、三親等內之旁系血親、二親等內之姻親在台灣地區患重病或受重傷而住院或死亡者：自事由發生之日起不得逾兩個月。
4. 遭遇天災或其他不可避免之事變者：不得逾一個月。
5. 跨國（境）人口販運之被害人，有繼續停留台灣地區協助偵查或

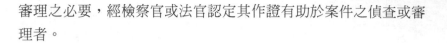

國際機場旅客服務實務

審理之必要，經檢察官或法官認定其作證有助於案件之偵查或審理者。

值得強調的是，若曾經來台後，有逾期停留的記錄，或是從事與申請許可時所陳述的目的不符之活動等情形，其再次申請來台，將可能不予核發入境許可。

二、大陸居民來台作業規範

海峽兩岸的旅遊互動規範起源於政府基於人道與親情考量，自1992年7月31日頒布《台灣地區與大陸地區人民關係條例》迄今，隨著時空背景改變而多次修正條文，其目的是為確保台灣地區安全與民眾福祉，規範台灣地區與大陸地區人民之往來，並處理衍生之法律事件所制定。1993年2月8日內政部制定《大陸地區人民進入台灣地區許可辦法》，規範大陸居民來台探親團聚的法源依據；2002年9月11日修訂《大陸地區人民進入台灣地區許可辦法》，開放大陸地區三等親內的血親或配偶可來台探親，並同意年逾六十歲在台灣地區無子女，且傷病未癒或行動困難乏人照料者，進入台灣地區探病之大陸地區人民可以申請延期在台灣地區協助照料。1998年6月29日《大陸地區專業人士來台從事專業活動許可辦法》，開放大陸地區大眾傳播人士申請來台參觀訪問、採訪、拍片或製作節目；傑出民族藝術及民俗技藝人士申請來台傳習、大陸地區科技人士申請來台參與科技研究與大陸地區專業人士申請來台在公立學校講學者。1999年4月13日公告《邀請大陸地區專業人士來台從事活動須知》，其中規定邀請大陸地區專業人士來台參訪單位，須經許可後核給旅行證，旅行證有效期間自發證之日起算為三個月，停留期間，自入境之翌日起算，例如：許可停留期間十日，其在3月1日入境，應於3月11日前出境，兩岸關係正式邁向新的潮流。

大陸居民來台的原因可略分為：(1)大陸親屬來台依親與團聚；(2)大陸親屬來台探親、探病、奔喪；(3)文化、學術交流；(4)投資與商務

60

圖2.6　港澳人士來台正在入出國移民署辦理入台許可證
圖片來源：曾通潔攝於高雄國際機場。

考察；(5)觀光旅遊。然而，兩岸人蛇集團、情色業者與人力仲介卻利用此一管道以「假結婚」、「假探親」名義進行不法行為，2004年3月1日制定《大陸地區人民申請進入台灣地區面談管理辦法》，並於2009年8月20日修定施行，由內政部入出國及移民署受理大陸地區人民申請進入台灣地區團聚、居留或定居案件時，對申請人實施面談。申請人如有台灣地區配偶或親屬者；必要時，其台灣地區配偶或親屬亦應接受訪談。其中第11條規定：實施面談時，經受面談者同意，可於夜間進行面談，但是必須在晚上十點截止受理。但航空公司在班機到站時刻表定時間內且未逾晚上十點抵達者，入出國及移民署仍應實施面談。須於機場實施面談，受面談者因故無法接受夜間面談，必須由入出國及移民署安排住宿處所住宿，等候翌日面談；航空公司搭載須於機場接受面談者，抵達機場、已逾晚上十點，由入出國及移民署通知航空公司安排住宿處所住宿，並由航空公司負責照護，等候翌日接受面談，但相關費用由受面談者自行支付。

2009年12月1日修訂的《大陸地區人民來台從事觀光活動許可辦法》，適用對象為：(1)在大陸地區有固定正當職業或學生；(2)有等值新台幣二十萬元以上之存款，並備有大陸地區金融機構出具之證明者；

(3)赴國外留學、旅居國外取得當地永久居留權或旅居國外一年以上且領有工作證明者及其隨行之旅居國外配偶或直系血親;(4)赴香港、澳門留學、旅居香港、澳門取得當地永久居留權或旅居香港、澳門一年以上且領有工作證明者及其隨行之旅居香港、澳門配偶或直系血親;(5)其他經大陸地區機關出具之證明文件者,可申辦入台許可證,來台觀光旅遊。

　　大陸居民出國使用證件繁雜,有「護照」、「港澳通行證」、「台灣旅行證」、「船員證」,但入出境台灣皆必須持用「台灣入出境許可證」,且須注意其使用規定,如團體旅遊必須注意附註欄是否規定「團體進出、不可脫隊」的警示;如是依親或團聚,需注意「需備妥有效回程機票」。另外來台團聚或依親的大陸居民若持用單次入台許可證停留逾期,須至各縣市「入出國及移民署專勤大隊」辦理手續,取得出境許可方可離境;使用逐次加簽居留許可證的大陸居民須完成出境加簽方可離境,若不慎漏查,而旅客無法出境,往往會因為旅客取消登機作業與行李卸載作業導致航班延遲起飛,不可不慎。

第四節　申根簽證

　　1950年,由比利時、法國、德國、義大利、盧森堡、荷蘭等六個創始國在歐洲進行亦被稱為「舒曼計畫」的「歐洲煤鋼共同聯營」計畫（European Coal and Steel Community, ECSC）,進行歐洲相關國家政治實體的政經整合。1957年,《羅馬條約》（Treaty of Rome）創立了「歐洲經濟共同體」（European Economic Community, EEC）或稱為「歐洲共同市場」。1965年通過的《布魯塞爾條約》成立「歐洲共同體」（European Communities）,也就是歐盟建立的前身。1973年1月1日,丹麥、愛爾蘭及英國加入歐洲共同體,使會員國總數增加到九個國家。1981年,希臘成為第十個會員國,1986年,西班牙和葡萄牙陸續加入,使得歐洲共同體的會員國增加到十二國。為解決歐洲無國界的自由貿易的問題,從而建立了所謂的「單一市場」,因此在1987年簽署「歐洲單

圖2.7　申根簽證樣本

資料來源：翻拍作者持有之申根簽證。

一法案」，這個法案的條款制定了一個重大的六年計畫。1993年，《馬斯垂克條約》（Maastricht Treaty）的簽定確認了「歐盟」（European Union, EU）的成立，讓商品、服務、勞力和資金流動「四種自由化」帶動下，「歐洲單一市場」更爲具體了。

　　同時，爲了使會員國彼此均取消邊境管制，持有任一成員國有效身分證或簽證的人可以在所有成員國境內自由進出，於1985年6月14日由五個歐洲國家（西德、法國、荷蘭、比利時、盧森堡）在盧森堡的一個小城市申根簽署《申根公約》（Schengen Agreement）。該公約於1995年7月正式全面生效，加入的會員國亦稱「申根國家」或者「申根公約國」，成員國的整體又稱「申根區」。根據該協定，旅遊者如果持有其中一國的旅遊簽證即可合法地到所有其他申根國家。截至2008年12月12日，申根的成員國增加到二十五個：奧地利、比利時、丹麥、芬蘭、法國、德國、冰島、義大利、希臘、盧森堡、荷蘭、挪威、葡萄牙、西班牙、瑞典、愛沙尼亞、拉脫維亞、立陶宛、波蘭、捷克、匈牙利、斯洛伐克、斯洛維尼亞、瑞士和馬爾他。申根區國家中除了瑞士、挪威和冰島之外均爲歐盟國家。值得注意的是，英國和愛爾蘭雖是歐盟國家，但並非申根協定成員國。

　　目前申根公約實施範圍僅及於三個月以下之一般人士旅遊簽證，原

則上，凡條件符合者，可持「申根簽證」通行二十五國，但亦非毫無限制，一體適用。各當事國政府仍得視特殊情況保留若干行政裁量權。申根簽證共有五種型式（type），分別是：

1.Type A：機場轉機簽證（不得入境申根國），分為一次轉機或兩次轉機（依申根簽證相關規定），從非申根地區進入申根地區轉機赴其他非申根地區，如會在申根地區轉機經過兩點（含）以上的申根國，雖不入境申根地區，仍須申請A類簽證。

2.Type B：為過境簽證（可入境申根國），一次或兩次（多次須另外申請特許），停留期限為五天。

3.Type C：短期停留簽證（可適用多個申根國），一次或多次，簽證有效期間，總停留期限為九十天。

4.Type D：為單一國家長期停留簽證（僅可使用於單一國家），一次或多次，簽證效期三個月至一年不等，入境後須申請當地國之居留證，並可持居留證前往其他申根國家短期停留（不限天數，惟不得超過居留證效期）。未取得當地居留證前，不可赴其他申根國家，持單次入境之D類簽證，出境後擬再入境，須重新申辦簽證。

5.Type D+C：合併長期單一國家簽證（D）與短期多國簽證（C），惟短期多國申根簽證（C）之效期至多九十天，期滿後僅長期單一國家簽證（D）有效。

國人如果須在申根國家轉機兩次以上且轉機時，到站與離站是同一機場，可辦理機場轉機簽證。例如搭乘華航CI061經法蘭克福，當日轉德航LH4676到阿姆斯特丹，再轉當日德航LH4732由阿姆斯特丹到倫敦，只要不入境各申根國，原則上僅需申辦「Type A」機場轉機簽證即可。然而，倘遇國與國間之轉機需透過其中一國之第二個機場進行，例如：國人搭乘長榮BR087由台灣經法國、葡萄牙前往聖多美普林西比，其自台北飛抵巴黎戴高樂機場後，需入境搭乘接駁巴士轉赴法國ORLY機場，才有班機飛往葡萄牙里斯本，再轉飛往聖多美普林西比。這麼一

來，就被視為將入境法國，在此一情況下，則需申請「Type B」過境簽證。僅持「Type D」簽證者，例如僅持法國「Type D」申根簽證不得經由其他申根國家轉機出境，必須直接自簽發國（法國）出境。

　　有鑑於國人對前揭申根簽證規定並不熟悉，實務上常發現少數旅客觸法受罰或被拒絕入境，從而引發不必要的困擾。過去曾經發生持用Type D+C簽證的我國籍義大利留學生，在義大利停留時超過簽證核予最多停留天數九十天，因此所持之Type C申根多國簽證即失效，僅剩下Type D單一國家（義大利）長期簽證仍有效，由於該留學生在未取得義國居留證而赴德國旅遊，而被遣返義大利。另有國人自香港過境巴黎（申根國），擬取道布拉格（申根國）前往馬其頓（非申根國），因未申請申根過境簽證，被留置於巴黎機場，必須另外購買其他非經由申根國家的機票前往其目的地。

　　航空公司派駐於國際機場的運務人員在進行申根簽證檢查時，務必逐一檢查前往歐洲之旅客所持簽證的各個欄位，並注意：(1)適用國家（全部申根國或部分或單一國家）；(2)簽證類別是否與出國目的相符；(3)單次或多次入境；(4)停留總天數（與有效期限並非一致）；(5)簽證有效日期的起訖。另外，赴申根國家旅遊，如果行程中會前往非申根公約國後，繼而再進入申根公約國，則必須申請「多次進出」的申根簽證

圖2.8　世界地圖時刻表

圖片來源：曾通潔攝於韓國仁川機場。

（C Type申根簽證）。

　　實務上，由於申根多次入境簽證費用較單次為高，偶爾會有極少數不肖旅行社或個別旅客為了節省費用，僅申辦「單次入境」簽證赴歐旅遊。但是，這些旅客在旅途中離開申根國家後，便無法再入境申根國家，在資訊不足的情況下常會誤解為航空公司誤失而讓公司遭致抱怨；也曾有旅客在申根簽證效期尚未生效前抵達申根國家國際機場，而遭拒絕入境。此外，旅客尚須確認所持申根簽證，是否由「最先入境國」或「入境最長國」所核發，以法國與荷蘭為例，入境時，移民局官員會詢問旅客的旅遊目的與行程，並查詢機票行程，若不符合會拒絕該名旅客入境，而發生困擾。因此，擔任機場櫃檯工作之運務人員應該熟悉各項簽證規定與辨識，並協助旅客確認持用之簽證是否與入境目的相符。

第五節　偽造證件的辨識

　　放眼全球之國境安全管理工作，自從911恐怖分子攻擊美國世貿大樓之後，在兼顧通關服務品質下，對於防範人口販運、恐怖攻擊、跨國犯罪與非法移民的相關議題，已經成為國安體系之國土安全及國境安全管理嚴峻的考驗與挑戰。

一、護照防偽辨識重點

　　依據美國紐約移民局估計，目前全球每年偷渡市場約可淨賺獲利之市值約美金100億元左右，經過分析後發現偷渡人員主要來源國大致為：中國大陸、斯里蘭卡、巴基斯坦、印度、孟加拉、中南美洲、非洲及蘇聯解體後的新興國家（如烏克蘭、克羅埃西亞、烏茲別克等）。各國政府為了邊境管理的安全，不斷地以外交手段要求其他國家改善護照的防偽功能，否則將給予入境的管制限制，比如取消免簽證互惠，並要求承載航空公司負擔查驗旅客的責任。因此，航空公司運務人員更需瞭

解基本的護照防偽辨識技術，相關辨識重點略述如下：

1. 橡皮圖章印及鋼印（wet seals and dry seals）：即一般的橡皮圖章印及鋼印，利用印章的圖像內容及所蓋的位置來防偽。

2. 特殊的背景圖樣（background printing）：在各頁面上以文字、圖像及不同色彩，設計成特定的背景圖樣。

3. 浮水印（water mark）：利用紙張厚薄對透光性會產生差異的原理，在紙張製造時即用模具使紙張本身部分結構於成型時即有厚、薄之分，從而在透光環境會形成某種特定的影像或反應。

4. 偏光膠膜（laminate）：利用偏光原理製成特殊膠膜，此種膠膜在正常肉眼下看起來是透明的，但當透過偏光鏡觀看時，則會變成不透明，並產生某種特殊圖像，利用將此膠膜覆蓋於證件的重要資料頁，以達到防偽的功能。

5. 隱藏圖像（latent image）：利用特殊印刷技術，使某種文字或圖像在正常視覺角度下無法顯現，但在一般光源下，該文字或圖像與觀察者之眼睛大約成一直線時，便可清楚看見該文字或圖像。

6. 紫外線感光技術（U.V. light fluorescing）：利用特殊材料吸收紫外線光源後會變色的原理，在證件上製作特殊的文字或圖像。此化學藥劑在一般可見光下不會感光，不會顯現出文字或圖像，但在紫光燈照射下，則會感光並顯現出文字或圖像。

7. 微縮印刷（micro printing）：利用微縮印刷技術將文字或數字縮小至肉眼無法辨識的大小來印刷，完成後之文字或數字在肉眼下看起來將如同一般線條，且字體極小，很難加以複製。

8. 纖維（fiber）：在紙張製作時，即在紙漿內加入特殊形狀之纖維，此種纖維在紫光燈照射下會產生特定的色彩。

9. 刀模線（die cut）：證件內部所貼的持有者照片四角或證件本身各頁周邊的切角，利用特殊儀器切割，使其產生極為平滑之圓角。

10. 凹版印刷（intaglio printing）：利用特殊的印刷技術，使所印出

之文字或圖像在肉眼觀察下與一般之印刷物無異，但當用指尖加以觸摸時，則可明顯感到該印刷部分有粗糙之立體感。

11. 疊影（kin gram）：利用多重影像重疊技術，使某種圖像在不同角度光源下觀察時，會產生不同顏色的變化，進而使該圖像顯現出立體或運動的效果。

12. 光學油墨（optical variable ink）：利用特殊油墨印刷成特殊文字或圖像，此種油墨在不同角度的光源下觀察時，產生不同的特定顏色。

13. 鬼影（ghost image）：除證件持有者原有所貼之照片外，另以特殊印刷技術在原照片之同一頁面列印一隱藏的影像，此影像與持有者原貼之照片完全一樣，惟該影像在正常視覺角度及光源下無法顯現，僅有在紫光燈照射，或一般直射光源由背面照射下，才會顯現。

14. 虹彩印刷術（rainbow printing）：利用特殊印刷技術，使證件背景各種不同顏色之轉換為漸進式的，讓各不同顏色之區塊彼此之間看不出明顯之界限。

15. 索扭印刷術（guilloche）：以複雜的線條形成特殊之圖像或文字，並使其跨越於證件上之照片內外，以防偷換照片。

16. 以光學機器判讀數位檢查碼（Machine Readable Zone Digit Check, 731731 CHECK）：以特定的計算公式，對證件持有人之出生年月日計算以得出固定之檢查碼。

17. 特殊之縫線裝訂（stitching and binding）：以特殊之縫線及方法裝訂整本證件，通常此種縫線對紫光燈會有特殊的顏色反應。

18. 雷射雋刻（emboss printing）：以雷射雋刻方式將證件持有人之照片、個人資料及其他特殊影像，刻於卡片式證件的背面，此種圖像在正常視角下無法看見，而必須將光源、圖像及眼睛大約成一直線時，始可看到內容。

19. 穿孔（perforation）：利用雷射對整本證件之全部或部分頁數進行穿孔，所穿洞之各孔均應平整並且一致。

20.編碼與解碼（encode/decode）：利用偏光原理，將證件持有人之部分資料，或特定之文字、圖像，以亂碼將全部或部分印於證件之相片上，此種亂碼在正常肉眼下會顯現出不同的圖樣或者產生透明狀，但當用特定的解碼片置於其上時，則可用肉眼看到正確的內容。

21.晶片（chip）：護照內植入非接觸式晶片，儲存持照人基本資料及生物特徵（臉部影像、指紋、虹膜），藉無線射頻識別系統（RFID）讀取或儲存晶片資料，並利用電子憑證機制驗證護照之真偽。

二、國際機場偷渡手法

實務上常見之國際機場偷渡手法，大約有六種，分別是：

1.換貼照片（photo substitute）：將合法護照上之相片以切割或使用化學藥劑除去，然後再換貼或印上偷渡者的照片；或將偷渡者影像列印於偽造的膠膜上，再將此膠膜貼於「個人資料頁」上，將新的偷渡者影像蓋住原持有者之照片。整本護照除照片部分外，其餘部分均仍為真品。

2.將護照上之「個人資料頁」整頁切換（bio-page substitute）：製作一含偷渡者照片及符合其個人資料之「個人資料頁」，然後將合法護照上之「個人資料頁」整頁予以切換。此種護照除「個人資料頁」外，其餘部分均仍為真品。

3.偽造整本護照（totally counterfeit document）：整本護照包括「個人資料頁」及內頁均為偽造。此種方式技術門檻較高，較容易防範。

4.製造並使用「夢幻文件」（fantasy document）：除了夢幻護照（fantasy passport）外，持用者通常會搭配使用其他夢幻身分證（fantasy I.D. card）或夢幻駕照（fantasy driver license）以取信

他人，或試圖傳達某種主張（「夢幻文件」並非一般認知之獲得國際公認的合法政治實體、國家或組織所發行的旅行文件。在極端狀況下，這種文件非僅不是偽造證件，其發證機構甚至是一個具體存在、明確的實體組織，或是已經不存在的國家。「夢幻文件」的目的僅是作為某種政治聲明或強調持證者是該組織中的成員）。

5.使用遺失之空白護照（stolen blank passport）：許多國家均曾有失竊空白護照的紀錄。這些護照均為真品，偷渡集團僅須貼上偷渡者之照片並印上其個人資料即可使用，因此，除非偷渡者使用此護照進入該護照國，否則實難以辨認其真假，這也是最難防範之偷渡方式。

6.冒名頂替（impostor）：偷渡人員直接冒充與其長相近似人員，並使用其合法之護照，此種方式常是冒用者與被冒用者具有近親關係，由於偷渡人員的相貌與護照中之照片神似，實務上不易防範。

　　為了賡續落實國境安全管理，機場運務人員必須藉由先期查核作為，有效過濾阻絕非法入出境者於國境線外。在面對可能使用假證件的旅客，有必要瞭解防範與應對技巧，以避免影響班機準時起飛。在值勤時，運務人員應該盡力於第一線報到櫃檯詳細檢查旅客證件，並於登機門處再次進行登機複查，不要盲目地隨機選擇部分旅客來做檢查，以免遭到「歧視」之抱怨。在執行檢查時的心態上並需建立務實的態度，在執行中發現可疑的目標，可協調移民署官員再次進行較深入的檢驗工作。

　　有時，有效的詢問方式也可找出持用偽照造護照旅客的破綻：首先查看旅客機票上之行程，注意是否有不合理或與實際行程不符合之處；其次就所知之事項明知故問，例如：旅客的行程、護照上的基本資料，以旅客所持證件國家之語言問話，而不要僅以旅客的外表來判斷其為哪一國人民，尤其當遇到類似東方臉孔，但持用美國、加拿大、澳洲等英

語系國家之護照時，則可使用英語與旅客對話。然而，為了避免被旅客認為隱私遭到侵犯，而遭致反彈，運務人員在人際應對、肢體語言與溝通技巧上務必婉轉，讓旅客感覺我們是在關心他（她），而非質問。

對於查獲持用假護照的旅客，須立即通報公司內負責安全事務的主管與航空警察局處理，卸載旅客的託運行李（offload）。必要時，在請示線上主管意見後，可請安檢官員再次進行航機的安全檢查，以避免產生飛安隱憂，影響飛航安全。

第六節　旅遊資訊手冊

《旅遊資訊手冊》（*Travel Information Manual*, TIM）係蒐集各國有關出入境、海關、檢疫規定程序等必要資訊，由「國際航空運輸協會」（IATA）每月定期出版，整合全世界航空暨旅遊業者所需之旅遊資訊。數以萬計的旅客透過它去尋找從出發站到目的地站的相關注意事項與必須備妥的旅遊文件說明。由於旅遊資訊會隨著國際間的政經情勢改變而有所更迭，因此內容的修訂是沒有終止的。在國際機場擔任運務工作的從業人員非僅應該培養閱讀該手冊的習慣，且要謹慎閱讀與遵循，

圖2.9　2008年TIM的封面圖

必免觸犯不必要的誤失而遭到處分或罰款，或引發旅客抱怨。

一、《旅遊資訊手冊》（TIM）之相關規定

在「TIM」這本獨特的手冊中，條列超過二百一十六國的相關規定

與法則，其中包括了下列事項的規定：

1. 護照規定（passports）：規範可入境的旅客國籍、對於雙重國籍旅客的接受與否、可接受的護照種類、居留證的規定、其他的旅遊證明文件、持用護照的效期規定、難民或無國籍者、飛航機組人員與船員的各國作業規定。

2. 簽證規定（visa）：包括簽證的要求與辦理規定、年幼旅客的簽證規定、過境免簽證的作業規則、效期、再入境許可與出境許可的相關事項。

3. 健康規定（health）：包括預防注射檢查、疾病管制地區的說明、國際疫情狀況與圖表、各國檢疫檢查對入境與過境旅客檢疫與防疫的具體作法、對於傳染性疾病的解釋說明等。

4. 機場稅（airport tax）：對各國是否徵收機場稅與金額說明，包含是涵蓋在機票中隨票附徵或機場當局自行徵收的詳細資訊。

5. 海關（customs）：包括一般旅客入（出）境的法規、行李提領的規定、活生動物的攜帶與野生動物保護規定、動植物的輸入規定，與國外貨幣的攜帶規定、免稅額度的申報與違禁品的檢查。

6. 貨幣（currency）：各國可使用的貨幣，或同一區域的共同使用貨幣，如歐盟間使用歐元。

二、TIM資料查詢系統

「TIM」的閱讀能力是航空公司運務人員必須具備的專業要求。由於手冊翻閱較不便利，因此各航空公司均建立或連結相關的資料庫來協助運務人員在報到櫃檯服務時，即可使用「離場管制系統」（Departure control system, DCS）進行查詢。目前國內各航空公司均是採用連結到SITA公司提供的TIM資料庫內查詢相關的資訊。每查詢一次依各航空公司與SITA所簽的使用合約支付服務費用。

操作上，該系統係採用關鍵字查詢：PA代表查詢護照規定；VI代表

查詢簽證規定；CS代表查詢海關規則；CY代表查詢使用貨幣；HE代表查詢公共衛生法規；TX代表查詢機場稅徵收規定。另一方面，可使用城市名稱的英文簡碼三碼或是國家名稱英文簡碼二碼輸入系統，以查詢旅客國籍前往轉機國家與目的地國家，並指定系統進行精確查詢，減少閱讀相關規定的時間。其中關鍵字NA代表旅客持用的護照國籍；TR代表旅客轉機時經過的國家或城市；DE代表旅客的目的地國家或城市。例如：

1.指令TIRV：代表進行精確查詢簽證作業規定。
2.指令NA：代表旅客持用的護照國籍（nationality）。
3.指令TR：代表旅客轉機時的國家城市（transit city）。
4.指令DE：代表旅客目的地的國家城市（destination）。

當輸入指令後一般會有下列的標準文字，本書以較常查詢的事項進行說明：

(一)Passport：Passport required（備妥護照）

1.Passport Exemptions：Holders of...，表示入境該國需要護照，以及特例，比如使用居留證、船員證或特別的身分證明等。
2.Document Validity：文件的停留最短效期，如旅客適用免簽證進台灣，護照效期需從入境日起算至少六個月有效。
3.Admission and Transit Restriction：許可過境限制規定，如某些國家對特定國籍旅客過境時，會給予限制，或對於持用外交護照、公務護照或一般護照時，有不同的規範，例如澳洲就不同意台灣公務護照的持用人在澳洲過境。
4.Crew Members：組員執行飛航任務期間必須配帶航員證與護照，並持用航班機組員名單（General Declaration Form, GD）方可被允許入出境。
5.Military：軍隊入出境規則，例如軍隊搭乘軍機入出境時不需護

照，但必須取得外交豁免證明；若搭乘民航客機入出境時必須視同一般旅客作業。

6.Additional Information：其他規定事項，例如：不受歡迎的國家；船員的入境護照或船員證適用性規則。

(二)Visa：Visa required（備妥簽證）

1.Visa Exemption：簽證除外的解釋，是指在一定的停留期間內可以免簽證入境的國家，抑或是已經辦理電子簽證（Electric Visa, E-Visa）或已申請並取得入境許可保證信的旅客。

2.TWOV（Transit Without Visa）：過境免簽證。有些國家過境需要辦理過境簽證，過境時必須在一定時間內完成，方可免簽證過境。例如美國不同意旅客在美國國土內進行免簽證過境。

3.Merchant Seamen：國際商船船員簽證規定，例如航空班機轉商船必須持有效船員證與商船停駁保證信、簽證或免簽證方可入境接船；商船轉航空班機時，必須持確認訂位的有效機票，持簽證或免簽證方式才可入境轉機。

4.Crew Member：對於民航客機航機組員與私人包機（專機）航機組員的入境規定有時不同，以香港為例，民航客機航機組員入境時，因任務停留可免簽證停留七日；私人包機（專機）航機組員入境時，因任務停留時，視為一般旅客的簽證規定方式辦理入境。

5.Additional Information：若遇到該國辦理大型國際賽事或會議時，如奧運、東亞運或APEC亞太經合會，在比賽或會議期間會有不同的入境特例，需加以留意。

(三)Customs：Import（進口）

1.Duty free：免稅品規定，攜帶免稅菸酒的限額。

2.Prohibited：禁止攜帶物品，如藥物、種子、活生動物、生鮮食物、肉製品等。

3.Pets：寵物的載運規定與入、出境申報作業規則。

4.Crew members：組員可攜帶的免稅物品規定或禁止攜帶免稅物品。

5.Baggage Clearance：行李提領規定，專機行李可否直接寄運到最終目的地，或只能託運到「入國」的第一站（Gateway）。

6.Currency Import：攜帶外幣與本國貨幣的限額與申報規定。

表2.3　常用的國家名稱簡碼與城市名稱簡碼（機場簡碼）

國家 Country	國碼 ICAO	國碼 ISO	城市 City	機場碼 Airport Code	城市碼 City Code
Taiwan	TWN	TW	Taipei	TPE	TPE
			Taichung	RMQ	TXG
			Kaohsiung	KHH	KHH
China	CHN	CN	Bei Jing	PEK	BJS
			Shang Hai	PVG	SHA
			Hong Kong	HKG	HKG
			Macau	MFM	MFM
United Arab Emirates	ARE	AE	Abu Dhabi	ADB	ADB
			Dubai	DXB	DXB
Argentina	ARG	AR	Buenos Aires	EZE	EZE
Australia	AUS	AU	Sydney	SYD	SYD
Austria	AUT	AT	Viena	VIE	VIE
Brazil	BRA	BR	San Paulo	GRU	SAO
Canada	CAN	CA	Vancouver	YVR	YVR
France	FRA	FR	Paris	CDG	PAR
Germany	DEU	DE	Frankfurt	FRA	FRA
India	IND	IN	Deli	DEL	DEL
Indonesia	IDN	ID	Jakarta	CGK	JKT
Japan	JPN	JP	Tokyo	NRT	TYO
Korea Republic	KOR	KR	Seoul	ICN	SEL
Malaysia	MYS	MY	Kuala Lumpur	KUL	KUL
Netherland	NLD	NL	Amsterdam	SPL	AMS
Italy	ITA	IT	Rome	FCO	ROM
Philippine	PHL	PH	Manila	MNL	MNL
Singapore	SGP	SG	Singapore	SIN	SIN
Switzerland	CHE	CH	Zurich	ZRH	ZRH
United Kingdom	GBR	GB	London	LHR	LON
Vietnam	VNM	VN	Ho Chi Minh	SGN	SGN
U.S.A	USA	US	New York	JFK	NYC

資料來源：ICAO and ISO Country and City Code.

 第七節　電子簽證

一、澳洲電子簽證ETA

「電子旅遊憑證」（Electronic Travel Authority, ETA）是1996年澳洲政府對於許可進入澳洲的持用有效護照外籍人士的一項入境授權。對於需要辦理簽證的旅客，只要是透過旅行社或航空公司使用網際網路辦理申請，除非是該旅客在系統驗證過程中被懷疑是恐怖分子或不受歡迎人士，否則會立即被核予ETA入境授權。「電子旅遊憑證」的效力等同一般簽證，但旅客不會持有實體簽證，而是以系統核發的隱藏式電子許可憑證為主。簽證一經核准，澳洲移民局便將申請人的個人資料記錄於該局的電腦系統，航空公司運務人員在進行旅客報到作業時，運務櫃檯的報到系統會直接與澳洲移民局的電腦連結，取得入境授權許可後，即可受理旅客報到。截至2007年6月，超過二十三萬人被核予ETAS入境許可，使用ETAS短期商務簽證的旅客占澳大利亞遊客將近80%。

二、香港網上快證

「香港網上快證」（I-Permit）是針對台灣旅客而設計。台灣旅客持用有效期六個月以上的護照，可向全省約一百五十家的代辦旅行社申請網上快證。申請人的資料將透過該旅行社專屬的電腦網路系統直接聯繫至香港入境事務處，在幾分鐘內便可獲得審核回覆。如申請獲准，承辦旅行社就會印出一張「電子通知書」的確認單交給辦理申請的旅客；而香港入境處的電腦系統會連接在香港機場網上快證領取櫃檯印刷正式的入港許可證。申請人可持確認單正本及護照，在飛抵香港機場後至指定領證櫃檯領取，然後辦理入境手續。如果網上快證申請未獲准，香港

入境處的電腦系統也會發送電子訊息通知代辦旅行社，由旅行社通知辦理申請的旅客依照現行一般的程序由書面方式辦理申請入境許可證（港簽）。

　　網上快證有效期為兩個月，持證人可在有效期內進入香港兩次，每次可逗留十四天。但申請人只可在三十天內申請兩次網上快證。根據《香港入境條例》第40條，旅客前往香港，航空公司有責任確認旅客均持有效旅行證件，抵港旅客後不受理網上快證申請，航空公司不可載運未辦妥有效入境許可證的旅客到港。

三、東南亞五國人民來台先上網查詢系統

　　外交部為拓展國際人士來台觀光，爭取印度、泰國、菲律賓、印尼及越南等五國旅客來台觀光，自2009年3月1日起，只要這五國國民持

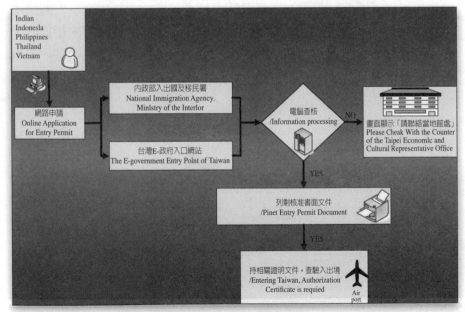

圖2.10　東南亞五國人民來台先上網查詢系統入境申辦流程圖

資料來源：內政部移民署全球資訊網。

有美、加、日、英、歐盟申根、澳、紐等先進國家簽證（包括永久居留證），則為免簽入境停留三十天適用對象。旅客必須未曾在台受僱。從事藍領外勞工作者，如果要申請免簽證入國，須先向我國入出國移民署網站建置之「東南亞五國人民來台先行上網查核作業系統」登錄證照及個人資料，取得憑證後，列印該憑證辦理報到手續登機及抵台後辦理入境證照查驗，入境查驗時未能出示美、加、日、英、歐盟申根、澳、紐等先進國家有效簽證或永久居留證者，將不予許可入國。

四、旅遊授權電子系統（ESTA）

2009年1月12日起，美國國土安全局啟用旅遊授權電子系統（Electronic System for Travel Authorization, ESTA）旅客入境審核計算，凡旅客持用的國籍護照是屬於「簽證免除計畫」（Visa Waiver Program, VWP）的國家，旅客搭機前往美國時必須先登錄 ESTA系統，並獲得許可後才可以搭機前往美國。「簽證免除計畫」是指全球中有三十五個國家的國民，若以商務旅遊目的前往美國，在美國的停留天數未超過九十天，不需辦理簽證入境美國。ESTA是一套免費的自動化服務系統，只針對前往美國可使用簽證免除計畫（VWP）的外國遊客所設計，由電子系統來決定該旅客是否被允許入境。

表2.4　美國VWP的適用國家

Andorra	Iceland	Norway
Australia	Ireland	Portugal
Austria	Italy	San Marino
Belgium	Japan	Singapore
Brunei	Latvia	Slovakia
Czech Republic	Liechtenstein	Slovenia
Denmark	Lithuania	South Korea
Estonia	Luxembourg	Spain
Finland	Malta	Sweden
France	Monaco	Switzerland
Germany	the Netherlands	United Kingdom
Hungary	New Zealand	

資料來源：USA TSA WEB.

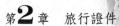

　　2010年1月20日，美國國土安全局更嚴格規定所有適用VWP計畫入境美國的旅客必須要完成ESTA的登錄，並取得核准後才可以登機。因此，各航空公司對於未完成ESTA的旅客將不得搭載其前往美國。

第 3 章

運務與航空站運作

　　傳統觀念中，航空運務是在機場提供旅客搭乘服務，使旅客能夠順利完成飛行旅程。一般而言，航空運務可粗分為國內航線與國際航線兩種壁壘分明的服務模式，第一線運務人員所接觸到的客源與航空站各部門的接觸面亦大不相同。為了協助讀者瞭解地勤服務階段的處理概況，本章將介紹航空公司運務部門與航空站內各單位的工作簡介，期望能引導讀者建立初步的認識。

 # 第一節　航空運務概述

　　機場運務人員是航空公司和旅客直接接觸的單位，一般人稱他（她）們為「地勤人員」，其主要職司是協助旅客進行登機前的各項服務。以長榮航空為例，在桃園國際機場的機場本部，旗下設有客務部，客務部又分「旅客服務課」及「裝載作業課」，其中旅客服務課又再細分為櫃檯組、出入境組、行李組、貴賓室等多種組別。在機場第一線服務旅客的工作人員統稱為「運務人員」（traffic and customer service staffs），也有航空公司將其稱為「業務人員」（sales staffs），或統稱為「地勤人員」（front-line ground staffs/ground service operators）。在職務屬性上，機場運務人員可分為正職員工與「非典型聘僱者」（atypical employees），也就是俗稱的「全職與時薪運務員」。不論是何種稱呼方式，其主要的工作可定義為「服務暨協助旅客搭乘各種飛行器為運輸工具，將人或行李透過航空運輸方式，從甲地運送到乙地」。依航線的性質、客源、市場規模與競爭力，航空公司會將所擁有的機隊做最大的經濟效益的安排，也就是說會盡量壓縮航機在地面停留的時間。因此，臨時的惡劣天氣或突發的航機意外事件，往往造成運務人員服務旅客的莫大挑戰。此外，地勤首要任務是讓飛機準時、順利的起飛。為了確保班機正常起飛，運務人員必須在短時間內承受龐大的工作量，不僅要隨時注意服務熱忱、應對進退，亦要處理非預期的機場突發狀況、安撫旅客情緒及問題解決，這些均是運務人員必須面對的課題。

一般來說，運務工作內容是在機場櫃檯辦理旅客報到（check-in）、證件查驗、行李託運、劃位或現場開票，在候機室內引導旅客通關候機，登機時並作廣播服務，提醒旅客登機或廣播尋找已報到未登機的旅客及貴賓服務工作。另外，運務人員還須與空中廚房聯繫預訂餐點與加訂餐點、協助旅客失物尋查、旅客申訴。運務工作最大挑戰是處理班機延誤事件，協助處理旅客轉機、住宿、機上餐飲、旅客抱怨解釋、安撫等。尤其，國際班機一旦延誤，因旅客人數眾多，且國籍不同，國情相異，溝通不易，對機場運務是一種很沉重的負擔。

一、運務工作的特性

航空公司運務人員與旅客接觸時，已經是旅客即將使用航空公司產品——「機位」的最後一關。服務的流暢、態度的親和與專業謹慎展現，一舉一動都將影響顧客對航空公司的觀感。然而，因為航空交通的不確定性較地面運輸高，航空票價亦較其他交通工具運費高，旅客相對會對航空公司所提供的服務品質有較高的期待，航班的延遲或取消往往容易激化旅客不滿的情緒。況且，人的情緒是多變的，在服務過程中難免會面對難纏的旅客，運務人員必須謹慎行事，良好的EQ與不慍不火的談吐，展現抗壓性與專業性。此外，本國籍航空公司集團皆經營國內航線與國際航線，兩者有著截然不同的服務特性。相較於國內航線的單純性（旅客報到、機票與證件檢查、登機、離站），國際航線複雜的票務規則與各國的簽證規定，續程航班銜接是否適當，以及旅客身心是否適合長程飛行，均是運務工作的極大考驗。要成為一位優秀的運務人員，必須要有「以客為尊」的服務理念，靈活的應對技巧，對各航線與機型的熟悉度，專業豐富的機票閱讀能力與各國入境規定的掌握，才能提供旅客安全、舒適與便利的服務。

二、運務工作的概述

運務工作大致可分為六個大區塊：(1)離境服務；(2)候機室服務；(3)貴賓室服務；(4)機坪聯絡作業；(5)過境服務；(6)到站服務。相關職掌的工作內涵分述如下：

(一)離境服務

旅客證件查驗、機票收售與報到劃位作業、行李託運與超重行李收費，以及提供旅客諮詢服務與旅客臨櫃訂位購票服務。

(二)候機室服務

航班動態掌控、班機準時率維持、旅客動態掌握、登機前的手提行李安全檢查、登機作業安全與秩序維持、飛航文件傳遞以及錯失班機旅客的後續服務。

(三)貴賓室服務

提供頭等艙、商務艙以及參加航空公司常客優惠方案（frequent flier program, FFP）的高級艙等旅客，或是與信用卡發行公司簽訂服務契約的適用旅客，在搭機前有一個候機時可以休憩的空間。貴賓室內備妥書報雜誌、餐飲與網際網路服務，讓旅客在候機時感受尊榮與舒適。

(四)機坪聯絡作業

地面安全作業戒護與統籌管理航班的機坪作業，例如：班機加油、空廚上餐、空地勤工作協調。

(五)過境服務

旅客的過境報到作業、延誤到站班機後續轉機行程安排、旅客過境住宿安排以及過境旅客的諮詢服務。

(六)到站服務

迎接旅客到站、接送身心障礙旅客與特別服務需求旅客、到站文件遞送、協助旅客提領託運行李與行李異常事件處置。

三、機場運務工作的執掌及權責

(一)機場經理及副理（**Station Manager/Deputy Station Manager**）

「Station Manager」是航空公司在機場配置的最高行政長官，主要是協調各部門運作的順遂、特殊貴賓的送往迎來與站務的管理規劃。對於此職銜，各家航空公司的稱謂並不一致。長榮航空及立榮航空稱為

圖3.1　泰國航空與德國漢莎航空共用同一區櫃檯提供報到服務
圖片來源：曾通潔攝於韓國仁川機場。

主任及副主任；遠東航空稱爲站長及副站長；國泰航空、港龍航空、新加坡航空稱爲機場經理及機場副理。頭銜雖然不同，但工作內容大同小異，一般工作範疇如下：

1. 站務櫃檯作業流程之規劃、改進及推行。
2. 注意各項人安、事安、地安、物安並回報總公司。
3. 與公司、各友航、機場當局相關部門作業之聯絡與配合。
4. 緊急或意外事故發生之應變與處置。
5. 特殊貴賓的送往迎來與接待。
6. 站上人員調派、人員考核、獎懲與建議。
7. 上級其他臨時交辦事宜與公文處理。
8. 妥善掌控正職員工與「非典型聘僱者」在服務能量展現的互補性，兼顧成本與服務品質。

(二)值班督導（Officer in Command, OIC；Counter in Command, CIC）

機場值班督導採輪班制。在值勤期間，如遇到旅客申訴或臨時事故要找負責人時，督導往往必須控制全局。若干大型航空公司尚且會在督導底下設置副督導、組長等職司協助相關業務之順遂。有關督導的工作範圍如下：

1. 班機櫃檯作業之控制與執行，決定關櫃並通知各單位關櫃人數，刷出班機資料文件交予運務員分送各單位。
2. 當天旅客人數與班機起飛、抵達時間之掌控。
3. 因應班機狀況，規劃及調度人力。
4. 提供貴賓之接待及服務，並通報上級。
5. 遇班機延誤時，班機延誤通告之張貼與解說。
6. 班機異常之協調處理與回報。
7. 開票、訂位、劃位之監督與支援。
8. 上級交辦事項之執行。

9.票款之存放。

10.機票點收。

11.站上人員調派，排定輪值班表。

(三)運務員／運務助理

「運務員」（通常是正職員工）與「運務助理」（通常是非典型聘僱者）是機場運務部門的基層工作人員，他（她）們直接在第一線服務旅客，擔任與旅客面對面接觸的工作，往往是旅客評價航空公司服務品質良窳的重要指標。其工作範圍如下：

1.國內線櫃檯於班機起飛前一小時開櫃，接受旅客劃位作業，並於班機載重平衡安全原則下，親切詢問旅客其喜好之座位（國際線櫃檯的開櫃時間端視各航空公司依航線屬性另行規定）。

2.協助處理特殊旅客之需求（容後續章節詳述）。

3.國內航線於班機起飛前十五至二十分鐘開始受理當班次候補旅客劃位（立榮航空為起飛前二十分鐘）。

4.負責與安檢單位協調辦理槍彈代管作業事宜。

5.於班機異常時，協助簽轉旅客、旅客情緒安撫、班機異常且可歸責於航空公司過失之必要性的安排旅客食宿。

6.維持櫃檯秩序，指引旅客售票／劃位櫃檯位置，並疏導已進入候機室旅客等候登機（outside counter）。

7.於關櫃後，將班機文件送至機上交予客艙長（長榮航空及立榮航空稱為事務長或「purser」），於班機結束時，點算班機之票數，檢查是否為有效票。

8.將撕下後檢查無誤機票之旅客搭乘聯蓋上「已使用」章子（或「UPLIFT」之章），連同艙單文件，以票包包裝，送繳航空公司的票務審查部門。

9.聯絡公司相關單位本班機之特殊事件。

10.各班次到站、離站之接機與送機，並指引到站旅客出口處。於登

　　機門值勤者，需防止旅客攜帶大件行李及寵物、氣球等闖關上機，並適時予以攔下，交勤務人員放置貨艙。

11.負責機場服務台接受旅客諮詢等服務。

12.班機結束後，製作相關業務報表，並送繳相關單位。

13.執行機場售票作業、網路訂票及電子機票專屬櫃檯作業。

14.支援行李提領處者，需協助旅客行李異常查詢及申訴事宜。

15.負責機場貴賓室的接待服務及貴賓室資源管理。

16.對於有提供機上即時電視新聞的航班，要適時地將電視台送來的新聞錄影帶由登機門交給該班次的空服員，俾便旅客於空中旅行時觀賞。

四、運務工作所面對的挑戰

　　在面對國際化的改變以及電子商務的衝擊下，航空公司運務工作不再只提供自家的運務服務，亦在業務拓展下，成為其他國際航空公司的地勤代理（ground handling agency）。運務人員不僅要熟悉自家的作業系統，也必須融會貫通代理公司的作業系統以符合市場的需求。其次，

圖3.2　立榮航空旅客進行報到作業實況
圖片來源：曾通潔攝於高雄國際機場。

旅客對於本身權益的關注，消費者尋求協助的管道增加，往往運用大眾傳播媒體或網際網路快速散播，服務瑕疵或服務失敗案件往往被放大檢視，讓運務工作充滿挑戰，第一線服務人員在長期處於「顧客永遠是對的」的金科玉律下，必須冷靜地面對顧客的情緒，方是第一線運務人員的專業展現。

　　IATA第六十屆年會呼籲所屬會員航空公司應致力推展科技基礎服務以簡化成本支出，其攸關機場報到程序的特別議案，包括：網上訂位、網上購票、預辦登機服務、自助報到亭及共用自助報到服務。在微利時代下，航空產業的經營環境更加嚴峻，在大張旗鼓的推動自助化服務的同時，第一線服務人員卻往往未被教育相關服務作業的流程，面對旅客諮詢時無法提供詳細解說而遭到專業性不足的質疑。在進行縮減庶務經費與人事成本與訓練經費的必要之惡時，員工必須嘗試挖掘學習必要的服務技能與專業知識，無法僅靠公司單向提供的訓練，以勝任環境的變遷。

　　微利時代來臨，航空公司置身於競爭的激烈環境中，只有能留住顧客的企業才能存活，「五感行銷」（brand sense）運用服務環境的氛圍營造，讓旅客搭機過程充滿愉悅的感受、熟悉航空公司的品牌價值。空運旅客具有「混種消費」（consumix）的特性，每一位旅客可能身兼多

圖3.3　運務員首要工作原則就是確保班機能夠準時起飛

圖片來源：曾通潔攝於高雄國際機場。

圖3.4　航機後推便是這趟飛行旅程的開始

圖片來源：曾通潔攝於高雄國際機場。

種身分（如粉領族、月光族、頂客族、SOHO族），其所接受服務的要求，已經不同於航空公司過去所獲得的顧客經驗。現在約有65%～70%旅客購買機票時仍維持向傳統通路旅行社購票，因此旅客開始接受運務服務時，也就是他（她）正式評價所搭乘航空公司服務的開始，如何讓旅客願意再次搭乘一直都是航空公司經營關注的焦點，口碑行銷已經是刻不容緩的課題，建立良好的顧客關係讓旅客滿意，繼而持續搭乘該航空公司，航空公司必須積極著手進行目標管理或蒐集關鍵績效指標，強化維護顧客關係利益，並在運務服務過程中注重相關環節，降低服務疏失，期能持續增加顧客滿意度。

第二節　聯檢作業

聯檢（C.I.Q.）是「海關」（customs）、「入出國及移民署」（immigrations）及「動植物防疫檢疫局」（quarantine）的簡稱，茲分述如下：

圖3.5　旅客等候行李提領，再通過海關檢查後方完成入境手續

圖片來源：曾通潔攝於韓國仁川國際機場15號轉盤。

一、海關作業

　　海關是負責國際機場空運進出口貨物通關與出入境旅客行李通關業務，入境旅客所攜行李內容如無須向海關申報事項，可持護照經由綠線檯通關，檢查關員視情況予以免驗放行或予以抽驗，經抽驗之行李如發現有應稅品或不得進口或禁止輸入之物品，則予以稅放、留件處理或扣押；行李內容如有應向海關申報事項，則須填寫中華民國海關申報單經由紅線檯通關。然而，為了節省旅客驗關時間，旅客在所搭乘的班機上，可由空服員供應的表單事先填妥，俟飛抵目的地時，將可直接接受檢驗。原則上，旅客必須就攜帶入境的貨幣、個人所有物（非商業用途）、黃金、白銀等向海關申報。而為了防止境外移入植物病蟲害，對入境時所攜帶的水果或食品種類也會有限制；除此之外，禁止攜入中華民國國境的物品還包括武器、爆裂物、麻醉劑、賭具和色情書刊。禁止攜帶出境的物品包括毒品、槍械、彈藥、保育類野生動物及其製品。有關我國海關對入出境旅客所攜帶的違禁及管制品詳細規範如下：

圖3.6　紅線通關櫃檯
圖片來源：曾通潔攝於高雄國際機場。

(一)紅線通關

　　入境旅客的行李中，若攜帶管制或限制輸入的物品，或是有下列
應進行申報物項，要填寫「中華民國海關申報單」向海關申報，並使用
「應申報櫃」（即紅線申報櫃）通關。

1. 攜帶行李物品總價值逾免稅限額新台幣20,000元或菸、酒逾免稅
   限量（捲菸200支或雪茄25支或菸絲1磅、酒1公升。未成年人不准
   攜帶）。
2. 攜帶外幣現鈔總值逾等值美幣10,000元者。
3. 攜帶新台幣逾60,000元者。
4. 攜帶黃金價值逾美幣20,000元者。
5. 攜帶人民幣逾20,000元者（超過部分，入境旅客應自行封存於海
   關，出境時准予攜出）。
6. 攜帶水產品或動植物及其產品者。
7. 有不隨身行李者。
8. 攜帶無記名之旅行支票、其他支票、本票、匯票或得由持有人在

圖3.7　綠線通關櫃檯

圖片來源：曾通潔攝於高雄國際機場。

本國或外國行使權利之其他有價證券總面額逾等值美幣1萬元者
（如未申報或申報不實，課以相當於未申報或申報不實之有價證
券價額之罰鍰）。

9.有其他不符合免稅規定或須申報事項或依規定不得免驗通關者。

(二)綠線通關

未有上述情形之旅客，持憑護照選擇「免申報檯」（即綠線檯）通
關。

(三)禁止攜帶入境之物品

1.偽造之貨幣、證券、銀行鈔券及印製偽幣印模。

2.賭具及外國發行之獎券、彩票或其他類似之票券。

3.有傷風化之書刊、畫片及淫穢物品。

4.宣傳共產主義之書刊及物品。

5.合於大陸土產限量表以外之大陸地區生產、製造、加工、發行或製
作等之物品（外籍旅客及華僑攜帶上開物品入境者，須將該類物品

事先分開包裝，在入境旅客申報單上列明，並得免費寄存於民用航空局倉庫內，直到離境時再行攜帶出境，其保管期限為45日）。

6.槍械（包括獵槍、空氣槍、魚槍）、彈藥、毒氣、刀械、子彈、炸藥以及其他兵器。

7.鴉片、罌粟種子、大麻、高根、化學合成麻醉藥物等及其製劑，暨其他危險藥物。

8.所有非醫師處方或非醫療性之管制物品及藥物（包括大麻煙）。

9.槍型玩具及用品。

10.侵害專利權、圖案權、商標權及著作權之物品。

11.其他法律規定之違禁品，例如，土壤、未經檢疫或從疫區進口之動植物及其產品等。

12.保育類野生動物及其製產品者，未經中央主管機關之許可，不得進口。

(四)禁止攜帶出境之物品

1.未經合法授權之翻印書籍（不包括本人自用者在內）、翻印書籍之底版。

2.未經合法授權之翻製唱片（不包括本人自用者在內）、翻製唱片之母模及裝用翻製唱片之圓標暨封套。

3.未經合法授權之翻製錄音帶及錄影帶影（音）光碟片及電腦軟體（不包括本人自用者在內）。

4.古董、古幣、古書等。

5.槍械（包括獵槍、空氣槍、魚槍）、子彈、炸藥、毒氣刀械及其他兵器。

6.宣傳共產主義或其他違反國策之書籍、圖片、文件及其他物品。

7.偽造或變造之各種幣券、有價證券、郵票、印花稅票及其他稅務單照憑證。

8.鴉片類（包括罌粟種子）、大麻類、高根類、化學合成麻醉藥品

類，及以上各種物品之各種製劑。

9.依其他法律禁止出口之物品（如僞禁藥、動物標本、果樹苗
　等）。

10.保育類野生動物、珍貴稀有植物及製產品者，未經中央主管機關
　之許可，不得出口。

　　原則上，如果旅客對某一項物品應否申報無法確定時，應在申報
單上報明，海關會協助判定。如本人無填寫申報書能力，可在海關開始
檢查之前以口頭申報，以免因觸犯法令規定而受罰。旅客行李之品目、
數量及價值，除項目、數量必須是在個人使用與饋贈親友的合理數量，
不可以是爲了出售圖利，或受僱取得酬勞而替人帶貨。如果攜帶受到
著作權法保護之作品（如錄音帶、錄影帶、唱片、八釐米影片、書刊文
件等）入境者，每人每一種著作以一份爲限，超量部分將被有關當局依
法查扣。毒品、槍械、彈藥、保育類野生動物及其製產品，是禁止攜帶
入出境，違反規定經查獲者，我國海關除依《海關緝私條例》規定處罰
外，將另依《肅清煙毒條例》、《槍砲彈藥刀械管制條例》、《野生動
物保育法》等相關規定移送司法機關懲處。入出境旅客應特別注意，俾
維護自身的權益。以尼泊爾的加德滿都國際機場海關爲例，行李檢查處
分爲紅、綠兩線（Green Channel/Red Channel），旅客的行李若沒有需要
申報的東西便可以走綠線快速通關。值得注意的是，許多國家對古文物
出口訂有明文限制禁止，尼泊爾是文化古國，政府對超過百年以上的古
文物會嚴格限制出口，若旅客欲由該國購買古文物，必須向該國政府的
「考古部」（The Department of Archaeology）申請，取得未滿百年的證
明後才可攜帶出境。此外，到中國大陸旅遊也有類似規定：禁止出境文
物包括珍貴文物；除了有損國家榮譽、有礙民族團結、易引起邊界爭端、
在政治上有不良影響的文物禁止出境外，中華人民共和國國家文物局已
經把舊標準中的1795年（清乾隆60年）以前禁止出境的文物限制改爲1911
年（即清宣統三年辛亥革命）。也就是說，凡是1911年以前的文物均不
得出境。除此之外，新規定還將一些重要文物（如一些工藝大師製作的
珍品）的底限設爲1949年，對少數民族地區重要文物設限爲1966年。

(五)貨幣及結匯

◆貨幣限制

台灣地區旅客出入境每人攜帶之外幣、人民幣、新台幣及黃金之規定如下：

1. 外幣：超過等值美金10,000元現金者，應報明海關登記；未經申報，依法沒入。
2. 人民幣：攜帶人民幣入出境之限額各為20,000元，超額攜帶者，依規定均應向海關申報，入境旅客可將超過部分，自行封存於海關，出境時准予攜出；至於出境旅客雖申報，仍不准攜出。旅客如申報不實，其超過20,000元部分，由海關沒入之。
3. 新台幣：60,000元為限。如所帶之新台幣超過上述限額時，應在出入境前事先向中央銀行申請核准，持憑查驗放行；超額部分未經核准，不准攜出入。
4. 旅客攜帶黃金出入境不予限制，但不論數量多寡，均必須向海關申報，如所攜黃金總值超過美金20,000元者，應向經濟部國際貿易局申請輸出入許可證，並辦理報關驗放手續。

◆結匯及旅行支票

我國是外匯管制國家，不能隨便在市面上交易兌換外幣。如果要換外幣，必須到中央銀行指定的外匯銀行申請結匯（外匯銀行係指受中央銀行外匯局所指定授權辦理有關進出口業務的銀行）。所謂「結匯」，就是將新台幣兌換成外幣，或將外幣兌換成新台幣。我國中央銀行規定每人每年可結匯500萬美金，但每次不得超過100萬美金。

因現鈔兌換具有兌換及交易便利的優點，是民眾常用的外匯交易方式。但是現金不宜兌換太多，以免旅遊途中遺失或遭歹徒覬覦。觀光旅遊以購買「旅行支票」（traveler's check）最為方便。旅行支票是一種定額本票，其作用是專供旅客購買和支付旅途費用，它與一般銀行匯票、

支票的不同之處在於旅行支票沒有指定的付款地點和銀行，一般也不受日期限制，能在全世界通用。旅行支票面額分美金10元、20元、50元、100元、500元、1,000元六種。購得旅行支票後，應立即在支票指定處（左上角或正面）簽名，下款空白時使用時再簽。切記不可將上下款同時簽妥，因旅行支票上下款一經簽名即視同現金，如一旦遺失就無法掛失，為了預防旅行支票的遺失或被扒竊，事先最好能把支票號碼存根另外存放。遺失或被竊，應立即向各地支票發票的銀行提出申報掛失並要求補發。旅行支票目前有美商花旗銀行、美商運通銀行等發行的幾種，流通性幾乎與現金無異，但部分落後國家或商店並不接受旅行支票，甚至有些地方還要收手續費，這是無法和現金相比的地方。

(六)關稅課徵

旅客攜帶進口隨身及不隨身行李之物品合計，如已超出免稅物品之範圍及數量者，均應課徵稅捐。應稅物品之限值與限量如下：

1. 入境旅客攜帶進口隨身及不隨身行李物品（包括視同行李物品之貨樣、機器零件、原料、物料、儀器、工具等貨物），其中應稅部分之完稅價格總和以不超過每人美幣20,000元為限。

2. 入境旅客隨身攜帶之單件自用行李，如屬於准許進口類者，雖超過上列限值，仍得免辦輸入許可證。

3. 進口供餽贈或自用之洋菸酒，其數量不得超過酒5公升，捲菸1,000支或菸絲5磅或雪茄125支，超過限量者，應檢附菸酒進口業許可執照影本。

4. 明顯帶貨營利行為或經常出入境（係指於三十日內入出境兩次以上或半年內入出境六次以上）且有違規紀錄之旅客，其所攜行李物品之數量及價值，得依規定折半計算。

5. 以過境方式入境之旅客，除因旅行必須隨身攜帶之自用衣物及其他日常生活用品得免稅攜帶外，其餘所攜帶之行李物品依前述「4.」規定辦理稅放。

6.入境旅客攜帶之行李物品，超過上列限值及限量者，如已據實申報，應自入境之翌日起兩個月內繳驗輸入許可證或將超逾限制範圍部分辦理退運或以書面聲明放棄，必要時得申請延長一個月，屆期不繳驗輸入許可證或辦理退運或聲明放棄者，依《關稅法》第96條規定處理。

(七)藥品

1.旅客日用藥品准予攜帶入境者，六種為限，其種類及限量如**表3.1**所示。未列舉之藥物，除麻醉藥品應依法處理外，其他自用治療藥物，須憑醫院、診所之證明，每種以2瓶／盒為限。

表3.1　入境旅客攜帶自用藥物限量表

品名	包裝或容量	數量	備註
萬金油	瓶裝	3大瓶或12小瓶	1.表列自用藥物，旅客以攜帶6種為限，除各級管制藥品及公告禁止使用之保育物種者，應依法處理外，其他自用藥物，其成分未含各級管制藥品者，其限量比照表列每種2瓶（盒）為限，合計以不超過6種為原則。 2.船舶或航空器服務人員於調岸時，其攜帶少量自用藥物進口，得比照旅客，准予攜帶6種。回航船員或航空器服務人員，則以攜帶2種為限。但不得攜帶中將湯（丸）藥品。 3.旅客或船舶、航空器服務人員攜帶之管制藥品，須憑醫院、診所之證明，以治療其本人疾病者為限，其攜帶量不得超過該醫療證明之處方量。
八卦丹	盒裝	12小盒	
龍角散	盒裝	6小盒	
驅風油	瓶裝	2瓶	
中將湯丸	瓶裝	紅340粒裝2瓶或白490粒裝2瓶	
Salonpas	50片盒裝	2盒	
硫克肝	300粒瓶裝	2瓶	
正露丸	400粒瓶裝	2瓶	
胃藥	1,000粒瓶裝	1瓶	
Mentholatum	瓶裝	6瓶	
辣椒膏	24片盒裝	2盒	
朝日萬金膏	5片盒裝	6盒	
Alinamin	290粒瓶裝	2瓶	
口服維生素藥品	12瓶，但總量不得超過1,200顆		
錠狀、膠囊狀食品	每種12瓶，其總量不得超過2,400粒（每種數量在1,200粒至2,400粒應向衛生署申辦樣品輸入手續）		
隱形眼鏡	盒裝或散裝	6對	
中藥材及中藥成藥	中藥材每種0.6公斤，合計12種。中藥成藥每種12瓶（盒），惟總數不得逾36瓶（盒）。		

資料來源：財政部台北關稅局網頁。

2.大陸中藥材及中藥成藥合計十二種（中藥材每種0.6公斤，中藥成藥每種2瓶／盒），其完稅價格合計不得超過新台幣10,000元。

3.旅客攜帶藥品超過上述限量，經向海關申報者，責令退運，未申報者，依法沒入，如該未申報之藥品列屬禁藥，並應依法移送法辦。

二、入出國及移民署作業

「入出國及移民署」（National Immigration Agency）隸屬內政部，設署長一人、副署長二人及主任秘書一人，下設四組四室及五大隊，負責實際工作之執行。主要掌理下列事項：

1.入出國政策之擬訂及執行事項。

2.移民政策之擬訂、協調及執行事項。

3.大陸地區人民、香港、澳門居民及台灣地區無戶籍國民入國審理事項。

4.入出國證照查驗、鑑識、許可及調查處理事項。

5.停留、居留及定居審理許可事項。

圖3.8　入出國移民署服務櫃檯

圖片來源：曾通潔攝於高雄國際機場。

6.違反入出國及移民相關規定之查察、收容、強制出境及驅逐出國等事項。

7.促進與各國入出國及移民業務之合作聯繫事項。

8.移民輔導之協調及執行事項。

9.難民認定、庇護及安置管理事項。

10.入出國安全與移民資料之蒐集及事證調查事項。

11.入出國與移民業務資訊之整合規劃及管理事項。

12.移民人權之保障事項。

13.其他有關入出國與移民業務之規劃及執行事項。

在機場執行旅客出入境檢查作業的作業單位——「入出國移民署國境事務大隊」，其主要業務是：(1)入出國證照之查驗、鑑識及許可；(2)國境線入出國安全管制及面談之執行；(3)國境線證照核發、指紋建檔及入出國服務；(4)國境線違反入出國及移民相關法規之調查、過境監護、逮捕、臨時收容、移送及遣送戒護；(5)證照鑑識及查驗之教育訓練；(6)其他有關國境事項。負責把關出入境旅客的身分確認，以維護國境安全。

另外，各縣市政府亦設有「入出國移民署國境事務大隊」，與航空公司亦有相當的業務聯繫。舉凡有關外籍配偶約談與逾期停留外籍旅客遣送業務，皆由該大隊進行聯繫遣返作業，主要負責業務是：(1)面談業務之規劃及國境內面談之執行；(2)外來人口訪查與查察之協調、聯繫及執行；(3)國境內違反入出國及移民相關法規之調查、逮捕、臨時收容、移送、強制出境及驅逐出國；(4)其他有關「專勤」事項。

三、動植物防疫檢疫局

(一)動植物檢疫

行政院農業委員會動植物防疫檢疫局（Bureau of Animal and Plant

Health Inspection and Quarantine），設有六個業務組與四個行政單位。因檢疫業務有分工的需求，故該局設有：(1)動物防疫檢疫諮議委員會；(2)植物防疫檢疫諮議委員會；(3)動物用藥品技術審議委員會。為了在國際機場、港口執行檢疫作業，分別設有四個分局：基隆分局、新竹分局、台中分局與高雄分局，其中職司國際機場動植物檢疫作業為：(1)基隆分局，轄下設有台北松山機場檢疫站；(2)新竹分局位於桃園國際機場，並設有桃園及新竹檢疫站，負責桃園縣、新竹縣、新竹市及苗栗縣轄區輸出入、旅客攜帶之動植物與動植物產品檢疫及畜禽屠宰場查核督導業務；(3)高雄分局，轄下設有高雄港口、高雄機場、台南及金門等四個檢疫站，負責轄區之動植物及其產品輸出入檢疫工作。

此外，動植物檢疫是在國際機場、港口或國境交通要道上，為防止境外動（植）物疫病入侵，以杜絕外來動物傳染病病原與植物病蟲害之經由交通運輸侵入國內，並保護國內農畜生產之安全，增進我國畜牧業與農產品之發展與維護公共衛生等。再者，亦可避免我國的動（植）物疫病傳播國外，確保國際信譽，避免遭遇國際貿易損失。

就民眾攜帶寵物搭機（限馴養的狗、貓、兔）而言，由於各航空公司對於攜帶寵物的規定各不相同，搭機前應事先查詢航空公司的相關規定。一般而言，除了合乎規定之身心障礙者所需之「功能型寵物」

圖3.9 檢疫犬正在執行稽查任務

圖片來源：曾通潔攝於高雄國際機場。

國際機場旅客服務實務

（如導盲犬）可免費攜帶，有條件的隨主人進入客艙且不需關在籠內之外（但仍須受目的地國家之法例所限制），其他寵物（連同其籠子、食物）一律不接受以「客艙行李」方式攜入客艙，僅能以「託運」或「貨運」處理，且不得計入免費託運行李之重量／件數（需視為超重行李）。

　　然而，由於各國對動物的輸出入規定不同，就民眾攜帶寵物搭機而言，多數目的地國家同意寵物得以和主人隨行，但限制以「託運」方式置於行李艙內運送。但是，英國、澳洲、紐西蘭、夏威夷、香港及牙買加等地，僅允許以「貨運」處理（未必和主人同機）；就輔助身心障礙者的「功能型寵物」而言，澳洲政府同意以「客艙行李」方式輸出及輸入；英國政府只允許以「託運行李」方式輸出。旅客應於出發前洽詢航空公司以瞭解其規定，以便遵守旅遊當地的法例，並持有目的地國家要求的所有文件。若未循有關法例，可能導致抵達時被拒絕入境、冗長的檢疫期，甚至動物遭到毀滅等情況出現。

　　由於有不少旅客投訴，航空公司開放長程國際航線攜帶寵物進入客艙，讓部分患有過敏症的旅客無法搭機旅遊，自2007年1月1日起，國籍航空公司已經停止接受寵物以客艙行李方式運送。寵物必須辦理託運，但同一航班會有隻數限制，且寵物的籠子（俗稱「登機籠」）必須堅硬牢靠（籠子的形式不包括折疊式或用鐵絲製作）、防漏且確實關好，動物身體的任何部分都不可能露出籠外，且籠子必須有足夠的活動空間，讓寵物能夠舒適地站立、轉身及躺下。整體而言，航空公司在受理寵物運送時，多會要求託運人提供：(1)寵物健康證明；(2)寵物裝在合適的箱籠中（託運人自備且規格應經航空公司認可）；(3)寵物和箱籠上都要有名牌，註明畜主的姓名、地址、電話及寵物名；(4)寵物與籠子的總重量不可超過32公斤（70磅）以便運送；(5)至少在起飛前一小時辦好所有手續（實際狀況應視各航空公司規定）。

(二)人員檢疫

　　近年來，諸多席捲全球並快速蔓延的國際傳染病（如嚴重急性呼吸

圖3.10　疾病管制局檢疫櫃檯

圖片來源：曾通潔攝於韓國仁川國際機場。

道症候群SARS、新型流感H1N1）多透過境外移入，導致國境邊界的防疫工作更形重要。為配合世界衛生組織《國際衛生條例》（International Health Regulations, IHR）規定，防範傳染病藉由船舶、航空器等交通工具境外移入，行政院衛生署疾病管制局（Centers for Disease Control, CDC）依照《傳染病防治法》第59條第3項規定特公告修訂《港埠檢疫規則》，由所屬檢疫單位對入境船舶、航空器及其所載人員、貨物執行必要的檢疫措施，以維護國內防疫安全及保障國民健康。

　　防疫期間，機場與港口的檢疫人員設置「人體測溫用熱影像儀」，針對入境旅客實施發燒篩檢，如有發燒≧38℃或疑似傳染病症狀的旅客，則請他（她）填寫「傳染病防制調查表」，並進一步診察、採檢或後送就醫，並由轄區衛生局於其入境後繼續追蹤監視，以防範傳染病自境外移入並確保國人健康。有效提升民眾正確的防疫觀念，以達到防疫全民化，疾病管制局並在防疫期間委請各航空公司及小三通船舶公司協助在航機及船舶上播放「主動通報的防疫觀念」與「旅遊傳染病防治觀念」宣導影帶，印製中英文「健康敬告卡」等衛教宣導單張於機場及港口發放，提供「入境有症狀旅客配合採檢及健康管理敬告單」予被疑似感染旅客，並給予必要的衛教說明，同時在國際港埠入出境處設置燈箱

及壁貼等宣傳物，對出入境旅客進行衛生教育宣導措施。

第三節　航空站基本認識

　　航空站（airport），俗稱機場，日本語為「空港」，是航空運輸的終點（terminal），亦是客貨裝卸轉運場所。航空站是專供航空器起降活動之飛行場。除了跑道之外，機場通常還設有航站大廈、塔台、停機坪、維修廠等設施，並提供航空管制等服務。此外，在機場內除了免稅商店、過境旅館及商務中心外，亦提供各項服務設施，如：休憩區、無線網路、藝文區、哺乳室、吸菸室、祈禱室。每年進行全球國際機場星級評鑑，以英國為基地且於國際民航界頗負盛名的民航服務調查及諮詢評鑑機構Skytrax，對於衡量國際機場服務品質的良窳是以航空站總評（summary ranking）、運輸（transportation）、到離站（arrivals/departures）、通關檢疫及航空保安（security/immigration/customs）、航空站舒適度（terminal comfort）、商業服務（business facilities）、購物設施（shopping facilities）、餐飲服務（food & beverage）八大項為主要評比標準。

　　根據《民用航空法》第2條第2項的定義：「航空站：指具備供航空器載卸客貨之設施與裝備及用於航空器起降活動之區域。」而所謂的

圖3.11　高雄國際機場衛星空拍圖
圖片來源：曾通潔翻拍自高雄國際機場飛航諮詢台。

「飛行場」，根據《民用航空法》第2條第5項：「飛行場：指用於航空器起降活動之水陸區域。」一般而言，各國航空站的分類標準依所在位置區分，有幹線航空站與支線航空站兩類。依服務對象區分，有民用航空站與軍用航空站兩類。依業務範圍區分，有國際航空站與國內航空站兩類，前者配置有海關、移民局、檢疫等機構，經政府指定供國際航空器起降營運的航空站，而後者則為專供國內航線起降營運而未配置海關等機構之航空站。

一、航空站主要設施

　　航空站作業係以航機的活動為核心，必須滿足航機到離場作業之各項需求。航空站作業主要可分為「到場」及「離場」兩類，依其動線流程又可分成：(1)飛機起降，包括：跑道、滑行道、停機坪等航機勤務作業；(2)旅客活動，包括：出入境、行李提領、旅客動線及其他諮詢服務作業；(3)地面交通，包括：公共及個人運輸系統、上下車及停車場等作業；(4)貨物倉儲，包括：海關檢疫、裝卸倉儲等作業。其他作業相關單位包括：行政管理單位、駐場政府單位、塔台、貨運站、航空公司、地勤公司，以及其他空邊、陸邊勤務單位。因此，我們可以歸納出航空站的主要設施至少包含但不限於：

(一)空邊設施〔airside facilities〕

1.跑道〔runways〕：地面上供飛機起飛與降落之長方形區域。
2.滑行道〔taxiways〕：供飛機滑行以進入或離開跑道之通道；連接跑道與機坪。
3.等待區〔holding bays〕：供飛機起飛前進行暖機、最後檢查或等候空域清除之區。
4.停機坪〔aprons〕：供飛機停放以便客貨上下或飛機加油補給之區域。

(二)陸邊設施（landside facilities）

1. 航站大廈（terminal buildings）：供出入境旅客辦理機位確認、行李託運、通關查驗、候機接送等作業之空間。
2. 貨運站（cargo buildings）：供裝卸、處理空運貨物之作業空間。
3. 勤務區域（serving areas）：包含飛機例行檢查保養之維修機棚，加油充電等勤務設備。
4. 停車場（parking lots）：供接送出入境客貨之車輛一個長期或臨時停車的場地。
5. 通路界面系統（access interface system）：連接航空場站與一般陸面運輸系統之設施，包括聯絡道路系統、大眾運輸與捷運系統等。

(三)管制塔台（control tower）

負責機場臨近區域之空中交通管制工作，其位置應能廣視各跑道兩端、滑行道及停機坪等飛機活動之區域。

圖3.12　旅客觸控式螢幕自助服務查詢系統

圖片來源：曾通潔攝於韓國仁川國際機場。

(四)助航設施（navigation aids）

指通信、氣象、電子、燈光等引導航空器安全飛航之設備。

(五)其他公用設施（public facilities）

包含消防急救、空中廚房、污水處理、檢疫隔離、郵件處理等公用設施。

二、航空站之等級區分

就我國的航站組織體系而言，依據《交通部民用航空局所屬航空站組織通則》之規定，國內航空站依航線種類、飛機起降架次、客貨運量等之多寡，分為特等航空站、甲等航空站、乙等航空站、丙等航空站與丁等航空站等五級。民航局目前共設有十八個航空站管轄機場業務，包括由民航局直接督導之桃園國際航空站、高雄國際航空站、台北國際航空站、花蓮航空站、馬公航空站、台南航空站、台東航空站、金門航空站、台中航空站及嘉義航空站等十個航空站，以及由台北國際航空站督導之北竿航空站與南竿航空站、高雄國際航空站督導之屏東航空站與恆春航空站、馬公航空站督導之望安航空站與七美航空站、台東航空站督導之綠島航空站與蘭嶼航空站。其設立、等級，由民航局報請交通部核轉行政院核定。前項各航空站冠以所在地地名或紀念性專屬名稱。有關各航空站之等級區分標準如**表3.2**所示。

依據**表3.2**之等級區分標準，茲將民航局所屬的十八個航空站依據航空站名稱、機場名稱、等級區分標準及機場性質區分如**表3.3**。

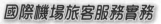

表3.2 民用航空局所屬航空站等級區分標準表

等級	區分標準
特等航空站	經營國際航線之航站，年出入旅客達1,000 萬人次以上或航機起降架次達50,000 架次以上者。
甲等航空站	經營國際航線或國內航線之航站，年出入旅客達400 萬人次以上，未滿1,000 萬人次，或航機起降架次達40,000 架次以上，未滿50,000 架次者。
乙等航空站	經營國內航線或經交通部指定得經營國際航線或國際包機之航站，年出入旅客達150 萬人次以上，未滿400 萬人次或航機起降架次達30,000 架次以上，未滿40,000 架次者。
丙等航空站	經營國內航線或經交通部指定得經營國際航線或國際包機之航站，年出入旅客達75 萬人次以上，未滿150 萬人次或航機起降架次達20,000 架次以上，未滿30,000 架次者。
丁等航空站	經營國內航線之航站，年出入旅客未滿75 萬人次或航機起降架次未滿20,000 架次者。

資料來源：www.caa.gov.tw

表3.3 我國各航空站等級區分一覽表

航空站名稱	機場名稱	等級區分標準	機場性質
桃園國際航空站	桃園國際機場	特等航空站	民用機場
高雄國際航空站	高雄國際機場	甲等航空站	民用機場
台北國際航空站	台北松山機場	甲等航空站	軍民合用機場
台南航空站	台南機場	乙等航空站	軍民合用機場
花蓮航空站	花蓮機場	乙等航空站	軍民合用機場
馬公航空站	馬公機場	乙等航空站	軍民合用機場
台東航空站	台東豐年機場	乙等航空站	民用機場
台中航空站	台中清泉崗機場	丙等航空站	軍民合用機場
嘉義航空站	嘉義水上機場	丙等航空站	軍民合用機場
金門航空站	金門尚義機場	丙等航空站	民用機場
屏東航空站	屏東北機場	丁等航空站	軍民合用機場
北竿航空站	北竿機場	丁等航空站	民用機場
南竿航空站	南竿機場	丁等航空站	民用機場
七美航空站	七美機場	丁等航空站	民用機場
望安航空站	望安機場	丁等航空站	民用機場
蘭嶼航空站	蘭嶼機場	丁等航空站	民用機場
綠島航空站	綠島機場	丁等航空站	民用機場
恆春航空站	恆春機場	丁等航空站	民用機場

資料來源：http://www.caa.gov.tw

圖3.13 高雄飛航諮詢台，提供飛行員所需飛行文件與諮詢服務

圖片來源：曾通潔攝於高雄國際機場。

就機場使用性質可區分為民用機場及軍民合用機場：

1.民用機場十一座：台灣桃園、高雄、金門尚義、台東豐年、七美、蘭嶼、綠島、南竿、北竿、恆春、望安。
2.軍民合用機場七座：台北松山、台中清泉崗、嘉義水上、台南、花蓮、馬公、屏東北機場。

就目前各機場的營運狀況而言，還能再細分為「國際航線」、「國內航線」及「國內機場飛航國際包機」等三類。說明如下：

1.國際航線：目前計有桃園及高雄國際航空站經營國際航線，其中桃園國際航空站計有三十八家航空公司經營四十一個航點；高雄國際航空站計有十四家航空公司經營十五個航點。
2.國內航線：民航局所轄十八個航空站中，僅有桃園國際航空站未提供國內航線服務，其中台北國際航空站經營航線達十二條；高雄國際航空站、馬公航空站及台中航空站次之，各計有六條。
3.國內機場飛航國際包機：目前除了桃園國際航空站、台北松山國際航空站及高雄國際航空站經營國際航線外，花蓮、馬公、金門以及台中等國內機場，亦奉行政院同意開放飛航國際包機業務。

三、航空站規劃

至於航空站系統的組成，主要可分為「空側」（air side）、「陸側」（land side）兩部分，航站大廈登機門為兩者的介面，其中空側包括停機坪及登機門地區（apron-gate area）、滑行道系統（taxiway system）、等候區（holding pad）、跑道及航空站空域（terminal airspace）等；陸側則包括航站大廈及航空站聯外運輸系統（airport ground access system）。茲就機場配置、登機門的指派、旅客及貨物動線規劃、機場其他設施等四個面向說明如下：

(一)機場配置

影響機場配置因素包括土地取得、跑道數目、座落方位、地形與地貌、導航與助航設備的安置，與航站大廈與跑道間的相對位置關係。其中跑道的方向會受到機場所在地之風向、風速與機場發展可供使用地區大小及適用機型、機場周邊土地使用、機場空域限制等因素所影響。在機場之配置中，跑道系統關係著整個機場的最大運作效率，跑道的長度與強度以及抗滑程度，可決定提供起降的機種與架次，可承受愈多表示航空站的運能愈高。跑道係設置在起降地帶中央，供飛機直接起降之用，不同的機型有不同的風速承受限制，由於航機對側風或異常的氣流在起飛與降落時較敏感，因此當風向與風速丕變時，往往必須更換跑道方向。亞洲地區由於土地取得不易，多跑道設計時多採用平行設計，歐美國家土地取得較易，多跑道設計時多採用「X」、「V」形設計，以減低氣候變化影響航機起降的關聯性，讓跑道能維持正常起降。當風向改變或單位小時起降容量架次超過小時／架次時，將影響跑道正常起降，而影響跑道使用效率。（張有恆，2007）因此，一般專業的國際機場都會有兩條以上的跑道來維持運能。機場跑道的長度設計，主要考量三個因素：(1)飛機引擎可正常操作時，跑道須有足夠的長度符合飛機升空時

的各種要求；(2)當引擎失效時，跑道仍有足夠的長度讓飛機繼續起飛或煞停；(3)有足夠的跑道長度讓飛機降落或重飛等動作，跑道的名稱依照其所對應的向量角度來命名，例如：高雄RCKH跑道稱爲09/27跑道；台灣桃園機場RCTP跑道稱爲05/23與06/24跑道。

而滑行道的主要功能係用以連接停機坪、跑道、修護棚場提供飛機起降前後地面滑行時的中間鋪面。一般依飛機之駛進駛出方向，可細分爲「入口滑行道」（entrance taxiway）及「出口滑行道」（exit taxiway），每個滑行道會依排列的順序以英文字母a-z的方式命名。在比較繁忙的機場，通常會再設置一條平行跑道之快速滑行道（parallel taxiway），此滑行道可雙向運行，以使航機盡可能快速進入或脫離該跑道。

至於等候區（holding pad）係設置於跑道進口端的側邊。其功能爲提供航管人員再次確認即將進場與剛離場航機間的距離可容許飛機起飛，待許可起飛航機的等候區域，待許可起飛航機做最後的駕駛艙起飛前檢查，直到與塔台取得起飛許可後，方可進入跑道使引擎轉速提升到起飛前所需的推力。此外，跑道所設立的儀降系統（instrument landing system, ILS）、定位系統（localizer, LOC）、跑道燈、滑行道燈、停機坪停機線指示，所有助航設施都必須符合CAST/ICAO（The Commercial Aviation Safety Team and the International Civil Aviation Organization）的安全規範與驗證，以維護飛行安全。

(二)登機門的指派

登機門與停機坪爲機場運輸系統中，陸側與空側之連結介面，有關航站大廈與登機門之配置問題，通常會考慮到下列因素：(1)旅客步行距離較短；(2)樓層轉換較少；(3)避免動線交叉；(4)擴充發展性；(5)民眾使用適應性；(6)班機銜接的順暢性；(7)航線目的地等因素。以台灣桃園國際機場爲例，自911事件起，舉凡飛往美國、加拿大、日本、紐澳航線等需要另行於登機門再次進行安檢的班機，在實務上盡可能安排於登機門設有安檢設備的第二航廈登機（即便現在日本航線已不需進行登機門再次安檢，但安排於第二航廈已成習慣）。

登機門依飛機機型及班機時刻表進行登機門配置,惟實際營運時易受天候因素影響、班機延誤、演習或其他事件,而導致登機門需重新分派,而不盡然全依原先配置登機門登機。就機場運務作業而言,此時即需進行旅客的通知與引導,以降低旅客抱怨。

圖3.14　日本航空正進行登機門登機作業

圖片來源:曾通潔攝於高雄國際機場。

圖3.15　旅客到齊後,客艙門關閉後,航機立即後推準備起飛

圖片來源:曾通潔攝於高雄國際機場。

(三)旅客及貨物動線規劃

　　旅客從進入航站大廈開始至登機門之間的動線設計，將會影響機場運作效率。特別是機場容量接近飽和時，流暢的旅客動線更是提高效率及服務品質的關鍵因素。旅客從聯外交通工具下車後進入航廈，至服務櫃檯購票劃位，通過聯檢到候機室候機，逛免稅商店購物或辦理退稅，直到進行登機等程序，若能依實際運量設計並考慮旅客方便性，適當的川堂面積與空間，提供完善的諮詢服務，加上清楚易懂的標示，相信對機場使用效率的提升必有助益。

　　為了增加國際機場登機空間，擴展停機坪與登機門數量，以提高服務運能，通常會安排在機場內興建「次航廈」，藉由穿梭接駁運輸以連結主航廈。目前亞洲的韓國仁川國際機場、新加坡樟宜國際機場、香港赤鱲角機場皆採用此種建築設計，以減少地面旅客接駁車頻繁往來而影響航機移動的速度與增加旅客等候時間。因此，航空站在規劃旅客過境與入境服務時，要將搭乘航廈連結電車的候車時間、航廈間的往來時間、列車乘載的旅客人數、下車與上車的旅客動線等仔細規劃，使轉運的運能發揮最大的效用，而不衍生顧客抱怨。

　　在貨物運送動線方面，若能考慮貨機停機坪與航空貨運站的距離，以及工作車輛的運行路線與航機的行進動線的妥善安排，減少交錯等候，將可提高貨物通關速度，落實快速通關作業，大幅提高貨運業者及貨運站之經營效率。

圖3.16　主航廈與次航廈接駁電車入口
圖片來源：曾通潔攝於韓國仁川國際機場。

圖3.17　旅客在香港機場等候航廈轉換電車

圖片來源：曾通潔攝於香港赤鱲角國際機場。

　　以地處歐洲大陸中心，客貨營運量龐大的德國法蘭克福機場（Frankfurt International Airport, FRA）爲例，該機場爲了應付旅客的成長，於1994年起在原先第一航站東側啓用第二航站，並擁有造價兩億五千萬馬克之行李運送系統與自動導引運輸系統，俾便旅客來往於第一、第二航站之間。這個設在屋頂的自動導引運輸系統可以縮短旅客至登機門的步行距離、增加航廈的整體運輸功能，並提高對旅客的服務品質。至於轉機旅客，不論是國際站或國內站，只需在航廈各層樓間垂直的移轉即可滿足大部分的轉機需求。而對於機場內外的運輸系統，自1972年法蘭克福機場通勤鐵路車站（S-Bahn）開放以後，航空與鐵路整合的模式成爲各國機場建設的標竿對象，機場鐵路車站就設在第一航站的地下層，流暢的動線設計更使機場的使用效率發揮到淋漓盡致。另外，德國鐵路公司（Deutsche Bahn AG, DB，德鐵）在第一航站亦提供旅客前往德國境內更便捷的服務，可經由機場的德鐵車站，立即轉搭高速鐵路列車前往德國內陸七個城市，包括漢堡、漢諾瓦、斯徒加特、杜塞道夫、科隆、紐倫堡與慕尼黑，赴德旅行將更爲便捷。

　　另外，以塡海造陸興建的日本大阪關西國際機場（Kansai International Airport, KIX）爲例，其旅客航站區係採線型布設，可容納

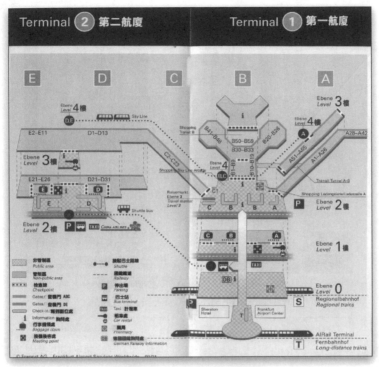

圖3.18 德鐵轉乘示意圖
圖片來源：中華航空網站。

年旅客量3,000萬人次，主航廈長300公尺，兩側之登機廊則各長700公
尺，即全長達1,700公尺。現其航站為四層樓建物，而有關各樓層之使用
大致為：地面層為國際線入境層，設有八個行李轉盤及入境迎客大廳；
二樓則專供國內線出入境使用；三樓為國際線出境證照查驗、航空公司
貴賓室及轉機大廳等設施；四樓是國際線出境大廳，設有航空公司之報
到櫃檯。而該航站設有自動導引運輸系統（AGT System），稱為「Wing
Shuttle」，俾便旅客往來於國內線及國際線兩航廈之間，期縮短國際線
旅客至登機門之步行距離，增加航廈之整體運輸功能，並提高對旅客之
服務品質。至於轉機旅客，不論是國際線或國際與國內的接駁航線，只
需在航廈內各樓層間垂直的移動即可滿足其轉機需求。從關西機場到大
阪市區的距離大約有50公里，旅客可以搭乘巴士或自行駕車前往，亦有

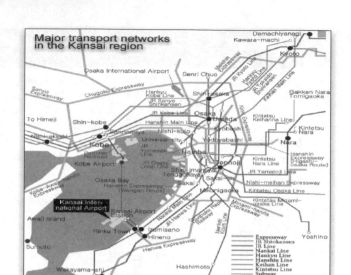

圖3.19　關西機場大眾運輸路網圖

圖片來源：http://www.kansai-airport.or.jp

西日本旅客鐵道（JR西日本）與南海電鐵提供軌道運輸連結周邊市鎮，以及高速船等途徑前往，交通方式豐富而多樣。

(四)機場其他設施

為了提供旅客享有良好的服務，給予旅客充滿安全、快樂、便利的旅遊經驗，讓他們置身機場時能擁有完善的周邊設備，機場設施尚包含下列項目：

1.顯示班機抵達與起飛時間的螢幕：為俾便旅客查詢搭乘班機抵達與起飛時間、登機門號碼等訊息，機場多會在內、外候機室設置顯示螢幕，以供查詢之便。航空公司在班機異常時必須立刻通知機場中央控制室修正螢幕資訊，提供旅客正確訊息。

2.銀行及兌換外幣處：為了俾便機場內往來旅客外幣匯兌之便，銀行多會設置機場服務處或兌換亭，且設立公告匯率牌價，提供自助提款機，並需具有國際信用卡的提款功能。

3. 電話設施與無線網路服務：遍布
於整個機場，可分為投幣式、插
卡式及信用卡付費的電話；並供
應無線網路服務，以及該國觀光
資訊查詢。

4. 免稅商店：無論是各個機場的入
口或內候機室、登機門附近，多
設有免稅商店（duty free shop），
消費者可在候機時於該處消磨等
候時間及購物。若干機場的免稅
商店甚至提供消費者在登機前
四十五分鐘前購買並付款後，會
由專人將所購商品送至旅客所搭
乘之班機的登機門門口之服務。

圖3.20 班機動態顯示
圖片來源：曾通潔攝於台灣桃園
國際機場。

5. 吸菸室：全球大部分的國際機場
都是禁菸的，我國《菸害防制法》第15條規定大眾運輸具與場站
全面禁菸，目前僅有部分國家為了提供癮君子方便，而在內候機
室或行李提領處附近設置吸菸室。

6. 藝術品展覽：國際機場為國家直接呈現於國際往來旅客面前的形
象，重視文化行銷的國家通常會在機場的視覺藝術上耗費心思。
國際機場候機室多設有具備該國藝術色彩或文化圖騰的作品在
此展出，提供候機旅客鑑賞，並從事文化宣傳。例如：我國的桃
園國際機場二期航站在入出境大廳設有大型室內雕塑、中國庭園
造景之外，另與國立歷史博物館合作，設置台灣藝文館、文化走
廊，展現台灣多元化的藝術風貌。

7. 登機箱手推車及寄物箱：若干國際機場會在航站大廈的行進通道
附近提供免費或付費式的登機箱手推車讓旅客裝載沉重的行李，
並至航站外候車處旁歸還。而各航站的出境大廳（通過海關檢查
口）有提供投幣式的寄物箱讓旅客暫存行李。

圖3.21 免稅商店外觀

圖片來源:曾通潔攝於台灣桃園國際機場。

圖3.22 定期藝文展示活動

圖片來源:曾通潔攝於高雄國際機場。

圖3.23 各種宗教專屬的祈禱室

圖片來源:曾通潔攝於高雄國際機場。

8.機場至市中心的接駁運輸：機場航站大廈外多設有公車、大眾捷運或計程車招攬處的交通運輸接駁系統，或是與鐵道運輸和船舶運輸結合，形成完整的大眾運輸路網架構，便捷與快速地將旅客由機場迅速接駁至市中心。

 ## 第四節　空運專業用語

運務工作有關法令規章與服務流程中，常常會遇到許多專業術語的運用，學習航空運務作業時，必須瞭解與熟悉，否則就有如門外漢，簡略說明如下：

1.國際民航組織（International Civil Aviation Organization, ICAO）此組織由各國政府派代表組成，為聯合國屬下專責管理和發展國際民航事務的官方機構，其總部設於加拿大的蒙特利爾，並在全球各地共設有七個地區辦事處，包含：(1)亞洲及太平洋地區辦事處設在曼谷；(2)中東及非洲北部——開羅；(3)中北美洲和加勒比海地區——墨西哥；(4)非洲東部和南部——內羅比；(5)歐洲和北大西洋地區——巴黎；(6)中部和非洲西部——達喀爾；(7)南美洲——利馬。該組織是聯合國屬下專責管理和發展國際民航事務的機構，職責包括：發展航空導航的規則和技術；預測和規劃國際航空運輸的發展以保證航空安全和有序發展。國際民航組織還是國際範圍內製訂各種航空標準以及程序的機構，以保證各地民航運作的一致性。

2.國際航空運輸協會（International Air Transportation Association, IATA）：簡稱「航協」，是一個國際性的民航組織，總部設在加拿大的蒙特利爾。IATA是由全球航空公司組成的國際協調組織，管理在民航運輸中出現的諸如票價、危險品運輸等等問題。大部分的國際航空公司都是國際航空運輸協會的成員，以便和其他航

空公司共享連程中轉的票價、機票發行等等標準。但是，仍有許
多地區性航空公司或低成本航空公司並非國際航空運輸協會成
員。

3.美國聯邦航空署（Federal Aviation Administration, FAA）：FAA
是美國運輸部轄下，專門負責民用航空管理的機構。其主要任務
是負責管制空中安全、飛航管制設施之營運、促進商用航空之發
展、負責考驗並檢核飛行員、導航員、維修技工之證照工作，以
及設立有關飛機製造、營運及維修等方面之安全規定。

4.航權：當一國之民航機經營定期之國際航空業務，載運旅客、貨
物、郵件等，需降落或進出其他國家，必先取得該國之同意或許
可，簡稱為「航權」（traffic right）。

5.航線（airway）：為民航機關（在我國為交通部民航局）指定之
適於航空器飛行之通路。

6.時間帶（time slot）：所謂「時間帶」就是「某一航班在某機場從
降落到起飛使用該航站設施的這段期間」。換言之，一航空器從
降落到起飛，使用包括飛航情報區、航空管制以及機場等設施及
資源的這一段時間均涵蓋在時間帶的定義中。

7.額度：所謂「機場航空器起降額度」（簡稱「額度」），依據
《國內機場航空器起降額度管理辦法》第2條第2項之定義，係指
「航空器於同一國內機場之一起一降之額度」。額度和時間帶是
相對的觀念。

8.歷史優先權（grandfather right）：航空公司現行所擁有的時間
帶，除非其自行放棄，否則航空公司將享有現有權利，保有其所
有營運的時間帶。

9.準點率（on time performance）：為航空公司在一特定時段內（如
國內航線為十五分鐘的容忍度），航機準時到達次數與總班次的
比例。

10.飛行時間（flight time）：飛機從起飛到落地的時間稱之。

11.輪檔時間（block time）：飛機於機坪等待與滑行時間加上飛行

時間稱之。

12. 飛航情報區（flight information region, FIR）：乃提供飛航資料服務及執行飛航管制業務所劃定之空域。國際民航組織將全球的空域劃分為一塊一塊若干數量相互銜接的飛航情報區，每一個飛航情報區都提供飛航服務，若干飛航情報區會包含相當廣大且少有航空器飛行的洋面空域，諸如日本的東京飛航情報區、那霸飛航情報區、美國的奧克蘭飛航情報區等。

13. 飛航管制（air traffic control, ATC）：飛航管制，指為求增進飛航安全，加速飛航流量與促使飛航有序，所提供之服務。航空器起飛後，便無時不在「管制」之中。所謂「管制」，大致包括航路、高度、次序等方面的管制。管制機構指定航空器飛航不同之航路，以維持航空器間之左右間隔，又指定航空器之飛航高度，以維航空器之上下間隔，並指示飛航次序，規定在某些情況下，何者有權先飛，何者需予避讓，以確保飛機不致有碰撞之虞。

14. 區域管制（area control）：旨在提供某區域內及航路上的航空器之飛航管制服務。其權責範圍或管轄地區，通常包括數千平方英里上空的空域。

15. 終端管制（terminal approach control）：終端管制又稱為離到場管制，此一單位多位於其所服務的主要機場，其管制空域在機場半徑60浬範圍，高度約20,000呎或24,000呎以下的空域，其目的旨在提供其責任區內航空器爬升及下降之進場及離場管制服務。

16. 機場管制（tower control）：機場管制又稱為塔台管制，旨在對機場的空中航線及其附近，以機場為中心，半徑5浬內、高度約3,000呎以下的空域，提供飛航管制服務，對離場的航空器，給予從登機或上貨停機坪，到使用跑道、滑行道安排指示，並向航機駕駛員頒發起飛許可；同時並對到場的航空器，亦由塔台管制員提供同樣方式處理，發給航空器准予降落的指示，直到其平安到達指定的停機坪。

17. 助航設備（navigation aids）：乃指一切輔助飛航之設備，包括通

信、氣象、電子與目視助航設備，以及其他用以引導航空器飛航之設備。

18.儀器飛航規則（instrument flight rules, IFR）：IFR係指遵循儀器飛航規則之飛航。意指藉由飛機儀表與飛航管制台以無線電發送的指令，以安全避開其他飛機。

19.目視飛航規則（visual flight rules, VFR）：VFR係指遵循目視飛航規則之飛航。意指航空器在目視天氣狀況下飛航依據「看見就相互避讓」基本原則，與其他的航空器保持安全隔離。而天氣標準以台北飛航情報區規定管制空域內目視能見度8公里，雲幕高1,500呎。

20.航空器簽派員（operations dispatcher, OD）：為航空公司之航機派遣、製作航機載重平衡表及飛行計畫擬訂之人員。

21.航空站（airport）：指全部載卸客貨之設施與裝備，及用於航空器起降活動之區域，包含飛行場、停機坪及航站大廈等設施。

22.管制塔台（control tower）：即空中交通之指揮塔台，為出入航機之精神樞紐，其位置應能廣視各跑道兩端及滑行道、停機坪等航機活動之地區，裨益指揮與管制以維飛航安全。塔台的工作是協調飛機的起降及跑道的運用，所有飛航器起飛及降落前必須獲得塔台管制的許可。另外，所有需滑行橫過跑道的航機及車輛也必須獲得塔台的管制許可。

23.航站大廈（passenger terminal building）：係供出入境旅客辦理查驗、通關及行李託運等作業空間之建築。

24.航空貨運站（air cargo building）：為處理航空貨物之作業空間，其設計以能容納預測之年貨物處理量為原則，並設置貨櫃場及停車場等附屬設施。

25.航空器（aircraft）：指飛機、飛艇、氣球及其他任何藉空氣之反作用力，得以飛航於大氣中之器物。

26.飛機（airplane）：指用螺旋槳或高速噴射發動機推進和藉空氣升力支持的各種重於空氣、有固定機翼之航空器。

27. 飛行場（airfield）：指航空器起降活動的水陸區域，並不具備有裝卸客貨運輸之設施裝備。

28. 跑道（runway）：設置在起降地帶之中央，係供航機直接起飛或降落之用。

29. 滑行道（taxiway）：為連接跑道與停機坪或修護機坪供航機滑行之用者。

30. 停機坪（apron）：係供停放飛機以便客貨上下及飛機加油或檢修之用。

31. GDS：係指「全球分銷系統」（global distribution system, GDS）。簡言之，GDS系統供應商提供一個網路平台，由旅遊產品供應業者透過後端設定產品銷售，讓全球的旅遊代理商或散客（旅遊網站）可以直接利用此平台進行交易。透過GDS，可將航空公司、飯店、汽車租賃等旅遊周邊產業的發布價格和供應目錄，在電子渠道上即時提供服務旅遊代理商或散客，以達行銷路國際化及資訊化之目標。

32. RMS：係指「營收管理系統」（revenue management system），是運用作業研究科技與電腦資訊，將有限的機位，根據以往的訂位紀錄及機位使用率，預測未來的市場需求，決定機位配置數量，以達營收最大之目標。

33. shipper load：又稱為bulk unit program（BUP），指航空公司提供空盤給航空貨物承攬業者，由其自行打盤裝櫃，並以盤櫃為計價的方式。

34. 聯運（interlining）：兩航空公司間互相承認彼此之機票，同意對方在其機票上開立己身之航段，為航空公司間最基本之合作方式。藉由雙方航空公司簽訂聯運合約及拆帳協定，旅客可持用任一方航空公司機票，搭乘另一航空公司班機。

35. 機位購買（block seat）：在特定航線上，保留一定數額之機位或艙位，供對方航空公司使用，以便彼此合作開發市場。機位購買在性質上，可分為賣斷及寄賣兩種。

36.機位交換（seat exchange）：在雙方皆營運的相同航線上，互換座位，使雙方提供班次數增加，提供旅客更便利的服務。

37.共掛班號（code sharing）：在雙方皆有航權（航線證書）之情況下，兩家航空公司將其班機號碼（code）共掛於同一班機上。班號共用可讓各航空公司間達成同業合作，對於甲航空公司而言，可由乙航空公司在甲航空公司未設據點的地方販售機票，而甲航空公司無需再花費人力物力增設據點。對於乙航空公司而言，可以不用實際派遣飛機及機組員，以減少營運成本。實務上，通常會搭配SPA、Seat Exchange、Block Seats、Pooling及FFP等商業協定，以落實合作內容。

38.共享營收（revenue pool）：同一航線之營運者，將營收提出後依比例或公式分配。分配公式有依營運之座位數比例分配、依營運機型之大小係數點分配或採固定之分配比例等方式。

39.共攤成本（cost pool）：營運雙方可視合作之規模及深度，考慮對費用提出重分配。共攤成本之費用項目，必定包含航線上的直接成本，但對飛機備品等間接成本，亦不可忽略，如航線上雙方之班次不均等，涉及機會成本時尤須注意。

40.股權持有（equity sharing）：為降低營運成本、增加營收，航空

圖3.24　馬來西亞航空波音737-400型客機
圖片來源：曾通潔攝於高雄國際機場。

圖3.25 星空聯盟的新加坡航空公司波音777-200
圖片來源：曾通潔攝於高雄國際機場。

公司併購或買進另一航空公司的股票，為航空公司之間最深層的
關係。透過股權持有方式，凝聚兩家公司管理階層之共識，達成
業內合作的目的。

41.常客優惠方案（frequent flier program）：航空公司對其忠實顧客
給予的優惠措施，航空公司可各自擁有自己的FFP或加入合作聯
盟。藉由常客優惠方案，以便於在競爭激烈之航空市場，贏得顧
客忠誠，保持一定水準之市場占有率。

 第五節 場站聯絡及通訊作業

一、電話

電話為場站間最方便的通聯方式。各場站除訂位電話及業務往來電
話外，需保留一線作為場站間通告飛航情報專線。以下為機場運務諮詢
人員或航空公司訂位中心服務人員接聽電話之禮儀：

1.無論內線或外線，接起電話時均需告知：「XX航空您好，敝姓X」。
2.如果須轉給他人時，請先說「請稍候」之後，務必先按HOLD鍵。如電話無此功能時，則請摀住電話聽筒再轉接，勿讓對方聽到大聲喊叫之情況。
3.如需請旅客等候稍久時，則請其留下姓名及電話號碼，再回電話。
4.談話結束要按「切話」鍵，或輕聲放下聽筒。

二、傳真機

係各場站作為傳送緊急文件資料之工具。一般文件仍需以COMAIL作為傳遞方式（航空公司常利用來往於各航站的班機遞送公司內各部門及各外站之間交流的文件及包裹，稱為Company's Mail，簡稱COMAIL）。

三、電傳通訊

在航空領域中，因航空公司除了與公司內各部門從事協調、通知的事務非常繁瑣，每日發送與接受的電傳也相當頻繁。而航空公司與周邊產業間的相關配合作業，也有賴於可以迅速傳遞資訊的電傳通訊。

所謂「電傳通訊」（telix）是航空從業人員於例行執行勤務時與相關部門通訊的方式之一。電傳通訊是一種經由事先申請裝設的電傳打字發報機（teletypewriter）作為相互通信的方式，因其具有便捷性、效率性、可靠性、安全性及較不拘形式的寫作要求，而逐漸取代傳統的商務書信往來。電傳通訊可以利用下列幾種不同的網路系統從事輸送：

(一)商用通訊網路（private telecommunication network）

民間有許多私人企業營運的電傳網路公司，可提供專屬網路從事自家傳訊之用。

(二)航空固定通訊網（aeronautical fixed telecommunication, AFTN）

「航空固定通訊網」（AFTN）是全球民航界使用的航空電信網路，它是航空固定業務的一部分，專門負責在網路內各航空固定站台間的訊息交換。依據國際民航組織（ICAO）所頒布之《國際民用航空公約》第10號附約「航空通信」第2冊，其規範所列之標準與建議措施，以電腦為基架建立主系統與終端用戶間之轉報網路。國際民航組織將全球劃分為二十二個轉報路由區，轉報路由區之劃分不以政治管轄權為依據，而以電報之轉報便利為考量。台灣被劃分在R區，在此區中之其他飛航情報區尚包括馬尼拉、福岡及首爾。為使航空通信業務正常運作，國內各作業單位與國際間之各飛航情報區必須透過航空訊息之傳遞以遂行相關飛航服務之目的。航空固定通信服務即是利用「飛航訊息處理系統」（air traffic services message handling system, AMHS），經由AFTN提供航空電報之傳遞與交換。目前，航空公司的航務部門常利用AFTN的通訊便利來蒐集航機簽派、製作飛行計畫（flight plan）的相關資料。

(三)國際航空電訊協會網路（SITA TELIX）

國際航空電訊協會（Societe International de Telecommunications Aeronautieques, SITA），於1949年由十一家航空公司成立，提供會員處理電訊傳送事宜。SITA的服務對象包含：航空公司、航太科技業、航空貨運業、旅運相關產業、流通業、航空快遞業、航空承攬業，甚至是政府組織。歷經六十餘年的努力，SITA已成為全球最大的私有國際航空通訊網路組織，它網羅了國際民航組織（ICAO）主辦的航空固定通訊網（AFTN）通訊業務，亦代理機場地面作業系統。目前印尼、馬來西

亞、中國大陸、泰國、日本多個機場以及台灣桃園國際機場與高雄國際機場，均使用SITA Queue System進行旅客報到與登機作業，SITA FARE更整合國際開票作業系統，提供航空公司與旅行社國際票務開票使用，服務領域橫跨航空通訊與地勤代理。迄今，SITA通訊服務的使用者已在全球二百二十個國家中超過五百五十個會員組織。包括：證券業、航空公司、貨運商、機場與全球電腦訂位行銷系統（Global Distribution System），其中90%的會員與全球航空產業有關，其產值在1998年時，已超過美金120億。有關SITA更詳細的介紹，讀者可逕赴其網站查詢（http://www.sita.com）。

對於航空運務工作來說，各個航空場站通常皆會設置專門收發SITA TELIX電報之電報機，並以專屬之SITA CODE為address，來傳送電報作為通訊訊息之工具，且各場站均必須設置專人整理電報並予公告。航空公司租用SITA TELIX所需支付的電傳費用，除了基本固定支出的費用（包含發報機月租費、數據機費用、系統維護費、各地電信線路費、SITA TELIX卡片租用費）之外，還包含依實際傳遞輸送量計價之電訊傳輸費。由於傳輸量是以實際傳送的「字元」數計算（亦即每一個英文字母、數字符號、空白鍵及換行鍵，都被視為一個字元），因此航空從業人員傳遞電報時，其電報內容必須簡短易懂，儘量避免使用冗長繁瑣的詞句。

為了規範SITA TELIX電報的撰寫格式能有一致性的標準，特別發展出其特殊的文體與規則。其主要原則包含：(1)使用簡扼語及專業代碼；(2)使用引述簡句以避免重述來文內容；(3)使用來電文號；(4)使用簡化英文字；(5)使用簡化句型（避免使用冠詞、代名詞、介詞、連結詞、連綴動詞、助動詞等）。有關SITA TELIX航空電報常用縮寫字及簡碼，援舉數例如下：

1.AAA：Agent Assembly Area
2.AACT：Airport Association Council International
3.ABT：About

4.ABV：Above

5.ACFT：Aircraft

6.BBG：Baggage

7.BZCL：Business Class

8.CAA：Civil Aviation Authority

9.CGO：Cargo

10.CRW：Crew

11.CTR：Counter

12.DEP：Depart(s), (ed), (ure)

13.DEPO：Deportee

14.EST：Estimate(d), (ing)

15.FRCL：First Class

16.GD：General Declaration

17.INTL：International

18.TDY：Today

有關SITA TELIX簡單的電文編寫流程如下：

◆收電人（address）

格式為「KHH XX YY」，KHH為地名，XX為收電人公司的內部部門代碼，YY為收電人航空公司代碼（依據IATA航空公司代碼為準）。

【例】「KHHODEF」（注意：地名、收電人公司的內部部門代碼、收電人航空公司代碼之間無須間隔）表示收電人為遠東航空公司高雄站的航務簽派部門。KHH是高雄的代碼，OD是遠航內部規範的簽派部門代碼，EF是遠航的IATA航空公司代碼。

◆發電人（sender）

撰寫格式比照收電人，唯必須注意前面加一個句點「·」。

例：「‧TPEODCI」表示發電人為中華航空公司桃園國際機場的航務簽派部門。TPE是桃園國際機場的代碼，OD是華航內部規範的簽派部門代碼，CI是華航的IATA航空公司代碼。

◆電文文號（reference indicator）

電文文號是發電人發文的日期及時間，由六個阿拉伯數字組成，稱為「日期時間組」（date time group, DTG），放在發電人右側，其中以一個空白鍵區隔。所列的時間採取英國格林威治標準時間（Greenwich mean time, GMT），而非發電人所處場站的「當地時間」（local time, LCT）。若您使用的是SITA TELIX發報系統拍發電報，系統將會自動產生一組電文文號。

例：「‧TPEODCI　281930」表示中華航空公司桃園國際機場的航務簽派部門於當月28日的格林威治標準時間19:30發出的電報。

有關格林威治標準時間的由來係在1492年，經哥倫布航海探險，發現地球是圓的，只要您繞海洋一圈就能回到原來出發的地方。每個國家或地區均位於地球上不同的地方，因為地球繞日的原因，在同一個時空裡，太陽直射地球的區域，永遠是面對太陽的一面，但是由於地球會自轉，所以太陽照射到的地區變成白晝；相對於同一時間太陽照射不到的區域，就變成夜晚。

有鑑於世界上各地皆有其本身的當地時間（local time），而各國之當地時間又有標準時（standard time）與夏令時間（daylight saving time）之區別。為方便文化及經濟交流，有必要統一規定地區之時差及標準時間。於是，在1884年國際上公認以英國倫敦附近的格林威治市為為零度經線的起點（亦稱為本初子午線），來規定各地間的時差。所謂「格林威治標準時間」亦稱為「協和標準時間」（universal coordinated time, UCT），是以位於英國倫敦郊區的皇家格林威治天文台為起點，並以地球由西向東每二十四小時自轉一周360°，訂定每隔經度15°，時差一小時。而每15°的經線則稱為該時區的中央經線，將全球劃分為

二十四個時區（東西各分為十二個時區），其中包含二十三個整時區及180°經線左右兩側的兩個半時區。這兩個半時區緊臨國際換日線兩旁，造成此原因是地球並非真正的「圓形」所致。就全球的時間來看，東經的時間比西經要早，也就是如果格林威治時間是中午12時，則中央經線15°E的時區為下午1時，中央經線30°E時區的時間為下午2時；反之，中央經線15°W的時區時間為上午11時，中央經線30°W時區的時間為上午10時。

　　航空運務員於拍發SITA TELIX前，若不知所處場站的格林威治標準時間，則可利用GMT與當地時間的換算公式：

　　GMT＝（當地時間）－（當地與GMT的時差）

其流程如下：

1. 瞭解當地時間與「國際標準時間表」（international standard time chart）之間的關係是「+」號或「−」號。例如：「東京+9」，「新德里+6」，兩地時差為三小時。

2. 若兩地與國際標準時差關係均為正或均為負時，則將兩正號數目或兩負號數目相減，得出的就是兩地間的時差。例如：「溫哥華−8」，「芝加哥−6」，兩地時差為兩小時。

3. 若兩地時差與國際標準時間的關係，一地為「+」號，一地為「−」號；此時的計算方式是，正負號撇開不管，將其餘兩數字加起來，得出的數字就是兩地的時差。例如：「台北+8」，「紐約−5」，兩地時差為十三小時。

【例一】台灣位於東經119度與112度之間，比格林威治時間早八小時。以「＋8」代表其時差。若台北11月24日上午10:00，換算成GMT為：10:00－（＋08:00）＝02:00，亦即GMT為同日之凌晨02:00。

【例二】美國洛杉磯，比格林威治時間晚七小時。以「−7」代表其時差。若洛杉磯11月24日上午06:30，換算成GMT

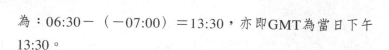

為：06:30－（－07:00）＝13:30，亦即GMT為當日下午13:30。

◆**特定發電人（from）**

前述有關發電人的發文立場係以部門為單位（如華航桃園國際機場站航務簽派部門），若您希望除了部門名稱外，係以特定人為發文單位時，只要在電文文號後面加上特定發電人的姓名或代碼。

【例一】「·TPEODCI 281930 Edward Yang」表示華航桃園國際機場航務簽派部門的Edward Yang於當月28日的格林威治標準時間下午19:30發出的電報。

如受電人要回應上述Edward Yang的電文時，不必冗長的引述原電報內文，僅需引述電文文號即可指定回應電文的特定收電人。

【例二】「YT 281930 Edward Yang」，「YT」表示「您的電傳」（Your Telix）

◆**特定收電人（inside address）**

所謂特定收電人是在電文開頭指定其特定收電對象，有如商用電傳之ATTENTION（ATTN），其SITA TELIX格式如同特定發電人的撰寫格式，若受文者不只一位，可以CPY代替傳統商用電傳的「副本受文者」（如CC KHHODBR/John Ko）。

【例一】「KHHODBR/John Ko」為主要受電者，「KHHODBR/Steven Wang」為副本受電者，可寫為「KHHODBR/John Ko CPY Steven Wang」。CPY為copy之意，對於副本受電人無須回電，僅供參考。

此外，值得一提的是，若特定發電者或特定收電者是航空公司相當職位的部門最高主管，則通常有其專屬的SITA CODE，就不必再勞神寫上其姓名及職稱了。

【例二】「TPEDYEF」為遠東航空公司董事長、「TPEPSEF」為
遠東航空公司總經理、「TPESZEF」為遠東航空業務處副
總經理……。

◆電文主旨（subject of the telix）

電文主旨通常以「YTDTG」為代碼，YT是Your Telix。YT加上電文
文號「日期時間組」（DTG）就可以當主旨，如「YT281930」。必要的
話，再加上一句簡單的事由即可。

◆問候語（honorific）及感謝詞

SITA TELIX的電文撰寫雖可直接以命令句陳述發電人的發文動機而
不需繁文縟節地客套，且收費方式係採逐字元收費，因此盡可能長話短
說。但必要的話，只需在電文結尾加上「BRGDS」或「TKS」感謝詞。
有關詳細的SITA TELIX內容介紹及撰寫編輯技巧，可以參見高聰明先生
撰寫的專書《航空電訊用語》（長榮航空訓練中心叢書）。

【範例一】班機起飛電報

```
QN MFMROXX MFMRSXX MFMRCXX MFMHHXX
KHHTTYY MFMKPXX MFMOLXX MFMOWXX MFMOOXX
MFMELXX MFMFFXX
        · MFMKKXX 161343 16 JAN 10
MVT
XX560/16JAN.BMBX.MFM
AD1315/1330 EA1440 KHH
PAX0/33
```

【說明】

1. 報頭的編碼MFM是地名「澳門」（葡萄牙文：Aeroporto
Internacional de Macau, IATA機場代碼MFM），其後的RO、RS、
RC代表訂位、營業與控位部門代碼；TT、KP代表運務部門；

OL、OW、OO代表駕駛艙組員與客艙組員派遣部門與航務部門。EL、FF代表貨運部門與RC（ramp coordinator）部門，最後的XX代表航空公司的代碼。

2.「．MFMKKXX」代表澳門的XX航空的經理發報。「161343 16JAN10」代表2010年1月16日之「格林威治標準時間／協和標準時間」PM 13:43發出的電報。由於澳門與台北是相同時區（UTC＋8），因此換算為澳門當地時間是PM 21:43。

3.MVT意指「飛航動態」（Flight Movement）。

4.XX560代表XX航空的560班機，出發日期是16JAN，飛機編號是BMBX，出發地是MFM。

5.AD（actual departure）係指「實際離站時間」。「AD1315/1330」意指班機「後推時間」PM 13:15，「離地時間」PM 13:30，亦即飛機的地面滑行與等候時間共花費了十五分鐘。EA（Estimate Arrival）係指預計抵達目的地KHH（Kaohsiung International Airport；IATA代碼：KHH）的「格林威治標準時間／協和標準時間」是PM 14:40，也就是高雄當地的PM 22：40。

6.「PAX0/33」：PAX（或PSGR）是SITA TELIX航空客運電訊代碼Passengers的縮寫。PAX0/33意指商務艙旅客人數為0位，經濟艙旅客人數為33位。

【範例二】班機到站電報

```
    QD KHHKKYY KHHLDYY KHHMMYY KHHODYY
KHHSMPP KHHTTYY TPECCYY TPECJYY TPEELYY TPEFFYY
TPEJCYY TPEKLYY TPELDYY
    · TPEOWYY 161345/ALCS
MVT
YY208/16.B1865.TPE
AA1339/1343
SI FB 7900
```

【說明】

1. 報頭的編碼 KHH是地名「高雄」，其後的 CC、CJ、SM、RB、RR代表訂位、營業與控位部門代碼，TT、KK代表運務部門，OD、JC、EL代表航務部門、聯管部門與駕駛艙組員與客艙組員派遣部門，FF代表貨運部門與LD代表裝載管制部門，XJ代表資管部門，最後的YY、PP代表航空公司的代碼。共有YY、PP兩家航空公司。

2. 「・TPEOWYY」，「TPE」（Taiwan Taoyuan International Airport, IATA代碼：TPE）代表台灣桃園國際機場的YY航空公司航務部門之OW單位發報。「161345」代表2010年1月16日之「格林威治標準時間／協和標準時間」PM 13:45發出的電報。由於台灣的時區UTC＋8，因此換算爲「TPE」當地時間是PM 21:45。「ALCS」（Airline Link Control System）是指該電文的發報系統。

3. MVT意指「飛航動態」（Flight Movement）。

4. YY208代表YY航空的208班機，出發日期是16JAN，飛機編號是B1865，出發地是TPE。

5. AA（Actual Arrival）係指「實際到站時間」，觸地時間PM 13:39，輪檔煞車時間PM 13:43，表示飛機的地面滑行與等候時間共花費了四分鐘。

6. 「SI」係指「補充欄」（Service Information, SI）的說明。「FB Fuel Remaining 7900」係指該班機的殘油剩下7900磅。

四、平面無線對講機

平面無線對講機（walkie talkie）是爲了航空站協調聯絡緊要事項而配置。因此，通話原則是「簡潔」、「清晰」、「長話短說」。機場運務員時常利用平面無線對講機從事登機門與運務櫃檯、機坪勤務人員之

間的協調與聯繫。運務員亦常透過平面無線對講機掌握機艙內之勤務人員完成清潔客艙的時間、VIP／CIP貴賓登機通知、聯絡安排獨行孩童或需要專人輪椅協助者的資源調派等工作。

五、通話術語

(一)英文字母報讀法

字母	發音	字母	發音
A	ALFA	N	NOVEMBER
B	BRAVO	O	OSCAR
C	CHARLIE	P	PAPA
D	DELTA	Q	QUEBEC
E	ECHO	R	ROMEO
F	FOXTROT	S	SIERRA
G	GOLF	T	TANGO
H	HOTEL	U	UNIFORM
I	INDIA	V	VICTOR
J	JULIET	W	WHISKEY
K	KILO	X	X-RAY
L	LIMA	Y	YANKEE
M	MIKE	Z	ZULU

(二)數字報讀法

數字	發音	中文讀法
0	ZERO	洞
1	ONE	么
2	TWO	兩
3	THREE	三
4	FOUR	四
5	FIVE	五
6	SIX	六
7	SEVEN	拐
8	EIGHT	八
9	NINE	勾

例：遠航波音B757-200編號「B27001」的班機應唸成「B兩拐洞洞么」。

(三)時間報讀法

　　運務員使用平面無線對講機從事相關單位的協調溝通時，對於時間報讀的方法應依照二十四小時制與數字報讀法從事報讀。

　　【例】12:15
　　（英文）ONE－TWO－ONE－FIVE
　　（中文）么兩么五

參考網頁

外交部領事事務局網頁（www.boca.gov.tw）
內政部入出國及移民署網頁（www.immigrantion.gov.tw）
財政部關稅總局網頁（web.customs.gov.tw）
農業委員會動植物防疫檢疫所網頁（www.baphiq.gov.tw）
衛生署疾病管制局網頁（www.cdc.gov.tw）

參考文獻

張有恆（2007）。《航空運輸學》（二版）。台北：華泰文化。
楊政樺（2001）。《航空地勤服務管理》。台北：揚智文化。

第 4 章

航空公司的組織、營收與成本

 # 第一節　航空公司的組織運作

　　航空公司的發展，可略分爲國內航線與國際航線，因經營的方式與服務流程不同而產生不同的組織生態。相較於操作較爲單純的國內航線，國際航線顯得較爲複雜，可再細分爲區域航線與越洋航線。其中，航線的特性與航約、航權的關係，服務對象特質（如旅客的國情、文化、語言），都將影響航空公司的服務模式與經營規模。

　　對旅客來說，搭乘航空器飛到某地，似乎是再簡單不過的事情了。他可以透過電話訂位，或是直接到機場買票上機。整個搭飛機的過程就是買票、登機、等候起飛、飛行、降落等。但對航空公司來說，賣給旅客一張機票，讓他（她）從報到劃位開始一直到抵達目的地，整個過程必須在目標管理下，歷經安全監理、營運配置、機場運務服務、空中運輸服務、航務規劃、機務維修排程、人事成本控制、行銷廣宣推展、財務營收規劃等專業分工方能達成。因爲，有良好飛安績效的航空公司才能吸引旅客放心搭乘。方便與合適的營業處所，便捷的購票、退票、訂位服務，才能讓旅客與旅遊服務業樂於與之接觸。禮貌、迅速、正確的運務服務方能使旅客感受搭機前的愉悅。技術精熟的飛行機師才能提供安心的空中航行。專業友善的客艙服務員才能提供必要的緊急飛安措施與空中服務。另外，除了天候因素或臨時的意外事故，飛機要能妥善派遣完成飛行航次的準點率，端賴於專業的機務維修人員，進行檢修、維護保養及檢查。而航線的開闢規劃、機隊規劃、中長期的策略發展，需要企劃人員的擘劃運籌。整體財務運作、資金調配，有賴於財會人員的兢兢業業。關於攸關「選、訓、考、用」，需要人力資源部門進行管理……。鑑此，吾人可以窺見，從一架飛機的順利起飛，不難發現其中包含多少從業人員的心力與時間投注。

　　航空公司一般之職掌歸屬主要分爲行政管理、營業管理、財務管理、規劃管理、機務管理、飛安管理、品質管理、運（勤）務管理、航

務管理，其彼此之間關係如**圖4.2**所示。

圖4.1　日本航空公司運務櫃檯

圖片來源：曾通潔攝於高雄國際機場。

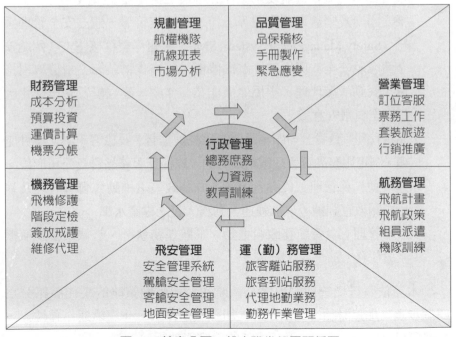

圖4.2　航空公司一般之職掌歸屬關係圖

資料來源：《航空地勤服務管理》，楊政樺（2001）。

1. 行政管理：負責人力資源規劃、員工教育訓練、員工獎懲與異動,總務與庶務管理業務。

2. 營業管理：制定國內外客運運價政策,執行票務與訂位客服管理,稽核旅行社代理商售票信用與開發套裝旅遊,進行行銷與業務推廣。

3. 財務管理：負責公司全盤預算編列、執行、控制與審核,操作外匯與期貨以增益營收,營業收入與成本會計科目審定、飛航運價與成本分析與預估,國際票務分帳執行與稽核。

4. 規劃管理：負責公司政策之規劃研擬事宜,一般有航權取得、機隊規劃、航線規劃、班表規劃、市場分析及成本效益分析等大方向計畫之研究與擬定。

5. 機務管理：負責執行飛機全盤修護與各階段之定檢,飛機維護裝備及特勤車輛之修理機具配造與維修資料儲存。

6. 飛安管理：負責飛航安全工作之推展,擬定安全政策,分析影響飛安因素及緊急事件處置等工作之執行與督導,建立安全管理系統(Safety Management System, SMS),督考與稽核空安(駕艙安全與客艙安全)與地安(航機停機、行李貨物裝卸、飛機導引拖曳、餐勤清潔代理、空橋停機作業)作業,建立優質安全文化,提升全員飛安意識。

7. 品質管理：負責公司服務品質之掌控與監督,及旅客申訴之案件處理,制定服務品質管理策略及方向,以提升服務品質及公司形象。

8. 運(勤)務管理：負責各項運、勤務政策之推動、督導管理及執行相關教育訓練,以加強運、勤務人員之專業水準。

9. 航務管理：負責航務政策推動、飛航任務執行、航線策劃及航機派遣任務。

本節依照目標管理的程序,循航空公司整體策略的製作脈絡分為四個步驟來加以討論,分別是：「組織與運作」、「組織運作彈性」、「經營目標與執行策略」及「責任的確定與執行」。

一、組織與運作

　　民用航空運輸業是屬於國家特許事業。所謂「特許事業」，係指經營權原保留於國家，在特定情形下，國家將其經營權之全部或一部，授予私人經營之事業。因此，民用航空運輸業的企業特性的寡占狀況與政府的制規息息相關。

　　在目前經濟發展呈現國際化、自由化、全球化的趨勢下，航空運輸已逐漸成為世界貿易的主流。自從美國國會於1978年通過《解除航空公司管制條例》及1979年的《國際航空運輸競爭條例》，舉凡航線、票價、班次等等均紛紛放寬了約束，甚至解除管制（deregulation）。繼美國之後，澳大利亞、加拿大、智利等國家也宣布解除航空管制。以我國而言，自1987年11月及1989年1月分別開放國內航線及國際航線航空公司申請設立，在俗稱「開放天空」的「民航空運自由化」正式起跑後，台灣天空百家爭鳴，為求在激烈的拚鬥中出線，迫使民航業者在營運政策、行銷方式、收購股權、航機售租策略……乃至於服務品質等方面產生諸多改變以謀永續經營，期能區隔市場，確認各市場區隔下顧客的「需求」（needs）和「需要」（wants），以爭取顧客的忠誠度及市場占有率，提升市場上的競爭優勢。

　　在最終產品—「運輸服務」提供顧客來消費的背後，事實上是一連串專業的精密分工所呈現的共同成果，茲將構成航空公司的組織單元介紹於後：

(一)總經理室

　　對《民用航空法》的規範來說，民用航空運輸業應為法人組織，若以「股份有限公司」的型態經營。一般而言，航空公司的董事會成員包含董事、監察人數人，而由董事會設董事長一人，由董事互選產生。董事長下會在總公司設立總經理或最高執行長（chief executive officer,

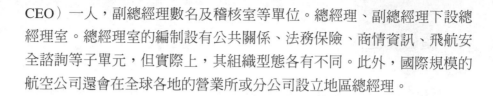

CEO）一人，副總經理數名及稽核室等單位。總經理、副總經理下設總經理室。總經理室的編制設有公共關係、法務保險、商情資訊、飛航安全諮詢等子單元，但實際上，其組織型態各有不同。此外，國際規模的航空公司還會在全球各地的營業所或分公司設立地區總經理。

(二)業務及行銷部門

業務及行銷部門亦有業者細分為客運及貨運兩部門。但一般而言，業務及行銷部門是航空公司執行「開源」以創造生存機會，尋求更多客源的重要單位。本部門的職掌包括營運計畫之策訂、監控及評估航線營運績效，規劃空／地勤及貨運各項產品及服務、飛航班次計畫之擬訂及協調、擬定價格策略並制定市場價格、票務管理、與旅行社從事套裝旅遊的銷售、規劃行銷通路與管理機位配銷、處理旅客申訴事宜、研擬廣告推廣方針、電子商務等事宜。

(三)運務部門

機場運務是航空公司與旅客面對面接觸的第一線單位，也就是俗稱的「地勤」。地勤的工作是與時間賽跑，讓飛機準時且順利的起飛是其工作的首要任務。如果要界定「運務」的工作範圍，大抵來說，是「從旅客到機場櫃檯報到劃位開始，到旅客登機完畢前的一切相關事務，都屬於機場運務工作的範圍」。

一般而言，航空客運之運務部門乃是設於航空站內直接負責處理旅客出入境的事宜，除了協助旅客通過檢疫、海關、移民局的查驗外，尚需辦理提供飛機在機坪上應用的一切地面裝備服務及聯絡。運務狹義解釋是為顧客服務的一切作為，就IATA解釋，可包括航空公司之一切商業活動。若廣義解釋，則其涵蓋貨運，實務上，運務或貨運有各自獨立，亦有隸屬於業務部門者。

(四)企劃部門

「企劃」（planning）是為組織設定未來目標，並建立達成目標方法的過程。因此，具豐富策略與規劃思考的企劃團隊以研擬出完美且可行的「Corporate Plan」成為企業達成永續經營的關鍵因素。以長榮航空公司而言，企劃部門（該公司稱為企劃本部）為公司政策與計畫執行的火車頭，且公司的短、中、長期經營方向與目標，以及策略的規劃與制定，皆在企劃本部完成並推動執行，而長榮集團總裁亦相當重視該部門執行的成果與策略規劃的完善，所以非常重視該部門主管人員的遴選，並授予相當程度之倚重權限。

有關機隊發展規劃、新增航線規劃、企業轉投資評估、公司發展計畫之策訂、市場資料及商情分析、企業整合及締約聯盟評估、專案計畫的協調與管理等，都是企劃部門的職掌。

(五)人力資源管理部門

人力資源管理部門負責人力需求規劃、政策規章制定、勞資關係處理、人員招募、任用、晉升、遷調、考勤、績效、獎懲、離職、人員訓練、員工福利業務之規劃、出國證照之辦理等業務（若干航空公司將人力資源管理部門、行政部門合併，以「資源管理處」統籌）。

(六)行政部門

對於航空公司的行政部門（亦有稱為總務部門）係負責各部門的後勤支援，包含：收／發文等之文書處理；公司辦公場所及房舍之規劃、設計、發包、施工、膳勤、車輛、清潔、宿舍、福利社、文具物品及總機等行政庶務之處理。

(七)財務會計部門

　　航空公司的財務會計部門的業務範圍包括籌措中、長期資金，提供財務報表供管理者研參、規劃年度預算方案並控制預算之執行、規劃並執行稅務作業、執行會計及財務相關業務、管理機票及折價券、分析營運成本結構、審核及管理各部門的帳務、籌辦股東會及董事會等。

(八)機務維修部門

　　確保飛機與地面設備能在安全及適航狀態下營運，包含：飛機、各型發動機、通信電子設備之日常及定期等各項維修工作；修護相關之標準施工方式與作業程序；適航指令及修護通報：各類飛航器材、修護工具、裝備等之補給採購；修護人員各種專業訓練業務之規劃、執行等事項。

(九)安全衛生部門

　　安衛部門除了配置捍衛公司門禁、人員及軟硬體安全的警衛班之外，尚有安全衛生及安全防護等功能。其業務包含：公司全盤警衛、安全調查、安全訓練、勞工安全衛生及安全情況反映處理業務。

(十)航務部門

　　主要業務包含：執行飛航任務、調配飛行任務、航機簽派及載重平衡計算（weight & balance），航機旅客、貨、郵件的裝載計畫（load plan）、航機動態掌握、向機場飛航服務櫃塡寫飛行計畫（flight plan）、提供執勤機師飛航天氣資料（meteorological information）、班機異動處理、航務性能分析等工作。

(十一)品管部門

　　為落實飛安，避免「球員兼裁判」，品管部門在航空公司的組織編

制中，往往獨立於機務部門，但亦有隸屬於機務部門的一個子單位內，不管其編制的狀況為何，其業務至少包含：各型飛機、發動機、附件及非破壞性之檢驗；特許飛行之適航簽放（試飛、飛渡）；修護合約之審查；技術人員資格審核，相關訓練證照之核發；維護計畫之審核及修訂；推動所有修護品質保證業務等。

(十二)飛安部門

飛安工作在航空公司的組織編制裡，較「理想化」的狀況是能直屬於總經理管轄，且能獨立於航／機務部門之外，較能具備「超然立場」發揮其功能，不過民航局對飛安部門的組織定位並無強制性的規範。有關該部門的業務職掌，除了常態性的機長報告處理外，至少包含：飛安政策釐訂、飛安督導、消弭外物損害管制（FOE）、飛安教育訓練、飛安刊物之彙編、飛航違規事件之處理、失事調查等事項。

(十三)空服部門

有些航空公司將空服部門隸屬於航務部門的組織編制之下，但通常若干中、大型航空公司基於專業分工的考量及對服務品質的重視，而將其獨立為一級單位。空服部門的業務至少包含：空服作業標準之擬訂與執行、空中旅客侍應品及空服用品規劃、旅客投訴意見處理、空服作業手冊之編纂及管理、空服人員年度訓練計畫、空勤組員調派管理、空中精品業務開發等事項。

(十四)訂位中心

航空公司的訂位中心為處理包含旅客個人訂位、旅行社團體訂位及機位管制（space control）的相關業務。經營國內線的航空公司訂位中心業務性質較為單純，通常會把票務（ticketing）和訂位（reservation）放在同一個部門。而大部分國際線的航空公司則由於業務項目及專業分工較細，因此採取分組方式，將票務與訂位明確劃分。目前各家航空公司

表 4.1　各家航空公司所使用的電腦訂位系統

航空公司	訂位系統
中華航空	PASSENGER RES（PROS）
長榮航空	EVAPARS（亦稱為WIN3270）
立榮航空	EVAPARS（亦稱為WIN3270）
復興航空	PASSENGER RES（PROS）
澳門航空／中國民航	e-Term（中國航信TravelSky）
國泰／南非／卡達／新航	Amadeus CMS

資料來源：作者整理。

所使用的電腦訂位系統（CRS）如**表4.1**所示。

二、組織運作彈性

　　面對瞬息萬變的航空產業特性及相關業務拓展，乃至於經營需求，航空公司在人員及組織結構上常必須從事適時的彈性調整，以確保組織能在各種環境與經營需求下有效的運作，符合「效率」（efficiency）及「效能」（effectiveness）。茲分別就彈性的應用方式討論如下：

　　為配合不同任務與環境需求，航空公司設有多項委員會或任務編組，依其性質可分為「常態性組織」及「機動性組織」。

(一)常態性組織

　　為配合長期性、循環性的例行性計畫及營運需求，航空公司常以跨部門運作的「矩陣式專案管理」組織方式成立專案委員會或專案小組。

　　【例一】飛安諮詢委員會：由飛安、航務、機務、運務、空服等直接與飛航安全相關的部門共同組成。

(二)機動性組織

　　為配合臨時性、非循環性的專案計畫或特殊營運需求，如同常態性組織原則，航空公司常以橫向整合、跨部門運作的「矩陣式專案管理」

組織方式成立專案小組，有效管理人力及相關資源的運用，並減少部門本位，促進通暢之溝通。

【例一】防颱計畫：為預防及減低颱風所造成之災害及使各單位間能協調一致，俾於行動時有所遵循，並能在各種情況下，集中人力機具靈活運用，期能達成即時搶救裝備器材，防止並處理災害，儘速恢復民航之正常作業。當任一航空站發布W24警報，除了交通部民用航空局將組成防颱應變小組（即風災災害應變小組）掌握全般狀況外，各航空公司亦將依據內部標準作業手冊作業程序，由各相關部門主管組成，依計畫責任編組職掌執行辦理各項防範與救災措施。

【例二】租／購機計畫：面對租機與購機需求時，由航空公司內部各相關單位組成。負責處理相關主管官署及國外廠商的協商、採購、運渡等事宜，並從事適當之計畫控管。

三、經營目標與執行策略

有關航空公司在策訂企業目標及執行各部門的營運時，常必須經由一個龐大的評估邏輯系統從事「生產」。「謀定而後動」是理性的航空公司管理人運籌帷幄、決戰千里之外的邏輯，在繁複的機隊規劃、航線開發、轉投資相關事業或是人力的需求規劃之前，必須要有明確的「政策定位」，在公司政策的大方向下，從事長、中、短期經營計畫及目標的制訂。

至於航空公司決定企業經營目標的過程與方法，事實上與一般企業的管理思維相較，並無太大的偏頗。首先是政策方針的「經營策略」制訂。在公司經營目標（如爭取某航線市場占有率第一或該航線市場獲利率最高）下，以「可衡量的指標」進行現狀分析（包含內外在環境分析、市場分析及成本效益分析）及對問題的辨認發展可行方案，及提供

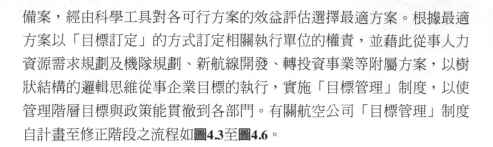

備案，經由科學工具對各可行方案的效益評估選擇最適方案。根據最適方案以「目標訂定」的方式訂定相關執行單位的權責，並藉此從事人力資源需求規劃及機隊規劃、新航線開發、轉投資事業等附屬方案，以樹狀結構的邏輯思維從事企業目標的執行，實施「目標管理」制度，以使管理階層目標與政策能貫徹到各部門。有關航空公司「目標管理」制度自計畫至修正階段之流程如**圖4.3**至**圖4.6**。

四、責任的確定與執行

經過上游的目標策略及責任確定後，根據民航局要求，在各公司內部的「公司整體運作手冊」明定各部門組織機能及其職掌，並隨時依組織的調整修訂。由航空公司直接隸屬於董事會的稽核部門，負責全公司整體運作之稽核作業，以確保內部控制制度之落實。

航空公司並會依循政府法令、規章、公司經營理念、方針指示、營運需求、員工需求及社會環境變遷等因素，在合法、合理、合情的原則下，訂定公司制度與規章。這些制度與規章涵蓋全公司行政管理系統所需之業務，為使規章制度、施行、適用、修訂及廢止有所依循，對各種組織均訂有相關之作業手冊，包括內部控制制度、內部稽核制度、維護手冊、航務作業手冊、飛安維護計畫、票務運作手冊、運務手冊、危險品管理手冊、場站作業手冊、空服員作業手冊等百餘種。

以這些手冊訂定的制度規章及工作程序為各相關部門運作的標準，藉由公司教育訓練、內部會議、簡訊、月刊、公告或其他內部通告管道加以宣導、辦理執行。為了確定使各項制度與規則能夠落實執行，稽核、品管、飛安、財務及人力資源等單位均會派員定期或不定期進行各項查核工作以確保所有員工都能在「一致化」的標準下完成航空運輸服務的運作。

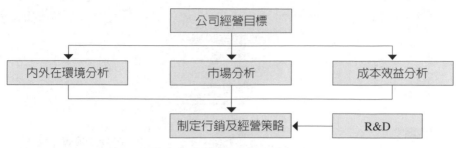

圖4.3 經營策略制定流程圖

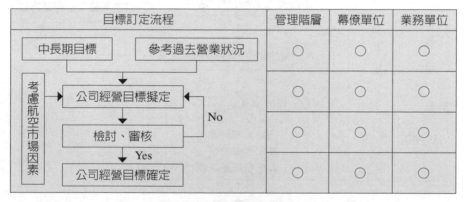

圖4.4 目標訂定權責流程

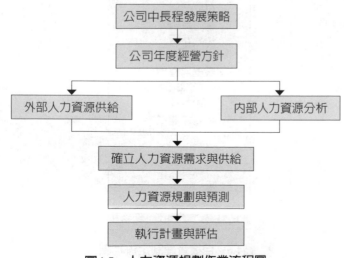

圖4.5 人力資源規劃作業流程圖

資料來源：楊政樺（2001），《航空地勤服務管理》。

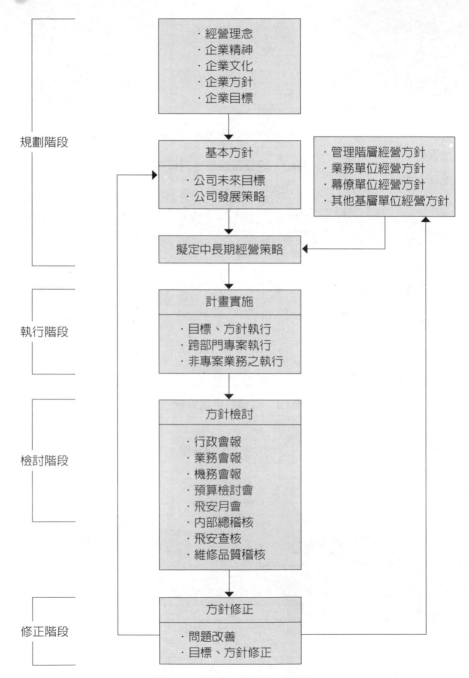

圖4.6　目標管理制定流程圖

資料來源：楊政樺（2001），《航空地勤服務管理》。

圖4.7 中華航空公司A330-300型客機停靠機坪，所有地勤人員立即進行安全檢查與行李貨物卸載作業與安全監督

圖片來源：曾通潔攝於高雄國際機場。

第二節 航空公司營運收入簡介

航空公司收入之種類，除客運收入、貨運收入外，尚包括郵運收入、空中販賣免稅品收入、超重行李收入、旅遊券販售收入及其他營業收入（諸如設備租賃收入、代訓收入、維修友航飛機的維護收入、機上雜誌之廣告收入等）。

茲就國際線航空公司及國內線航空公司在營運收入分類上的差異做一比較，分別以某國籍經營國際航線之甲航空公司及經營國內線之乙航空公司為例，其營運收入的分類及項目架構如**表4.2**及**表4.3**所示。有關各項收入之內容，如下所述。

一、客運收入

　　因承載旅客而得之機票收入。依國際民航組織（ICAO）規定，若航空公司透過旅行社（travel agent）售票予消費者，須支付票面價9%予旅行社作為佣金，一般稱為正常佣金（normal commission, N/C）。若航空公司於自有櫃檯直接售票予消費者，須依國際航空運輸協會（IATA）所訂定之票面價格收費，以保障旅行社之生存。

　　依IATA規定，航空公司每張售票收入至少為票面價91%。但由於航空市場競爭日益激烈，航空公司通常提供遠低於IATA票面價之售價給旅行社，再依各旅行社之配合度，提供不同等級的現金折扣。演變至今，部分國家或地區之航空公司不再支付票面價9%之正常佣金，且航空公司之實際所得，通常遠低於票面價91%。

表4.2　甲航空公司營業收入分類表

營運收入分類	營運收入項目
客運收入	班機客運收入
	包機客運收入
	聯航客運收入
貨運收入	班機貨運收入
空中販賣免稅品收入	客艙中販賣收入
超重行李收入	超重行李收入
旅遊券收入	旅館住宿收入
	其他雜項收入
其他營業收入	模擬機租賃收入 模擬艙租賃收入 退、換票手續費收入 貨到處理收入 到付貨運服務費收入 維修收入 地勤收入 機上雜誌廣告費收入 材料銷售收入

資料來源：楊政樺（2001），《航空地勤服務管理》。

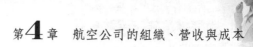

表4.3　乙航空公司營業收入分類表

營運收入分類	營運收入項目
客運收入	班機客運收入
	包機客運收入
	聯航客運收入
	什項客運收入——退、換票手續費收入
貨運收入	班機貨運收入
郵運收入	郵運收入
其他營業收入	代理收入

資料來源：楊政樺（2001），《航空地勤服務管理》。

由以上**表4.2**及**表4.3**可知，國際線航空公司營運收入項目比國內線航空公司來得多，主要原因為其營運規模及運作特性不同，例如國內線航空公司因飛航時間大都在一小時內，因此，大部分均無機上販賣收入及雜誌廣告費收入。另外，國內線與國際線商務、旅遊旅客所占比例不同，國內線大部分為商務旅客，國際線大部分的航線之商務及旅遊旅客所占比例相差無幾，甚至於旅遊旅客占大多數，因此，國內線航空公司在營運收入方面則少有超重行李收入及旅遊券收入。

二、貨運收入

因承載貨物（不含旅客超重行李）而得之營運收入。根據IATA之規定：若航空公司透過貨運承攬代理商（forwarder）承攬貨物，須支付票面價5%予貨運承攬代理商作為佣金，一般稱為正常佣金；若航空公司直接承攬貨物，則必須按IATA所訂定之運價收費，此規定係為保障貨運承攬代理商之生存。

如同客運的實務經營模式，航空公司通常提供遠低於IATA運價之價格給代理商，再依其之配合度，提供不同等級的折扣。

圖4.8 中華航空公司空中巴士A330型客機正在卸下貨櫃
圖片來源：曾通潔攝於高雄國際機場。

三、空中販售免稅品收入

航空公司於其國際航線班機上提供某些物品，供乘客依需要購買所得之收入。主要販賣物品為酒精類飲料、有公司圖騰的紀念物（如模型機）、化粧品、護膚品、手飾、飾物、香菸、珠寶、玩具等項目。

四、超重行李收入

因旅客行李超重而收取之行李超重收入。目前，實務上區分為計重制及計件制兩種。前者依旅客購買艙等機票之不同，航空公司提供不同重量額度之免計費行李限重，超過限重部分即向旅客計費，收取超重行李費用。一般係依經濟艙票面價十分之一為超重部分之每公斤費率計算，東南亞及歐洲地區採此制。後者計件制乃以兩件行李為免費攜帶之限度，且每件行李之長寬高不得超過特定尺寸，超過即收取行李超重費，越太平洋航線（美國線）採此制。

圖4.9　中華航空公司空服訓練中心模擬客艙
圖片來源：楊政樺攝於中華航空公司松山航訓中心。

五、旅遊券收入

旅客使用套裝旅遊行程時產生之收入（不含機票收入，因機票收入已併入客運收入）。所謂套裝旅遊行程，即結合機票＋飯店住宿＋接送機＋導遊之全套旅遊行程。主要為旅館住宿收入及其他雜項收入，屬於代收代付性質，公司無實際收入發生。

六、其他營業收入

無法歸屬於以上項目之營運收入，此項收入包括模擬機租賃收入、模擬客艙租賃費用、退換票手續費收入、貨到處理收入、到付貨運服務費收入、維修收入、地勤收入、機上雜誌廣告費收入、材料銷售收入等項目。

圖4.10 遠東航空向長榮航空租借場地從事新聘空服員的水
上迫降逃生訓練

圖片來源：國立高雄餐旅大學航空暨運輸服務管理系王穎駿老師
提供。

圖4.11 遠東航空向長榮航空租借模擬客艙從事新聘空服員
的高空失壓氧氣面罩使用訓練

圖片來源：國立高雄餐旅大學航空暨運輸服務管理系王穎駿老師
提供。

圖4.12　國際線航空公司的業務包含代理其他同業的地勤業務

圖片來源：國立高雄餐旅大學航空暨運輸服務管理系國泰航空實
習生陶宏卿提供。

 # 第三節　營運成本與結構分析

　　航空公司成本架構可分為固定成本與變動成本兩大類，茲分別以前
述經營國際航線之甲航空公司及經營國內線之乙航空公司為例，這兩家
航空公司之固定成本與變動成本架構如**表4.4**及**表4.5**所示。

　　以下我們將針對經營國際航線及國內航線之航空公司的一般化固定
成本及變動成本予以說明。

一、固定成本

　　固定成本包括：航空公司對固定成本的支出，大致可分為機務維修
費用、飛行員費用、空服員費用、保險費用、利息費用、折舊費用、租
金費用、運勤務費用、行政費用及公關及公益活動費用等項目。

表4.4　甲航空公司固定成本與變動成本分類表

固定成本	變動成本
直接固定成本：	油料費用
保險費用	維修費用
利息費用	機上服務費用、販售成本
折舊費用	艙勤服務費
租機費用	機場使用費
	佣金費用
間接固定成本：	飛行組員費用
廣告費用	飛越費用
管銷費用	旅遊券成本
建物折舊及攤銷	訂位系統費用
	內陸轉運費
	地勤費用
	雜項費用

資料來源：楊政樺（2001），《航空地勤服務管理》。

表4.5　乙航空公司固定成本與變動成本分類表

固定成本	變動成本
機務維修費用（人事）	油料費用
飛行員費用	機務維修費用（材料）
空服員費用	機上服務費
保險費用	艙勤服務費
利息費用	機場使用費
折舊費用	佣金支出
租金費用	地勤費用
運勤務費用	訂位系統費用
行政費用	

資料來源：楊政樺（2001），《航空地勤服務管理》。

1.機務維修費用：人事部分包括機務人員的教育訓練支出、執照認證、薪資、加班費、誤餐費、執照加給、飛行津貼等；維護部分，作業線配置、地面輔助裝備與載具、修護工場租金、零組件備料費用、發動機工廠以及隨機備品（AOG）。

2.飛行員費用：對於飛行員費用的計算方式和一般幕僚單位及維修單位的員工薪資不同，因為飛行員每月均有固定之保證時數，以

保障其基本薪資。若實際飛行時數未達保證時數，仍以保證時數計薪，若有超過，則除有保證薪資外，另有超時加班費。

3. 空服員費用：空服員如同飛行員其每月均有固定之保證時數，以保障其基本薪資。在實際飛行時數方面若未達保證時數，仍以保證時數計薪，若有超過，則除有保證薪資外，另有超時加班費。

4. 保險費用：包含有飛機機體險、兵險（飛航國際航線對可能遭受戰爭攻擊所加入的保險）、旅客責任險等費用，其分攤基礎為元／架次。

5. 利息費用：由於航空公司購機之機價款除了自備款（一般為30%）外，餘款通常以貸款方式取得，因而產生利息支出費用。

6. 折舊費用：包含飛機及備品折舊，視飛機之折舊年限而定，每年折舊費用再依飛行架次做攤提。

7. 租金費用：指飛機租賃費用，當航空公司考慮折舊、利息及營運資金調度問題，不以購機方式取得，而採租機方式因而產生租金費用。

8. 運、勤務費用：指航空站各項成本費用，如運務、勤務人員及各項設備折舊費用等。

9. 行政費用：泛指管銷費用，包括總公司行政人員的薪資費用、水電費、電話費用、文具用品、印刷費用等。

10. 公關及公益活動費用：航空公司為求相關營運業務之順遂，必要時會以微妙的人際脈絡及高度的公關手腕從事穿針引線、打通關節脈絡，是商業活動在檯面上或檯面下不可或缺的策略行為，此相關成本的支出即為「公關費用」。此外，航空公司的收益來自社會大眾的支持與愛用，基於「取之於社會，用之於社會」的飲水思源回饋原則，航空公司常會捐贈教育機構諸多資源（如設備的添購、經費的支援）、舉辦社會公益活動、拯濟及關懷社會弱勢團體，相關活動的支出則可歸類為「公益活動費用」。

二、變動成本

變動成本項目的特性包括：

1. 油料費用：包括汽油費用及滑油費用，為航空公司花費比例較大之成本支出項目之一，平均約占航空公司成本開銷的20%。因此，油價變動對航空公司的營運成本影響甚鉅。計算基礎可採用飛行小時（flight hour）或輪檔時間（block hour）再乘以油價。

2. 機務維修費用（材料）：材料費用會隨著飛機機齡的增加而增加。維修材料包括飛機上所有零件，主要有引擎、航電器材、起落架、鼻輪等項目，其分攤基礎為元／飛行小時。

3. 機上服務費：包含侍應品（餐點）、書報、雜誌、清潔品等費用，其分攤基礎為元／架次。

4. 艙勤服務費：主要是提供侍應品的人力費用，分攤基礎為元／架次。

5. 地勤代理費用：於國內外機場委託地勤代理作業而發生之費用。地勤代理作業之內容，依標準「機場地坪作業」，包括以下十三大項：

   (1) 代理航空公司支付有關於機場、海關、航警及其他有關費用，提供辦公室之使用設施。

   (2) 裝載管制及通訊。

   (3) 單一載具控管（unit load device control）。

   (4) 安排、照應旅客及處理行李，協助完成出入境程序，成立旅客服務中心。

   (5) 貨物裝載及郵件分配、運送處理。

   (6) 機坪作業：飛機引導、停泊、起動、移動作業，執行機坪與飛機間之通訊、安全處置作業。

   (7) 飛機清潔服務：內部、外部清潔作業，包括廁所處理、用水處

圖4.13　航空公司的燃油成本耗費甚鉅

圖片來源：曾通潔攝於高雄國際機場。

圖4.14　為確保飛航安全，航空公司的機務維護不遺餘力

圖片來源：楊政樺攝於遠東航空公司機務廠棚。

圖4.15　航空公司的機務維修技師兢兢業業地維護航空器發動機

圖片來源：國立高雄餐旅大學航空暨運輸服務管理系王穎駿老師提供。

理、冷卻器、加熱器之提供及操作、除雪及除冰、客艙設備之重新布置。

(8)燃油及油類之補給：與燃油公司聯繫、油品訂購作業、監督裝卸燃油作業。

(9)飛機維修：例行服務、非例行服務、材料處理、停機及機棚之安排。

(10)飛機運航及機員管理：出發站之飛行準備、出發站以外地點之飛航準備、機上協助、飛機啓航後之作業、飛航中再簽派機員管理。

圖4.16　地勤代理公司進行餐勤作業
圖片來源：曾通潔攝於高雄國際機場。

(11)地面接駁運輸。

(12)餐勤服務之安排：與餐飲供應商之聯繫與管理、機坪餐飲之處理、物品儲存、餐具清潔安排。

(13)監督及管理飛航前、後之作業。

6.訂位系統費用：航空公司未自行開發電腦訂位系統，而以租用其他航空公司之訂位系統，所必須支付的訂位費用。其分攤基礎爲元／人。

7.運航飛越費用：爲飛機飛越他國領空，必須支付之飛越費用及導航費用。目前，美國、日本、新加坡等國，並未收費，我國與菲律賓、越南及寮國則依每架次收費。

8.機場使用費：主要包括降落費、噪音費、停留費、候機室服務費、地勤設備使用費、空橋費、擴音費、安全服務費、飛機供電設備使用費、航空站地勤業機坪使用費、民用航空運輸業因業務需要自辦航空站地勤業務機坪使用費、空廚業機坪使用費、輸油設備使用費、過境航路服務費及航空通信費等費用。目前我國國

圖4.17　地勤代理公司正準備為澳門航空裝載旅客行李

圖片來源：曾通潔攝於澳門航空空中巴士A319客機。

圖4.18　地勤代理公司人員正在從事行李卸載作業

圖片來源：曾通潔攝於中華航空公司波音B737-800客機停機坪。

際及國內機場使用費收費項目上的差異，如**表4.6**所示。有關機場使用費計收基礎如下所示：

(1)降落費：依據我國民航局在2010年8月18日修訂之「使用航空站飛行場助航設備及相關設施收費標準」（交通部交航字第0990007570號令），降落費以「航空器最大起飛重量」（Maximum Take-Off Weight）爲計收基礎。國內及國際航線計

收單位及方式，如**表4.7**所示。

表4.6　我國國際及國內機場使用費收費項目比較表

收費項目	計收	國內線	國際線	飛航服務總台
降落費		✓	✓	
噪音費		✓	✓	
停留費		✓	✓	
候機室服務費			✓	
地勤設備使用費			✓	
空橋費		✓	✓	
擴音費		✓		
安全服務費		✓	✓	
自動行李分揀輸送系統使用費			✓	
飛機供電設備使用費		✓	✓	
機艙空調機使用費		✓	✓	
航空站地勤業機坪使用費		✓	✓	
自辦航空站地勤業務機坪使用費		✓	✓	
空廚業機坪使用費			✓	
輸油設備使用費			✓	
過境航路服務費				✓
航空通信費				✓

註：「✓」表示需要收費。
資料來源：楊政樺（2001），《航空地勤服務管理》。

表4.7　降落費率表

計收單位	國際航線		國內航線	
	計收方式 （最大起飛重量）	費率 （元）	計收方式 （最大起飛重量）	費率 （元）
每千公斤	50,000公斤以內	164	20,000公斤以內	66
每千公斤	50,001公斤~150,000公斤者	205	20,001公斤~50,000公斤者	99
	150,001~250,000公斤者	229	50,001公斤~150,000公斤者	121
每千公斤	250,001公斤以上者	248	150,001公斤以上者	135

註：國內航線降落費部分，自2006年7月1日起為期三年六個月按表列費率之50%計
　　收，期間屆滿後按表列費率計收。屏東及恆春航空站國內航線降落費部分，自
　　2006年7月1日起為期三年六個月免予計收，期間屆滿後按表列費率計收。
資料來源：交通部民用航空局（2010），《台北飛航情報區飛航指南》（*TPE FIR*）。

(2)停留費：此費率的收取係以航空器最大起飛重量與停留時數爲計價基礎。以到達時爲準二十四小時爲一日。第二日起，按日依最高費率計收。其計收單位及收費費率，如**表4.8**所示。

(3)噪音防制費：台灣各機場航空噪音防制費的收費是以航空器最大起飛重量爲計價基礎。國內及國際航線計算方式相同，其計收單位爲每架次，噪音值以七十三分貝爲計收標準，計算公式如**表4.9**。除此之外，在此援舉各國機場的噪音費徵收模式，可以從收費因素、徵收方式和收費調整因素三方面來加以分類，並如**表4.10**所示。

(4)候機室設備服務費：以航空器最大起飛重量爲計收基礎。國內航線班機使用國際航線候機室設備者，按國際航線候機室設備服務費計收。其計收單位及收費費率，如**表4.11**所示。

表4.8 停留費費率表

計收單位	國際航線			國內航線	
	計收方式（最大起飛重量）	費率（元）		計收方式（最大起飛重量）	費率（元）
	超過2小時至6小時以內			20,000公斤以內者	23
每千公斤	100,000公斤以內者	28		20,001公斤以上者	10
每千公斤	100,001公斤以上者	15			
	超過6小時至12小時以內				
每千公斤	100,000公斤以內者	35			
每千公斤	100,001公斤以上者	19			
	超過12小時至24小時以內				
每千公斤	100,000公斤以內者	42			
每千公斤	100,001公斤以上者	23			

註：國際航線停留費自2006年7月1日起按表列費率計收，露天停留未超過2小時免收停留費，停留費係以實際到達時間爲收費起算之依據，以24小時計算1日；停留第2日起，按日依最高費率計算。
資料來源：交通部民用航空局（2010），《台北飛航情報區飛航指南》（*TPE FIR*）。

表4.9 台灣各機場噪音防制費費率表

噪音費＝17元×最大起飛重量（每千公斤）＋95元×（起飛音量－73分貝）

資料來源：交通部民用航空局（2010），《台北飛航情報區飛航指南》（*TPE FIR*）。

表4.10　世界各機場噪音費徵收模式之比較

	收費因素			徵收方式		收費調整因素	
	噪音值	重量	機型分類	含在降落費內	單項	時段	每年調整
Austria			✓	✓		✓	
Belgium			✓	✓		✓	
France		✓	✓	✓	✓	✓	✓
Germany			✓	✓		✓	
Italy			✓	✓			
Japan	✓	✓			✓		
Korea			✓	✓			
Holland	✓						✓
Norway			✓		✓	✓	
Sweden			✓	✓			
Swiss			✓		✓		
UK			✓	✓		✓	

註1：France 除依重量徵收單項噪音費外，並依機型分類調整降落費。
註2：Holland 在航空器缺乏噪音值時另依重量、機型分類等因素徵收單項噪音費。
註3：UK 在Manchester機場依噪音值單項收費。
資料來源：林如蘋（1996）。〈機場航空噪音費徵收之研究——以中正機場為例〉，
　　　　　國立交通大學交通運輸研究所碩士論文。

表4.11　候機室設備服務費費率表

	國際航線	
計收單位	計收方式（最大起飛重量）	費率（元）
每架次	50,000公斤以內者	1,080
每架次	50,001公斤~100,000公斤者	1,620
每架次	100,001公斤~200,000公斤者	2,700
每架次	200,001公斤以上者	3,780

資料來源：交通部民用航空局（2010），《台北飛航情報區飛航指南》（*TPE FIR*）。

(5)地勤場地設備使用費：以航空器最大起飛重量為計價基礎。國內航線班機使用國際航線地勤場地設備者，按國際航線地勤場地設備使用費計收。其計收單位及收費費率，如**表4.12**所示。

(6)自動行李分揀輸送系統使用費：以出境航空器架次為計價基礎。目前，僅對桃園國際機場第二航廈出境班次收費，每架次新台幣1,384元。

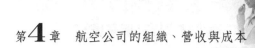

表4.12　地勤場地設備使用費費率表

計收單位	國際航線	
	計收方式（最大起飛重量）	費率（元）
每架次	50,000公斤以內者	360
每架次	50,001公斤~100,000公斤者	720
每架次	100,001公斤~200,000公斤者	1,080
每架次	200,001公斤以上者	1,800

資料來源：交通部民用航空局（2010），《台北飛航情報區飛航指南》（*TPE FIR*）。

(7)安全服務費：客貨運均收，以航空器最大起飛重量為計價基礎。目前國際及國內航線收費標準相同，如**表4.13**所示，惟技術降落及班機回航，因不需再經出境安全檢查，所以免收。

(8)擴音設備費：以每架次為計價基礎。目前，僅國內線收費，每架次新台幣15元。

(9)空橋或接駁車使用費：以使用航機所提供座位數為計收基礎，來決定使用單空橋或雙空橋服務。目前國際及國內航線均有收費，如**表4.14**所示。

(10)飛機供電設備使用費（GPU）：按使用性質及小時數計收。桃園國際航空站新增設備收費，自第二期航廈啟用起實施。單線或雙線係指單條或雙條電源線。其計收單位及收費費率，如**表4.15**所示。

表4.13　安全服務費費率表

計收單位	國際航線		國內航線	
	計收方式（最大起飛重量）	費率（元）	計收方式（最大起飛重量）	費率（元）
每架次	55,000公斤以內	644	55,000公斤以內	644
每架次	55,001公斤~100,000公斤者	1,287	55,001公斤~100,000公斤者	1,287
每架次	100,001公斤~250,000公斤者	1,931	100,001公斤~250,000公斤者	1,931
每架次	250,001公斤以上者	3,218	250,001公斤以上者	3,218

資料來源：交通部民用航空局（2010），《台北飛航情報區飛航指南》（*TPE FIR*）。

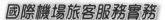

表4.14 空橋使用費及接駁使用費費率表

計收單位	國際航線		國內航線	
	計收方式	費率（元）	計收方式	費率（元）
每次	座位201以上者	2,304	座位201以上者	576
上、下各一次		4,032		1,008
每次	座位200以下者	1,728	座位200以下者	432
上、下各一次		3,024		756

註：每次即為單橋，上、下各一次即為雙橋。
資料來源：交通部民用航空局（2010），《台北飛航情報區飛航指南》（*TPE FIR*）。

表4.15 飛機供電設備使用費費率表

計收單位	國際航線		國內航線	
	計收方式	費率（元）	計收方式	費率（元）
單線	滿一小時或不足一小時者	935	滿一小時或不足一小時者	935
	超過一小時者，每半小時（內）加收	468	超過一小時者，每半小時（內）加收	468
雙線	滿一小時或不足一小時者	1,225	滿一小時或不足一小時者	1,225
	超過一小時者，每半小時（內）加收	613	超過一小時者，每半小時（內）加收	613

資料來源：交通部民用航空局（2010），《台北飛航情報區飛航指南》（*TPE FIR*）。

圖4.19 空橋使用費是以航機所提供座位數為計收基礎
圖片來源：楊政樺攝於馬來西亞亞庇國際機場。

圖4.20 四周被熱帶叢林環繞的吉隆坡機場是由日本建築師
黑川紀章以「森林中的機場，機場中的森林」為概
念從事設計

圖片來源：楊政樺攝於馬來西亞吉隆坡國際機場內候機室。

(11)機艙空調機使用費（GAU）：按使用性質及小時數計收。桃
園國際航空站飛機供電設備使用費及機艙空調機使用係比照
第一航廈桃勤公司相同設備之收費費率訂定。此外，單線或
雙線係指使用單管或雙管空調管線而言。其計收單位及收費
費率，如**表4.16**所示。

(12)航空站地勤業機坪使用費：按航空器每架次最大起飛重量計
收。但從事之業務項目僅有一項者，按使用費國際航線費率
二分之一計收。其計收單位及收費費率，如**表4.17**所示。

(13)自辦航空站地勤業務機坪使用費：民用航空運輸業因業務需
要，而自辦航空站地勤業務機坪，按照規定收取之使用費。
但從事之業務項目僅有一項者，按該使用費國際航線費率二
分之一計收。其計收單位及收費費率，如**表4.17**所示。

(14)空廚業機坪使用費：指僅從事餐點裝卸及其有關勞務者，按
此費率計收。按航空器每架次最大起飛重量所訂標準計收
之。其計收單位及收費費率，如**表4.18**所示。

表4.16　機艙空調機使用費費率表

計收單位	國際航線			國內航線	
	計收方式	費率（元）		計收方式	費率（元）
單線	滿一小時或不足一小時者	1,897		滿一小時或不足一小時者	1,897
	超過一小時者，每半小時（內）加收	949		超過一小時者，每半小時（內）加收	949
雙線	滿一小時或不足一小時者	2,659		滿一小時或不足一小時者	2,659
	超過一小時者，每半小時（內）加收	1,330		超過一小時者，每半小時（內）加收	1,330

資料來源：交通部民用航空局（2010），《台北飛航情報區飛航指南》（*TPE FIR*）。

表4.17　航空站地勤業機坪使用費與自辦航空站地勤業務機坪使用費費率表

計收單位	國際航線		國內航線	
	計收方式（最大起飛重量）	費率（元）	計收方式（最大起飛重量）	費率（元）
每架次	50,000公斤以內者	638	50,000公斤以內	64
每架次	50,001公斤~100,000公斤者	1,278	50,001公斤~100,000公斤者	128
每架次	100,001公斤~200,000公斤者	1,916	100,001公斤~200,000公斤者	192
每架次	200,001公斤以上者	3,194	200,001公斤以上者	320

資料來源：交通部民用航空局（2010），《台北飛航情報區飛航指南》（*TPE FIR*）。

表4.18　空廚業機坪使用費費率表

計收單位	國際航線	
	計收方式（最大起飛重量）	費率（元）
每架次	50,000公斤以內者	357
每架次	50,001公斤~100,000公斤者	714
每架次	100,001公斤~200,000公斤者	1,428
每架次	200,001公斤以上者	2,142

資料來源：交通部民用航空局（2010），《台北飛航情報區飛航指南》（*TPE FIR*）。

(15)輸油設備使用費：按輸油數量計收。以每公升輸油數爲計價基礎，每公升收費0.26417（元）。目前，僅國際線收費。

(16)過境航路服務費：按過境航空器使用次數電腦統計資料計收，以交通部民用航空局飛航服務總臺資訊管理中心提供之西部航管自動化系統過境航機雷達軌跡紀錄，或是依據台北

區域管制中心提供之管制條作為查核憑證。其計收單位及收費費率，如**表4.19**所示。

(17)航空通信費：按使用性質分別計收。其計收單位及收費費率，如**表4.20**所示。

表4.19　過境航路服務費費率表

	飛航服務總台	
計收單位	計收方式（按過境航空器使用次數）	新台幣（元）
每次	2006年7月1日至12月31日止	6,375
每次	自2007年1月1日起	10,000

資料來源：交通部民用航空局（2010），交通部民用航空局飛航服務總臺助航設備服務費收費作業規定。

表4.20　航空通信費費率表

	飛航服務總台	
計收單位	計收方式	新台幣（元）
每日	電路使用維護費（按電信業者規定收取）	
雙路	台北市區電報電路	5,000
單路	台北市區電報電路	3,000
每路	台北高雄自動選台電路	500
每月	航空氣象及飛航情報諮詢處理系統資訊費	4,500
每月	自動印字收發機	4,000
每月	印字收發機	2,500
每月	印字接收機	2,000
每月	機場氣象資料顯示器	2,000
每月	機航頻道	4,500

資料來源：交通部民用航空局（2010），交通部民用航空局飛航服務總臺助航設備服務費收費作業規定。

 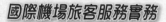

參考文獻

《台北飛航情報區飛航指南》（*TPE FIR*）——通則4場站及助航設施服務費
　　用，交通部民用航空局（2010）。
楊政樺（2001）。《航空地勤服務管理》。台北：揚智文化。
張有恆（2007）。《航空運輸學》（二版）。台北：華泰文化。
交通部民用航空局飛航服務總臺助航設備服務費收費作業規定，中華民國
　　九十九年八月十八日交通部交航字第0990007570號令修正發布第3、8、
　　12條條文及第15條條文之附表，交通部民用航空局（2010）。

第5章

訂位與票務服務

第一節　訂位系統概述與機場訂位

一、訂位系統概述

　　航空公司比起其他產業，其中最特殊之機能是其多元化的預約訂位。航空電腦訂位系統（computer reservation system, CRS）係提供有關班機時刻表、票價、可售剩餘座位等航空運輸服務資訊，以及旅館訂房、租車等相關旅遊服務，並且授予旅遊代理人訂位與開立票證之權利的中央資料庫（central database）。

　　航空公司的預約訂位業務始於1919年的荷蘭皇家航空公司（KLM Royal Dutch Airlines）。剛開始，荷蘭航空是以人工作業進行訂位作業。1946年，美利堅航空公司（American Airlines）安裝了第一套實驗性電機式自動訂位系統，隨後試用磁鼓式的電磁自動訂位系統。1953年，加拿大航空（Air Canada）的前身「環加拿大航空」（Trans-Canada Airlines）投資開發一套配有終端機的電腦化系統。1959年，美利堅航空公司與IBM合作，成功開發出一套航空訂位系統（airline reservation system, ARS），1964年12月完成「半自動商業研究環境系統」（semi-automated business research environment, SABRE）之網路架設，成為當時全球最大的非政府資料處理系統。惟此時之電腦訂位系統仍只是航空公司個別發展的內部訂位系統（internal reservation system, IRS），尚未給予旅行社業者使用之權利，是故旅行社業者之作業程序尚停留在查閱《官方航空指南》（*Official Airline Guide*, OAG），再以電話和航空公司確認機票價格及機位後，並為旅客訂位的原始階段。在此期間，旅行社業者曾經為此深感困擾而試圖創立一套旅行社業者能夠使用之CRS，命名為「旅遊代理人自動訂位系統」（automatic travel agency reservation system, ATA RES），但因被認為會傷害商業環境，抵觸反壟斷的價值追求，而無法

豁免於「反托拉斯法」（Antitrust Law）終告失敗。1975年，美國聯合航空公司（United Airlines, UA）成為第一家將CRS安裝在旅行社的航空公司。後來，美利堅航空公司亦與近百家旅行社簽約使用。

近十年來，由於網際網路技術的大幅提升及其無國界、低成本、快速與雙向互動等特性，CRS的發展非僅局限於航空運輸本身的訂位服務，甚至擴及旅遊相關互補性產品或服務之「全行業」（industry-wide）的電腦訂位系統。一般而言，CRS的內容除了涵蓋各航空公司相關資訊、班機號碼、機票價格與訂位、訂特別餐、刷機票、發登機證外、亦可用於租車、訂旅館、旅行遊程，是餐旅及運輸服務產業的營運利器。我國旅行社較常使用的CRS計有ABACUS、GALILEO、AXESS及AMADEUS等四種，茲於後分述之：

(一)ABACUS（先啓資訊）

「ABACUS INTERNATIONAL」在1988年5月由新加坡航空、國泰航空所創，其主要合夥航空公司分別為：All Nippon Airways（全日空航空）、Cathay Pacific Airways（國泰航空）、China Airlines（中華航空）、EVA Airways（長榮航空）、Garuda Indonesia（印尼航空）、DragonAir（港龍航空）、Malaysia Airlines（馬來西亞航空）、Philippine Airlines（菲律賓航空）、Royal Brunei Airlines（皇家汶萊航空）、SilkAir（勝安航空）及Singapore Airlines（新加坡航空）。另外，美國Sabre集團亦持有Abacus 35%股權，是Abacus股東也是提供技術者。ABACUS目前以新加坡為主要基地，其核心事業包含整合航空訂位、旅館訂房、租車、郵輪及保險等旅遊休閒相關產業的服務。

ABACUS主要是針對亞洲旅遊業者需求而設計，該集團擁有亞太地區最大的全球配銷系統（global distribution system, GDS）及航空電腦訂位系統（CRS）市場占有率。該集團所提供的航空訂位服務，包括全球旅遊相關資訊的訂位以及旅行社的管理系統。使用此系統的旅行社可經由訂位系統切入取得數百家航空公司、旅館、租車公司等與旅運餐飲有關的資訊。該公司目前的產品包含從事票價查詢和計算的「ABACUS

TRANSPORT NETWORK」（ATN）、提供使用者透過此工作站從事航空公司及非航空公司之產品訂位的「Abacus Whiz」、從事淨價票務管理系統的「FareX」等。有關ABACUS的重要功能說明如下：

1. 班機時刻表及空位查詢：ABACUS系統涵蓋了全球百餘家航空公司時刻表的即時可售機位及選位預訂。

2. 訂房／租車／旅遊：舉凡全球各地主要飯店資料，諸如：剩餘房間數、地點、設施及房價，均可透過ABACUS查詢得知，並從事預約。除此之外，ABACUS尚提供租車資訊及各項旅遊資訊，俾便旅遊者規劃行程所需。

3. BSP中性機票：若旅客欲從事多航段且承載之航空公司為一家以上時，可以由旅行社或航空公司以IATA標準BSP中性票（bank settlement plan）的方式來開票，由於BSP中性票不需事先囤積各家航空公司機票，可為旅行社節省大量人力及物力成本。

4. 票價系統：可透過票價系統即時提供所有國際航線（包含美、加地區）的票價資料。

5. 委託開票功能：中小型旅行社可透過移轉訂位記錄，授權票務中心開票，且能確保不讓自家顧客資料曝光。

6. 顧客資料存檔功能：ABACUS可將顧客基本及特殊資料存檔。

7. 行程表列印：ABACUS提供旅客列印行程的功能，包括班機時刻、旅館確認、租車及其他特別安排。

8. 旅遊資訊系統：提供全球各國的入境須知及該國的簽證、檢疫、健康證明、關稅等必備文件及該國的格林威治時間、國定假日等旅遊資訊。

9. 參考資訊系統：各種訊息的最新消息。

10. 信用卡檢查系統：可檢查顧客信用卡的信用。

(二)GALILEO International（伽利略）

GALILEO總公司在美國芝加哥，成立於1987年，主力市場為歐洲和

亞洲地區，其主要合夥航空公司分別為英國、荷蘭皇家、瑞士十字、奧地利、希臘奧林匹亞、比利時、葡萄牙、愛爾蘭愛琳等國際航空公司，提供之服務包括：航空公司的訂位、開票服務、訂房與全球GDS機位配銷系統服務。

(三)AXESS（愛克森斯）

AXESS訂位系統原是由日本航空株式會社（Japan Airlines Corporation, JL）百分之百持股。後來，在和美國Sabre集團共同投資與系統聯網後，日本和歐洲的6,100個系統用戶便可以透過美國的系統預訂機票、飯店和租車。AXESS的主力市場為日本及韓國航線，總公司設於東京。

(四)AMADEUS（艾瑪迪斯）

AMADEUS成立於1987年，分別由法國航空（Air France, AF）、西班牙航空（Spanair, JK）、北歐航空（Scandinavian Airlines, SK）及德國航空（Deutsche Lufthansa, LH）所創，總公司設於西班牙的馬德里，系統所在地則建置在德國慕尼黑，服務對象係以歐洲為主要目標市場。1995年AMADEUS並和美國大陸航空（Continental Airlines, CO）所使用的SYSTEM ONE訂位系統合併。其主要合夥航空公司分別為法航、西班牙、德航、北歐、芬蘭、美國大陸、阿酋、冰島、布拉森、南斯拉夫等航空公司與SYSTEM ONE訂位系統。AMADUES的功能包括：訂位功能（包含航空、旅館、租車、軌道運輸、渡輪、郵輪等全方位的訂位服務）、資料查詢（旅遊工具的訂位資料查詢、涵蓋目的地、旅遊資料、簽證資料、查詢系統功能、資料庫查詢）、證件開立（機票、發票、行程表、登機證及租車旅館的VOUCHER）。

二、訂位所需之基本資料

除了前述四大系統外，還包含澳洲航線的FANTASIA系統與SOUTHERN CROSS系統、北美洲／歐洲的WORLDSPAN系統、加拿大航線的GALILEO CANADA系統、東歐／南美洲／非洲的GETS系統、非洲的SAAFARI系統、日本的INFINI系統、韓國的TOPAS系統等。然而，無論是使用哪一套CRS，進行旅客訂位時必須要注意與常遇到的基本資料需求，大致可以分為以下幾個部分：

(一)行程資料

包括各航段所搭乘之航空公司名稱、班次號碼、艙等／票價代號、出發地點、目的地點、需要座位數目。

(二)旅客資料

包括旅客姓名（護照姓名及頭銜）、搭機者或聯絡人家裡電話號碼、公司電話號碼、旅行社名稱（包含電話及代號）、付款截止日期、付款方式。對航空公司的操作而言，已訂位旅客之姓名不得更換，班機客滿時，得拒絕與訂位名單姓名不符之旅客劃位。

(三)特別餐飲

除了上述對機位訂位的基本服務，因應不同之旅客基於宗教信仰、病理健康、旅客年齡、飲食節制等不同的理由，空中特別餐的預約也是航空公司的服務範圍。只要旅客在訂位時（或至少在搭機前）應事先說明，航空公司將盡力為旅客從事安排。選擇航空運輸的旅客在一個旅次的75％～90％時間所接觸到的是空中服務，因此空中服務是航空公司重視的焦點，而機上餐飲服務是空中服務的核心，更是焦點中的焦

點。航空公司的菜單需要有變化,有規模的公司對菜單更換均加以系統化,每年製定數套循環菜單(menu cycles)定期輪換。一般分為月循環(monthly cycle)及季循環(quarterly cycle),在常客多的短程線上會使用週循環(weekly cycle)。每年更換新循環菜單時,可以全換或部分航線更換,或部分艙等更換。但某些乘客若是因宗教原因、病理原因、健康原因或是攜帶嬰幼兒,可以在訂位時向航空公司預訂特別餐點。特別餐種類繁多,其名稱、定義及訂餐代號(code)不一,經航空界長期協商後已趨於一致。2009年,國際航空運輸協會(IATA)針對特殊旅客之需求所提供的特別餐(special meal)統一製定相關餐型與訂位代碼項目如**表5.1**所示。

表5.1 特別餐相關餐型與訂位代碼

種類	特別餐代碼	餐名	定義
年齡需求特別餐	BBML	嬰兒餐	適合0-2歲嬰兒,可要求嬰兒食品或奶粉,或易咬食/咀嚼的食品,任選一樣,亦可要求嬰兒尿片、奶粉。但相關選項僅能以航空公司所提供之品牌從事選擇。
	CHML	兒童餐	適合2-7歲幼兒選訂,比成人餐量少;易咬食/咀嚼且採用對孩子有吸引力的食物,若有食物過敏的幼兒,需加註對何種食物過敏,以利空廚做餐時避免使用該食材。
各式素食餐型	*AVML	印度素食	適合印度國情的素食,不含各種肉類;含乳製品;印式烹調,會使用到咖哩與特殊的辛香料。
	*VJML	耆那教徒餐	嚴謹印度素食,耆那教徒(Jainism)適用,不含各種肉類;無洋蔥、大蒜、薑、所有根菜類;印式烹調。
	*VOML	東方素食餐	適合國人與佛教徒傳統素食習慣不含各種肉類、海鮮、蛋、乳製品;中式烹調。
	*VGML	西方素食餐	不含各種肉類;不含乳製品;西式烹調。
	VLML	西方素食餐(奶蛋素)	不含各種肉類;含乳製品;西式烹調。
	RVML	生菜水果餐	只含水果和蔬菜。

（續）表5.1　特別餐相關餐型與訂位代碼

種類	特別餐代碼	餐名	定義
疾病醫療特殊需求	BLML	軟質餐（無刺激性飲食）	主要為濃湯／絞肉／易消化食品（例如：牛奶、優格、絞肉／細質肉類、燕麥／粥、蔬菜濃湯和水果）。
	DBML	糖尿病餐	不含糖；少鹽。
	*GFML	無麵筋飲食	無任何的小麥、黑麥、大麥、燕麥。
	LCML	低卡路里餐	少脂肪、醬類、肉汁、炸食；少量糖調味食品。
	*LFML	低脂餐	無動物脂肪但允許多元非飽和脂肪酸；無紅肉、蝦、家禽皮和油炸食品；無牛油、奶油、全脂乳酪；限用瘦肉與多不飽和脂肪液體菜蔬油。
	*LSML	低鹽餐	無天然鹽味和添加鈉的加工食品（例如：發粉、蘇打、味精）；在製作過程中不加鹽。
	*NLML	低乳糖餐	不使用含有牛奶、固體奶、乾乳酪、乳酪、奶油、牛油、乳糖和人造奶油的食品。
	SPML	因用藥需要之特別餐	需說明餐食的需求：例如：無碳水化合物、適合潰瘍疾病的餐食、無刺激性食物、對特殊食材敏感。
宗教因素	HNML	印度餐	各類肉食，除牛肉、小牛肉、豬肉、燻魚和生魚之外。口味辛辣或加入咖哩。
	KSML	猶太餐	猶太餐對所使用食材的要求極為嚴格，甚至連餵食牲畜的飼料、屠宰的儀式至餐點製備完成。預先包裝和密封的食物；含肉類。 註：屠夫須以一刀割斷牲畜喉管，以減少動物死亡前的痛苦。而屠夫亦須信仰虔誠，守安息日，不但從技術，而是從信仰的基礎上知道不能讓動物受苦。事後亦要檢查屍身是否符合猶太律法之食用標準，然後再放血及挑出腳跟。
	MOML	回教餐	不含酒精、豬肉、火腿、燻肉。
特別飲食習慣	NBML	無牛肉餐	無牛肉、牛油、奶油、全脂乳酪。
	SFML	海鮮餐	只使用魚及其他海鮮類。
	FPML	水果餐	只供應新鮮水果。

註：*代表2009年IATA新修正的代碼。

資料來源：IATA Reservation Manual, 2009.

(四)特殊的服務需求

　　無成人陪同之獨行孩童、產婦、身體殘障疾病、年老者或其他因旅客本身特殊需要者，於搭乘飛機前將要求航空公司從事預防或事先予以安排之需求，事先告知航空公司，航空公司會採取適當之措施，在旅途中維護其安全。諸如：

1. 身體健康過濾預防：如MEDA CASE，如需使用擔架服務、氧氣供應服務，須起飛前七十二小時完成訂位。
2. 行動不便需求：如輪椅服務依旅客行動狀況預訂，WCHR代表從報到櫃檯到登機門（停機坪）需提供協助；WCHS代表從報到櫃檯到客艙門邊需提供協助之需求；WCHC代表從報到櫃檯到客艙內需提供協助之需求，須起飛前二十四小時完成訂位。
3. 攜帶特別物品旅行：如寵物（AVIH）、過重與超尺寸託運行李、付費的客艙內行李（CBBG）、導盲（聽）犬等，須起飛前二十四小時完成訂位。。
4. 幼齡旅客旅行之需求：如預訂機艙內嬰兒睡床、無人陪伴之幼童

圖5.1　旅客與導盲犬同行要特別安排合適的座位與協助

圖片來源：楊政樺攝於高雄小港機場復興航空國內線櫃檯。

（UM）及青少年（YP），須起飛前二十四小時完成訂位，要求UM服務旅客持用機票必須是全票。

5. 到達之聯絡服務：旅客因語言能力，或是對目的地（轉機站）不熟悉，若是希望航空公司可以提供接機或引導服務，航空公司可以利用當地之分公司，班機抵達時與旅客聯絡（meet arrival and assist, MAAS）之服務，有些航空公司需額外付服務費用，有些航空公司給予免付費服務，須起飛前二十四小時完成訂位。

圖5.2　對於單獨旅行幼兒須確認行程有親屬接送，並配戴明顯的服務識別標籤，以避免衍生不必要的困擾

圖片來源：中華航空與遠東航空提供。

6. 代訂服務：如飯店住宿等需求，租車服務。

7. 其他需求：因個人舒適理由而要求另外購買額外座位（extra seat, EXST），或是旅客託運行李要求申報保值服務等。

另外，如果是國內航線作業，訂位開放時間為班機起飛前六十天，訂位截止時間為班機起飛前七十分鐘（立榮航空公司為班機起飛前一小時）。在此期間之後，電腦系統即設定該班機於唯讀狀態，不能接受旅客訂位及修改。訂位旅客須於班機起飛前二十分鐘（立榮航空公司為班機起飛前三十分鐘）至機場劃位櫃檯報到劃位，逾時機位開放予現場候補旅客。除此之外，航空公司於連續假日或旺季時，為確認機位，通常會要求訂位旅客先行購票，並於規定期限前，以所持機票號碼報予航空公司，航空公司接受旅客為訂位確認，並為其保留機位。

圖5.3 星空聯盟的票務、詢問服務櫃檯與團體報到櫃檯

圖片來源：曾通潔攝於韓國仁川國際機場。

圖5.4 中華航空、日本航空、國泰航空的服務識別掛籤

圖片來源：中華航空、日本航空與國泰航空提供。

圖5.5 旅客必須於搭機前最遲二十四小時前向航空公司預訂特殊服務

圖片來源：楊政樺攝於台北松山機場。

國際機場旅客服務實務

第二節　訂位作業實例

一、查詢班機時刻表與空位情況

【例如】指令輸入 A27JANTPEHND（以ABACUS為例）

```
          27JAN   SAT   0001-0300 *   TPETYO
01 TPEHND   27-1200   27-1555   YY220   F7 A5 U4 E4 C7 D7 I7 O7   744
                                        Y7 B7 M7 Q7 T7 H7 K7 L7
                                        N7 X7 S0
                                        NON SMOKE FLIGHT
02 TPEHND   27-1425   27-1825   YY218   F7 A7 U7 E0 C7 D7 I7 O0   744
                                        Y7 B7 M7 Q7 T7 H7 K7 L7
                                        N7 X7 S2
                                        NON SMOKE FLIGHT
```

　　表示27JAN這個行程有兩班飛機，第一班YY220桃園機場出發時間12:00，抵達羽田機場是15:55，由於航空公司採用同艙等多價別政策，頭等艙的訂位艙等有F、A、U、E；商務艙的訂位艙等有C、D、I、O；經濟艙的訂位艙等有Y、B、M、Q、T、H、K、L、N、X、S。744代表使用的飛機是波音747-400型客機，NON SMOKE FLIGHT代表全機禁菸。S0代表經濟客艙的S艙別已經沒有空位可訂，E4代表頭等艙的E艙別有四個空位。由於散客訂位，每一個PNR（passenger name record）最多接受七位旅客一起訂位，M7、Q7、T7、H7、K7、L7代表該艙別有多於七個人的空位。

二、開始訂位

依照旅客機票的艙等開始訂位，假設訂位艙等與機票艙等不一致，諸如：經濟艙等低艙機票誤訂經濟艙等高艙機位，或經濟艙機票誤訂商務艙座位，航空公司會要求旅客補價差或重新購票。

【訂位指令】

輸入：0 YY100M27JANTPEHND NN1

說明：

0：指令　YY100：航空公司班次　M：機票艙等　TPE：桃園
　　HND：羽田　NN1：訂一位要確認訂位的旅客

若將NN1改成LL1表示訂一位要候補訂位的旅客

回應結果：YY100M27JANTPEHND HS1 1200 1555　*5　# Y
　　　　　CABIN

說明：YY100　M艙，27JAN桃園到羽田訂位確認一位。1200出發，1555抵達。「HS1」代表訂位確認一位，「*5」代表星期五，「# Y CABIN」代表經濟艙。

三、確認旅客姓名

輸入旅客姓名，必須與機票和旅客護照一致，若旅客護照與機票不一致，需確認旅客護照是否加註別名，或是雙重國籍有雙護照，由於機票是有價證券並關係到旅客的飛航保險理賠與保障，如果出現護照與機票姓名不一致的情況，必須請旅客改票或另購機票。

輸入：TSENG/AAABBB

回應結果：YY100M27JANTPEHND HS1 1200 1555　*5　# Y CABIN
　　　　　1 TSENG/AAABBB

四、輸入票號、聯絡電話、聯絡人

　　航空公司於年節或連續假期之前的交通尖峰需求期間，為確認機位，避免「No Show」所帶來機位閒置的營運損失，乃要求訂位的旅客先行購票，或於規定期限前以所持機票號碼通報予航空公司，俾便完成確認手續以保留其機位。輸入票號時依照機票是實體機票或電子機票而有不同的輸入方式。

　　1.電子機票
　　　　輸入：71K9991234567890
　　　　回應結果：YY100M27JANTPEHND HS1 1200 1555 ＊5 # Y
　　　　　　　　　CABIN
　　　　　　　　　1 TSENG/AAABBB
　　　　　　　　　71K9991234567890
　　2.實體機票
　　　　輸入：7T/9991234567890
　　　　回應結果：YY100M27JANTPEHND HS1 1200 1555 ＊5 # Y
　　　　　　　　　CABIN
　　　　　　　　　1 TSENG/AAABBB
　　　　　　　　　7T/9991234567890
　　3.訂位聯絡人
　　　　輸入：6 MS TSENG/CCCDDD或6PAX
　　　　回應結果：YY100M27JANTPEHND HS1 1200 1555 ＊5 # Y
　　　　　　　　　CABIN
　　　　　　　　　1 TSENG/AAABBB
　　　　　　　　　6 MS TSENG/CCCDDD　OR　6PAX（旅客本人）
　　　　　　　　　7T/9991234567890
　　4.聯絡電話

輸入：907-321-----或0929-------

回應結果：YY100M27JANTPEHND HS1 1200 1555 ＊5 ＃Y

CABIN

1 TSENG/AAABBB

6 MS TSENG/CCCDDD OR 6PAX（旅客本人）

7T/9991234567890

907-321----

5.其他：開票期限、座位之預選、相關資料、攜帶特別物品旅行、幼齡旅客旅行之需求、行動不便需求、特別餐飲。

輸入：3 SSR VOML YY NN1TPEHND100M27JAN-1

3 SSRWCHR YY NN1TPEHND100M27JAN-1

回應結果：YY100M27JANTPEHND HS1 1200 1555 ＊5 ＃Y

CABIN

1 TSENG/AAABBB

6 MS TSENG/CCCDDD OR 6PAX（旅客本人）

7T/9991234567890

907-321----

3 SSR VOML YY HK1TPEHND100M27JAN-1

（CI100/27JAN台北至羽田VOML東方素食訂餐確認）

3 SSR WCHR YY NO1TPEHND100M27JAN-1

（CI100/27JAN台北至羽田WCHR輪椅服務需求未確認）

6.完成與訂位結束

輸入：ER或ET

回應結果：R/A34L45 --PNR的代號

YY100M27JANTPEHND HS1 1200 1555 ＊5 ＃Y

CABIN

1 TSENG/AAABBB

6 MS TSENG/CCCDDD OR 6PAX（旅客本人）

7T/9991234567890

907-321----
3 SSR VOML YY HK1TPEHND100M27JAN-1
3 SSR WCHR YY NO1TPEHND100M27JAN-1

五、訂位時回應的縮碼意義

1. KK/HK：表示訂位確認。
2. PN：表示訂位需求正在要求中。

當訂位YY100M27JANTPEHND PN1 1200 1555 　*5　# Y CABIN

一旦回復為YY100M27JANTPEHND KK1 1200 1555 　*5　# Y CABIN

KK表示OK要將其改成HK

3. UU/UN/UC：表示沒有空位。

當訂位YY100M27JANTPEHND PN1 1200 1555 　*5　# Y CABIN

一旦回復為YY100M27JANTPEHND UC1 1200 1555 　*5　# Y CABIN

表示班機已經客滿，不接受候補，改訂其他班次。

4. SC/WK：表示班機時刻異動。

當訂位YY100M27JANTPEHND SC1 1300 1655 　*5　# Y CABIN

YY100M27JANTPEHND WK1 1200 1555 　*5　# Y CABIN

表示原來的班次時間由12:00順延到13:00

5. HL/PB/PC：表示班機客滿，候補中。

【範例】請試試看如何解釋以下的**PNR**

1CHANG/AAABBB
01XY066B15JUNBKKTPE 0650 0915 HK1 　*7　# Y CABIN
02AB019B15JUNTPEGUM 1130 1630 SC1 　*7　# Y CABIN
03AB019B16JUNTPEGUM 1130 1630 WK1 　*1　# Y CABIN
04AB024B20JUNGUMTPE 1800 2300 HL1 　*5　# Y CABIN

```
6 MS LEE/TTTZZZ
71K9991234567890
9 0933-#####
3 SSR CBBG XY NN1 BKKTPE066B15JUN-1BUDDHA STATUE
3 SSR SFML AB HK1TPEGUM019M16JUN-1
3 OSI AB OTHS SCHDEL CHG DUE TO TYPHOON
3 OSI AB INFM MS LEE CRFM FLT DELAY ONE DAY
```

【解釋】

1. 1CHANG/AAABBB

   訂位CHANG/AAABBB旅客一位。

2. 01XY066B15JUN BKKTPE 0650 0915 HK1　*7　# Y CABIN

   第一航段

   6月15日XY066班機B艙由曼谷到桃園，曼谷06:50出發，桃園09:15抵達，訂位確認HK1，*7星期日，# Y CABIN經濟艙。

3. 02AB019B15JUNTPEGUM 1130 1630 SC1　*7　# Y CABIN

   第二航段

   6月15日AB019班機B艙由桃園到關島，桃園11:30出發，關島16:30抵達，時刻更改SC1，*7星期日，# Y CABIN經濟艙。

4. 03AB019B16JUNTPEGUM 1130 1630 WK1　*1　# Y CABIN

   第三航段

   6月16日AB019班機B艙由桃園到關島，桃園11:30出發，關島16:30抵達，時刻更改確認WK1，*1星期一，# Y CABIN經濟艙。

5. 04AB024B20JUNGUMTPE 1800 2300 HL1　*5　# Y CABIN

   第四航段

   6月20日AB024班機B艙由關島到桃園，關島18:00出發，桃園23:00抵達，候補中HL1，*5星期五，# Y CABIN經濟艙。

6. 6 MS LEE/TTTZZZ

   LEE/TTTZZZ為聯絡人。

7.71K9991234567890

電子機票票號：9991234567890。

8.90933-######

旅客的聯絡電話。

9.3 SSR CBBG XY NN1 BKKTPE066B15JUN-1BUDDHA STATUE

6月15日XY066班機B艙由曼谷到桃園，將有一件客艙行李佛像。

10.3 SSR SFML AB HK1TPEGUM019M16JUN-1

6月16日AB019班機B艙由桃園到關島預訂一份特別餐海鮮餐。

11.OSI AB OTHS SCHDEL CHG DUE TO TYPHOON

註明班機時刻更改是受到颱風的影響。

12.OSI AB INFM MS LEE CRFM FLT DELAY ONE DAY

註明班機時刻更改已經通知旅客的聯絡人LEE小姐，飛機延誤一天起飛。

第三節　機場售票

航空公司之主要收益是來自於發售機票，其推銷機票業務的通路策略，有直接的門市銷售、機場櫃檯出售、戶外推銷，甚至是時興的網路機票販售。間接的則有同業代售、代理代銷等。而與航空公司關係最密切的則是旅行社，擔任代理推銷或開票的工作，航空公司則付予其一定的佣金。然而，什麼是「機票」呢？機票是搭機乘客與航空公司之間的一種運送契約，亦即機票是當作航空公司與機票署名者間運送條款的「表見證據」。航空公司只載運持有機票，或持有航空公司或其代理人所發出之證明已付清或支付部分票款的文件的旅客。除了使用電子機票情形之外，旅客需能提出依航空公司規定所開發之有效機票，且其機票包括所搭班機之機票搭乘聯及其他未使用的機票搭乘聯和旅客存根聯，否則航空公司不予搭載。

圖5.6 中華航空票務與服務詢問櫃檯

圖片來源：曾通潔攝於高雄國際機場。

一、機票之基本觀念

　　空運機票的實體機票和陸運車票不同，它是由四聯構成，這麼多聯（coupon）主要是供旅行社、航空公司、稅賦機關、報到櫃檯及旅客自行留底與報帳之用。因此，每到一個單位他們就撕一聯作為憑據。就因為有這麼多聯，所以機票就被設計成一本。而機票的封面被設計具有航空公司圖案及象徵符號，因為機票屬於有價票券，所以機票封面的圖案及顏色也有防偽設計。

　　運務員不論是在機場售票或受理旅客報到劃位之前，都應該具備航空機票在四聯中的意義。機票各聯分別是：(1)審計存根聯（Auditor's Coupon）；(2)公司存根聯（Agent's Coupon）；(3)搭乘存根聯（Flight's Coupon）；(4)旅客存根聯（Passenger's Coupon）。

　　關於機票，其使用要點如下：

　　第一，審計存根聯與公司存根聯應於購票處所填妥機票後，由處理人員撕下。若是旅行社開票，則在製作報表時，使用存根聯為憑據，製作成月報表（每15日為一季）及支票一併繳送航空公司；公司存根聯則

由填發機票公司歸檔，並將搭乘存根聯和旅客存根聯交給旅客使用。旅客在機場辦理登機手續時，應將搭乘存根聯和旅客存根聯一起交給航空公司，航空公司即將旅客搭乘之班機的票根撕下，並將剩下的搭乘存根聯和旅客存根聯發還給旅客。此時，機場運務員應特別注意是否在沒有注意的情況下，多撕一張票根，以免在第二站因欠少一張搭乘票根而無法登機繼續旅行。

第二，搭乘存根聯必須依照由出發地之順序使用，並且保存所有未經使用票根與旅客存根聯，旅客在機場辦理登機手續時，應將搭乘存根聯和旅客存根聯一併交給航空公司，否則航空公司有權拒載。

第三，機票不可轉讓他人使用，對於冒用所引發之死亡、受傷、行李遺失、損毀及延誤，或遭他人冒名退票等事，不管原持票人事先是否知悉，航空公司有權不負責。

第四，茲將旅客可能會被航空公司拒絕承運及限制承運的情況列舉於下：

1. 被塗改過的機票。
2. 逾期的機票。
3. 遺失搭乘存根聯。
4. 撕錯搭乘存根聯（有可能會被航空公司運務員誤撕）。
5. 未辦理預約訂位，而飛機又在客滿的情形下。
6. 折扣優待票未依機票使用限制但書使用機票。
7. 非法取得或非向航空公司或其授權旅行社所購買之機票。
8. 機票已被申告遺失或被竊之機票或係偽造機票。
9. 客票聯已被毀損或無法判讀。
10. 電子機票被停用或暫時終止或未被開放使用。
11. 出示機票的旅客無法證明機票上的姓名即為其本人時。

此外，機票封面通常會被印上流水號，以便票務處理人員有所憑藉，也藉此管制其流通。封底及封面裡則有運送條件及「契約條款」（記載於機票內的契約條款係摘錄於航空公司運送條款中之部分條文）

告知旅客運送條件，比方說：報到時間限制、免費行李的重量條件。而運送條件則明白界定航空公司與旅客之間的權利義務。值得強調的是，若搭乘航線是包機性質，則機票之運送條款僅限於包機合約，以及包機機票引用該運輸條款之情形下才適用。

二、機場售票

介紹完機票基本概念後，我們在本節要討論的是機場售票。機場售票的工作雖然不像專責的票務部門有龐大的工作量，但畢竟機場是離境前的「前線」，機場售票常會碰上形形色色的問題，人員配置也不多，加上有時間的壓力。因此，工作不見得會較票務部門輕鬆。然而，什麼是「機場售票」呢？航空公司於機場櫃檯設置專用櫃檯售票，接受現場旅客以現金或信用卡付款購票或預購機票，並於當日班機結束後結帳稱之。以下茲就機場售票於開櫃、關櫃的注意事項列舉之，並以流程圖明晰讀者的觀念（如**圖5.7**）。

(一)開櫃注意事項

1.向值班督導（OIC）或會計領取零用金，並清點交接金額是否正確及檢查零用金是否足夠。
2.向值班督導或會計領取空白機票（手開票及電腦票），並填寫「機票領退簿」（sales report）（立榮航空稱之為「領還票登記表」）。
3.開櫃前檢查刷卡機是否已結帳。
4.查看運務作業的電腦視窗，檢視有無上級交辦的注意事項或VIP/CIP等貴賓及訂位狀況，若有異常，應請督導確認應變的動作。
5.如遇班機異常，協助旅客簽轉及依規定辦理退票手續。
6.售票並指引旅客前往劃位櫃檯劃位。

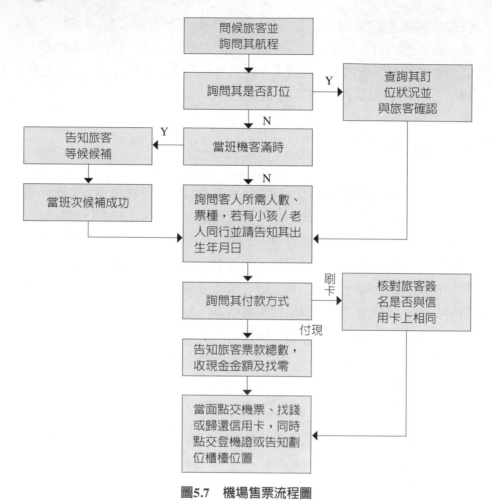

圖5.7　機場售票流程圖

資料來源：楊政樺（2001），《航空地勤服務管理》。

(二)關櫃注意事項

1. 結帳時整理核對刷卡帳單並列印明細表。
2. 結算並核對當日現金收入，並製作收款明細表，俟主管簽章後傳至公司的財務部門。
3. 繳交當日應收現金並集中保存於保險櫃內。

4.繳交當日剩餘機票予督導或會計,並填寫「機票領退簿」。

(三)旅客問答應對技巧與開票注意事項

　　在機場售票,除了售票本身的業務外,亦常必須接受旅客的詢問。對一位稱職的機場運務員來說,應該具備完整的票務知識(包含公司各航線機票票價、促銷票價與特殊票價旅客所需查核的證明文件)、公司相關作業程序、飛航班表所揭示的班機時刻資訊等。而對旅客詢問時,相關問答應對技巧如下:

1.旅客詢問時,應面露微笑,眼光正視對話旅客,以示尊重。

2.確認旅客的訂位需求,如行程、班次、旅客人數。

3.依照旅客行程的需求提供合理的票價,如機票效期十四日、二十一日、一個月、三個月、六個月或年票,機票價格會隨停留天數不同而有差別。

4.報價給旅客時,票價與稅金要分開報價。

5.明確表現旅客至上,對待旅客不因種族、性別、文化等不同而有差異。

6.縮短自己說話的時間,少說多聽避免分心。

7.多觀察旅客的肢體語言及其陳述觀點,提供旅客最好的個人服務。

8.站在旅客立場,以同理心來看事情,以瞭解旅客所提出的問題及需求。

9.不可中途打斷旅客說話,應等旅客充分說明問題後再給予回覆。

10.旅客付款方式要加以確認,現金付費時要核對清楚金額,找錢時要與旅客確認清楚;信用卡付款時要確認旅客簽名,必要時要與護照上的簽名再核對一次。

11.旅客擁擠時,應注意動線的先後順序,並向旅客說聲:「對不起,請您稍候。」

12.旅客所欲搭乘的班次如遇客滿,應婉言解釋,並建議前後班次以供參考。

13.旅客每人一票，隨行的兒童及嬰兒仍須持有單獨的機票。

14.如果機票行程必須以兩本票開立，機票票號必須連續性，不可跳號。書寫手開票宜注意書寫力道，方能使機票每一聯都能清晰且工整。

15.機票欄位開錯時，不可塗改，應將整本機票蓋上「VOID」作廢繳回，重新開發新票。

16.更改機票上的班次、日期，應用浮貼（sticker），並於浮貼右下角簽名，標明新的電腦代號。

17.機票票價依據公司印發之票價表或電腦自動開票系統的設定值收費報帳。

18.出票單位應在機票右上角之出票日期、地點欄內加蓋鋼印及簽名（手開票才必須簽名，若電腦自動開票，則會自動在機票上列印出票運務員的序號）。

19.機票每個欄位必須詳細填寫，不可以「同上」或「同右」代替。

20.客票交付旅客前，應將審計存根聯、公司存根聯，或任何加蓋「VOID」作廢聯撕下，按規定處理，不可交予旅客，以免圖生困擾。

21.客票審計存根聯為報帳依據，應妥善保管，不得遺失。如遺失，則依據遺失機票程序處理（實務上，若遺失原因可歸責於運務員者，通常必須自掏腰包補差額銷帳）。

 第四節　優待票作業

　　一般而言，特惠機票可分為：優待票、酬賓升等卷、公關折扣票、酬賓機票、ZED機票（Zonal Employee Discount, ZED）和免費票／折扣票，相關說明如下：

一、優待票

依據國際航空運輸協會（IATA）制定的「Air Tariff」、「Passenger Air Tariff」等航空票價書及「全球運價規則」（Worldwide Rules），未滿二歲之嬰兒乘客（infant fare），與父或母或監護人，搭乘國際航線同一班機、同一艙等時，可購買全票票價10%之嬰兒機票，但不能占有座位。依據國際航線規定，一位旅客僅能購買一張嬰兒機票，如需同時攜帶兩位嬰兒以上時，第二位以上嬰兒必須購買孩童票。年滿二歲而未滿十二歲之兒童乘客（half fare或child fare），與父或母或監護人，搭乘國際航線同一班機、同一艙等時，則依照航線不同提供成人票價（full fare或adult fare）的65%～75%。至於國內航線，嬰兒票是成人票價的10%，兒童票是成人票價的二分之一，依照我國身心障礙人士保護法，提供年滿六十五歲的年長旅客敬老票是成人票價的二分之一，身心障礙人士出示身心障礙手冊給予成人票價的二分之一的優惠票價。相關優待票說明如**表5.2**。

表5.2　國際航線優待票

票別	代碼	規則
兒童票	CH	2～12歲與父母同行的兒童，依國際航線不同，約成人票面價65%～75%。
嬰兒票	IN	0～2歲（不足）以旅遊搭乘日為準，每一成人可同行一位嬰兒，買成人票面價10%的保險票，若旅遊日滿2足歲需補成兒童票；若有超出一位嬰兒同行，第二位以上的嬰兒須購買兒童票並由旅客自行準備檢驗合格的嬰兒安全座椅，並事先告知航空公司。
資深公民優待票	CD	我國籍旅客年滿65歲搭乘港澳航線與小三通可享有資深公民優待票。
學生票	SD	年滿12歲，未滿26歲持有效期內之國際學生證的在學學生。
船員票	SC	持用有效之船員證與旅遊證件且出示船商保證書。
外籍勞工優待票	DL	外籍人士在台工作且持有合法工作簽證。

註：實際售價、使用限制與開票規則仍需洽詢各航空公司。
資料來源：作者整理。

二、酬賓升等券

通常適用於行銷活動、公關、旅客索賠等。另外，航空公司為因應電子化服務作業，亦開發「電子化酬賓券」，適合已參加航空公司常客飛行計畫的旅客使用。若旅客進行兌換酬賓哩程，會將兌獎紀錄放在旅客的會員資料內或訂位紀錄，讓櫃檯報到運務人員以此為提供服務依據。此外，使用「免費票」（free of charge, FOC）、「包機票」（CHARTER FLT TKT）及「大量切票」（BARTER TKT）不能使用酬賓升等券進行升等作業。

三、公關折扣票

通常適用於公關活動、促銷活動、旅客索賠等。此類優待票以全額成人票為限制使用票種。折價程度依其票價面額給予五折優待（50%OFF）、四分之一折價（75%OFF）或全額免費票，且必須至航空公司指定營業處票務櫃檯開立優待票，一般機場臨櫃不受理開立公關機票。

四、酬賓機票

適用於公關活動、公司行號大量購買套票致贈免費機票、飛行哩程積分兌換、航空公司與信用卡公司合作之認同卡、累積紅利點數兌換等。酬賓機票為免費搭乘優待，分為商務艙酬賓機票和經濟艙酬賓機票兩種，且限於開立優待票之航空公司票務櫃檯開票。十二歲以下單獨旅行兒童（unaccompanied minors, UM）不適用於酬賓機票。另外，此類優待票適用條件為：「限空位搭乘」、「不得轉搭他航」及「不得折抵現金」等。

五、ZED機票

在國際航空運輸協會會員航空公司的架構下，針對各航空公司的員工，可依照同業之間彼此所簽訂的「ZED合約」（Interline Employee Travel Agreements to Zonal Employee Discount），申請串聯同業之間的ZED聯航優待機票。簽署ZED合約的航空公司，對於相同航段的機票，可以直接收受而不需背書轉讓。在票價計算上，則以任一班機起點至終點之間的「兩城市直接飛行哩程數」（ticketed point mileage, TPM）作為區隔收費標準。如**表5.3**，以美金計算票價，適用簽訂的ZED合約的航空公司員工與眷屬使用。ZED機票僅適用於經濟艙，且計價是以每一航段分別計算價格，例如：旅客要搭乘馬來西亞航空公司MH087，由高雄到吉隆坡的班次。由於該班次的實際行程是搭乘波音737-400的班機由高雄（Kaohsiung, KHH）—亞庇（Kota Kinabalu, BKI）—吉隆坡（Kuala Lumpur, KUL），旅客必須在購買ZED票時，同時開立兩張ZED票，一張是高雄—亞庇，另一張是亞庇—吉隆坡。ZM代表每一航段且於一般時段適用，ZH代表旺季時段，YR2代表空位搭乘機票，YR1代表可訂位機票。ZED機票並規定兩歲至十二歲的兒童票，收取成人費用的67%，但嬰兒票不收取費用（除非有額外必須徵收的稅金與服務費用則另當別論）。

表5.3　ZED機票的收費標準

2008年12月1日起 ZED機票的收費標準 （幣別：USD）			
TPM	ZM/YR2	ZH/YR2	ZM/YR1
1-450	32	39	73
451-750	35	50	91
751-1600	44	59	115
1601-3200	63	96	171
3201-4080	71	120	191
4081-5000	82	138	224
5001-6100	86	145	258
6101-7100	104	179	349
7101-9999	106	180	349

資料來源：www.flyzed.com

六、其他折扣機票

若干其他折扣票的對象，大略包含航空公司員工、眷屬或合作之主要旅行同業從業人員，或其他航空公司同業人員、政府官員、民意代表、記者等，因公務或私人旅行需要，得申請折扣機票或免費機票。諸如：

1.ID：Interline Discount（航空同業）。
2.AD：Travel Agent Discount（旅行同業）。
3.CG：Tour Conductor（團體領隊）。
4.DG：Government official Discount（政府官員、議員）。
5.DM：Passenger donation ticket or prize winner（記者、特殊民眾或國際獎項持有者）。

此外，國內航線運務作業另規定如下：

1.可訂位的旅客：因航空公司公務出差或持可訂位機票（如以票面價五折所購買的「1/2 R1」）者得於事前訂位。
2.空位搭乘：
 (1)旅客持限空位搭乘機票者（如以票面價二五折所購買的「1/4 R2」），需前往機場報到櫃檯辦理候補。於一般旅客報到時間內，不接受空位搭乘旅客。
 (2)若班機有空位時，空位搭乘旅客得辦理報到，其航程、目的地得與一般旅客相同。
 (3)空位搭乘旅客於班機有空位時，得於班機起飛前二十四小時，將其預計之行程通知訂位人員，惟其訂位狀況需以候補表示。

第五節 機場常用英文代號與航空公司代碼

一、機場常用英文代號

1.ADULT：係指滿十二足歲以上適用全額票價之旅客。

2.AIT：American Institute in Taiwan（美國在台協會）。

3.AOG：Aircraft on Ground（主要指無法起飛之班機）。

4.ASTA：American Society of Travel Agents（美洲旅遊協會）。

5.ATA（AA）：actual time of arrival（確實到達時間）。

6.ATD（AD）：actual time of departure（確實起飛時間）。

7.AVI：live animal（活生動物）。

8.AVIH：animal in hold（動物裝載於航機貨艙內）。

9.BAGGAGE（行李）：旅客在旅途中為了穿著、使用、方便與舒適所攜帶之物品，包括手提行李與託運行李。

10.BAGGAGE IDENTIFICATION TAG OR BAGGAGE TAG（行李掛牌）：此為航空公司對旅客已託運行李而開立之行李識別用掛牌，一般為一式兩聯，上聯掛在行李上，下聯交付旅客以作證明及收據。

11.BARTER：不牽涉金錢交易的一種以物易物之交易方式。如航空公司以機票交換廣告公司、雜誌社等的廣告費用。

12.BITA：兩航空公司間互相承認彼此之機票，同意對方在其機票上開立己身之航段，為航空公司間最基本之合作方式。雙方承認方式，可分為MITA及BITA兩種，如雙方均為IATA所屬的國際清算中心（International Cleaning House, ICH）會員，則可透過會內程序，互相承認，此稱為「多邊聯運協定」（multiple interline traffic agreement, MITA）；若雙方之任一方不是IATA ICH會員，

無法透過多邊關係進行,則雙方須另簽署合約,此稱為「雙邊聯運協定」(bilateral interline traffic agreement, BITA)。

13.BSP:bank settlement plan(銀行結帳計畫):若旅客欲從事多航段且承載之航空公司為一家以上時,可以由旅行社或航空公司以標準中性票的方式來開出機票,該項措施可以減去旅行社為了開特定航空公司機票所必須存在不同航空公司的資金。然而各機票系統供應者(含旅行社及航空公司)彼此間的帳務問題則透過銀行清帳計畫於每個月的約定日從事分配沖銷。

14.CAA:Civil Aeronautics Administration(交通部民用航空局)。

15.CHARTER FLIGHT(包機):係個人或團體機關為特定的期間之旅客或貨物運送需求,依法定程序向航空公司承租飛機。

16.CHECKED BAGGAGE(旅客託運之行李):即登記行李由航空公司代為保管運送,並發予行李憑證及掛牌。

17.CHD:Child Passenger(係指年齡滿二歲以上但不足十二歲,支付孩童票之旅客)。

18.CLEAR FOR TAKE OFF:允許飛機起飛。

19.CONDITIONS OF CARRIAGE(運送約款):航空公司與旅客間之權利義務條款,以作為航空公司作業之最高準則。

20.CONJUNCTION TICKET(聯票):指一開立的機票與另一張機票的行程相關,而聯合成同一段行程之運送契約。

21.CONNECTING FLIGHT(銜接班機):該班機可供旅客銜接(須轉機)至另一地或其目的地之班機。

22.CRS:Computerize Reservations System(航空電腦訂位系統)。

23.DCS:Departure Control System(機場離境管制系統),包括有Check-in/Weight & Balance/Load Control等功能。

24.DEPORTEE:被遣送出境者。

25.DIRECT FLIGHT:係指可不需換機即可將旅客或貨物送達目的地的班機。

26.ETA(EA):estimated time of arrival(預定到達時間)。

27.ETC：European Travel Commission（歐洲旅遊協會）。

28.ETD（ED）：estimated time of departure（預定起飛時間）。

29.E/B：excess baggage（超額行李），意指行李超過了免費標準限額（數量、尺寸、以及／或重量）。

30.FIT：foreign independent tour，目前通常與「個人旅遊」（individual travel）一詞交替使用。

31.FLIGHT DIVERSION：班機改降於非預定之降落場所。

32.GATEWAY：在某國家／地區第一個抵達或最後一個離境的航點。

33.GMT：Greenwich Mean Time（格林威治時間）。

34.GO SHOW：指旅客未事先訂位或未於啓程前取得確認機位，逕行前往機場報到櫃檯劃位者。

35.GSA：General Sales Agent（航空公司之業務總代理）。GSA係指受航空公司之委託，旅行社代理航空公司銷售機票或代理貨運業務。通常是航空公司與特定旅行社簽定合約，在一定的區域範圍內，讓旅行社依合約所訂的合作範圍來執行該航空公司的票務作業。當旅行社的銷售業績累積達到雙方明文規定的目標達成門檻數額後，航空公司將給予定額之「複核激勵（後退）佣金」或「超額佣金」（overriding commission）。

36.INAD：inadmissible（遭拒絕入境者）。

37.INFANT：係指年齡不滿二歲之嬰兒旅客。

38.INTERLINE CONNECTION：不同航空公司間之轉機或接駁行為。

39.LDM：load message（航機裝載訊息）；包含旅客人數、行李重量、貨物郵件重量等。

40.MAAS：meet and assist（需特別照料之旅客）。

41.MAYDAY：航機遭受嚴重及緊急之威脅而請求立即協助者，用無線電發送之口語信號。

42.MCO：Miscellaneous Charge Order，中譯爲「雜費支付書」、

「雜項費用單」或「雜項交換券」，乃是航空公司對特定旅客所發行之憑證，主要用途係為發行機票以外的其他雜項服務費用、支付退票款或提供服務的憑證。

43.MCT：minimum connecting time（可容許之最短轉機時間）。

44.MITA：兩航空公司間互相承認彼此之機票，同意對方在其機票上開立己身之航段，為航空公司間最基本之合作方式。雙方承認方式，可分為MITA及BITA兩種，如雙方均為IATA所屬的國際清算中心（International Cleaning House, ICH）會員，則可透過會內程序，互相承認，此稱為MITA（multiple interline traffic agreement）。

45.MVT：MVT為MOVEMENT的縮寫，係指班機運動狀態，「MVT」能使航空公司各相關單位確定飛機目前之狀況，並提供離境班機抵達續程站之時間。

46.NO SHOW：指持有特定日期某航班確認機位之旅客，未通知航空公司取消機位且未依訂位時程報到搭機者。

47.ON LINE CONNECTION：搭承某一航空公司班機再轉接同一航空公司的其他班機。

48.OPEN TICKET：未指定搭乘日期之機票。

49.PETC：animal in cabin（帶上客艙的寵物）。

50.PNR：passenger name record（旅客航空電腦訂位記錄）。

51.POOL BAGGAGE：兩位或以上旅客以加總方式共同計算其行李重量。

52.PTA：prepaid ticket advice（預付票款通知）：航空公司對旅客之代理人已在異地付款而授權旅客得在啟程地取票搭機之作業程序。

53.RECONFIRM（再確認）：此為旅客向航空公司再次證實將搭乘其已訂妥之某一特定航班機位，以免機位可能被航空公司取消之一種行為及作業程序。

54.SITA：Societe Internationale De Telecommunications Aeronautiques

（國際航空電訊協會）。

55.SOP：standard operation procedure（標準作業程序）。

56.SPA：special prorate agreement（特別拆帳金額協定）；當旅客
　　持對方航空公司機票搭乘後，雙方航空公司須清帳以釐清財務
　　關係，其拆帳方式一般可分為兩種：一般清帳方式（normal pro-
　　rate）及特別拆帳協定（special pro-rate agreement），前者依票面
　　價清帳，後者則依雙方議定之金額或百分比清帳。

57.STOPOVER：在旅程中途點停留或滯留且不在到達當日離開，
　　或到達後算起二十四小時內無銜接之班機。

58.STPC：所謂「STPC」，為「stopover on company's account」、
　　「layover at carrier's cost」或「passenger expense en route」之意。
　　亦即非自願轉機旅客之費用招待。

59.TIM：Travel Information Manual（內容詳述各國之入境、海關與
　　檢疫規定之航空專業索引手刊）。

60.TRANSFER：國際航線之旅客於行程中因無直飛班機（或該班
　　機於中途點停留）必須於某航點作一短暫停留後再繼續其行程，
　　此種旅客稱之為「轉機旅客」。而轉機旅客因其班機編號之變更
　　與否又區分為「原機過境旅客」（transit passengers）和「過境旅
　　客」（transfer passengers）。所謂「TRANSFER」（過境）係指
　　旅客因行程需要，必須於中途點作一短暫停留，爾後搭乘另一班
　　機編號之班機繼續其行程，不論飛機是否更換。

61.TRANSIT：如同前述觀念，同一班機編號之班機，因某些需要
　　（如加油、裝卸客貨）而必須於某點停留一段時間後繼續其行程
　　謂之「TRANSIT」（原機過境）。

二、航空公司代碼（Airlines 2-Letter Code）

表5.4　常用航空公司代碼

簡稱	航空公司	英文全稱
CI	中華航空	China Airlines
BR	長榮航空	Eva Airways
EF	遠東航空	Far Eastern Air Transport Corp.
GE	復興航空	Trans Asia Airway
B7	立榮航空	Uni Air
AE	華信航空	Mandarin Airlines
AA	美國航空	American Airlines
AI	印度航空	Air India
AR	阿根廷航空	Aerolineas Argentines
AZ	義大利航空	Alitalia
AK	亞洲航空	Air Asia
BA	英國亞洲航空	British Asia Airways
BI	汶萊航空	Royal Brunei Airlines
BL	越南太平洋	Pacific Airlines
CO	美國大陸	Continental Micronesia
AC	加拿大國際	Air Canada
CV	盧森堡航空	Cargolux Airlines
CX	國泰航空	Cathay Pacific Airways
DL	達美航空	Delta Air Lines
JL	日本航空	Japan Airlines
EK	阿酋國際	Emirates
FX	聯邦快遞	Federal Express
GA	印尼航空	Garuda Indonesia Airlines
KE	大韓航空	Korean Air
KA	港龍航空	Dragon Air
KL	荷蘭航空	KLM
LA	智利航空	Lan Chile
LH	德國漢莎航空	Lufthansa German Airlines
MS	埃及航空	Egypt Air

（續）表5.4　常用航空公司代碼

簡稱	航空公司	英文全稱
MH	馬來西亞航空	Malaysia Airlines
MP	馬丁航空	Martin air Holland
NW	西北航空	Northwest Airlines
NX	澳門航空	Air Macao
NZ	紐西蘭航空	Air New Zealand
OA	奧林匹克	Olympic Airways
PR	菲律賓航空	Philippine Airlines
QF	澳洲航空	Qantas Limited
RG	巴西航空	Varig Brazilian Airlines
RJ	約旦航空	Royal Jordanian Airlines
SA	南非航空	South African Airways
SK	北歐航空	Scandinavian Airlines System
LX	瑞士國際航空	Swiss International Airlines
SQ	新加坡航空	Singapore Airlines
TG	泰國航空	Thai Airways
UA	聯合航空	United Airlines
UL	斯里蘭卡	Air Lanka
US	全美航空	US Air
VN	越南航空	Viet Air
CA	中國國際航空	Air China
WH	中國西北航空	China Northwest Airlines
CZ	中國南方航空	China Southern
MU	中國東方航空	China Eastern Airlines
FM	上海航空	Shanghai Airlines
MF	廈門航空	Xiamen Airlines
3U	四川航空	Sichuan Air
HU	海南航空	Hainan Airlines
ZH	深圳航空	Shenzhen Airlines
SC	山東航空	Shandong Airlines
XO	新疆航空	Zhongyuan Air

資料來源：國際航班聯合時刻表，台北市航空運輸公會（2010）。

第六節　航空票務地理

　　在航空旅遊業，國際航空運輸協會（IATA）為能統一航空運輸與票務規章的制定，特地定義所謂的「地理概念」（IATA Geography），將全世界分隔為三個不同的運輸參考區域（IATA Traffic Conference Areas），與兩個海洋（太平洋與大西洋）。此外，IATA亦將全球劃分為兩個半球：(1)東半球（Eastern Hemisphere, EH），包括TC2和TC3；(2)西半球（Western Hemisphere, WH），包括TC1。

一、第一大區域（IATA Traffic Conference Area 1, TC1）

1. 北美洲（North America）。
2. 中美洲（Central America）。
3. 南美洲（South America）。
4. 與美洲相臨的島嶼：加勒比海島嶼（Caribbean Islands）、格林蘭島（Greenland）、百慕達（群島）（Bermuda）、西印度群

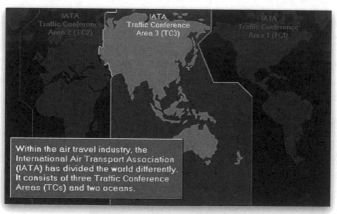

圖5.8　IATA三大區域分布圖
圖片來源：IATA TICKETING MANUAL, 2009.

島（West Indies）、夏威夷群島（Hawaiian Islands）包括中途島（Midway）與帕邁拉環礁（Palmyra）。

二、第二大區域（IATA Traffic Conference Area 2, TC2）

1.歐洲（Europe）與臨近的島嶼。
2.非洲（Africa）與臨近的島嶼。
3.英屬亞森欣島（Ascension Island）。
4.亞洲大陸烏拉山脈（Ural Mountains）以西，包括中東（Middle East）與伊朗。

三、第三大區域（IATA Traffic Conference Area 3, TC3）

1.東南亞（South East Asia）。
2.東北亞（North East Asia）。
3.南亞次大陸（South Asian Subcontinent）。
4.大洋洲（South West Pacific）。
5.太平洋上未被歸納在TC1的島嶼。

對於機場運務工作者而言，瞭解航空「地理概念」的重要性在於其與票價結構有相關密切的影響，也會影響到旅客超重行李費用收取的方式。由TC1到TC3往返的越太平洋航線提供旅客經濟客艙的免費託運行李是每人可託運兩件，重量不得超過23公斤，但其他航線的客艙免費託運行李是每

圖5.9　加拿大航空Air Canada旅客託運行李須知

圖片來源：曾通潔攝於韓國仁川國際機場。

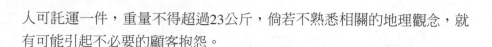

人可託運一件，重量不得超過23公斤，倘若不熟悉相關的地理觀念，就有可能引起不必要的顧客抱怨。

 第七節　機票判讀的常識

一、機票的組合因素

無論旅客持用的是電子機票或是實體機票，每一張機票都必須包括下列組合因素：

1.旅客姓名。
2.行程／日期。
3.艙等／訂位確認。
4.免費行李重量。
5.機票限制／期限。
6.票價與計算方式。
7.稅金／機場稅。

旅客姓名
行程／日期
艙等／訂位確認
免費行李重量

機票限制／期限
票價與計算方式
稅金／機場稅
付款方式

開票地點與日期
開票航空公司或代理商
開票方式

機票

航空乘客運送定型化契約
旅客載運條款

圖5.10　機票的組合因素
資料來源：作者整理。

8.付款方式。

9.開票地點與日期。

10.開票航空公司或代理商。

11.開票方式。

12.航空乘客運送定型化契約（旅客載運條款）。

二、航空公司乘客運送契約與重要須知

航空公司與旅客間的關係，是機票上所載姓名的旅客與開立機票或承運的航空公司之間運送契約成立，藉由機票而產生，而航空公司僅載運持有有效機票的旅客。機票屬於發票航空公司之財產，航空公司與旅客契約的履行與變更行為均需載於機票內的運送條款契約條款。有鑑於國際機票均以國際共通語言（英文）開立，對於有英文閱讀能力受限的旅客往往不得其義，且開票旅行社或航空公司售票時或者囿於某些原因未能詳細說明契約條款，旅客使用機票時造成行程不便導致不少消費者抱怨，因此行政院消費者保護委員會於2007年9月27日第150次委員會議審查通過《國內線航空乘客運送定型化契約》，詳述應記載及不得記載事項規範。

(一)國內線航空乘客運送定型化契約應記載事項

1.機票應載明開票日期、開票地點、乘客姓名、票價、運送義務範圍（起運站、經載明之航線而至到達站）及使用限制，並視為運送契約之一部分。機票自開票日期起一年有效，但機票上有特別規定者，依其約定。機票有效期限及有效期限屆滿後一年內均得憑票請求辦理退票還款。

2.乘客辦理退票時，應至原售票單位辦理退票手續。原售票單位得酌收票面價百分之【　】退票手續費（手續費最高不得超過票面價百分之十，但除第5點優待票以外之其他經民航主管機關備查之

優惠票,最高不得超過票面價百分之二十五)。

前項所稱原售票單位,指下列單位:

(1)向網站購票者,係指透過該網站出售機票之航空公司或旅行社。

(2)航空公司購票者,係指實際出售機票之航空公司總公司、分公司、辦事處。

(3)向旅行社購票者,係指實際出售機票之旅行社總公司、分公司。

表定航班取消時,乘客得要求辦理退票,原售票單位不得收取任何手續費。

3.乘客遺失機票時,應於機票有效期限內依規定向原售票單位辦理掛失。經航空公司查證該機票未使用時,乘客得請求另行開立或退費。但航空公司得酌收票面價百分之【 】為手續費(手續費最高不得超過票面價百分之十)。

4.機票於有效期限內,航空公司調整全額客運票價並經民航主管機關備查者,航空公司與乘客雙方均同意照調整前後機票票面價之差額多退少補。前述全額客運票價係指國內航線經濟艙效期一年之無使用限制之票價。

持第5點之優待票者,如有第一項情形時,亦同。

5.乘客有下列情形之一者得享有搭乘國內線票價優待:

(1)未滿二歲之嬰兒享有全額客運票價【 】折之優待。

(2)未滿十二歲之兒童享有全額客運票價【 】折優待。

(3)年滿六十五歲以上本國人享有全額客運票價五折優待。

(4)本國籍身心障礙者及其監護人或必要陪伴者中之一人,享有全額客運票價五折優待。但應於購票及搭機時出示身心障礙手冊。

(5)設籍離島地區居民依「民用航空法」及「離島地區居民航空票價補貼辦法」享有優待票價。

前項優待僅能擇一,不能享有二重以上優待。

6.報到、登機規定:乘客搭機時應攜帶政府機關核發貼有照片之身分證明文件,以備接受檢查核對。

未滿十四歲之兒童，未持有政府機關核發貼有照片之身分證明文件者，得以戶口名簿影本或健保卡（兒童手冊）等能證明身分之文件代替之。

航空公司於班機表定起飛時間前【　】分鐘開始受理乘客報到作業，乘客應於班機表定起飛時間前三十分鐘辦妥報到手續。

乘客未於前項時間內完成報到手續者，航空公司得取消其訂位。

7.行李相關規定：乘客隨身攜帶行李以不超過【　】件為原則，合計不超過【　】公斤，每件長寬高不得超過【　】公分，超過上述限制者，應改以託運方式運送。

經濟艙乘客之免費託運行李額度為【　】公斤（不得少於十公斤），商務艙乘客之免費託運行李額度為【　】公斤（不得少於二十公斤），超過時航空公司得另外收費。

託運行李包裝不完整於運送過程中有損壞之虞者，航空公司得拒絕載運該行李。

8.危險物品及危安物品相關規定：航空公司應載明禁止攜帶或託運上機物品及相關規定，且乘客在客艙內禁止使用任何干擾飛航安全之通訊器材及電子用品，並應遵守相關安全規定及與機上服務人員合作。

9.班機時刻表所列航班時間與航線不得任意變更。如有變更或增減航班時，航空公司應以顯著方式公告。

班機時刻表所定之起飛時間係乘客登機後，飛機艙門關閉之時間，而非班機實際起飛時間。

各航空公司之班機異常處理機制，應於各航空公司網站及航站售票櫃檯等顯著處所揭露。

10.乘客因航空公司之運送遲到而致損害者，航空公司應負賠償之責。但航空公司能證明其遲到係因天候變化、屬非可歸責於航空公司之機件故障、民航主管機關命令約束或其他必要情況者，除另有交易習慣者外，以乘客因遲到而增加支出之必要費用為限。

航空公司於確定航空器無法依表定時間起飛，致遲延十五分鐘以上或變更航線、起降地點、取消該班機，致影響乘客權益者，應

立即向乘客詳實說明原因及處理方式，並視實際情況斟酌乘客需要，適時免費提供必要之通訊、飲食或膳宿、禦寒或醫藥急救物品、轉機或其他交通工具服務。

航空公司如受限於當地實際情況，無法提供前項服務時，應即向乘客詳實說明原因並提供合理妥善之照顧。

11.航空公司與乘客雙方發生運送糾紛無法立即解決時，雙方應依「民用航空乘客與航空器運送人運送糾紛調處辦法」之相關規定辦理，乘客不得延遲下機，以避免影響後續班機乘客之權益。

12.航空公司就乘客於航空器中或於上下航空器時，因不可抗力或意外事故致死亡或傷害者，航空器使用人或運送人應負賠償之責。但因可歸責於乘客之故意或過失事由而發生者，得免除或減輕賠償。

13.行李損害賠償相關規定：乘客行李之損害，航空器使用人或運送人應負賠償之責。但因可歸責於乘客之故意或過失事由而發生者，得免除或減輕賠償。

乘客如於託運行李中放入錢幣、珠寶、銀器、可轉讓之有價證券、公債、股票、貴重物品、樣品或商業文件等物品，於運送途中遭遺失或毀損，航空公司僅須依「航空客貨損害賠償辦法」規定負賠償責任。但航空公司有故意、重大過失，或接受乘客以報值行李方式辦理託運者，不在此限。

運送途中如因託運行李中之易碎、易腐等物品所致行李之全部或部分毀損，航空公司不負賠償責任。但乘客能證明航空公司有故意或過失者，不在此限。

14.航空公司對運送之行李，僅負交付與持（行李）票人之責任，乘客應憑航空公司發給之行李票提領託運行李。

行李票如有遺失，除有急迫情形經乘客提出切結書及確實之證明，航空公司得同意乘客先行提領外，乘客應待【　】日後（不得超過七日）且無其他乘客提出異議，始可請求交付。

對於被他人持行李票而領走之任何行李，除航空公司能證明其有核對行李票外，應負賠償責任。但乘客必須於當日提出請求。

15.航空公司基於飛航安全考量，僅得依民航主管機關備查之運務手冊規定，限制搭乘之乘客類別。

16.本契約如有未盡事宜，依相關法令、習慣及平等互惠與誠實信用原則公平解決之。

17.運送契約條款如較本應記載事項規定標準對消費者更為有利者，從其約定。

(二)國內線航空乘客運送定型化契約不得記載事項

1.不得約定航空公司可片面更改契約內容，而乘客不得異議。

2.不得約定廣告僅供參考。

3.不得約定航空公司可以其他方式變相或額外加價。

4.不得約定違反其他法律強制禁止規定或違反誠信原則、平等互惠原則等事項。

(三)國際機票交易重要須知

　　為使國際線旅客瞭解國際機票之重要使用規定，行政院消費者保護委員會第133次委員會議審查通過「國際機票交易重要須知範本」（詳細內容如下），俾航空公司填列後，提供旅客作為使用機票之參考，上述措施自2007年7月1日起實施，提醒旅客購買國際機票時，別忘了向售票人員索取「國際機票交易重要須知」參考。

國際機票交易重要須知範本

一、感謝您完成此次機票交易（機票號碼：　　　），由於機票使用規定繁多，謹擷取其中最重要者說明如下：

1.使用期限

□單程機票：本機票只適用於＿＿＿年＿＿＿月＿＿＿日至＿＿＿年＿＿＿

月＿＿日間出發。

□其他非單程機票：本機票應於＿＿＿年＿＿＿月＿＿＿日至＿＿＿年 ＿＿＿月＿＿＿日間出發，並應於年月日機票期限屆滿前使用。

2.停留天數

□不超過＿＿＿＿天（以出發日計算）

□不短於＿＿＿＿天（以□出發日 □抵達日 □折返日 計算）

3.搭乘航班說明

□全程限搭機票上顯示之航班

□全程限搭機票上顯示之航空公司

□出發航段限搭＿＿＿（時）：＿＿＿（分）前（後）起飛之航班

□回程航段限搭＿＿＿（時）：＿＿＿（分）前（後）起飛之航班

□＿＿＿＿＿航段限搭機票上顯示之航班（其餘可換乘同公司同航 段其他航班）

□其他＿＿＿＿＿＿（售票單位依需求填列或以選項方式表達）

4.購票後可否更改訂位說明

□可更改日期（□需付費或依更改日期重新計算差價 □不需付 費）

□不可更改日期

□可更改行程／艙等（但需另行付費或依更改行程／艙等重新計 算差價，並請洽航空公司）

□不可更改行程／艙等

□其他＿＿＿＿＿＿（售票單位依需求填列或以選項方式表達）

5.退票說明

□可退票（應向售票單位申請退票，經計算後可能無退票價值， 惟如有退票價值者，則需支付退票手續費）

□不可退票

6.其他

　　＿＿＿＿＿＿＿＿＿＿（售票單位依需求填列或以選項方式表達，例
如：免費行李限重、兒童機票之使用規定、優惠折扣機票之特殊
使用規定……）

二、以上僅為簡要說明，其他詳細說明請依照機票上所載事項，
如有任何疑問，請洽詢售票單位：＿＿＿＿＿＿（註明售票單位
或航空公司名稱及聯絡方式）。另如有機位不足、班機延誤
或行李遺失、毀損等事件，請分別依（售票單位依需求填列
航空公司之處理辦法及聯絡方式或網址）。

三、本機票已由航空公司依相關規定投保機上意外責任保險。敬
祝您旅途愉快？。

(四)機票的使用規則

1.機票需依照使用順序使用，並於搭機時出示未使用的機票與旅客
收執聯，否則航空有權拒認與拒載。

2.機票為航空公司履約憑證，姓名必須與旅遊證件「護照」一致，
若有錯誤必須改票更正，並支付相關費用。

3.機票為有價證券，不得轉讓，若冒用導致死亡、受傷、行李遺失
或遭冒名退票，不論原始持票人知悉與否，航空公司概不負責。

(五)旅客因機票拒載的原因

1.塗改或污損機票：實體機票使用立可白、橡皮擦塗改機票的旅客
姓名與其他機票欄位，使字體模糊，無法辨識。

2.逾期機票：逾期停留導致機票有效使用期間超過失效。

3.遺失旅客收執聯：違規機票使用規則，未出示完整的機票。

4.無有效的客票聯：客票聯遭到開票業務承辦人或前班次櫃檯報到

人員誤撕、旅客自己保管不慎遺失，或是電子機票已被作廢，

5. 未取得有效的訂位：班機客滿，出發前未確認訂位或是取得有效訂位。

6. 折扣機票的限制規定：未依照折扣機票的指定使用日期內使用，或持用空位搭乘的機票但班機已客滿。

(六)電子機票的閱讀範例

A：NAME: LIN/AAABBBMR　TKT0002463 451502 1　REF:　K43NBN

B：ISI: SITI　　TOUR CODE:　　USAY6MR/OLB

C：C/N CR FLT CL DATE　BRD OFF TIME ST FARE BASIS BGA　RMK

D：1.　QQ　5 T　15AUG10 LAX TPE 1555 OK KHXS6M PC　AVBL

E：2. XRR 619 T　16AUG10 TPE HKG 2130 OK KHXS6M PC　AVBL

F：3.　RR 642 T　30AUG10 HKG TPE 1950 OK KHXS6M PC　AVBL

G：4. XQQ　8 T　30AUG10 TPE LAX 2250 OK KHXS6M PC　AVBL

H：NVB　　　　　　NVA

I：1/　　　　　　15FEB11

J：2/　　　　　　15FEB11

K：3/20AUG05　　5FEB11

L：4/20AUG05　　15FEB11

M：FR: USD 1189.00　TX: XY 7.00 TX: YC　5.00　　TX: XT　137.55

N：EQ:

O：TL: USD 1338.55

P：FARE CALCULATION

L A X Q Q　X / T P E　R R　H K G 5 9 2 . 5 0 R R　X / T P E Q4.24QQLAX592.50NUC1189.24END ROE1.000000 XT 2.50AY 28.20US 4.95XA15.40HK 82.00YQ 4.50XFLAX4.5 (A)

Q：FOP: VI1234567890123452/0106　APC: 123456 PRESENT CREDIT CARD

R：END: NON-ENDORSABLE/NON-REROUTABLE / REFUND/CHNG OUTBOUND, REISSUE　SUBJ TO USD100

S：05993072/21JUL05/AABB AIRLINES

　LOS ANGELES-US / LAX99QQ

【解釋說明】

A：NAME: LIN/AAABBBMR是指此票是屬於LIN/AAABBB先生

　TKT0002463 451502 1是電子機票票號

　REF: K43NBN指旅客訂位代號K43NBN

B：ISI: SITI是指機票銷售方式，此票是本地銷售開票 SITI Sale in Ticket in

　TOUR CODE: USAY6MR/OLB本票使用販促代碼，也是指該票的NET，給旅行社的底價代碼 USAY6MR/OLB

C：C/N CR FLT CL DATE BRD OFF TIME ST FARE BASIS BGA　RMK

　　機票的行程欄的標題C/N 是CONTINUOUS NUMBER的縮寫，下列1、2、3、4代表航段；CR FLT是CARRIER FLIGHT的縮寫，會依照訂位所需求的航空公司班次號碼表列其下；CL是CLASS的縮寫，是訂位艙等；DATE是該航段當地的出發日；BRD OFF是BOARDING OFF的縮寫，BRD代表離站地OFF代表到站地；TIME是該航段班機起飛的當地時間；ST是STATUS的縮寫，代表訂位狀態，OK代表確認，RQ代表候補；FARE BASIS代表此票使用的票價基礎；BGA是BAGGAGE ALLOWANCE的縮寫，代表此票允許的免費託運行李；RMK是REMARK的縮寫，用來說明此航段機票的使用情況：

　　1.-AVBL-：機票可以使用

　　2.–VOID-：機票已被作廢

　　3.–EXCH-：機票已被換票

　　4.–PRNT-：機票已被印出

　　5.–RFND-：機票已退票

　　6.–CKIN-：機票以劃位

　　7.–RVKD-：機票被暫時停用

8. –FIMD-：機票以被轉讓

9. –USED-：機票已使用完畢

D：1.QQ　5 T　15AUG10 LAX TPE 1555 OK KHXS6M PC　AVBL

「1」第一個航段；班機號碼是「QQ5」意思是QQ航空的5號班機，訂位艙等「T」艙；出發日「15AUG2010」；「LAX」離站與「TPE」到站；LAX當地班機起飛時間「15:55」；訂位狀態「OK」；票價基礎「KHXS6M」六個月效期旺季非假日機票；免費託運行李「PC」採記件制；「AVBL」機票可以使用。

E：2. XRR 619 T　16AUG10 TPE HKG 2130 OK KHXS6M　PC　AVBL

「2」第二個航段；「X」代表此票在TPE為過境，班機號碼是「RR619」，意思是RR航空的619號班機，訂位艙等「T」艙；出發日「16AUG2010」；「TPE」離站與「HKG」到站；TPE當地班機起飛時間「21:30」；訂位狀態「OK」；票價基礎「KHXS6M」六個月效期旺季非假日機票；免費託運行李「PC」採記件制；「AVBL」機票可以使用。

F：3.RR 642 T　30AUG10 HKG TPE 1950 OK KHXS6M　PC　AVBL

「3」第三個航段；班機號碼是「RR642」，意思是RR航空的642號班機，訂位艙等「T」艙；出發日「30AUG2010」；「HKG」離站與「TPE」到站；HKG當地班機起飛時間「19:50」；訂位狀態「OK」；票價基礎「KHXS6M」六個月效期旺季非假日機票；免費託運行李「PC」採記件制；「AVBL」機票可以使用。

G：4.XQQ　8 T　30AUG10　TPELAX 2250 OK KHXS6M　PC　AVBL

「4」第四個航段；「X」代表此票在TPE為過境，班機號碼是「QQ8」，意思是QQ航空的8號班機，訂位艙等「T」艙；出發日「30AUG2010」；「TPE」離站與「LAX」到站；TPE當地班機起飛時間「22:50」；訂位狀態「OK」；票價基礎「KHXS6M」六個月效期旺季非假日機票；免費託運行李「PC」採記件制；「AVBL」機票可以使用。

H：NVB NVA

　　NVB是NOT VALID BEFORE的縮寫，意思是機票由何日起生效；
NVA是NOT VALID AFTER的縮寫，意思是機票由何日起失效，說明機
票該航段的有效時段，依票種計價方式而有所不同，詳細的區隔須詳查
IATA票務規定，就運務作業而言，完全是依照機票上所開立的實際情況
來判斷該票可用與否，對於有爭議的問題，須由票務組來進行澄清。

I：1/　15FEB11

　　第一航段出發日任一日皆可，但不可超過15FEB2011，一般機
票開立後一年內有效，如有其他的限制條款但書，如本票票價基礎
「KHXS6M」六個月效期旺季非假日機票，則從其條款但書，不可超過
15FEB2006。

J：2/　15FEB11

　　第二航段出發日任一日皆可，但不可超過15FEB2011，一般機
票開立後一年內有效，如有其他的限制條款但書，如本票票價基礎
「KHXS6M」六個月效期旺季非假日機票，則從其條款但書，不可超過
15FEB2011。

K：3/20AUG10　15FEB11

　　第三航段出發日在20AUG10後方可使用，但不可超過15FEB2011，
如第一航段出發日順延，則第三與四航段的NVB/NVA須依票價規則重新
計算效期。

L：4/20AUG10　15FEB11

　　第四航段出發日在20AUG10後方可使用，但不可超過15FEB2011，
如第一航段出發日順延，則第三與四航段的NVB/NVA須依票價規則重新
計算效期。

M：FR: USD 1189.00　TX: XY　7.00　TX: YC　5.00　TX: XT　137.55

　　票價Fare：USD1189；稅金，USD7XY，USD5YC，USD137.55XT。
稅金欄最多填入三項，超出三項稅金則以XT小計無法列入的稅

金，並將未列入的稅金改列在FC Fare Calculation內XT 2.50AY 28.20US 4.95XA15.40HK 82.00YQ 4.50XFLAX4.5 (A)

N：EQ: EQUIV. FARE等值的外幣

O：TL: USD 1338.55

　　總價＝票價＋稅金＝USD1338.55

P：FARE CALCULATION

　　LAXQQ X/TPE RR HKG592.50RR X/TPEQ4.24QQLAX592.50NUC 1189.24END ROE1.000000 XT 2.50AY 28.20US 4.95XA15.40HK 82.00YQ 4.50XFLAX4.5 (A)

　　此票的計價方式，運務作業不需詳細核對票價結構，這是屬於開票單位的責任，如有錯誤，航空公司會直接開立開票異常通知書向開票單位請求補足價差。

Q：FOP: VI1234567890123452/0106　APC: 123456　PRESENT CREDIT CARD
　　常見的付款方式有：
　　1.TP　Universal Air Travel Plan（UATP）
　　2.AX　AMERICAN EXPRESS CARD
　　3.DC　DINER CLUB　INTERNATIONAL CARD
　　4.VI　VISA CARD
　　5.CA　MASTER CARD
　　6.JB　JCB　CARD
　　7.CASH　現金
　　8.CHECK　支票

　　本票使用VISA信用卡支付，卡號1234567890123452/0106，APC Approve Code123456，出現「PRESENT CREDIT CARD」表示報到櫃檯須查核旅客的信用卡，避免有旅客使用偽卡，搭機後拒認，造成公司的損失。

R：END: NON-ENDORSABLE/NON-REROUTABLE/REFUND/CHNG

OUTBOUND, REISSUE　　SUBJ TO USD100

　　ENDORSEMENT BOX，也就是機票使用限制後但書加註的位置，轉讓與限制說明：NON-ENDORSABLE不可轉讓／NON-REROUTABLE不可更改行程／REFUND退票／CHNG OUTBOUND更改出發日期，REISSUE SUBJ TO USD100改票手續費USD100。

S：05993072/21JUL10/AABB AIRLINES

　　LOS ANGELES-US/LAX99QQ

　　開票單位的資料：05993072是IATA AGENT CODE；21JUL10是開票日；AABB AIRLINES代表是航空公司開票，也可以是票務代理公司的名稱；LOS ANGELES-US開票地點是美國洛杉磯；LAX99QQ為此票開立的系統編號。

第**6**章

離境旅客作業

　　由於各行各業的競爭日趨激烈，產品差異日漸縮小，「顧客滿意」往往是一切組織經營成敗與否的關鍵。因此，滿意度經常被用來測量產品、工作、生活品質、社區或戶外遊憩品質等看法，亦是認知及行為表現的衡量指標。經濟發展的軌跡隨著消費型態改變，已從過去之農業經濟、工業經濟、服務經濟轉變為當下的「體驗經濟」（experience economy）。Pine與Gilmore（1999）認為：「消費是一個過程，當過程結束後，體驗的記憶將恆久存在。而提供體驗的企業及其員工，必須準備一個舞台，彷彿表演一般地展示體驗。」

　　《關鍵時刻》（*Moments of Truth*）一書的作者Jan Carlzon將員工與顧客接觸的剎那稱為「嚴峻的考驗」。他指出：「北歐航空公司不僅是一堆有形資產的集合，更是一次令人滿意的接觸：一方是乘客，另一方是直接服務乘客的員工。我們稱這些員工為『第一線人員』」（李田樹譯，1988）許多研究亦發現，顧客與服務提供者之間的人際接觸品質常是服務情境中影響顧客滿意與是否再購的因素，故學者普遍稱之為「服務接觸」（service encounter）（Solomon et al., 1985）。對於第一線服務人員的職務特性而言，他們活動於組織的周圍或邊界，從事人際接觸的相關工作，聯繫組織本身與外在環境，故有「組織跨界人」（boundary spanning roles）之稱。是以，他們對外代表組織，對內代表環境。相似的定義如Hallenbeck和Hautaluoma（1999）所言：「組織跨界人是連結外部顧客、環境及內部組織的員工，他們提供的重要功能是瞭解、過濾以及解釋來自於組織和其外部情況的資訊及來源。」

　　在「體驗經濟」發軔下，航空公司經理人已意識到未來勝負的關鍵在服務力的競爭，愈來愈多的消費者渴望得到體驗，唯有透過精心策劃的「服務接觸」迅敏精悍地促銷體驗，方能為企業創造利潤。因此，航空公司多會要求身居第一線的機場運務單位要重視「細節管理」，尤其是櫃檯劃位手續的效率、親和力、專業，期能使旅客有賓至如歸的滿足感。

　　旅客辦理報到劃位，國內線通常於起飛前六十分鐘開始，至起飛前十分鐘結束櫃檯作業，國際線則為起飛前兩小時開櫃，而於起飛前四十

圖6.1 旅行社團體領隊在韓亞航團體報到櫃檯辦理手續
圖片來源:曾通潔攝於韓國仁川國際機場。

圖6.2 國泰航空三級艙等各式登機證
圖片來源:國泰航空提供。

分鐘關櫃（開櫃及關櫃的時間各航不一，端視國情、經營航線差異與各航空公司政策、環境決定），藉以確定該班機乘客人數，對有訂位而未到（no show）之旅客應即除名，如有後補旅客應即遞補，然後製印旅客名單提供機場管理當局及空勤組員使用，並發給旅客登機證。

講究服務品質標準化的航空公司通常會要求職員在執勤機場的劃位手續時要依循標準作業程序（Standard Operating Procedure, SOPs），如果櫃檯人員能夠依照作業程序，按部就班的完成作業，不但可使旅客減少久候劃位的不耐，也可減少作業的疏失，俾使旅客和公司都能雙贏。本章即針對旅客報告作業的內容，細分各節逐一闡述。

第一節　班機開放劃位前置作業

旅客向航空公司要求班機訂位時，航空公司或代理旅行社的訂位服務人員必須依據「訂位五大基本要素」──姓／名稱謂（name field）、行程（itinerary）、電話（passenger contacts）、票限／票號（ticket field）、來電訂位者（received field）──的原則，並在「必要」時搭配其他補充資訊，諸如：給機場或他航資訊的「FACE」（AP Fax/GEN Fax）資料、貯存在訂位記錄之「備註資料」（remarks field），將這些資料輸入電腦後，系統將會產生該次訂位的一組旅客訂位記錄，簡稱「PNR」【說明：(1)「備註資料」（remarks field）在航空電腦訂位系統內的功能是作為公司內部之間互通傳遞的訊息，但不會顯現於「Q信箱」（Queue Box）上；(2)「Q信箱」是航空公司、代理旅行社、飯店及租車公司交換訊息的管道，它提供傳送和接收彼此之間的最新訊息與回覆，並存放需要進一步處理的PNR，處理類別包含：行程變動、確認原為候補的機位、出票期限到期、特殊服務或選位回覆】。

另一方面，所有的同一班機的訂位資料會彙整成一筆紀錄，建檔完成之「整體」航班資料謂之「旅客訂位名單明細表」，簡稱「訂位艙單」或「PNL」（passenger name list, PNL），於班機報到前必須傳遞

給「機場旅客控制中心」。部分航空公司將它稱為「passengers control center, PCC」或稱為「office control center, OCC」，讓航空公司機場運務人員藉以閱讀與檢查旅客訂位需求，確認與該公司「離場管制系統」（DCS）內所呈現的服務訊息是否一致。若有不一致的情況，負責班機報到系統編輯的運務人員要依照「PNL」提供的正常資料修正【說明：「PNR」為個體資料、「PNL」為某特定班次的整體資料，敬請釐清】。

如果是國際航線業務，對於「PNL」的處理必須考慮到機場辦理報到時，必須事先獲得旅客相關資料，因此，PNL一般均於班機離境前四十八小時以「SITA TELIX」方式送抵航空公司本家或地勤代理公司的DCS系統中，以利後續處理（某些航空公司於二十四小時前方傳入機場）。「PNL」的內容大致包含：

1. 日期／班次號碼／航段／座艙等。
2. 機位已確認之旅客姓名、稱謂及相關備註資料，如：接機訊息、特別服務需求（special service requirement, SSR）、其他服務訊息（other service information, OSI）。
3. 轉機入境班機、續程轉機班機旅客名單。
4. 已訂位確認之機關團體名稱。
5. 本班機各艙等的訂位旅客人數。

以下附上一正式的「PNL」予以說明：__為該行說明

```
QD KHHODQQ KHHQQCI TPEKMQQ
.KULRCVV 130603 AQQ/SY/FFFF
PNL
VV075/14JUL KHH PART1
-BKI000F          BKI訂位F艙 0人
-BKI003C          BKI訂位C艙3人
1HUANG/MMR .R/TKNA 00017413693541-1HUANG/MMR.L/J7KWBY
          MR HUANG/M 機票號碼00017413693541 PNR J7WBY
1KEMP/JMR .R/NSSA HK12D
.R/OTHS TKNA000-6992063264-1KEMP/J MR
.R/OTHS TKNM000-6992063264-1KEMP/J MR
```

```
.R/TKNA 0006992063264 .R/TKNO-000-6992063264-1KEMP/J MR
.L/JI8DFD     MR KEMP/JMR預選座位12D
1WANG/K .R/FQTVVV 064039371-1WANG/K.R/TKNA 00017413692631-1WANG/
K.R/TKNA 00017413692642-1WANG/K.R/TKNO 0001741369263 N1
.1 S1 2 .L/J7L6XJ          WANG/K常客飛行計畫會員卡號VV 064039371
-BKI055Y        BKI經濟艙訂位人數55
1CHANG/CMR-AA18 .R/TCP21 T/W JVVUQY .L/JNB2HY
.C/KHH/AD/PR/LION/FIVE
   MR CHANG/C   是LION 21人的團體領隊，這團有兩個PNR，JVVUQY與
   JNB2HY座位要安排在一起


1CHANG/LMS-AA18
1WU/CMR-AC3
1WU/CMS-AA18
1WU/CMS-AE20
⋮
-KUL000F
-KUL000C
-KUL041Y        KUL經濟艙訂位人數41
1CALZETTA/E .O/VV101Y15EZE .R/NSST HK15C
.R/FQTV DL1234567-1CALZETTA/E     CALZETTA/E轉機15JULVV101去EZE
.R/OTHS TKNM0003298611209 .L/JQ78JU
1CHEN/GMS-AF2 .O/VV1326Y15TGG .R/NSST HK17D
.R/TKNM00024436439185-1CHEN/G MS
.R/TKNM 0004436439186-1CHEN/J MSTR
⋮
```

　　當PNL傳至機場後，後續如果旅客行程異動、增加或取消造成訂位資料不正確，此時將由訂位系統中傳出所謂的「班機旅客增減名單」（addition deletion list, ADL）至機場以利機場作業需求。PNL只傳送一次，ADL可傳送很多次。一般而言，航空公司以班機起飛前十二小時對地勤代理公司的DCS系統的當班次旅客資訊會更新一次，期使機場作業的資訊為最正確的，若是使用自家航空公司的系統則是即時更新，其內容至少包括：

　　1.座艙等。

　　2.增加名單。

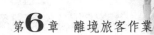

3.減少名單。

4.變更名單。

圖6.3 班機能否準時開櫃、正常作業，全賴前置作業是否完備

圖片來源：曾通潔攝於港龍航空報到櫃檯。

圖6.4 不同的機型有不同的機位配置，運務人員必須熟悉各機型機位分配表，以提供旅客正確的機位

圖片來源：曾通潔攝於日航波音767-300。

第二節　旅客報到作業

一、執勤前的準備工作

「企業識別系統」（corporate identity system, CIS），是指當企業在經營上面對不同的階層人士，運用強而有力的符碼來傳達訊息，統合企業內部意志，增強向心力歸屬感，對外建立企業識別、產生社會認同等效用，是將企業的經營理念與企業文化運用整體的傳播系統，透過行為、商標、符號、色彩、圖案等之規劃設計傳達給社會大眾。

航空公司所呈現的制服樣式，各具特色又易於辨識，容易使旅客對航空公司產生一致的認同感和價值觀。航空公司員工的服儀規範，對內可凝聚專業歸屬感，對外可傳達一致的形象。機場運務櫃檯是航空公司的門面，值勤的運務同仁必須儀容端莊，穿著公司制服是公司的企業形象的展現，必須時時注意保持制服的清潔及平整，值勤前要檢視制服鈕釦是否有脫落、名牌及公司徽章正確置於公司規範的配帶方式，例如左胸前或外套左領襟，保持口袋平整，機場管制區的通行證應按機場管理當局相關規定配掛。除此之外，禁止穿著便鞋、涼鞋。女性運務員應以個人需要將頭髮挽起，並化淡妝（至少必須塗抹口紅），配戴飾品應適度，不宜過度華麗。男性運務員頭髮宜梳洗整潔並繫領帶，皮鞋應保持清潔，務必遵守航空公司服裝儀容規範手冊穿著制服。在值勤前應將櫃檯及電腦保持整潔，提供旅客索取之班機時刻表應時時注意補齊。旅客至櫃檯詢問或購票時應抬頭微笑，主動招呼客人。作為第一線的服務人員，每天應保持精神抖擻，口香齒皓。

負責辦理旅客報到劃位工作的運務員於開櫃執勤之前，為了俾便稍後的作業順遂及讓辦理check-in的旅客感到滿意、有效率，開櫃前值班督導最好應進行任務重點提示：

1.應注意所負責航線的各個班次於辦理旅客劃位之前，班次的動態
　是否正常以及上級長官交辦的事項。

2.查閱訂位艙單及公布欄中有無貴賓、團體旅遊及特殊乘客等。

3.確認續程航班轉機時間是否充足。

4.確認所負責航班的登機門號碼是否正確。

5.確認旅客預訂特別餐有無異常。

6.確認本班次有無特殊旅客，如遣返旅客、難纏旅客或國際黑名單
　旅遊。

7.調整報到櫃檯上之班次時間機型、「訂位客滿」或「尚有空位」
　之標示牌，或利用電腦顯示看板提供所負責航班的相關資訊，如
　班機延誤、更改起飛時刻等。

二、報到櫃檯作業

　　有關機場運務櫃檯的劃位工作可以分為「人工劃位」及「電腦劃
位」兩種，茲介紹如下：

　　首先，「人工劃位」顧名思義就是運務員於臨時停電、電腦故障、
年節及連續假日前的高尖峰交通需求時期（考慮到電腦作業的處理速度
比人工填寫為慢），對於實施人工劃位的航班，未顧及旅客因久候而可
能招致不耐煩的情況，因此最好以大字報或櫃檯顯示字幕告知旅客使用
人工劃位的原因，並提供外櫃檯服務向旅客解釋。

　　同時，值班督導要立即瀏覽PNL與ADL中有沒有特殊服務需求的旅
客或VIP貴賓，先將前排座位部分保留，以便處理必要的座位安排。值
班督導負責指派座位，由運務員以手寫的方式依旅客登機證號碼正確清
晰填入座位表內，並依座位表之座號，將手寫座位在座位表與登機證上
或將背貼式座位號碼摘下，黏貼至登機證正面座位號碼欄內，將登機證
夾在機票內，證件放在機票正面交予旅客，並說聲「謝謝」，提醒旅客
大件行李託運位置及登機門方向。

　　人工劃位製作艙單（manifest）是很重要的，因為艙單係為飛機飛

航時所應具備之基本文件，其內容包括班機所經路線、機型、機號、日期、時間、班次、機艙及客艙之組員、旅客名單以及貨運清單、裝載重量等資料。依功能屬性可再細分為「組員艙單」（general declaration form, GD）、「旅客艙單」（passengers manifest, PM）、「貨運艙單」（cargo manifest）。這些文件資料必須由起程站填寫分送離／到站相關單位備用，艙單係機密文件，不可隨意交給未經授權之外人查閱，本項文件保留期限至少兩年。對於運務員來說，艙單的填寫必須注意：

1. 依旅客所持身分證件或機票填寫旅客載運艙單。
2. 班機客滿時應查詢旅客是否有訂位代碼？或查詢電腦資料，有無訂位紀錄。
3. 各類優待票／孩童票及嬰兒票應於艙單票別欄內註明以資識別。

另外，在介紹「電腦劃位」之前，我們有必要先認識所謂的「離場管制系統」（departure control system, DCS）。DCS統籌所有與旅客報到到航機起飛的一系列作業流程，讓機場備妥供旅客報到作業相關資料及航機之操作有關的裝載計畫與裝載平衡。

從旅客登機作業到班機起飛，發送各相關電報予各場站，整個系統運作過程大致可區分為六個階段：第一階段：初始化，系統起動，接收PNL；第二階段：班機作業資料庫建構，將機型的相關資訊模組化，包括組頭人數、班機所需侍應品和航機基礎重量總合成的航機零油重量（zero fuel weight, ZFW）、最大零油限重（maximum zero fuel weight, MZFW）、最大的起飛限重（maximum take off weight, MTOW）、最大的降落限重（maximum landing weight, MLGW）；第三階段：系統依照旅客訂位人數與貨運訂位狀況計算最適裝載配重建議，以利「passengers control center, PCC」或「office control center, OCC」班機編輯人設定座位表各座位區域（seat zone）之應安排旅客人數，進行班機的旅客資料編輯，並提供配重建議讓裝載管制員（Load Master）擬定貨艙裝載計畫；第四階段，航班開放旅客報到，旅客可以運用網路報到（Internet Check-in）、自助報到亭報到（Kiosk Check-in）與櫃檯報到（Counter

Check-in）；第五階段：班機作業結束，登機門開始登機作業，印刷組員艙單、旅客服務資料表（passenger information list, PIL）、旅客座位表（seat chart）與旅客艙單。同時，裝載管制員並製作班機載重平衡表；第六階段：班機離站，發送相關電報給各場站，進行後續處理與備查，包括班機動態（movement, MVT）、旅客艙單、旅客特別服務艙（passengers special service manifest, PSM）、旅客轉機艙單（passengers transit manifest, PTM）、裝載分配艙單（loading distribution manifest）與貨艙計畫艙單（compartment planning manifest, CPM），並將完成報到旅客資訊與未完成報到旅客資訊傳送到訂位財會系統進行後續審計。

雖然各航空公司所使用的DCS軟體系統不一定相同，但習慣上至少在功能上應該包含兩種模式，分別是「UA MODE」及「UC MODE」，有關其功能說明如下：

1. UA MODE：專用於供旅客報到使用，並提供選位及查詢功能。
2. UC MODE：用於機型選項、人數控管、貨載計算、平衡計算、登機作業控管、班機離境相關資料發送等功能。

雖DCS的功能不僅只有劃位，還牽涉到航務部門對班機載重平衡及航務簽派的繁複運算。但單就機場運務的「電腦劃位」作業來說，亦即利用這套DCS辦理旅客劃位的工作。電腦依「給位邏輯／選位邏輯」）所設定機型自動選位：自靠窗位選起，由前至後，由兩旁向中間選擇。DCS這項自動選位的設計原理係考量到旅客於座椅區位的舒適程度，儘量在機位有空間的狀況下，不要讓旅客「擠沙丁魚」、「夾三明治」似的前胸貼後背，負面影響服務品質。另外，劃位人員可依旅客需求，在考慮平衡安全之原則下同意更換座位。有關這套劃位流程的程序詳如圖**6.2**。

負責處理旅客機場報到劃位的各項相關手續，國際航線與國內航線的報到櫃檯（check-in counter）作業略有不同，分述如下：

一、國際航線報到作業

1. 一般航線班機起飛前一百二十分鐘開始辦理該班機報到手續，最遲於班機表定起飛時間起飛前四十分鐘至機場櫃檯辦妥報到手續；越太平洋航線飛往美國訂位旅客班機起飛前一百八十分鐘開始辦理該班機報到手續，最遲於班機表定起飛時間起飛前六十分鐘至機場櫃檯辦妥報到手續，若旅客超過此限定時間未能完成報到及劃位手續，將取消保留旅客的訂位，並將機位開放給已登記候補的旅客。實務上，依各國國情與國際間反恐通報的發布，以及機場動線所需耗費的查驗時間不同亦有不同的規定。例如：韓國仁川機場（Incheon International Airport, ICN）的櫃檯報到時間為班機起飛前一百八十分鐘開始辦理該班機報到手續，最遲於班機表定起飛時間起飛前六十分鐘至機場櫃檯辦妥報到手續；以色列特拉維夫的「本–古里安國際機場」（Tel Aviv Ben Gurion International Airport, TLV）則規定班機起飛前二百四十分鐘開始辦理該班機報到手續，最遲需於班機表定起飛時間起飛前九十分鐘至機場櫃檯辦妥報到手續。

2. 運務人員應主動向出現在櫃檯前的旅客打招呼，並使用適當稱謂，收到旅客證件機票後，看到旅客姓氏後，則記得稱呼旅客姓氏。

3. 確認旅客行程，然後詳細查驗旅行證件（護照、簽證等）。運務人員在檢查旅客護照與簽證時，倘若對旅客目的地國家入境規定不熟悉時，務必要使用「旅遊資訊手冊」（Travel Information Manual, TIM）資料庫查明相關規定，待確認旅客持用的旅行證件符合規定方可放行。

4. 確認旅客持用的機票款式，如果旅客使用的是電子機票，要注意旅客報到紀錄是否已經確實連結好電子機票，若旅客向航空公司E化網頁直接購買電子機票，則需要再次核對旅客購票時所持

用的信用卡,以免旅客事後拒認。雖然全世界已有80%～85%的航空公司使用電子機票,但仍有航空公司因為運送合約(traffic contract)或是實體機票(paper ticket)庫存仍多的因素,未全面使用電子機票,在收取實體機票時要遵守國際票務規則,檢查機票的航段(segment)與機票使用的順序(sequence)與使用限制(restriction),然後撕下有效之機票客票聯(flight coupon),作為公司財務部門結報或未來進行國際票務分帳的依據。

5.辦理劃位時要留意該航班使用的飛機機型安排旅客座位,對於身心障礙旅客搭機時要確認旅客的特別服務需求,提供正確的輪椅服務,確保旅客起程、過境與抵達目的地都能獲得所需的服務。機上座位安排時,避免安排旅客在上層客艙,減少旅客爬樓梯上下的不便,並選擇可移動座椅扶手靠走道邊的位子以利旅客就座與離席;安排獨行兒童(unaccompanied member, UM)或青少年單獨旅行旅客(yang passengers, YP)搭機,以前排座位優先,方便機組員照顧。由於女性旅客通常對於幼童較有耐心,運務人員應儘量安排UM與YP身旁為其他女性旅客為佳。各航空公司對UM與YP的運送有不同的限制,若旅客有後續轉機搭乘其他航空公司航班時,必須取得友航服務確認,方能接受旅客搭機。對於與嬰幼兒同行的旅客,注意選擇可提供設置機上嬰兒床(bassinet, BSCT)的座位,若因故無法提供該座位時,在班機機位不滿時,可將他們身旁的座位空下,一方面可以讓旅客毋需全程抱著嬰兒,減低不舒適感,另可避免干擾到臨座旅客的安寧。在飛航安全考量下,每一位成人旅客僅可以與一位嬰兒同行,若一位成人旅客與兩位以上的嬰兒同行時,第二位(含以上)的旅客必須購買兒童票且自備符合國家認證安全標準的嬰幼兒安全座椅,並將該安全座椅固定於機上座椅後讓嬰兒乘坐。

6.吸引力較低之座位應保留至最後方可售出,如看不到電影、靠艙壁卻無窗戶之座位,或在緊急出口前排椅背傾倒的角度受限此類座位。

7. 務必遵守航空公司緊急出口計畫，安排乘坐在緊急出口的旅客。

8. 辦理報到劃位前先確認該航班上的團體訂位資料。旅行團或家族旅行團，座位應視機型差異儘量安排在同個區域內。

9. 辦理行李託運，確實過磅與記錄旅客行李重量，檢查旅客行李包裝是否完好，確認旅客託運行李內無貴重物品、易碎物與可能影響飛安的物品後方可接受其託運，請旅客掛上姓名掛牌，降低行李遭人誤領的機會。另依旅客的搭乘艙等與服務屬性差異，掛上不同的行李優先服務掛牌，並再次與旅客確認行程與目的地後吊掛行李牌。對於託運行李超出免費額度的旅客，徵收超重行李費。運務人員向旅客收取費用時要理直氣和，詳細說明機票提供的免費託運額度與旅客實際超過的數量與重量，建議旅客調整行李的重量或提供他其他的託運方式，如採用郵寄或貨運的方式減少運費支出，避免意氣之爭，引發更大的爭執，甚至導致其他旅客的抱怨。

10. 問候（greeting）。適時感謝旅客的搭乘，並給予祝福的道別語，例如：「感謝您的搭乘，祝您一路順風」、「謝謝您，祝您旅途愉快」、「謝謝，祝您有愉快的假期」。

圖6.5　中華航空公司A330-300客艙座位配置，此機型使用二級艙等服務，上方是尊爵華夏艙配有36個座位，下方是經濟艙配有277個座位

圖片來源：曾通潔攝於高雄國際機場。

二、國內線報到櫃檯作業

1. 班機起飛前六十分鐘開始辦理該班機報到手續，訂位旅客最遲於
班機表定起飛時間起飛前三十分鐘至機場櫃檯辦妥報到手續。若
旅客超過此限定時間未能完成報到及劃位手續，將取消保留旅客
的訂位，並將機位開放給已登記候補的旅客。

2. 運務人員應主動向出現在櫃檯前的旅客打招呼，並使用適當稱
謂，收到旅客證件機票後，看到旅客姓氏後，則記得稱呼旅客姓
氏。

3. 採獨立櫃檯作業，同時要執行旅客購票與劃位報到作業。櫃檯購
票時，可以使用現金或信用卡付款，並販售國內航線各類法定優
惠機票。如果旅客具有法定優惠身分，出示有效之身分證明文件
（如資深公民、離島居民、持有身心障礙證明等），即可購買優
惠機票。對於事先購票的旅客，為保護持卡人權益，凡是直接透
過航空公司訂位中心或旅客自網際網路訂購電子機票，將於櫃檯
報到時再次查驗購票時所登錄之信用卡，方可辦理劃位手續。若
旅客持用的電子機票係親友代購，務必簽認「付款具結書」，交
給機場櫃檯核對。由於航空公司基於促銷而售出特惠廉價機票，
會對搭乘日期與班次做出限制，若在非特惠時段使用特惠機票，
必須向旅客收取票價差額。

4. 查驗旅客之「有照身分證件」。「身分證件」的定義是指由國內
外政府機關或本國教育部認可之公私立各級學校所核發之有效期
且具有照片之身分證明文件，如身分證、駕照、護照、居留證、
學生證、畢業證書等；未滿十四歲之孩童持戶口名簿、戶籍謄
本，亦視同身分證件。對於未攜帶身分證明文件旅客要請旅客至
航空警察局安檢組取得身分證明後，方可接受，若場站航警單位
另有規定，則依其規定辦理。

5. 對於持用國際線聯程機票旅客，需依照「國際航線票務規則」收

受機票。行李需至行李託運櫃檯辦理託運。

6.務必遵守航空公司緊急出口計畫，安排乘坐在緊急出口的旅客。

7.對於使用「金廈小三通」套票的旅客，需於報到櫃檯查驗護照與台胞證，並給予兩張登機證，一張是前往金門的登機證，另一張登機證是抵達金門後用來兌換廈門五通碼頭或廈門東渡碼頭登船證，行李加掛「兩岸快易通」貼條，以利「地接公司」確認轉船行李。

8.運務人員應感謝旅客搭乘，並說明託運行李與登機方向。

三、高級艙等旅客與貴賓報到作業

(一)「頭等艙」或「商務艙」旅客報到

頭等艙或商務艙旅客託運行李需加掛特別之行李識別掛牌（中華航空的頭等艙、華夏客艙；長榮航空的桂冠艙、菁英艙），以利勤務作業人員識別。

負責櫃檯劃位作業的運務人員必須於旅客登機證上，以明顯文字標示或黏貼貼紙以標示出「頭等艙」或「商務艙」的旅客艙等，或使用該艙等所使用的專屬登機證「頭等艙登機證」或「商務艙登機證」以資區別。

對於航空公司設有貴賓室的場站，運務人員於劃位完畢時，需給予「貴賓室邀請卡」（lounge invitation），並邀請旅客進入貴賓室休息，提供其更寧靜、舒適的休閒候機空間；無貴賓室的場站則視當地航站餐飲設施發予旅客咖啡券及餐飲券以服務旅客（說明：對於使用「Kiosk自助報到亭」及「網上預辦登機」等自助服務科技從事報到劃位者，機場貴賓室邀請卡已一併包括在「自助列印登機證」內）。

圖6.6　中華航空高級艙等與貴賓旅客專屬的報到櫃檯

左後方爲自助報到服務台KIOSK

圖片來源：曾通潔攝於高雄國際機場。

圖6.7　國泰航空貴賓室邀請卡

圖片來源：國泰航空提供。

(二)貴賓禮遇作業

除了前述以票價爲區隔的頭等艙或商務艙旅客之外，航空公司的貴賓禮遇作業尚且包含以旅客特殊身分爲區隔的「VIP」及「CIP」。

◆「VIP」

「VIP」是Very Important Person的縮寫，航空公司提供一些職位顯著者最大的禮遇，一般而言，VIP大多是針對政府高級官員。航空公司對VIP可再細分爲TOP VIP和SPECIAL VIP。其接受條件爲：

1.TOP VIP：高階政府官員及國際組織官員：政治領導員、總統府要員、中央政府機關之五院／八部首長（行政／立法／司法／考試／監察等院；外交／交通／教育／財政／經濟／內政／審計／銓敘等部）、領導國際組織的高級官員、相當於以上所述職等者。

圖6.8　中華航空針對VIP旅客設計專屬行李掛牌

2.SPECIAL VIP：其他非常著名之政府官員：民意代表（立法委員／縣、市議員）、市政府官員、縣市長、相當於以上所述職等者。

　　航空公司所提供的特別服務項目包括：座位之安排、劃位之協助、在特定的櫃檯劃位、優先升等、使用貴賓室。

◆「CIP」

　　至於「CIP」則是Commercial Important Person的縮寫，航空公司對一些影響該公司營收或事務推動有影響的人士予以特別禮遇。如同VIP的分類，航空公司對CIP可再細分為TOP CIP和SPECIAL CIP。其接受條件為：

1.TOP CIP：大抵包含經濟、商業事務的領導者。如：友航之總裁或董事長、全國性或聞名的組織者。
2.SPECIAL CIP：往來關係密切之旅客、經常旅行者及有社會地位者。如：較大公司／組織之主管、運動家之領隊或新聞雜誌記者、有名之藝術家、演藝人員、電影及電視工作者。

　　如同對VIP的服務，航空公司對CIP所提供的特別服務項目一樣包括：座位之安排、劃位之協助、在特定的櫃檯劃位、優先升等、使用貴賓室。

四、緊急出口座位計畫

「飛機座位安排計畫」（seat plan或seat allocation）是機場櫃檯作業的重要工作。利用空中運輸從事各種旅次目的者，選擇飛機這種運具的關心焦點，除了飛航安全之外，班機準點性和座位舒適性亦是服務品質的關鍵評估指標。在班機座位容許及載重平衡的考量下，為避免旅客被迫坐在「不舒服的座位」（least desirable seats），在落實顧客至上的考量下，更應在細節上主動為消費者設想。

(一)旅客座位安排

直觀上，「座位安排」似乎頗為簡單。然而，面對消費者千般萬化的習慣及偏好，要做到讓多數旅客滿意卻深具技巧、經驗及藝術。實務上，航空公司為了避免無法滿足旅客的要求，或因機型變動而無法兌現旅客預約的座位，因而通常會在運送契約上規定：「航空公司雖然盡力試圖符合旅客座位的要求和選擇，但即使接受旅客預約座位並經確認，並不表示保證。航空公司仍可因作業所需而變動其座位。」即便白紙黑字的運送契約規定如此，操作上基於服務品質及消費者滿意的考量，航空公司仍會儘量滿足旅客的要求。基於這樣的原則，線上運務人員受理旅客劃位之前，必須先對旅客座位的限制掌握適當的認識，方能確保飛航安全及提供旅客舒適的搭機環境。除了因旅客所付費用不同而提供不同的座位之外，旅客座位的數量乃是依據以下之情況受到限制：

1.該航班的航機座位數。
2.航機逃生門數量及位置。
3.航機客艙上的氧氣面罩數量。
4.航機客艙上的救生衣數量。
5.無自救能力之旅客人數或無效用之逃生門。
6.因安全或舒適因素所必須有的限制。

圖6.9 波音B737-400機翼上緊急逃生出口

圖片來源：曾通潔攝於馬來西亞航空班機。

圖6.10 空中巴士A330-300緊急逃生出口與空服員座椅

圖片來源：曾通潔攝於中華航空公司班機。

圖6.11 波音B767-300緊急逃生口與空服員座位

圖片來源：曾通潔攝於日本航空公司班機。

(二)機組人員座位安排

機組人員之座位安排可分為：

1. 空服員座椅（Flight Attendant's Seats, Jump Seat）：為提供給空服員當飛機起飛及降落時使用之座位，通常位於逃生門前
2. 飛航組員休息座椅（Crew Rest Seat）：則為提供給長程國際航線飛行時前後艙組員（含機師、飛航工程師及空服員）休息使用，依各機種之不同而有所不同，我國民航法規並未授權國籍航空公司允許旅客乘坐組員座位。

(三)緊急逃生門前座位安排

緊急逃生門的設計是為了飛機發生危難時，旅客在九十秒內能夠順利逃出，故在緊急逃生門前之座位安排對於旅客有資格上的限制。我國民航局的民航通告「AC 121-003」規定航空公司應訂定《緊急出口座位安排計畫符合陳述》，並報請民航局核備後實施，且空地勤人員必須確實遵守計畫執行並確實向旅客說明。2009年12月30日修訂的《航空器飛航作業管理規則》第45條規定，航空器使用人應於航空器起飛前確使所有乘客知悉下列事項：(1)禁菸告知；(2)電子用品使用限制之告知；(3)座椅安全帶繫緊及鬆開之說明；(4)緊急出口位置；(5)救生背心位置及使用方法；(6)氧氣面罩位置及使用方法；(7)供乘客個別及共同使用之其他緊急裝備。

航空器使用人應訂定出口座椅安排計畫，該計畫應包括定義各型別航空器之緊急出口、座位安排程序、機場資訊及出口座位乘客提示卡，提供相關作業人員使用，以確保飛行安全。

所謂「緊急出口座位」是指可直接通往緊急出口、且不需穿過走道或隔板之座位。日本國土交通省規定，由2009年4月1日起，為保障旅客的安全，緊急出口座位只會安排給符合條件的旅客使用，且旅客必須熟悉英語或日語。航機的緊急出口座位空間較大，許多旅客喜歡指定選擇

這類座位，為維護客艙安全及遵守民航法規，運務人員在安排旅客此類座位時，必須瞭解適合安排在緊急出口座位旅客必須符合的選擇標準，並徵得旅客同意，協助處理當航機遭遇緊急狀況下，願意協助執行航空公司所交託的工作。

◆緊急出口座位旅客選擇標準

1. 雙臂及雙腿有足夠體能、活動力及機動性足以執行交託之協助工作。必須可向上、向旁及向下觸及緊急出口，並操作緊急出口裝置；能抓、推、拉、轉或以其他方式操控機械裝置；能推撞或以其他方式開啟緊急出口；能將機翼逃生出口移至附近座椅上，或越過座椅上方移至鄰排座椅上；能迅速到達緊急出口；當移動阻礙物時，能維持平衡；能迅速撤離；能穩住充氣後之逃生滑梯；能協助他人脫離逃生滑梯。
2. 年齡在十五歲以上。
3. 即使無隨行成人協助下可執行交託之協助工作。
4. 可瞭解航空公司所提供之書面有關緊急撤離之說明或組員口頭指令。
5. 無視力問題以致無法執行交託之協助工作。
6. 無聽力問題以致無法執行交託之協助工作。
7. 無任何可能妨礙執行交託之協助工作（如旅客需照顧小孩則不適合安排緊急出口座位）。
8. 旅客執行交託之協助工作，不致遭致本身傷害。

◆旅客須協助交託之工作

1. 就座於緊急出口座位。
2. 能辨識緊急出口開啟之裝置。
3. 能瞭解緊急出口開啟之說明。
4. 能開啟緊急出口。
5. 有能力評估開啟緊急出口後可能增加其他旅客風險。
6. 可遵照組員口頭指示或手勢操作緊急出口。

7.可適切放置或須固定之緊急出口，且可不阻礙出口之使用。

8.可評估逃生滑梯狀況、啓動滑梯充氣、穩定充氣後之逃生滑梯，
　以協助其他旅客逃生。

9.可迅速撤離。

10.可評估、選擇並依照安全的路線自緊急出口撤離。

【案例研討】

　　1998年8月20日，某國籍航空公司從台北到花蓮的班機上，
經空服座艙長發現緊急逃生門（21排）的旅客係為無法以英文及
中文溝通的日籍乘客。後經該座艙長於公司例行性之飛安會議提
出質疑，認為雖運務手冊並未規定外籍旅客不得乘坐於逃生出口
處，但可以援用：「不能瞭解、看不懂緊急出口說明書的人」的
規定，請運務人員不要給予鄰近緊急出口的座位，以確保飛航安
全（除非能確定該外籍旅客能瞭解、看得懂緊急出口說明書）。

**圖6.12　Jan Carlzon於《關鍵時刻》書中提到：「第一線員工，
　　　才是眾多十五秒「關鍵時刻」中的「關鍵人物」**

圖片來源：國立高雄餐旅大學航空暨運輸服務管理系國泰航空實習
　　　生陶宏卿提供。

出口座位旅客須知

如果您被安排坐在出口的座位，但不了解劃位人員/客艙組員的解說，或不明白出口座位旅客須知的內容，或於閱讀乘坐於出口座位的各項協助事項後，因為某些因素無法提供協助或無協助意願，敬請告知劃位人員/客艙組員，我們將為您更換座位。

為確保客艙安全及遵守民航法規的相關規定，緊急出口座位旅客需符合下列選擇標準：

1. 雙臂及雙腿有足夠體能、活動力及機動性執行下列事項：
(1) 可向上、向旁及向下觸及緊急出口，並操作緊急出口裝置；
(2) 能抓、推、拉、轉或以其他方式操控機械裝置；
(3) 能推撞或以其他方式開啟緊急出口；
(4) 能迅速到達緊急出口；
(5) 當移動阻礙物時，能維持平衡；
(6) 能迅速撤離；
(7) 能穩住充氣後之逃生滑梯；
(8) 能協助他人脫離逃生滑梯；
2. 年齡大於 15 歲者。
3. 無需在他人的協助下就能執行航空公司所賦予之協助事項者。
4. 瞭解航空公司所提供書面（或圖示）有關緊急撤離之說明或組員口頭指令者。
5. 沒有視力障礙，能順利執行航空公司所賦予之協助事項者。
6. 沒有聽力障礙，能順利執行航空公司所賦予之協助事項者。
7. 能適時地傳遞訊息給其他旅客者。
8. 無需照顧幼童或其他隨行者。
9. 不會因執行被賦予之協助事項而遭致傷害。

在緊急狀況發生，而組員無法協助的情形下，就坐於緊急出口座位旅客請您在航機疏散時，協助執行下列事項：

1. 確認並就坐於緊急出口位置。
2. 辨識打開緊急出口之裝置、瞭解打開緊急出口之說明及開啟緊急出口。
3. 遵守組員口頭指引、手勢，以協助機上旅客完成撤離準備。
4. 確認逃生滑梯可正常使用，並協助旅客以逃生滑梯撤離。
5. 評估、選擇一條安全逃生路徑儘遠離飛機。

中華航空公司感謝您
對民航法規的遵守與對客艙安全的協助。

> 如果您無協助意願或無法提供上述協助，請通知本公司劃位人員，我們將為您更換或重新安排座位。

TA3230

圖6.13　中華航空緊急出口座位旅客須知

圖片來源：中華航空提供。

第三節　一般旅客的行李處理

　　旅客到機場櫃檯報到時，會很習慣的將過重或體積大的行李辦理託運，以便拿到登機證後，可以安排個人其他事務或悠閒地逛逛免稅商店再上飛機。但是，仍有部分旅客認爲託運行李在班機抵達目的地時還得費時到行李提領處取回是一件頗爲麻煩的事，或者有其他個人考量，而選擇將行李隨身帶上飛機。然而，雖然有些旅行箱是針對飛機上的行李櫃規格而設計，但在原本空間就不寬敞的客艙置放行李會讓人有侷促的感覺。除此之外，另一個潛在的問題是隨身的行李通常都不過磅，如果超重的行李放在行李櫃內，除了載重平衡估算的可能偏誤外，仍有可能在遇到亂流時掉落而發生意外傷害，致使航空公司必須擔負機票後面的運送契約之相關賠償的責任。因此，就航空公司的立場而言，會希望旅客將超重、體積大的行李辦理託運。本節即針對旅客於辦理報到登機時的行李處理問題從事一系列的探討。

　　一般而言，旅客行李可細分爲「無託運行李」（unchecked baggage）和「託運行李」（checked baggage）。無託運行李所指爲旅客自行攜帶上機且自行保管的行李，包含「免費攜帶物品」（free carry on item）及「手提行李」（hand carry）。所謂「託運行李」的定義是旅客交予航空公司置放於航空器貨艙託運之行李。一般而言，是較大、較重、不便於攜帶之行李。以我國國內線的商務艙免費行李限額爲20公斤，經濟艙爲10公斤，單件行李最多不可超過20公斤。而國際線的行李問題較爲複雜，依飛行地區不同，託運行李重量之限制可分爲「論重制度」及「論件制度」兩種。「論重制度」的地區大致爲IATA Traffic Conference Area 2（TC2）和Area 3（TC3），「論件制度」則爲IATA Traffic Conference Area 1（TC1）至Area 3（TC3）及關島等地。

　　以「論重制度」來說，搭乘頭等艙的成人及兩歲以上兒童之免費託運行李限額爲40公斤（88磅），商務艙爲30公斤（66磅），經濟艙爲20

公斤（44磅），單件行李最多不可超過32公斤。若有嬰兒旅客，則其免費託運行李限額爲10公斤及一部摺疊式嬰兒車。

至於美國、加拿大、美加屬地、南美洲特定國家、中美洲特定國家等地所實施的「論件制度」，原則上，搭乘頭等艙和商務艙的成人及兩歲以上兒童之免費託運行李限額爲行李兩件，且每件行李以體積長寬高總和62吋（158公分）及重量70磅（32公斤）爲限。搭乘經濟艙的成人及兩歲以上之兒童之免費託運行李限額爲兩件，每件行李以體積長寬高62吋（158公分）及重量70磅（32公斤）爲限，但兩件行李的總體積不可超過107吋（273公分）。若有嬰兒旅客，則其免費託運行李限額包含一件以體積長寬高總和45吋（115公分）10公斤爲限的行李，另可攜帶一部摺疊式嬰兒車。補充一提，若旅客係往返美國者TC1，其越太平洋航段與機票接續行程中，含第三區TC3（亞洲地區、西南太平洋地區）行程時，且整個航段行程開立同一家航空公司名下的同本（same stock ticket）或連續性機票（same stock conjunction ticket），則於該航段仍適用「論件制度」。

至於旅客在搭機旅途中爲了穿著、使用、方便、舒適而須攜帶之「無託運行李」，每名旅客僅可以攜帶一件長寬高分別不超過56公分、36公分、23公分（22吋、14吋、9吋），單邊長寬高總和不超過115公分（45吋），重量不超過7公斤（15磅）之行李（或登機箱）等物品。原則上，「無託運行李」以能放置在座椅底下或座椅上方的密閉式置物櫃內，以避免滑動或掉落爲標準，並不得阻礙緊急撤離通道及影響緊急裝備之取用。妥善放置之定義：(1)置於座椅下方的「無託運行李」必須有前擋及側擋，以避免行李滑入通道；(2)「無託運行李」不可妨礙旅客在通道上的移動；(3)放置於上方置物箱內的物品須符合安全原則，且客艙服務人員能輕易地關閉箱門；(4)當上方置物箱門開啓時，物品不會由箱內掉落；(5)不得放置於旅客身上。

茲就「客艙內行李」（含手提行李與隨身行李、客艙占位行李）、「託運行李」及「轉機旅客的行李直掛處理」等議題陳述如下：

一、客艙行李

行政院飛行安全委員會發布之「2008年客艙異常事件統計」顯示，在總計546件的客艙異常事件中，生病281件最多，其次為89件抽菸事件、56件違法使用行動電話、34件非理性行為、27件受傷、23件酗酒、15件違法使用電子用品、13件其他事件、5件性騷擾、2件語言攻擊、1件肢體攻擊，非理性事件中與隨身行李有關的有5件，摘要如**表6.1**。

在27件受傷事件中，以行李砸傷最多，且以打開頭頂行李箱拿行李時，行李掉落砸傷乘客的事件比例最大。其他事件13件，以大件隨身行李問題最多。茲將與隨身行李有關之統計摘要表列於**表6.2**。

2009年12月30日修訂之《航空器飛航作業管理規則》，其中第48條強調：航空器使用人應於營運規範內訂定乘客隨身行李計畫，該計畫應包括各航空器型別之隨身行李件數、重量、尺寸及相關控管作業，並報請民航局核准。乘客隨身行李應置於乘客座椅下或客艙行李櫃內，以避免滑動或掉落，並不得阻礙緊急裝備之取用及緊急撤離通道。但經民航局核准者，不在此限。非經確認每件隨身行李均已放置妥當，航空器使用人不得允許航空器後推、準備滑行。

表6.1　2008年客艙異常事件統計「非理性事件」與隨身行李有關之摘要

項次	摘要
1	乘客不願配合規定將行李放置於規定位置，並口出惡言。
2	乘客登機時以手提行李擊打其他乘客，發生口角，經航警登機制止。
3	乘客於機上飲用自行攜帶之高粱酒，經組員勸阻。
4	乘客因客艙上方之行李箱空間小，組員將其移至他位，心生不滿，航行中自行將行李取下置於座位前，降落前組員要求放回原位，座位燈號未熄，又因組員規勸，再度不滿，口出穢言。
5	因乘客未依規定將行李置於正確位置，經組員告知但不願配合，大聲斥責並以手提包推打組員，依程序通報請航警單位處理。

資料來源：行政院飛航安全管理委員會（2008）。

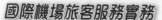

表6.2　2008年客艙異常事件統計「其他事件」與隨身行李有關之摘要

項次	摘要
01	乘客攜帶祖先牌位上機，超過客艙行李規範，改以大件行李託運。
02	乘客攜帶氧氣製造機登機，告知不符規範，報請安檢處理。
03	有人偷竊乘客之皮包現金，並將皮包置於廁所垃圾桶內。
04	乘客遺失iphone手機、現金，懷疑前座旅客所為，堅持報警處理。
05	乘客攜帶榴槤上機。
06	乘客行李過大且不願託運，經致電總公司詢問後才配合託運。
07	乘客攜帶大件行李要求坐於緊急出口旁，經組員拒絕並請回至原座位，卻又不配合將大件行李置於座位下，經委婉勸說才配合放置。
08	乘客攜帶布袋包裝之骨灰罈上機，經組員發現後，請地勤人員用紙箱裝盛，並以「客艙占位行李」方式固定。

資料來源：行政院飛航安全管理委員會（2008）。

(一)手提行李與隨身行李

　　由於各國民航法規不同，因此各有不同的「手提行李」限制，詳情需參閱各航空公司的官方網頁說明。但是，大部分的航空公司所允許的手提行李尺寸限制均是長、寬、高三邊的單邊直線長度總和不可以超過115公分（45吋）。我國國籍航空公司（華航集團、長榮集團、復興航

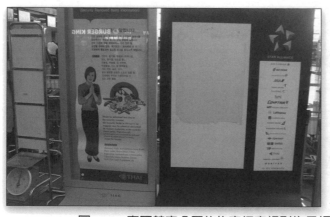

$$A＋B＋C≦115cm(45inch)$$

圖6.14　泰國航空公司的旅客行李規則告示板與測試架

圖片來源：曾通潔攝於韓國仁川國際機場。

空）給予的重量是限制在7公斤以內；日籍航空公司（日航、全日空）給予的重量是限制在10公斤以內；美籍航空公司重量是限制在18公斤以內。另一方面，航空公司會依照旅客搭乘的艙等給予不同的手提行李數量限制。一般而言，經濟客艙旅客除可攜帶一件手提行李外，還可攜帶一件隨身行李；商務客艙旅客可攜帶兩件手提行李，一件是一般手提行李，另一件是航空西裝袋（garment bag, G/B）；頭等艙旅客可攜帶兩件手提行李，兩件一般手提行李，或者是一件一般手提行李，另一件是航空西裝袋，且規定折疊後之厚度不可超過20公分。

「隨身行李」是指手提袋、錢包、大衣或毛毯、輕型相機或望遠鏡、適量之免稅品、傘具、手提電腦、嬰兒於航程中所需之奶瓶及食物、航程中之適量閱讀書報雜誌、手杖／拐杖、助行設備或義肢、醫療器材或輔助用品、嬰兒籃及嬰兒車。另外，鑑於美國911事件發生後，全球對反恐極為重視，參照《國際民用航空公約》附件十七（Convention on International Civil Aviation Annex 17）的一系列保安規定，各機場均要求出入境旅客攜帶之所有銳利物品均需放入託運行李內，其中包括任何類型的剪刀、金屬製的指甲銼、剪刀、鑷子等。容器大於100毫升的

圖6.15 左側是中華航空旅客手提行李測試架並加註手提行李規範說明；右側是日本航空手提行李測試架，此款測試架已成為規範標準

圖片來源：曾通潔攝於高雄國際機場。

液態、乳狀、膠狀的物品,是禁止手提上機的;容器小於100毫升的液態、乳狀、膠狀的物品,必須裝置於容量1公升容量的透明夾鍊帶中,每位旅客限攜帶一件,袋內物品的總容積小於1公升,方可手提上機。部分國家(如我國、美國、歐盟、印度或澳大利亞等)對搭乘該國航空公司班機之旅客所隨身攜帶、於免稅商店或機上所購置或隨身攜帶入境之液體、膠態或噴霧類物品與其他國家有不同之規定,對於過境旅客的手提行李內與免稅品中液體、膠態或噴霧類物品單件的容量亦嚴格規定不得超過100毫升,詳細管制狀況旅客於出發前宜再與旅行業者或航空公司確認。旅客攜帶旅行中所必須使用但未符合限量規定之嬰兒牛奶(食品)、藥物等液體、膠狀及噴霧類物品,必須取出並向安全檢查人員申報。旅客於通過安檢線時需將隨身盛裝液體、膠狀及噴霧類物品之1公升透明塑膠袋必須取出,單獨通過X光儀檢查。

(二)客艙占位行李

旅客有時會需要攜帶不適合託運之大型、貴重及易碎物品,例如:藝術品、神像、雕塑、骨灰罈、樂器等。在這種情況下,旅客會自願或被航空公司要求為該行李購買一張機票,將行李安置身旁的座位,以方便就近照顧,以免耗損,稱之「客艙占位行李」。一般而言,攜帶進入客艙之「客艙占位行李」在實務上多以「樂器類」(如大提琴、吉他等)和「裝箱類」(如神像、骨灰罈、人體器官、蘭花、高價物品、易碎物品等)為大宗。

以復興航空公司在運務作業上的規範為例,相關限制包含:

1. 大小:樂器類(置於地板上斜靠座椅):160公分× 50公分× 30公分。
2. 裝箱類(置於一個座椅上):40公分× 40公分× 65公分。
3. 裝箱類(置於兩個座椅上):90公分× 40公分× 65公分。
4. 重量:單件重量不得超過70公斤(每家公司規定不同)。
5. 包裝:需由乘客自行妥善安全包裝。

6.座位：客艙行李需安排於特定位置，其旅客需座在客艙行李旁，且於航程中不得任意更換座位。

　　同時，復興航空公司非僅要求旅客要在國內線起飛二十四小時前或在國際線起飛七十二小時前，應向該公司提出需求申請（亦即不受理臨櫃需求），並收取一張該艙等全額票價（不加收兵險及機場稅），更要求旅客必須自行將「客艙占位行李」攜帶上機，再由客艙組員或機務人員將行李固定於客艙座椅。

　　以中華航空公司在運務作業上的規範為例，相關限制包含：(1)置於客艙地板之CBBG（如樂器）高度不可超過145公分、寬度不可超過42公分、厚度不可超過30公分及重量不超過75公斤，外包裝須附有把手；(2)置於客艙座椅之CBBG（如神像、貴重或易碎物品）須裝在箱內（不能為玻璃材質），不可超過箱子尺寸限制（長42公分×寬42公分×高66公分及重量不超過75公斤）；(3)寬度若超過一座椅寬度，旅客可購買兩張座椅位置放一件占位行李（限經濟艙）；(4)CBBG於航機中不得更換座位；(5)若旅客行李重量或尺寸超過限制，華航得拒絕運送。同時，針對客艙中的放置位置及機場運務作業的選位更要求：「樂器類」須裝載於客艙區域最後一排靠窗座位，「裝箱類」須裝載於客艙艙壁或艙隔板前、後之座位上。

　　依據《航空器飛航作業管理規則》第48條規定，航空公司必須依照機種機型訂定計畫，並指定可用的座位。一般座位會設置於艙壁或隔板前或後的座位，且不影響緊急疏散作業。因此，各航空公司會有不同的規定，旅客班機起飛前四十八小時需向航空公司完成訂位，務必告知旅客有關客艙行李包裝後之尺寸與重量，以利確認其尺寸是否符合該機型收受條件。

　　運務人員服務旅客時，報到時會先將「客艙占位行李」掛上行李牌，並貼上「付費行李」標籤，以利空服人員進行後續的服務，並注意旅客與該行李的座位是否相臨？是否是相同的艙等？座位是否安排在乘客隨身行李計畫中指定的座位？其次，檢查該行李是否妥善裝箱，且箱子不得為玻璃材質，以免傷及其他乘客。尺寸大小是否合適？重量是否

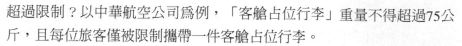

超過限制？以中華航空公司為例，「客艙占位行李」重量不得超過75公斤，且每位旅客僅被限制攜帶一件客艙占位行李。

　　旅客登機需自行攜帶「客艙占位行李」上機，並交由客艙組員或機務人員執行固定付費占位行李作業程序。因此，運務人員會安排旅客最先登機及最晚下機（fist in last out, FILO），以確保班機的準時起飛。

二、託運行李

(一)託運行李的常識

　　誠如前述，國際線的託運行李（check-in baggage）處理議題，依飛行地區不同，分為「論重制度」及「論件制度」兩種。不論國內線或國際線，超過免費託運額度就必須徵收超重行李費。除此之外，託運行李的長＋寬＋高不得超過158公分。若旅客託運之行李有包裝不完整或易破碎、易損害等，航空公司有權拒絕載運該行李。對於易燃物品類、高壓縮罐、腐蝕性物品、磁性物質、毒性物料及其他影響飛航安全之物品，禁止手提或託運上機。有關託運行李及手提行李大小及重量之規定因航空公司而異，旅客於行前應先洽詢各航空公司。而旅客必須注意，若託運之行李中，有錢幣、珠寶、銀器、可轉讓之有價證券、公債、股票、貴重物品、樣品或商業文件等，除非旅客另行申辦「報值行李」（declare excess valuation），否則前述物品如於運送途中遭致遺失或毀損，航空公司除了依據相關法規，對於託運行李採取「通常事變責任主義」，對無託運行李採取「過失責任主義」，承擔「限額」的客貨損害賠償責任之外，得不負遺失或毀損物品實際損害的任何賠償責任。

　　旅客於行前應該瞭解：對於若干物品，如髮膠、定型液、醫用含酒精之液態瓶裝物、防蚊液、烈酒類、噴霧器、各式刀械、工具棍棒及各類彈藥武器等，原則上不得手提上機，須以託運方式處理，詳情應在行前先向航空公司查詢，對於易燃品類（如汽油、去漬油、煤油、罐裝

瓦斯、噴漆、油漆、大量塑膠製簡易打火機、火柴、工業用溶劑及其他於常溫下易燃之物品等）、高壓縮罐（殺蟲劑、潤滑劑、瓦斯罐等高壓裝填之瓶罐類）、腐蝕性物品（王水、強酸強鹼、水銀、氟化物及其他具腐蝕作用之物品）、磁性物質（永久磁鐵等會產生高磁場之物質）、毒性物料（各類具毒性之化學原料、毒氣、氰化物、除草劑、農藥及活性濾過性病毒等）、炸藥、強氧化劑（漂白水、漂白粉、濕電池、工業用雙氧水等易產生劇烈氧化作用物質）、放射性物質（如鈾、碘、鉍、鈷、氚等本身游離輻射能量之物質、核種）、具防盜警鈴裝置之公事包及其他影響飛航安全之物品，是禁止手提或託運上機的。

　　除此之外，對於下列「特殊物品」的託運，可以不依照長寬高總和不能超過158公分的規定，但仍需顧及行李櫃是否可放入為原則：

1.睡袋、鋪蓋。
2.背包（登山背包）。
3.滑雪用具一套（雪橇、滑雪桿、鞋）。
4.高爾夫球具。
5.帆布袋（軍用帆布袋）。
6.腳踏車（手把需側放，踏板拆掉）。
7.滑水板。
8.釣具一套（最多兩支釣竿、捲釣魚線、手網一套）。
9.運動用槍砲（來福槍、散彈槍、手槍等運動用途，請參照武器託運規定）。
10.樂器一件，但長度不能超過100公分。

(二)託運行李在機場運務作業上的準備工作

1.依據經驗，負責託運行李作業的值班運務員於值勤前必須準備下列物品：旅客託運行李艙單、各航程行李牌、易碎品標籤、旅客切結書、通知機長小型武器載運資料表、繩索及膠帶、美工刀、簽字筆、收據或統一發票⋯⋯。

2.填妥託運行李艙單一式二份（可視需要增加），包含下列項目：
託運行李起運站、託運行李到達站、載運航空器班次、載運日期
及載運航空器機號。

(三)託運行李在機場運務作業上的處理程序

1.運務人員應詢問旅客託運行李內是否有貴重品、易碎品與可能
影響飛安的物品，若有請旅客重新包裝再託運。若旅客執意託運
貴重品、易碎品，依據《民法》第631條：「運送物依其性質，
對於人或財產有致損害之虞者，託運人於訂立契約前，應將其性
質告知運送人，怠於告知者，對於因此所致之損害，應負賠償之
責」，運務人員必須確定旅客知悉載運條款中有關行李託運的契
約規則，並依據《民法》第649條：「運送人交與託運人之提單或
其他文件上，有免除或限制運送人責任之記載者，除能證明託運
人對於其責任之免除或限制明示同意外，不生效力。」的原則，
要求旅客簽署免責同意書。若旅客有意將託運行李申報保值，則
可協助旅客辦理「報值行李」作業，但並非所有航空公司皆提供
此一服務。

2.檢查行李箱與包裝是否良好，是否張貼危險品標示。對於包裝不
良的行李可依《民法》第635條規定：「運送物因包皮有易見之瑕
疵而喪失或毀損時，運送人如於接收該物時，不為保留者，應負
責任。」保留接受旅客託運的權利，請旅客重新包裝或將行李箱
託運時即有瑕疵的部分，標示在託運行李牌內的免責同意書內，
請其簽名以示同意免責。對於張貼危險品標示的行李箱，與航警
局安檢人員協同檢查，並要時可以請旅客打開行李受檢，確認安
全無虞後，移除危險品標示，並請旅客重新包裝後接受旅客託
運。

3.請旅客出示登機證，確認行程目的地，詢問託運件數並進行磅
重，如果超出免費託運重量時，稱為「逾重行李」，應當支付逾
重行李費，並開立「超重行李票」（excess baggage ticket）。

4.班機艙單上確實輸入或記載正確的旅客託運行李資料：旅客姓名（或填登機證號碼）、行李牌號碼、件數、重量（公斤）及行李目的地。

5.依旅客的報到紀錄中的航程，印刷出所需要的「行李牌」（baggage claim tag或luggage tag），並再次與旅客確認行李牌上的班次與目的地。

6.把行李牌掛在行李把手或黏貼在行李箱表面，務必要貼牢。

7.如果有須掛上「服務牌」的行李，如頭等艙、商務艙、單獨旅行幼童等，務必告知旅客並確實掛妥。

8.將託運行李收據交還旅客，並請旅客收妥，行李收據是旅客發生行李異常事件的後續處理重要依據。

9.請旅客等候行李通過機場聯檢人員安全檢查後再離開報到櫃檯區，以免因安全考量要求旅客由候機室返回報到櫃檯再次查驗所造成的旅客不便。

10.依各航空公司規定之班機起飛前適當時間結束當班次作業，迅速統計件數及重量，通知行李集中區的地勤代理公司，核對件數以免發生行李漏送的異常事件。

(四)託運行李在機場運務作業上的注意事項

◆免費託運行李

1.國內航線或國際航線的免費託運行李額度視各航標準為限。以我國國內線的商務艙免費行李限額為20公斤，經濟艙為10公斤，單件行李最多不可超過20公斤。而國際線「計重制度」，頭等艙免費行李限額為40公斤，商務艙為30公斤，經濟艙為20公斤，單件行李最多不可超過32公斤。國際線「計件制度」是針對IATA Traffic Conference Area 1（TC1）到IATA Traffic Conference Area 3（TC3）越太平洋航線的託運行李的計畫方式。一般而言，頭等

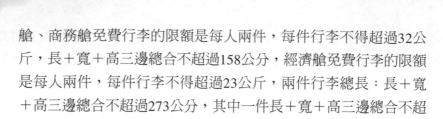

艙、商務艙免費行李的限額是每人兩件，每件行李不得超過32公斤，長＋寬＋高三邊總合不超過158公分，經濟艙免費行李的限額是每人兩件，每件行李不得超過23公斤，兩件行李總長：長＋寬＋高三邊總合不超過273公分，其中一件長＋寬＋高三邊總合不超過158公分。

2.嬰兒票無免費行李，但嬰兒票可帶一部嬰兒車，長寬高總和不能超過115公分。

3.最大的託運行李不能超過每班班機之貨艙門的大小。

4.基於勞工安全考量，各國對託運行李的重量訂定上限規定，歐美與澳洲限制單件行李重量若超過32公斤，進入或離開該國將被拒絕搬運。國泰、馬航、星航、德航、荷航網頁亦強調不接受超過32公斤的託運行李，香港機場拒絕接受單件行李重量超過50公斤，請旅客分裝超重行李。

◆託運行李的包裝

託運人交付運送之運送物，應備好符合於託運人與運送人雙方約定且不違背一般慣例上所意合之包裝。《瑞士債務法》第442條規定，若託運人未將運送物封裝完好，則運送人得拒絕受領，或請求修改包裝。我國《民法》第635條亦有類似規定。換言之，運送人（航空公司）對於有瑕疵的包裝，既得免除其責任，對於有易見之瑕疵者，亦得為之保留，是託運人對於託運物有包裝完好之義務可知。因此，機場運務員若發現旅客託運之行李如有包裝欠妥者，應協助其重新包裝，以免受損。

◆受理項目限制

1.旅客託運行李中，請勿放入可能洩出之液體、易碎（腐）物品、錢幣、珠寶、銀器、可轉讓之有價證券、公債、股票、物品、樣品或商業文件等，上項物品如在運送途中遭至遺失或毀損，國內線除依民航局頒布之《航空客貨損害賠償辦法》、國際線依據華沙公約處理外，不負其他任何賠償責任。

2. 就國內航線來說，台灣《航空客貨損害賠償辦法》之授權係依據《民用航空法》第93條規定：「乘客或航空器上工作人員之損害賠償額，有特別契約者，依其契約；特別契約中有不利於中華民國國民之差別待遇者，依特別契約中最有利之規定。無特別契約者，由交通部依照本法有關規定並參照國際間賠償額之標準訂定辦法，報請行政院核定之。」因此，航空客貨損害賠償辦法在法律位階上屬於授權命令，為行政院發布之命令。至於中國，則是依據中華人民共和國民航總局2006年1月29日經國務院批准發布《國內航空運輸承運人賠償責任限額規定》辦理。

3. 台灣《航空客貨損害賠償辦法》對於死亡者賠償新台幣300萬元，而對重傷者賠償新台幣150萬元。前項情形之非死亡或重傷者，其賠償額標準按實際損害計算。但最高不得超過新台幣150萬元。中華人民共和國《國內航空運輸承運人賠償責任限額規定》，對每名旅客的賠償責任限額為人民幣40萬元。對每名旅客隨身攜帶物品的賠償責任限額為人民幣3,000元；對旅客託運的行李和對運輸的貨物的賠償責任限額，為每公斤人民幣100元。

4. 就國際航線（包括接駁的國內班機）的賠償標準而言，《華沙公約》、《海牙議定書》、《蒙特利爾協議》及《蒙特利爾公約》是對旅客及行李賠償的主要國際公約。就《華沙公約》為例，在客運賠償標準上是將運送旅客之承運人對每一旅客的責任以十二萬五千普安卡雷法郎為限。在行李賠償標準上，託運行李以每公斤二百五十普安卡雷法郎為限。手提行李則規定每位旅客以五千普安卡雷法郎為限。

5. 易碎品請旅客自行攜帶保管。若是「客艙占位行李」，國內線需請旅客支付全票價款並開統一發票（註明「行李運費」）；國際線則開「雜費支付書」（或稱「雜項交換券」）（the miscellaneous charge order, MCO）並給予座位一個。

6. 易碎品之體積過大，無法手提，受理託運時，請旅客填寫切結書一式二份。並於易碎品之正反面各黏貼易碎品「FRAGILE」標

籤,同時在標籤上簽名。

7.行李牌:每一班次使用之行李吊牌,應採用連號者,以便管理、尋找。

◆行李檢查

《民用航空法》第47條之3明定:「航空器載運之乘客、行李、貨物及郵件,未經航空警察局安全檢查者,不得進入航空器。」航空公司為了避免觸犯機場當地的法律規章及維護飛航安全,通常會嚴禁公司內的工作人員及代理商代人關說,以走公務門或其他途徑企圖免受機場安檢單位從事行李檢查。而航空公司也會要求值勤的前後艙組員與機場地勤員工不得受託來路不明行李,以免受人利用,觸犯刑責。

圖6.16 紙箱行李務必貼上行李識別標籤,以避免被當作貨物處理

圖片來源:中華航空與澳門航空提供。

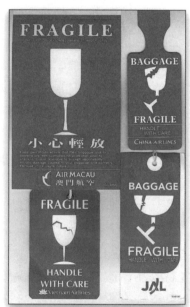

圖6.17 易碎品、包裝不良的行李務必貼上小心輕放標籤,並請旅客簽字免責

圖片來源:澳門航空、中華航空等提供。

【案例研討】

罕見飛機運毒案　地勤人員二審仍判無期徒刑

　　復興航空前機械員蕭姓及栗姓男子利用進出松山機場維修機會，從飛機上取得海洛因闖關於2009/07/24被法務部調查局航業海員調查處會同桃園憲調站及基隆憲兵隊等單位逮獲。台灣高等法院判決書指出兩人熟悉飛機維修模式，機場工作的機務維修人員得以自由進出桃園國際機場各航空公司的機坪、貨運及修護機坪等管制區，並得進入飛機工作之便，販毒集團從大陸地區運輸毒品入境台灣，並許以運入毒品後，給予栗姓男子新台幣一萬元代價，由別人從大陸地區夾帶毒品通關，搭乘復興航空從澳門回台灣的末班飛機，待上飛機之後，再將毒品藏置機艙廁所水閥開關內；當時在桃園國際機場復興航空公司擔任機務維修工作的蕭姓男子則是毒品接應者，由他利用飛機停飛在機坪過夜維修之際，進入機艙內取出毒品，每次則獲得一萬元代價。案子一審時兩人被判無期徒刑不服提上訴，台灣高等法院審理終結，裁定上訴駁回。

資料來源：2010-03-01中廣新聞。

圖6.18　先進的國際機場均採用行李自動分裝系統節省行李轉運時間
圖片來源：楊政樺攝於台灣桃園國際機場。

三、轉機旅客的行李直掛處理

　　若旅客的行程計畫並無適當的直航班機，必須經由第三地到達迄點時，航空公司會依照與續程航空公司的載運合約來提供續程劃位與否的服務，若有提供續程劃位服務的航線，就可以讓旅客在出發地只需辦理一次check in，即可完成兩段航線的行李託運、劃位及登機證手續（一次給兩段行程的登機證），託運行李可直掛到目的地。舉例來說，因為復興航空公司和上海航空公司已簽有協議，對於台灣旅客想到中國上海旅行者，可由台北或高雄搭乘復興航空公司的班機到澳門再轉機到上海。旅客在台北或高雄的復興航空機場運務櫃檯辦理check in時，可隨即透過該公司的訂位系統直接一併check in上海航空公司從澳門飛往上海的航班。換言之，旅客從台灣出發時，除了可以直接拿到「台北或高雄到澳門」的復興航空登機證，也能同時拿到「澳門到上海」的上海航空登機證。讓旅客感到便利的是旅客將其行李直接在台北或高雄直接交給復興航空的運務櫃檯行李託運處，到了澳門轉機期間，他不需再領出沉重的行李重新到上海航空辦理第二段航程的託運，可以輕鬆的逛逛機場免稅店，或到候機室的coffee shop喝杯咖啡，等班機抵達上海後再行提領。

　　若無法提供續程劃位服務，行李亦該為旅客託運到目的地，再請旅客至下一站的航空公司過境櫃檯辦理報到手續。須注意的是，如果旅客的續程航班是銜接低成本航空公司的航班，因服務屬性不同，僅能將行李掛到次一站，必須請旅客到下一站提領行李，然後再到低成本航空公司的報到櫃檯重新辦理手續。

第四節　旅客報到突發狀況之處理

一、旅客候補問題

　　不管是人工劃位或電腦劃位完成後，若是國內線，則在班機起飛前若干時間清點未到之人數（遠東航空、復興航空為起飛前二十分鐘；立榮航空為起飛前三十分鐘），統計已報到人數，並接受候補。候補時的順位依序為：(1)公司的公差員工；(2)VIP及CIP；(3)艙單漏列之已訂位完成的OK票旅客；(4)排隊候補的旅客。

　　國際航線在班機「關櫃」前一小時到四十分鐘，依據各航空公司的作業特性而不同，一般的候補順序是：(1)已開票但訂位因故被取消旅客；(2)該公司常客優惠方案的頂級會員，如華航的晶鑽卡、翡翠卡、金卡會員；長榮航空的鑽石卡、金卡、銀卡會員；國泰航空及港龍航空的「馬可孛羅」（Marco Polo Club）會員與「亞洲萬里通」（Asia Miles Members）會員；(3)全票候補旅客；(4)空位搭乘旅客。在進行候補作業時，航空公司要妥善規劃旅客候補作業的動線，先請旅客填寫候補名單，每一個「候補格」限填入一位旅客姓名，約定候補唱名時間與候補規則，如長程航線的候補旅客較短程航線旅客優先；常客計畫的頂級會員較一般旅客優先；空位搭乘旅客依照服務年資與機票種類排列候補順序。一旦開始唱名，每位旅客姓名唱名三次，未到則視為放棄，對唱到名的旅客發送旅客候補卡，請其依卡至報到櫃檯辦理報到手續。如果情況允許，可告訴候補旅客可候補的空位數，若班機訂位旅客報到情形踴躍，候補時已經沒有空位，應立即向旅客致意。

二、超額訂位或訂位機票漏列

　　運輸行業商品皆是屬於一種不可儲存的服務，當服務一旦被提供出去時，未使用的空座位立即變得毫無價值，其中所花費的固定成本相當龐大。且雖然服務的供給是固定，但是需求卻是隨著尖離峰而有所變化，因此常存在著尖峰時段運輸需求大於供給，而離峰時段則有供給大於需求的現象。因此以航空業為例，航空公司若僅以實際座位去販賣機票，則時常會有旅客購票後未出現於機場或臨時取消訂位之情況，飛機就會有空位產生，而造成「空位起飛」。對於想訂位而不可得的旅客亦是航空公司的變相損失。因此，為填補不必要的空位浪費，增加航空公司營收，超額訂位策略將會是重要因素（鄭永祥、楊仕欣、余宗軒，2008）。

　　航空公司於飛機起飛前的若干時間，就會開放其訂位系統供旅客訂位。然而，由於事先訂位的旅客並不需支付任何金錢成本。因此，往往會有旅客臨時取消訂位，或於登機前沒有至航空公司櫃檯報到，也沒有取消訂位（即所謂的No-Show Passenger），且旅客無須為這些行為支付任何金錢上的賠償。簡言之，對旅客而言，事先訂位並不需擔負任何金錢上的成本，然而站在航空公司的立場而言，由於運輸服務不可被儲存，若航空公司僅接受該航班座位容量的訂位數，則該航班於起飛時，可能會因為這些No Show的個案，而發生飛機空位起飛的情形，並使航班的承載率與航空公司的收益均會減少（運輸系統容量沒有被妥善利用）。

　　為此，航空公司必須規劃妥當的「座位庫存管理策略」，善用各航班中飛機座位資源，分配及控制開放訂位期間各起迄不同票價產品間之銷售數，使航空公司能獲得最大之收益。操作上，航空公司通常會接受比座位容量更多的訂位要求，期能與取消訂位或起飛時未報到的旅客數目相抵，而能提高營收與利潤，減少起飛時的空位數目，即所謂的「超額訂位」（over booking）。然而，當航空公司採用超額訂位策略時，仍

可能會在某幾個航班上發生旅客報到率高於預期，且超過該航班的座位容量。此時，某些已訂位確認之旅客可能無法順利搭上其所欲搭乘之班機。

　　通常航空公司實施超額訂位會擔心實際到機場報到的「已確認機位」旅客人數超過可接受的座位數，導致旅客抱怨及公司形象的受損。因此，航空公司通常會根據過去淡、旺季的營業經驗，合理精算其訂位數量的上限值，以避免上述情形發生。為有效處理超額訂位的問題，目前已有許多國內外的學者紛紛從事這方面的研究，但仍未找出能同時滿足航空公司與旅客的方法，而目前航空公司在實務上的作法是利用現場補位或是為「已確認機位」的旅客簽轉其他航空公司等方式來解決這種複雜的訂位問題。

　　除了超額訂位的問題，運務報到櫃檯也常碰到旅客已訂位確認機票發生漏列的內部管理疏失。諸如：旅客明明持著公司各售票單位或旅行社代售單位開出之「OK票」（表示訂位已完成機位確認），但實際上在作業上因某個環節疏失而予漏列。逢此案例，機場櫃檯運務員應先查詢電腦資料與訂位中心核對，除了瞭解實況以供爾後改進處理之參考外，並應視當時售票情形予以適當之處理。假設本案例在當班次不太擁擠之情況下，應優先予以劃位；如客滿擁濟情況或有團體時，應婉言向旅客致歉，並等報到作業結束前優先予以遞補。若逢年節或連續假日前高尖峰交通需求的「一位難求」尷尬場面，報到作業結束仍無法遞補時，報到櫃檯的現場運務人員必須以和藹誠懇之態度向旅客說明，或協助改搭其他班次或簽轉其他航空公司的班機，期能減少旅客之抱怨。若旅客因情緒不滿而起衝突，為避免在大庭廣眾下讓公司商譽受損，切忌在劃位櫃檯和旅客起爭執，若有紛爭應儘量將旅客請至站上辦公室，由主管進行溝通協調，尋求解決之道。

三、旅客拒付超重行李費用霸占櫃檯

　　遇到旅客之行李超重，應先告知旅客行李付費的必要性，與其可能

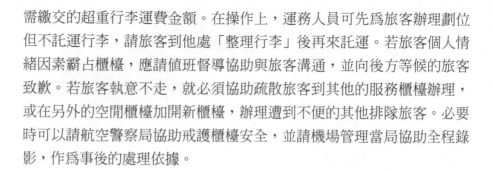

需繳交的超重行李運費金額。在操作上，運務人員可先為旅客辦理劃位但不託運行李，請旅客到他處「整理行李」後再來託運。若旅客個人情緒因素霸占櫃檯，應請值班督導協助與旅客溝通，並向後方等候的旅客致歉。若旅客執意不走，就必須協助疏散旅客到其他的服務櫃檯辦理，或在另外的空閒櫃檯加開新櫃檯，辦理遭到不便的其他排隊旅客。必要時可以請航空警察局協助戒護櫃檯安全，並請機場管理當局協助全程錄影，作為事後的處理依據。

四、旅客登機證或旅遊證件遺失

若旅客遺失登機證，運務人員應詳查旅客身分進行核對後，確認無誤後補發新登機證給旅客，並在新發出的登機證上註明補發，通知登機門作業同仁留意。若旅客旅行證件遺失而無法成行，必須通知行李室的服務同仁或飛機旁的裝載同仁「卸下」旅客託運行李（offload baggage），取消旅客行程，避免班機延誤。

圖6.19　繁忙的香港機場候機室，人潮擁擠，櫃檯作業疏失將嚴重影響班機準時率

圖片來源：曾通潔攝於香港赤鱲角國際機場。

第五節　內候機室作業

一、內候機室作業簡介

　　一般而言，內候機室作業主要可分為「護照查驗」、「陪檢」、「班機異常時之處置」、「廣播登機及尋找旅客」、「處理拾獲遺失物品」、「送新聞錄影帶至客艙」、「估算載運通報」等工作項目，茲分述如下：

(一)護照查驗

　　近年來，組織性逐漸龐大的「人蛇」集團（依《應用漢語詞典》定義，人蛇亦即國境線非法偷渡客）常利用偽造證件操控各國人蛇偷渡歐洲及美、加等國，造成這些國家在治安及管理上的諸多困擾。歐洲及美國、加拿大、日本、澳門、馬來西亞等國，為了防止「人蛇」非法入境，多會要求飛往該國的航空公司從嚴審查旅客的旅行相關文件，尤其是護照查驗（PPT CHK; passport check）。若有查獲航空公司載送至該國的旅客中有證件不齊者，將對該航空公司處以罰鍰。以美國為例，該國政府對於搭載每一名無適當旅遊文件旅客之航空公司罰鍰3,000美元；而英國政府對於搭載每一名無適當旅遊文件旅客之航空公司罰鍰2,000英鎊。航空公司為了避免經濟上的損失，也避免旅客因為護照、簽證、健康狀況及疫苗接種等各項證明不齊或無效，而遭到旅遊國當地拘留或遣返的困擾。因此，於特定航線安排運務員於登機前一小時抵達登機門外，檢查旅客的登機證與護照姓名是否相同？相片、年齡、簽證等是否為旅客本人？必要時，可配合紫光燈、放大鏡詳細查驗，但執行此項工作的運務員應該善用情緒管理技巧及圓融的溝通技巧，以避免引起旅客抱怨。

(二)陪檢

陪檢工作並非每個機場都必須從事這項作業，端視該場站的特性而定，我國目前僅實行「小三通」的金馬航線實施，班機開櫃後為了有效掌控旅客通關的情形，通常會安排運務員於機場安全檢查處勾序號。當旅客依規定持身分證明文件及登機證經機場安全檢查處的航警檢查無誤後，運務員則同時將其登機證序號登錄於表單上，俾便掌握旅客的通關情形。

(三)班機異常時之處置

班機異常時，依班機異常作業流程處理。於候機室內協助簽轉旅客或發放餐盒飲料，並廣播原因及預計起飛時間，將在下一節討論。

(四)廣播登機及尋找旅客

接獲機坪作業協調人員（ramp coordinator, RC）通知可登機時，運

圖6.20　香港機場的22號登機門，NH6665往約翰尼斯堡班機登機情形

圖片來源：曾通潔攝於香港赤鱲角國際機場。

務人員必須將班機編號、目的地、起飛時間及登機門等資料輸入候機室看板，並依標準廣播用詞廣播，指示旅客登機。並依機邊回報之人數協助尋找尚未登機的旅客。

二、內候機室之操作程序

有關航空公司的內候機室之操作程序如下：

(一)內候機室準備工作

1. 執勤前應詳閱公布欄有無主管提示交辦事項。
2. 依當日的班機派遣表瞭解班機動態及停機位置。
3. 放妥登機服務告示板、登機順序說明、手提行李管制測試架、磅秤。
4. 與運務櫃檯check in人員瞭解旅客狀況，如協助尋找旅客或調整座位。
5. 應隨時就位於登機門前，服務旅客查詢，如班機動態、補登會員酬賓里程。

圖6.21　港龍航空旅客登機動線指示板

圖片來源：曾通潔攝於高雄國際機場。

▼圖6.23　復興航空旅客登機順序說明指示板

圖片來源：曾通潔攝於高雄國際機場。

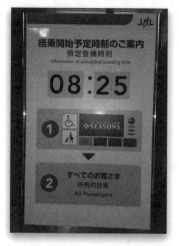

▲圖6.22　日本航空旅客優先登機指示板

圖片來源：曾通潔攝於高雄國際機場。

6.巡視登機門旅客是否攜帶過大或過重的手提行李，若有則需協助旅客辦理行李託運。並留意是否有不適合搭機的旅客，如酒醉、身體不適。

(二)內候機室的作業簡介

當各相關單位完成起飛前的相關準備，進行航機清艙作業檢查，接獲機務、裝載管制員及客艙組員、機長的正面回應後，運務人員立即返回內候機室，向候機旅客做登機廣播。操作程序為：

1.登機前先做登機順序廣播與電子用品、行動電話的使用安全規範，以及手提行李的管制說明和禁菸規定與證件再次查驗說明。優先次序大致為：身心障礙旅客、老弱婦孺（含UM）、頭等艙及具有商務艙會員卡旅客、商務艙旅客、經濟艙依座位排數後段旅客、中段旅客、所有旅客進行登機。

2.若有警方押送帶手銬腳鐐的旅客，須在所有旅客登機前，請示機

組員準備妥當後請其先就座；付費託運客艙占位行李的旅客、申請擔架服務與機上氧氣瓶服務的旅客，亦須在其餘旅客登機前先安排妥當，以免影響走道通暢。

3. 旅客登機時務必依照優先次序進行登機，以確保動線順暢及登機效率維持，若為雙通道登機時，務必區隔頭等艙商務艙與經濟艙的登機通道。

4. 飛往歐洲及美國、加拿大、日本、澳門、馬來西亞等國的班次，登機時再次核驗旅客護照與登機證姓名是否一致，注意禮貌與查驗動作一致性，避免旅客不明白產生誤解而發生衝突。

5. 使用「登機管制系統」（Airport Boarding Controller, ABC）進行旅客登機控管，留意是否有加註「登機指令」（boarding comment）的旅客。

6. 確認登機證與「登機管制系統」顯示的登機人數是否一致，登機證上是否蓋妥聯檢的查核章。

7. 若班機異動，如更改起飛時間、更改登機時間，運務員根據班機最新動態訊息輸入班次目的地登機顯示器，俾便旅客查詢。

8. 依據航機停放位置（登機門號碼或外側機坪）指引旅客正確的登機門、停機坪或接駁車搭車處，避免旅客登機錯誤。

9. 列印旅客艙單、機組員艙單、旅客座次表與旅客服務資訊（PIL），並與座艙長（乘務長、事務長）交接重要事項，如旅客證件、公司文件。

10. 隨時尋找未登機旅客，並與機坪作業協調人員保持聯繫，準備取消未到旅客。檢視內候機室是否還有未登機之旅客遺忘物品。

11. 若有機位重複劃位情形，或旅客臨時拒坐緊急逃生出口座位時，或客艙置物空間不足造成旅客合於安全規定的手提行李無處可放時，必須協助客艙組員調整旅客座位與行李託運。

12. 班機關艙前與機組員確認所有飛行文件是否確實上機，並確認機坪勤務工作人員確實離機後方可關閉艙門。

【案例研討】

　　旅客於民國98年O月O日凌晨，偕同家人前往桃園國際機場欲搭乘XX-OOO班機前往日本東京，參加「XX旅行社」安排之五天四夜旅遊，由於凌晨氣溫很低，旅客於機場免稅商店購買一瓶威士忌酒，在候機室就喝了約半瓶取暖。半小時後登機時，步履蹣跚登機隨同家人進入機艙，旅客登機結束之際，旅客狀似酒醉在機艙內不斷吵鬧謾罵拒絕就座（座位39B），對座艙長比右手中指，同行家人無法制止，帶團導遊亦上前安撫不成，座艙長遂請示在駕駛艙進行起飛準備之機長授權向航警局報案，運務人員將旅客請下飛機，送至航空警察局保安隊第八分隊休息，事後旅客狀告航空公司，請求賠償旅遊團費新台幣50,000元及精神賠償50,000元云云。台灣台北地方法院台北簡易庭小額民事判決旅客之訴駁回，訴訟費用新台幣壹仟元由旅客負擔。（裁判字號：2009，北小，1562）

圖6.24　旅客登機時務必依照優先次序進行登機

圖片來源：楊政樺攝於馬來西亞吉隆坡國際機場。

(三)登機作業細則

1. 核對與管制進入登機門、空橋與機上的工作人員與機組人員，是否配戴機場通行證或員工證、空勤證。

2. 依標準廣播用詞廣播（可視時間急迫性選擇人工廣播或利用電腦語音廣播），指示旅客登機，並依機邊（ship side）服務人員回報之實際登機人數，協尋未登機人員。

3. 協助婦孺老弱或行動不便者先行登機，並應注意孩童安全。

4. 獲准旅客登機時，於開啓班機動態資訊登機顯示後，應站立於候機室登機門口，請旅客出示登機證及注意使用行動電話與電子用品之旅客，婉告其關機以策安全。

5. 管制與指揮旅客進入登機門的秩序，避免造成登機門口過於壅塞而顯得混亂。

6. 應確實核對登機證上之班次及航程，注意孩童及嬰兒是否有登機證，嚴防無登機證者登機，或讓旅客登錯班機。

7. 旅客開始登機後，如有人員因公必須登機時，應於所有旅客登機完畢後才能登機。因公獲准登機人員應洽公完畢後，立即下機，不可無謂停留，以免影響班機正常起飛。

8. 若有VIP或CIP貴賓搭機時，應於旅客登至半數後，請機場貴賓室通知其適時登機，並由安排專人引導之。

9. 使用接駁車接駁旅客，必須有運務員在登車處與下車處引導照顧旅客。

10. 運務員應引導旅客，避免穿越機翼下方及加油區通過，亦避免從機坪地面畫有標線的管制空間通過，以免發生意外事件（因航空器機翼或機身上有突起之天線或探針，且因飛機油箱位於機翼內部，燃油公司添加燃油時多由機翼下方輸入，旅客穿越機翼下方通行很容易發生不可預期的危險，如圖**6.25**與圖**6.26**所示）。

【案例研討】

　　台北松山機場，有一名男子在飛機上大喊劫機，毆打機務人員，嚇壞不少乘客，還好航警人員順利將他制伏，沒有發生任何傷亡意外。

　　根據警方指出，這名二十四歲的洪姓男子，原本準備搭機前往澎湖馬公，因為走錯登機門，搭上了飛往台東班機，空服員發現之後，勸他下機，雙方僵持當中，洪姓男子突然情緒失控，大喊「劫機」。不過，由於他身上沒有攜帶任何武器，在空服員通報之後，警方到場處理，終於順利將他押回製作筆錄，只是偵訊的過程，嫌犯的心情還是相當激動。

資料來源：中廣新聞2004/11/09。

圖6.25　若干航空器添加燃油時多由機翼下方輸入油料

圖片來源：楊政樺攝於馬來西亞吉隆坡國際機場。

圖6.26　停機坪均有標示安全的作業區域，所有的地面作業
　　　　車輛載具均需依標示區域停放與作業，降低不可預
　　　　期的危險發生

圖片來源：曾通潔攝於韓國仁川國際機場。

圖6.27　航空器滑行進入機坪時，停機引導員應依機型差異
　　　　引導至特定區域

圖片來源：楊政樺攝於馬來西亞亞庇國際機場。

 國際機場旅客服務實務

第六節　內候機室突發狀況之處理

一、獲知登機人數不符時

　　若運務員於結束旅客登機作業後發現登機人數不符，為避免班機延遲起飛，應立即廣播催請旅客登機。並檢視內候機室旅客所持登機證之顏色判斷是否仍有旅客尚未登機。同時，持平面對講機與運務櫃檯人員聯絡是否有旅客仍在辦理託運行李或等待友人。與運務櫃檯聯繫後，迅速排出更新後的缺號登機證，並再與櫃檯人員核對缺號的旅客姓名，再廣播尋找客人。若旅客仍未登機，則通知勤務人員至飛機貨艙卸下其託運行李，並讓飛機放行。

二、班機發生延誤時

　　航空運輸事業因較其他運輸業面臨較多的不確定因素，延誤的情形時常可見。在當下的強勢經濟下，空中交通已達到幾乎飽和的地步。在旅遊旺季時，任何取消或延遲的班機都讓其他航空班次備感壓力。如何降低延誤的發生，或因應延誤的策略，便是航空業者在營運上一項重要的課題。

　　班機延誤的原因，根據民航局1999年出版的《民用航空統計》顯示，班機發生延誤的因素可類分為天候因素、機件故障、航管因素、來機晚到、班機調度及其他因素（如原廠臨時來台檢修、演習、安全檢查、電腦當機、地勤作業、跑道場站設施等）。而各類延誤事件發生的次數，乃由各航空站塔台人員記錄，並判斷班機延誤之主要原因。民航局對「班機準點率」（on-time performance）的定義為：「班機在特定時

間內，依據班表時間準時起飛與起飛總班次之比值」。其中，「特定時間」的定義為：「國內航線誤差十五分鐘，國際線誤差三十分鐘」。亦即，國際航線班機延誤三十分鐘以內者，國內航線班機關艙門時間不超過班表時間者稱為「準點」（說明：依據《國內線航空乘客運送定型化契約範本》定義，班機時刻表訂之離場時間是乘客登機後，飛機艙門關閉準備離場之時間，而非班機實際起飛時間）。

以1999年我國各因素造成班機延誤比例為例，分別為天候因素13.5%、機械故障2.5%、來機晚到56.3%、班機調度5.8%、航管因素12.6%、其他因素為6.1%。但事件的分類及責任歸屬往往判定準則不一，且延誤的發生常常並非單一事件所致，可能為航空公司本身或其他航空公司作業疏失、航管因素、天候因素、班機調度、機械故障等因素，甚至是軍方演習相互影響所造成，因此仍有責任歸屬上的爭議與模糊地帶。對於運務實作而言，基本上若遭遇班機延誤，應與班機前一出發站、航空公司航務部門等單位查明延誤原因，並迅即通報值日主管。同時，在內候機室廣播說明延誤原因及預計起飛時間。並通知運務櫃檯張貼公告，若達預計起飛時間卻又必須繼續延誤時，應予更換公告內容及廣播。必要時，可經主管指示，備妥公用電話卡或硬幣以供旅客使用。另外，通知勤務人員準備點心或飲料致送旅客並婉言道歉。若有旅客要求退票，則應陪同協助辦理。倘若有霸機或旅客糾紛的情事發生，則留待後續章節研討。

三、班機臨時合併時

由於飛機的營運成本相當昂貴，在飛航時間表確定後，如何有效利用最少架飛機巡航所有航線乃節省成本之重要課題。此外，飛機臨時事故的發生是無法預知的，可能發生於任何時點，致使飛航時間表受擾動時，如何以較少的飛機巡航於既定之各航段，而使旅客之總延滯時間最少，亦是航空公司在不得已而為之下的權衡期望。

然而，飛航時間表受擾動對航空業者的經濟效益及運輸服務的品質

兩方面均有不利的影響。當飛機因技術理由而無法執行勤務時,航空業者通常採取下列四種策略:(1)加飛班機;(2)變動既定的時間表,以較少架飛機巡航於既定的各航段;(3)取消該計畫班次,但不影響其他航段的班次;(4)取消該計畫班次,且使得其他航段的班次受延滯。

對運務實作來說,當運務主管得悉上級的機隊調度指令後,必須通知運務員有關班機臨時合併的正確航機及合併班次號碼,並婉言對旅客說明合併班次的原因。於此同時,因班機臨時合併時,登機門前往往人潮雜沓,加上旅客久候不耐的情緒與混亂的秩序,甚至會產生失序情境。運務員除了要親切和藹地安撫旅客外,於開放旅客進登機門時也應注意旅客所持登機證顏色、航線別、班次別是否正確,以免問題更趨複雜。若班機延誤或故障預計將達三十分鐘以上時,由各航站運務主管依時段安排點心或用膳。點心宜採用機上膳食侍應品,若超過用餐(午、晚餐)時間,則以供應餐盒為原則。如有特殊情況,通常航空公司的總公司會授權給各分公司最高主管(如站長、主任)酌情處理,相關費用支出在事後檢據報銷並附該班次艙單。

四、班機臨時取消時

若班機確定臨時取消時,應向旅客廣播取消原因,除婉言安撫旅客情緒外,並應注意該班次有無貴賓或特殊身分人員(若有,則通報值日主管)。繼而,引導旅客返回報到櫃檯辦理退票,並通知勤務人員將旅客託運行李發還旅客。

五、班機回航時

雖然相較於其他交通工具,航空器的安全性及穩定性較高,但有時即便班機放行、起飛之後,仍有可能在尚未飛抵目的地時便中途折返原出發站。其原因很多,諸如:組員失能、機件故障(如發動機異常、

自動油門出現電子假訊號……）、旅客因素（如旅客需要醫療急救、旅客客艙暴力行為、已被控制的劫機事件……）、駕客艙起火……，甚至於飛機已經抵達目的地航空站的上空，卻因天候因素（如側風過大）或機場能見度不高，在班機盤旋該機場上空後若干時間仍未見困難因素排除，機長除了根據班機所帶備用燃油多寡及班機後續調度策略，會考慮轉降其他機場，甚至回返原出發地。有關類似情事，我們稱為「班機回航」。

當班機回航後，旅客的抱怨及無奈是難以避免的。運務員仍須秉持高度的服務業熱忱及情緒管理的技巧，向旅客廣播及張貼公告說明回航原因及預計再起飛的時間。同時，在主管的指示下，備妥公用電話卡以供旅客使用。運務員亦須注意該班機有無貴賓或特殊身分人員並通報值日主管。若班機無法立即再度起飛，應請勤務人員準備點心或飲料，並送至旅客手中。如有旅客要求退票，應陪同協助辦理及通知勤務人員取出託運行李發還旅客。

若構成班機回航的原因排除，獲得重新出發的放行許可後，為避免無登機證者或遭其他航線旅客不慎誤登飛機，運務員應重新於登機門入口驗證旅客身分及收取回航時發給每位旅客的臨時登機證。

圖6.28　內候機室常有突發狀況發生，運務員必須有智慧的處理
圖片來源：楊政樺攝於馬來西亞吉隆坡國際機場。

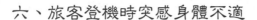

六、旅客登機時突感身體不適

　　雖然病患旅客辦理劃位登機時，航空公司基於旅客搭機安全及避免
班機因突發狀況被迫返航或轉降其他航空站，會要求旅客出具醫師的診
斷證明書及適航證明。但實務上仍有部分旅客雖順利辦理登機手續，卻
於登機前突感身體不適。於此情況，運務員應即通報值日主管，瞭解其
病情及突發狀況，並判斷是否准予登機。若該旅客不能登機時，應通知
勤務人員將其行李清出，並辦理退票。若有必要，則由運務員協助其聯
絡救護車。

 ## 第七節　機坪作業

　　機坪作業協調人員（RC）為櫃檯作業之延續。RC以「平面無線對
講機」與櫃檯保持聯繫，以便隨時處理機坪、登機門與運務櫃檯之間
的相關問題（觀念釐清：「RC」這個英文縮寫，在運務上是表示ramp
coordinator，但在訂位上是表示reservation center）

　　有關機坪作業協調人員（RC）的工作執掌，茲介紹於後：

一、掌控各相關單位作業時間

(一)空勤組員方面

　　RC應確實掌握前後艙空勤組員的登機時間，並記錄前艙組員完成飛
行前檢查（crew preflight check）的時間。

(二)餐勤方面

RC必須記錄負責供應本公司各班次航機上客艙膳食侍應品的空廚公司餐勤車抵達機邊的開始作業及完成補給的時間。若該班次有加餐的通知,則必須另行記錄餐勤車將加餐送到的時間。

(三)勤務方面

飛機停妥後,由航空站地勤業(地勤公司)負責機坪作業各項整備工作。諸如:提供停靠空橋、旅客扶梯、推/拖飛機、飛機供電設備(GPU)、空調車、加油車、飲水車(potable water trucks)、裝載機上餐飲(catering)、客艙清潔、裝卸貨物等。這些工作雖然不屬於航空公司運務員的直接任務,但RC仍必須擔任協調及記錄工作。確實記錄地勤公司於機坪內從事航空器拖曳、導引、行李、貨物、餐點裝卸、機艙清潔的完成時間。班機放行後,並注意其航班後推(push back)的時間。

圖6.29 餐勤車輛進行餐勤更換作業

圖片來源:曾通潔攝於韓國仁川國際機場。

圖6.30　航機後推時，要有安全戒護人員協助管制車輛通行

圖片來源：曾通潔攝於華信航空班機後推作業。

(四)機務方面

　　確實注意燃油公司的油罐車抵達時間、加油所需時間；機務部門的機務工程人員完成例行性飛航前檢視的時間；最後，記錄班機確實起飛的時間（注意：為確保安全，依各個機場的消防緊急設施不同，對航機加油時是否可以進行旅客登機作業有不同的作業規範，須詢問各機場民航局航務組）。另外，飛機是否遭受雷擊、鳥擊、重落地事件，與輪胎定期更換等機務維修事件，均須協助瞭解，掌握維修所需時間。

(五)運務櫃檯方面

　　注意所負責航班的關櫃時間及該班次的特殊旅客、VIP/CIP登機時間。

(六)內候機室方面

　　俟各相關單位完成起飛前例行性的工作，RC應協調通知登機門前的運務員廣播登機時間。當班機因機場停機坪不足而停於外側機坪

（remote bay）時，必須通知旅客搭乘接駁車至外側機坪。於此同時，RC應確實記錄航空站地勤業（地勤公司）派遣接駁車的發車時間。

二、點餐

RC應事先查明所負責航班上的訂位人數及訂餐數，並注意上級是否有通知該航班必須帶來回餐。於空廚公司餐勤人員上餐後，清點機上侍應膳食餐數，並與空勤組員確認後，回報運務櫃檯。基於不排除有關櫃前臨時報到的旅客，RC應主動與運務櫃檯確認是否需要加餐及數量。

三、通報特殊事項

RC應確認所負責航班上是否有VIP及CIP的貴賓旅客，其姓名職銜及座位為何，通知該航次空服人員以利後續服務遂行。另外，協助空勤組員安排特殊服務需求旅客登機，如輪椅旅客、單獨旅行幼童、遞解出境旅客、罪犯與需求轉機協助旅客。若接獲空服員或地勤公司勤務員於清潔客艙時拾獲之物品，應回報櫃檯，方便失主認領。

四、掌控旅客登機

在各相關單位作業完畢後，RC應徵詢機務部門的機務工程人員及值勤該航班的機長是否可開放旅客登機後，即可知會內候機室進行廣播登機。於旅客登機時，運務員必須於登機門門口或機邊以人工或讀卡機收取小截之登機證，並留意是否有旅客攜帶大件行李，最後是核對旅客是否到齊。倘若已到達起飛時間，而有旅客尚未掌握時，且經廣播該旅客仍未出現時，則應通知運務櫃檯取消旅客與託運行李「offload」，由地勤公司派遣勤務員至飛機貨艙拉下該旅客的託運行李，並送回運務櫃檯，並於送機文件上修正為正確人數，且通知空服員後將飛機放飛。

國際機場旅客服務實務

五、航機簽放

當某一航班關櫃後，RC必須負責與航務部門簽派員協調，將預報的航機酬載量（pay load）交給簽派員，內容應包括：旅客訂位人數、預估行李重量與訂位的貨運重量，簽派員獲得前述資料後利用電腦製作飛行計畫提供給該航班的機長，以為飛航決策參考。RC人員依航空器載重後總重量、最大可起飛重量限制、重心限制，利用電腦製作載重平衡表（weight balance）。俟載重平衡表及飛行計畫完成後，RC人員會即時親自上機，進入駕駛艙交給機長。此張平衡表內容包含：

1. 各艙等旅客搭乘分布人數圖（瞭解機艙內各區重量）。
2. 飛機起飛重量（可評估飛機滑行多久應以多少推力升空）。
3. 飛機零燃油重量（瞭解油料重量）。
4. 飛機重心位置（充分掌握飛機狀況）。
5. 燃油數量（任務用油及備用油是否足夠飛抵目的地）。
6. 旅客行李數目與重量（瞭解裝載重量）。
7. 載運貨物重量（瞭解裝載重量）。
8. 貨艙有無託運活生動物（貨艙溫度一般在飛行中保持45F°，若有運送活生動物，則溫度要保持在65F°）。

這份平衡表共一式兩聯，且須由機長簽收。機長確認無誤後會給簽派員一張簽收單副本，這表示機長確認已收到獲得飛航的必要資料。相對的，機長簽名亦表示他（她）本身身體狀況適合飛行，願意為此趟飛航任務負完全責任。

六、處理拾獲遺失物品

1. 為維護公司誠信商譽及落實《民法》第803條（遺失物拾得人之

揭示報告義務）：「拾得遺失物者，應通知其所有人。不知所有人或所有人所在不明者，應為招領之揭示，或報告警署或自治機關，報告時，應將其物一併交存。」舉凡航空公司的運務員，無論在內、外候機室或飛機客艙等地，接獲旅客遺失物品時，應先繳交予公司的主管。若為空服員拾獲旅客的遺失物，因任務在身不得下機時，則可交由各站運務員代為轉交公司的主管後，填具「旅客遺失物品登記表」及發給拾獲人收據乙紙，由各當地運務單位從事公開招領之揭示，以備遺失旅客的尋找。遇特殊情況，如拾獲鉅款現金或貴重財務時，必須由運務主管（督導以上）親自登機交接清點，並由該主管再行指派專人繳交於相關警察單位招領。

2. 為建立員工拾金不昧、廉潔不苟的觀念，進而培養員工守法重紀、愛護公司榮譽與誠實不欺的精神，多數航空公司多會針對拾獲遺失物品者視情節呈報總公司人事部門予以獎勵。如在保管期間內失主前來認領物品時（包含由警察單位協助保管及追查失主），經查證無誤由失主領回後，慣例上並通知拾獲人知照。

3. 拾獲旅客之物品，經警察機關招領公告後逾期無人認領時，依據《民法》第807條（逾期未認領之遺失物之歸屬）：「遺失物拾得後六個月內，所有人未認領者，警署或自治機關，應將其物或其拍賣所得之價金，交與拾得人，歸其所有。」由拾獲人自行前往相關警察單位依法令規定洽領拾獲物。

七、送新聞錄影帶至客艙

部分國籍航空公司傍晚17:00以後的班機為提供機上旅客觀看當日新聞的便利，會與特定電視台簽訂提供當日即時新聞的錄影帶，於內候機室值勤的運務員必須確實將電視台送來的新聞錄影帶交給該班機的空服員，俾便旅客於空中旅行時觀看。

八、估算載運通報

負責晚班值勤內候機室的運務員必須於當天末班次的航機到站後，預估隔天的入境旅客數及轉機人數，並將估算好的載運通報交給值班督導簽署後，繳交於機場安檢單位、入出境移民局相關單位、海關、機場中央控制室，俾便從事適當的準備。

 ## 第八節　清艙作業

當班機結束一趟旅程順利於機坪停妥，旅客離機後，勤務人員也同時以自動履帶車來接行李，打開行李艙，將行李從自動履帶上卸下，再載運到行李轉盤，以便旅客取回其託運的行李。當前一航段的旅客下機之後，緊接著而來的是為該航機下一趟的飛行做準備。舉例來說，負責國際航線班機維護的機務人員必須在飛機表定起飛時間前五十至六十分鐘到達此航段飛機停放之機坪做360度巡查。從引擎、輪艙（機輪、起落架）、機翼、表面蒙皮、機窗、附屬儀器、燈號與電子艙等等，都作一番目視與安全檢查。機長在登梯上機前，也必須先行巡視飛機機體外圍一周（walk around），仔細觀察飛機外觀，察看是否有異常機械現象，例如：螺絲鬆脫、飛機蒙皮破損、油壓管漏油等，此時檢查若有任何瑕疵或疑問，一定要立即補救，防範於未然。RC人員必須進行貨艙行李貨物裝載區檢查，確認沒有遺漏卸下的行李與貨物，或人員躲藏在內。勤務人員除了必須將啟程站與過境旅客所託運的行李與貨物開始裝載至客機貨艙，也必須登機補充客艙內的餐點、報章雜誌、救生用品等。至於空服員的客艙準備工作早在勤務人員進入客艙前，他們已登機多時。空服員在旅客未登機前，需做飛行前的各項緊急裝備、設備及程序檢查和服務事項準備。其中包括：

圖6.31　駕駛艙與客艙組員必須檢查旅客座位區、衣帽間、廚房、廁所是否有不明物品或有人藏匿其中

圖片來源：曾通潔攝於高雄國際機場。

1.客艙乘客區安全檢查。

2.與飛航過程的相關文件簽收。

3.膳食侍應品及飲料數量是否正確。

4.緊急裝備功能是否正常。

5.客艙環境是否清潔舒適。

6.旅客使用設施功能是否正常。

　　客艙各區準備若就緒，每一艙等（頭等艙、商務艙、經濟艙）的空服組長要向座艙長回報本身責任區內的狀況。若有乘客於訂位時預約的事項（如醫療用機上氧氣、嬰兒睡床、特別餐）裝載不足，或乘客使用的設備故障，則必須在旅客登機前儘速從事補救，以免因服務不週，造

圖6.32　機務人員協助進行輪艙、電子艙的清艙作業檢查
圖片來源：曾通潔攝於高雄國際機場。

圖6.33　地勤代理公司忙於進行客艙清潔作業
圖片來源：曾通潔攝於高雄國際機場。

成旅客抱怨。

　　航機在每一個航段的停頓轉折時間，皆必須重新整理及資源補充，方能以全新的姿態上路，使續程班機的旅客登機後，享有全新的體貼感。凡結束前一航段的作業到開放下一航段的續程班機旅客登機的這段客艙整理與資源補充所從事的行為稱為「清艙作業」。

　　在本章第七節「機坪作業」的課文裡，我們曾經介紹到運務部門的機坪作業協調人員為了能讓班順利機準時飛行，必須負責與諸多相關配合單位從事聯繫與協調的工作。茲於後簡述運務人員於清艙作業所需從事的工作：

一、清艙作業準備工作

1.依派遣表確實瞭解班機動態。
2.當班次艙單乙份（內容包含：航空公司名稱、發航日期、班次或性質、航空器型式、機號、預計起飛時間、飛往地點、機組員名單……）。如係加班機應填寫：交通部民用航空局航空站「民航機飛航（到，離站）申請書」。
3.航空器放行證明單乙份。
4.協調機場管理當局或航警之聯檢清艙人員相關作業。

二、清艙作業程序

1.當旅客下機離開且旅客行李貨物均卸下後，視各航空公司國內線或國際線等不同屬性之規定，於班機起飛前若干時間開始清艙。
2.在空橋入口旁以電腦顯示看板展示目的地、班次號碼或在機坪上懸掛客梯目的地標示牌，俾便旅客查詢參考。
3.核對機型、機號、班次、空勤組員（含前、後艙組員）、到達站站名。
4.清艙人員確定無安全顧慮後，運務員應請機務人員簽發班機維修記錄，並聯絡確認航務簽派員已將該航班的載重平衡表送至機上。
5.當勤務人員在機坪上以標準手勢或平面對講機通知內候機室的運務員可以開始指引旅客登機時，運務員必須在內候機室以廣播方

式宣告旅客登機,並將相關資訊輸入電腦顯示器看板,顯示該班次的班次、航程、登機時間、登機門號碼。

三、清艙作業注意事項

運務員必須注意,在前一航段的班機清艙手續尚未完成之前,嚴禁接受旅客私人請託先行登機。清艙手續完成後,即便是公司的相關人員,在尚未經由清艙人員之許可前,不得登機。若有病患、憲警人員押解囚犯或行動不便者必須先行登機,除必須經由清艙人員之許可外,尚須先通知空服人員。於此同時,若清艙時發現空勤組員未到齊時,應速與公司航務部門核對該航班值勤組員名單,必要時得由備用組員接替其任務。組員名單若有異動,運務員並應立即以平面對講機聯絡運務櫃檯,通知組員名單更動事宜。俟更換人員到達後即依清艙手續清艙。

四、航空器清艙檢查作業規定

依據中華民國八十六年九月十八日內政部(86)台內警內字第8670623號函訂定發布全文七點:

第一點　為維護社會治安,促進飛航安全,並配合「發展臺灣成為亞太營運中心計畫」,特依國家安全法施行細則第四十八條訂定本作業規定。

第二點　航空器清艙檢查任務分工如下:

(一)內政部警政署:負責策劃與指導航空器清艙檢查工作之執行。

(二)航空警察局:負責指揮督導所屬安全檢查隊、分局、分駐(派出)所(以下簡稱航空警察單位)執行航空器清艙檢查工作,並協助督導航空公司執行。

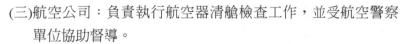

(三)航空公司：負責執行航空器清艙檢查工作，並受航空警察
單位協助督導。

第三點　航空警察單位對放下列重點時機之班機，應實施清艙檢查，不
分入境、出境或國內線：

(一)重點節日或重要專案期間。

(二)重要外賓及官員搭乘之班機。

(三)依據情資、發現可疑、發生緊急事件或認有安全顧慮者。

(四)技術降落或緊急迫降之班機。

(五)航空公司未依本作業規定實施者。

(六)其他有治安或飛航安全顧慮者。

第四點　一般時機之航空器清艙檢查，由航空公司或航空警察單位實施
或協助實施：

(一)入境：

　　1.客機、貨機：長時間停留及過夜之客機，在航空器抵站、
乘客下機後；貨機在抵站後，即由航空公司實施；抵站航
空器在加餐、補給後隨即續航者，原則併出境時，由航空
公司實施。

　　2.專機、包機、私人小飛機：航空器在抵站後，即由航空警
察單位實施。

(二)出境：

　　1.客機、貨機：航空地勤作業結束後，由航空公司實施。

　　2.專機、包機、私人小飛機：航空地勤作業結束後，由航空
公司實施，並通報航空警察單位協助。

(三)國內線：離站航空器在起飛前，比照出境班機，由航空公
司實施，或由航空警察單位協助；到站航空器由航空公司
自行決定是否實施。

第五點　航空器清艙檢查應參考國際民航組織（ICAO）之安全守則附錄
九——「航空器安全檢查表」實施之。重點處所如下：

(一)雙層樓客艙及下艙廚房型：

1.樓上駕駛艙及附近廁所與逃生門、航員寢室及衣帽間。

2.樓下客艙之衣帽間、上方儲物櫃、旅客座位及廁所。

3.下艙廚房。

4.艙尾後面左側上方之航員寢室。

(二)單層客艙型：

1.駕駛艙及附近廁所。

2.客艙上方儲物櫃、旅客座位、廚房、廁所及機尾後面之廚房。

(三)單層客艙及下艙廚房型：

1.駕駛艙及附近廁所。

2.客艙上方儲物櫃、旅客座位、廚房及廁所。

3.下艙廚房及廁所。

(四)全貨機及客機貨艙：

依客機清艙重點處所實施，對於貨盤、貨櫃間之空隙，均應檢查有無藏匿可疑之人員與物品。

第六點　航空器清艙檢查應注意事項如下：

(一)航空公司自行實施時，並未涉及警察機關公權力之賦予，應自行負責清艙檢查責任；自行實施與否，均不影響警察機關職權，航空警察單位隨時以抽查方式，督導航空公司實施之。

(二)對於接獲爆裂物恐嚇等之班機，應依照國際民航組織（ICAO）之安全守則附錄九——航空器安全檢查表（如附錄），確實實施清艙檢查。

(三)入境航空器清艙檢查紀錄表、出境航空器清艙檢查紀錄表、國內線航空器清艙檢查紀錄表，均如附表。

(四)航空警察單位及航空公司實施出境航空器清艙檢查完畢後，應核對航員、旅客與艙單人數是否相符；航空公司發現出境登機證人數與艙單人數不符時，應通報航空警察單位派員會同登機，經清點旅客人數相符後，始完成航空器

安檢作業。

(五)航空公司自行實施時，在實施完畢後，下列資料應送航空
警察單位彙整存查：

1.入境：入境清艙檢查紀錄表、艙單資料。

2.出境：出境清艙檢查紀錄表、艙單資料及登機證。

3.國內線：國內線清艙檢查紀錄表、艙單資料。

(六)航空公司未依本作業規定實施時，除由航空警察單位實施
外，並由航空警察局（分局）函請糾正改善，副本送內政
部警政署備查。

(七)航空公司自行實施，發現涉有非法入出境嫌疑人員時，除
注意監控外，應迅速通報航空警察單位處理。

(八)航空公司發現疑似爆裂物品，應迅速疏散人員，嚴密監
視，不得任意移動，並迅速通報航空警察單位（防爆小
組）處理。

(九)航空器起飛後因故回航時，航空公司應查明原因，並通報
航空警察單位。

第七點　無正當理由拒絕或逃避警察機關依國家安全法第四條規定所實
施之檢查者，移送司法機關處埋，違反其他法令規定者，另依
各該法令處理。

第九節　航空器放行作業

當各項地面的託運貨物裝艙、燃油添加、艙內的各項資源補給、
客艙整理等告了一個段落之後，旅客登機完畢，關閉機門，準備離開
停機坪前，班機副駕駛必須向機場控制塔台報告「準備滑行」（ready
to taxi），就等著將航空器「後推」，離開本機場的機坪，以便經由滑
行道到跑道，展開下一個航段的旅程了。在地面支援的各項工作完成
後，運務部門的機坪作業協調人員在詳實核對完各項起飛前的準備工作

均已完備，將填寫完畢的相關書面資料送至機場（航空站）管理當局的航務組辦理班機放行手續。俟機場航務組的「放行許可」（clearance delivery）同意後，班機即可放行。

有關運務部門的機坪作業協調人員就航空器放行作業的操作程序如下：

一、放行準備工作

1.依班機派遣表或電腦上的航機動態資訊確實瞭解班機動態。
2.詳實核對清艙後之資料：
   (1)艙單上款各項資料是否正確。
   (2)飛機維修紀錄表（機務工程人員、該航班的機長是否有簽署）。
   (3)放行條（至民航局航務組填寫航機班次、機型、機號、起飛時間與RC人員簽名）。

二、放行作業程序

1.交送並將該班次的「組員艙單」、「旅客艙單」、「貨運艙單」及其他必要之相關文件裝於「機上文件袋」（flight pouch）中交給該航班的座艙長（乘務長、事務長）。
2.關艙門後，負責飛機放行作業的運務員應待班機確實後推後才可離開工作崗位，從事其他後續工作。
3.核對各項資料表單（包含：組員艙單、旅客艙單、放行證明單、班機維修記錄表）送到機場（航空站）管理當局的航務組辦理班機放行手續。
4.將離到班機的機型、機號、班次號碼、旅客人數、貨運重量、郵袋重量、離到時間，輸入民航局離到班機資訊系統中。

第十節　離境班機後續處理作業

　　對於接送機的運務員來說，「送往迎來」是例行的工作。對於班機離開本機場停機坪，尚必須從事若干後續事宜：離境班機可分為「多航段班機」和「單航段班機」，不論是何種型式之離境班機，當其確定班機上搭載之人數、貨物、行李之後，運務員必須把相關資料以電報發送，告知續程站及其他外站準備迎接離境班機。除此之外，尚需發送機位銷售資料給總公司相關單位參考，俾便製作班機載運通報，以為決策參考。

　　有關運務人員處理離境班機之SITA TELIX電報資料，下列術語為先驗常識：

1. MVT（MOVEMENT）：指班機運動狀態，「MVT」能使航空公司各相關單位確定飛機目前之狀況，並提供離境班機抵達續程站之時間。「MVT」主要可以分為「MVD」及「MVA」兩種型式：

   (1) MVD（MVT FOR DEPARTURE FLIGHT）：航機在離場後將發送此項資料，其內容包含：
   - 班機編號（Aircraft Region Number And Flight Number）。
   - 出場移動第一時間（Off-Block Time）。
   - 飛機離地時間（Airborne Time）。
   - 預計抵達目的地時間（Estimated Time Of Arrival, ETA）。
   - 班機上之總人數（Total Passenger Including Infant）。
   - 補充欄（Service Information, SI）。

   (2) MVA（MVT FOR ARRIVAL FLIGHT）：航機在降落停妥後，將發送此項資料，其內容包含：
   - 班機編號。

國際機場旅客服務實務

· 落地時間（Touch-Down Time）。

· 靜止時間（On Block Time）。

· 補充欄（Service Information, SI）。

2. LDM（LOAD MESSAGE）：指班機裝載狀況資料，「LDM」能使航空公司各相關單位確定飛機之裝載狀況，包含旅客人數、旅客行李，以及貨物之裝載。主要可以包含：

(1)各艙等之旅客人數。

(2)以性別及年紀區隔之人數，M/F/C/I以利計算飛機飛行途中之平衡表製作（M: male; F: female; C: child; I: infant）。

(3)前後艙組員之人數。

(4)各貨物隔艙之重量。

(5)起飛重量、滑行重量、降落重量等以利續程站參考。除了續程站所需外，總公司亦需要此項數據以利營收之參考。

3. PSM（PASSENGER SERVICE MESSAGE）：指旅客服務資料。提供續程站各項旅客服務之參考，其內容包羅萬象，諸如：WCHR、WCHC、MAAS（Meet and Assist）、YP（Young Person）、UM（Unaccompanied Minor）、MEDA CASE。

4. PTM（PASSENGER TRANSFER MESSAGE）指轉機旅客資料。旅客到達續程站後，有繼續旅行之行程，爲利續程站預作轉機行程之準備，起程站必須發送「PTM」通知續程站，其內容包含：

(1)轉機之班次。

(2)轉機日期。

(3)轉機班次之目的地。

(4)轉機班次之艙等。

(5)旅客於轉機班機之訂位狀況（訂位完成？仍在候補？）

5. TPM（TELETYPE PASSENGER MENIFEST）：指搭機之旅客名單。此爲一電報型式的旅客名單，僅提供旅客姓名以利查詢作業。

6. CPM（CONTAINER/PALLET DISTRIBUTION MESSAGE）：其

內容爲貨艙內各式貨品及行李放置的位置。

7.IDM（INDUSTRY DISCOUNT MASS）：用以告知續段場站班
機上持公司折扣機票之旅客人數，以利機位超賣時得以將旅客拉
下，並可利於統計銷售狀況。

8.SOM（SEAT OCCUPID MSG）：作爲續程航站班機空位之參考，
以利下站報到之所需。

第十一節　貴賓室作業

　　航空公司爲了提供具有特殊身分之VIP、CIP旅客、頭等艙或商務
艙的旅客、飛行常客等航空公司特別重視的旅客，於登機前或過境轉機
時，能有一個可以休息、繼續執行工作、查詢股匯市資訊的處所，會在
各大國際線、國內線的主要機場設置貴賓室（VIP lounge），而貴賓室
的規劃尚可依據空間容量區分爲商務艙區和頭等艙區。通常機場貴賓室
裡有諸多體貼旅客的貼心設備。諸如：美學設計的藝術空間、溫馨柔和
的燈光與音樂、自助式的點心吧、隔間小會議室、書報閱覽區、寬頻電
腦網路、影片欣賞、淋浴小間、即時的股匯市資訊等。貴賓室尚且安排
專人提醒旅客登機時間及處理旅客之查詢、訂位、再確認等服務事項。
現在已有許多商務人士利用貴賓室所提供便利的通訊設施、網際網路，
處理公務或金融投資等相關事宜，也可食用精緻的茶點，打發候機的時
間。

一、貴賓室接待服務

　　講究服務業管理的航空公司對機場貴賓室的服務系統設計牽涉數項
議題，包括：貴賓室位置、設備的規劃、動線的安排、服務提供者的服
務程序、顧客參與的程度、設備的選擇，以及適當的服務能量。服務形
象是來自於顧客的親身體驗，而顧客對於服務的感受，是在與服務提供

者接觸的瞬間所形成的。雖然只是短短的時刻，卻是顧客評價服務品質及組織獲得好名聲的重要關鍵。在服務接觸中，負責貴賓室接待服務的運務員必須親切有禮地引導貴賓入座，並提供簡單扼要的貴賓室使用說明。

二、貴賓室資源管理

1. 要隨時注意咖啡機裡的儲水箱是否保持滿水量，以避免咖啡機無法正常運作。
2. 空廚公司送至貴賓室的餐點應隨時注意將其排列整齊，以增進貴賓經由視覺引發的味覺滿足。
3. 要隨時注意熱食的溫度及易腐品的新鮮度。
4. 餐點及飲料不足時要迅速補足，讓貴賓有備受尊榮之感。
5. 每天早上要拿早報、下午拿晚報，並將報紙裝訂起來，置於報架櫃，雜誌書籍應隨時置放整齊。
6. 補充消耗性物品，諸如：紙杯、杯墊、牙線棒、吸管、奶精、糖包等物品。
7. 隨時察看冰桶內是否缺少冰塊、冰水壺是否有足夠的冰水。
8. 運務員應於下班前確實將貴賓室內各項乾貨、消耗性物品等依檢查表逐一計算總消耗量，俾便任務交接於下一班的接續同仁。
9. 吧檯應隨時保持清潔，避免留有飲水及咖啡的痕跡。
10. 每週固定更換旅客於貴賓室使用的毛毯。

圖6.34 長榮航空貴賓室

圖片來源：曾通潔攝於高雄國際機場。

圖6.35 港龍航空貴賓室

圖片來源：曾通潔攝於高雄國際機場。

圖6.36 中華航空貴賓室

圖片來源：曾通潔攝於高雄國際機場。

第十二節　運務廣播用語

一、前置登機廣播

各位旅客您好：

　　各位貴賓請注意，這是登機順序廣播。本班機將於五分鐘後開始登機，我們將先邀請需要特別協助或有嬰兒隨行的貴賓優先登機，為了維持登機時的順暢，我們將依艙等及座位排號安排登機順序。請所有貴賓暫時留在原位，謝謝您的合作！

Good morning (afternoon, evening), ladies and gentlemen:

May I have your attention please? This is pre-boarding announcement. Please remain seated. KHC Airlines flight XX departing for XX will be ready for boarding in 5 minutes. In order to board smoothly, we would like to invite passengers requiring special assistance or travelling with infants first. Other passengers will board by cabin zone and seat row number. Please remain seated until your row number has been called. Thanks for your cooperation!

二、正常登機廣播

各位旅客您好：

　　搭乘餐旅航空公司XX點XX分KHC-XXX次班機飛往XX的旅客，請由X號登機門登機。登機時請出示您的登機證及身分證件以備查驗，謝謝您的合作。首先，我們邀請商務艙旅客、年長旅客及攜帶幼童的旅客先行登機。謝謝您的合作，並祝您旅途愉快！

Passengers on KHC Airlines flight XX departing for XX at XX: XX now start boarding through gate no. X. When boarding, please show your boarding pass and ID card or passport for identification check. Thank you. Business class passengers，elder passengers and passengers traveling with young children are invited for boarding first. KHC Airlines thanks for your fly and have a nice trip.

三、高載客量中長程寬體客機登機廣播（分成三次廣播）

(一)第一次登機廣播詞

> 早／午／晚安，各位貴賓請注意，餐旅航空公司第**XXX**班次，飛往**XX**的班機，即將開始登機。請需要特別協助、有嬰兒隨行，以及商務艙、頭等艙旅客，金卡會員之貴賓先行登機。其餘貴賓請暫時留在原位，謝謝！餐旅航空公司感謝您的惠顧，並祝您旅途愉快。

Good morning (afternoon, evening), ladies and gentlemen:

May I have your attention please? We are now ready to board KHC Airlines flight XX departing for XX. We would like to invite passengers requiring special assistance, traveling with infants, business class passengers, first class passengers, gold card members to board first. Other passengers please remain seated. Thank you for flying with KHC Airlines. We wish you a pleasant flight!

(二)第二次登機廣播詞

> 現在請座位號碼第40排至第52排的貴賓排隊依序登機，謝謝！

Passengers with seat number from row 40 to 52 may proceed for boarding. Thank you!

(三)第三次登機廣播詞

> 感謝您的耐心等候，現在請座位號碼第20排至第36排以及尚未登機的貴賓，排隊依序登機。謝謝！

Thanks for your patience, would passengers with seat number from row 20 to 36 and all remaining passengers board now, thank you!

四、正常延誤廣播

當班機發生異常時，適時宣布正確情報是非常重要的。如果疏忽將會招致旅客不滿及不安，甚至導致不良的後果。因此，無論班機遭遇正常延誤或延誤超過三十分鐘以上時，運務員應從事簡潔且充分的說明狀況。若旅客問及有些在廣播詞內沒有詳盡告知的情形時，應注意適當地向旅客說明實情，以免引起不必要的恐慌。若班機異常狀況需要很細心且技巧說明時，應向值班主管請益，必要時由主管出面親自向旅客解釋。當班機發生「正常延誤」或「延誤超過三十分鐘以上」時的廣播詞分別如下：

> 各位旅客您好：
> 　餐旅航空公司XX點XX分往XX的旅客，因（1.班機延遲抵達；2.班機調度；3.天候因素；4.流量管制；5.跑道關閉；6.機件檢修）的關係，預計延誤XX分鐘起飛，起飛時間改為XX點XX分，不便之處敬請原諒，謝謝您的合作。

Good morning (afternoon, evening), ladies and gentlemen:

May I have your attention please? KHC Airlines flight XX for XX will be delayed XX minutes due to (1. Late arrival of aircraft; 2. Operations; 3. Weather condition; 4. Air traffic control; 5.Runway closure; 6. Maintenance check) reason. New departure time will be XX: XX. Thank you for your patience and cooperation.

【補充說明】實務上，若干航空公司因國內線的班次輪轉時間匆促，有時遭遇用餐時間，因前後艙組員用餐或休息而造成班機延誤的話，大多會引起旅客抱怨及誤解，因此應避免以「組員用餐／休息」作爲延誤理由。運務員於廣播時可以「飛機調度」、「組員調度」或「來機晚到」爲由從事廣播。

五、班機延誤三十分鐘以上廣播詞

各位旅客您好：

　　餐旅航空公司第XX班次，原定XX點XX分往XX的旅客，因（1.班機延遲抵達；2.班機調度；3.天候因素；4.流量管制；5.跑道關閉；6.機件檢修）的關係，將延遲起飛，起飛時間容後播報。本公司於候機室第XX號登機門櫃檯前備有（1.飲料；2.餐點；3.茶點），敬請取用。不便之處，餐旅航空公司深感抱歉，謝謝您的諒解。

Good morning (afternoon, evening), ladies and gentlemen:

May I have your attention please? All passenger on KHC Airlines flight XX for XX will be delayed due to (1. Late arrival of aircraft; 2. Operations; 3. Weather condition; 4. Air traffic control; 5. Runway closure; 6. Maintenance check) reason. The new departure time will be announced later. Meanwhile, passengers are invited to the XXth gate counter where (1. soft drinks; 2. meals; 3. refreshments) will be served. We apologize for the inconvenience and thank you for your understanding!

六、登機門更改廣播

各位旅客您好：

　　餐旅航空公司XX點XX分往XX的旅客，現在改至X號登機門。請各位旅客改至X號登機門候機，謝謝您的合作。

Good morning (afternoon, evening), ladies and gentlemen:

May I have your attention please? The boarding gate for KHC Airlines flight XX for XX is now changed to gate X. All passengers on this flight please proceed to Gate X for boarding. Thank you.

七、催請登機廣播詞

　　各位旅客請注意，搭乘餐旅航空公司第XX班次，XX點XX分飛往XX的旅客，請儘速由第X號登機門登機，謝謝您的合作。

Ladies and gentlemen, May I have your attention please. This is the final call for KHC Airlines flight XX for XX. All passengers on this flight please immediately to gate X for boarding. Thank you.

八、請搭乘接駁車廣播

各位旅客您好：

　　餐旅航空公司XX點XX分KHC－XX次往XX班機，因班機調度關係，現在請各位旅客至X號登機門旁下樓梯，並搭乘接駁車登機，下樓梯時請出示您的身分證或護照以備查驗，謝謝您的合作。

Good morning (afternoon, evening), ladies and gentlemen:

Passengers on KHC Airlines flight XX departing for XX at XX: XX, please proceed to gate XX and go down stairs to take shuttle bus to remote bay for boarding. When going down stairs please show your boarding pass and ID card or passport for identification check. Thank you.

九、班機取消之廣播

> 各位旅客請注意，餐旅航空公司第**XX**班次，**XX**點**XX**分飛往**XX**的第**XX**班次班機（由於**XXXX**的緣故）將取消，請各位旅客到餐旅航空公司櫃檯辦理手續。

Attention please. KHC Airlines flight XXX for XX (due to XXXX) is now cancelled. All passengers please come to KHC Airlines counter.

十、尋找旅客之廣播

> **XXX**先生（女士），請至餐旅航空公司櫃檯。

Mr. (MRS)XXX, Please come to KHC Airlines Counter.

十一、機內旅客使用電子用品規定廣播

> 早／午／晚安，各位貴賓請注意，根據中華民國民用航空法規定，為避免航機導航系統及通訊設備遭受干擾，航機內禁止使用行動電話及電子遊樂器等電子裝備，並請關閉電源。（相關內容請參考餐旅航空公司機上雜誌）謝謝您的合作。

Good morning (afternoon, evening), ladies and gentlemen:

May I have your attention please? Please heed this warning and comply with the following regulations. Under R.O.C. Civil Aviation Law, operation of cellular phones and electronic entertainment devices is prohibited at all times on board the aircraft. Please make sure which is switched-off until disembarkation. (for related regulations, please refer to KHC Airlines in-flight magazine) thank you for your cooperation.

參考文獻

鄭永祥，楊仕欣，余宗軒（2002），〈鐵路超額訂位收益模式之構建──以台灣高鐵為例〉，《運輸計畫季刊》，第三十七卷第四期，頁431-464。

李田樹譯（1988），Jan Carlzon著，《關鍵時刻──顧客導向的經營策略》，台北：長河出版社。

Pine, B. J. and Gilmore, J. H. (1999). *The Experience Economy*, Harvard Business School Press.

Solomon, M. R., Carol S., Czepiel, J. A. and Gutman, E. G., (1985). "A Role Theory Perspective on Dyadic Interactions: The Service Encounter", *Journal of Marketing, 49*, 99-111.

Hallenbeck, G. S. and Hautaluoma J. E., (1999). "The Benefit of Multiple Boundary Spanning Roles in Purchasing", *The Journal of Supply Chain Management, 35*(2), 38-43.

第7章

特殊行李處理作業

　　在第六章「離境旅客作業」中，我們已經說明了一些基本的行李觀念。但是，行李可以討論的事項還不少。旅客到機場櫃檯報到時，會很習慣的將過重或體積大的行李辦理託運，以便拿到登機證後可以悠閒地逛逛免稅商店再上飛機。但是，仍有部分旅客認為託運行李在班機抵達目的地時還得費時到行李提領處取回，是一件頗為麻煩的事。有時考慮到轉機時間太趕或是後續的大眾運輸工具轉程有時間的緊迫性，因而偏好將不論體積大小與重量多寡的行李隨身帶上飛機，從而產生安全管理的死角。航空公司報到櫃檯的機場運務人員雖會留意及檢視旅客的隨身行李，但是往往無法全面防堵旅客攜帶不合規定的手提行李進入候機室。此外，飛機上的行李櫃規格與設施均有安全限重的顧慮，假設旅客隨身所攜的未過磅行李超重，且置放於行李櫃內，除了導致載重平衡估算的偏誤外，仍有可能在遇到亂流時掉落，發生意外傷害。因此，就航空公司的立場而言，會希望旅客將超重、體積大的行李辦理託運。本章即針對旅客於辦理報到登機時的特殊行李處理問題從事一系列的探討。

　　有關旅客行李的限制規範根據是來自於《民用航空法》第47條之3：「航空器載運之乘客、行李、貨物及郵件，未經航空警察局安全檢查者，不得進入航空器。」以及《航空器飛航作業管理規則》第48條：「航空器使用人應於營運規範內訂定乘客隨身行李計畫，該計畫應包括各航空器型別之隨身行李件數、重量、尺寸及相關控管作業，並報請民航局核准。乘客隨身行李應置於乘客座椅下或客艙行李櫃內，以避免滑動或掉落，並不得阻礙緊急裝備之取用及緊急撤離通道。但經民航局核准者，不在此限。非經確認每件隨身行李均已放置妥當，航空器使用人不得允許航空器後推、準備滑行。」與該規則第198條：「航空器使用人應於航空器起飛前及降落後，執行客艙內之安全檢查，如發現可疑物，應即向當地民航主管機關報告。航空器使用人應於貨物、行李、乘客經安全檢查後，始得裝載於航空器。」

　　因此，中華航空公司在其《國際航線旅客及行李運送條款》第9.1.1條規範旅客不得放置下列物品於其行李中：「所有可能危及飛機及機上旅客，工作人員及財物的物品，如國際民航組織（ICAO）、國際航

空運輸協會（THE INTERNATIONAL AIRTRANSPORT ASSOCIATION,
IATA），以及航空公司規定（該項資料可向航空公司索取）所稱的危
險物品。」（第9.1.1.2條）；「飛航地區各政府之法律、規定、命令所
禁止載運之物品。」（第9.1.1.3條）；「因物品的重量，大小尺寸及性
質如易碎品或易腐敗者，華航認為不適於載運之項目。」（第9.1.1.4
條）。第9.1.2條規定：「除打獵和運動用的槍械及彈藥之外，都禁止攜
帶。但上述槍械及彈藥以託運行李運送時仍需根據華航的規定處理。
槍械必須取出彈藥，拉上保險栓及妥善的包裝。而彈藥的運送則需依
據ICAO及IATA危險物品規則處理。」第9.1.4條規定：「武器如古董槍
械、刀、劍及類似物品，根據航空公司的規定得以託運行李處理，但不
得放置於客艙中。」此外，如果航空公司認定超重或超過尺寸之行李則
不可放置於客艙中。第9.8.2條規定：「不適合放置於貨艙運送的物品
（如精密的樂器等）得放置於客艙中，但需事先通知華航並獲其同意。
此項物品之運費需另計。」

　　《中國國際航空股份有限公司乘客、行李國際運輸總條件》第8條亦
約定，「可能危及航空器、機上人員或者財產安全的物品，比如在國際
民用航空組織（ICAO）《關於危險物品航空安全運輸技術細則》和國際
航空運輸協會（IATA）《關於危險物品運輸規則》以及我們的規定中列
明的物品，特別是以下禁運物品：爆炸品、壓縮氣體、腐蝕性物質、氧化
物、放射性或者磁化物、易燃、有毒、有威脅性或刺激性物質等；被出
境、入境或所經過國家的法律、法規或者命令禁止運輸的物品；由於物
品的危險性、不安全性，或由於其重量、尺寸、形狀或者性質；不得放置
現金、珠寶、貴重金屬、電腦、個人電子設備、可轉讓票據、有價證券和
其他貴重物品、個人需定時服用的處方藥、商業文件、護照和其他身分
證件或者樣品；行李未按中國國際航空的要求適當包裝，不得作為行李
運輸的物品；限定帶入客艙行李的最大體積或重量；帶入航空器客艙的
行李必須能夠放置於您的前排座位之下或者航空器客艙上方的封閉式行
李架內。如不能以上述方式放置，或由於超重的原因，或出於安全方面的
考慮，則應當作為託運行李運輸，不適宜在航空器貨艙內運輸，例如精

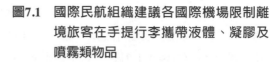

圖7.1 國際民航組織建議各國際機場限制離境旅客在手提行李攜帶液體、凝膠及噴霧類物品

圖片來源：楊政樺攝於馬來西亞吉隆坡國際機場。

緻的樂器，須事先通知中國國際航空並得到我們的許可後，方可帶入航空器客艙。旅客對於此項服務須單獨付費。」

　　長榮航空對於旅客的行李亦明定規範，定義行李係指旅客在其旅途中為了穿著、使用、方便、舒適而須攜帶之物品，包括手提和託運之行李。旅客必須使用合適、堅固的行李箱裝妥行李並確定在正常運載時，不會破損或導致內容物受損，對於以紙箱（原廠未拆封之包裝除外）、購物袋包裝之行李，旅客將自行承擔內容物掉落遺失及受損之風險。另外，長榮航空亦建議旅客於行李箱內、外，放置以英文書寫聯絡電話住址之名條，萬一行李遺失，將可由航空公司協助尋回該行李。行李箱內勿放置易碎、貴重物品、重要文件、藥物、鑰匙等物品。手提行李以能妥善放置在旅客座椅下、上方置物箱或客艙置物櫃內，以避免滑動或掉落為標準，並不得阻礙緊急撤離通道及影響緊急裝備之取用。若旅客所攜帶手提行李之尺寸或重量超過前述規範時，需請旅客選擇放棄該行李、另行付費託運或旅客及行李需離機改搭下一班班機。

　　綜合前述兩岸三家具有國際規模等級的航空公司對於行李的規定均係遵照國際民航組織頒布之第六號附約（ICAO ANNEX 6）辦理。

第一節　客艙占位行李

　　為維護乘客之安全及避免乘客物品之損壞，航空公司多會要求旅客將所欲隨身攜帶之特殊物品（如大件行李、樂器、易碎品、神像及骨灰

罈等），如不擬辦理託運，且攜帶上機後無法或不便放置於乘客座椅下或客艙行李櫃內，將建議其額外購買座位，並依航空公司規定之作業、包裝及固定方式，將物品妥善放置於座位上。

　　所謂「客艙占位行李」（CBBG）係指旅客於報到劃位時，需要攜帶不適合託運的大型、貴重、易碎物品，因而主觀上自願或客觀上被要求額外購買一個座位（extra seat）以放置行李。根據《美國聯邦航空法》（Federal Aviation Regulation）之FAR 121.585「Exit Seating」及FAR 121.589「Carry-on Baggage」相關客艙行李規定：為不妨礙後座旅客可以看到客艙上方警示燈（如緊扣安全帶、禁止吸菸警示）及旅客進出方便性之考量，攜帶「客艙占位行李」旅客及其行李應安排在該艙等最後一排。基於飛安考量，所有「客艙占位行李」均需以安全帶繫緊（必要時，得使用延長安全帶），若行李不易以安全帶繫緊，必要時得要求旅客在行李外表設把手或扣環，足以使安全帶穿越並固定。

　　中華航空公司同意旅客可於訂位時預先告知預訂客艙付費行李，旅客須支付一張同艙等的機票，必須於班機起飛前四十八小時內完成告知華航客服人員有關客艙行李包裝後之尺寸，以利客服人員確認其尺寸是否符合該班次所安排飛機機型的收受條件，俾便航空公司預先安排適當之座椅擺放，或將其放置於艙壁或隔板前或後的座位上。旅客需將該件行李包裝妥當，不得使用玻璃或易碎的外包裝材質，以免因故破損而危害其他旅客的人身安全。旅客得自行攜帶客艙占位行李上機，並交給機上的客艙組員執行固定該行李所需之作業。每一座位僅可放置一件妥善包裝之客艙占位行李。如因尺寸寬度超過一個座椅寬度時，旅客最多可購買兩個座位（僅限經濟艙座椅）置放一件占位行李，但其重量仍不得超過75公斤。經裝箱後，可將行李置於座位上，或將樂器（如提琴等）斜置於地板上。不能阻擋其他乘客視線，須保證其他乘客能看得到安全帶、禁止吸菸或出口標誌，且不得接近或使用安全緊急通道或其他客艙通道。內容物不可以是安全限制品或危險品。攜帶付費占位行李的旅客必須與該行李在同一個客艙內，且該行李需放置在攜帶行李的旅客身旁，飛行途中該旅客不可更換座位。

　　長榮航空的「客艙占位行李」，單件總重量不可超過75公斤（165磅），且行李應有妥善包裝（有握把者為佳）以使該行李能以安全帶繫妥，避免破損傷及他人，或使座椅受到任何損傷。若該班機使用McDonnell Douglas MD-90機型營運時，該行李之總重量不可超過70公斤（160磅）。CBBG之座位均須由長榮航空安排於符合飛安規定的座位，且要求旅客務必於起飛前四十八個工作時完成訂位。旅客將會被安排在客艙占位行李的左右相鄰或前後排相鄰的座位。飛行途中，旅客及客艙占位行李的座位均不得任意更換。如果該CBBG對飛機和機上旅客會產生安全疑慮時，或是旅客拒絕接受將該行李固定於座位，則長榮航空不

圖7.2　旅客的手提行李必須置放在行李櫃內
圖片來源：曾通潔攝於馬來西亞航空B737-400客艙置物櫃。

圖7.3　手提行李係以能放入飛機座椅底下為原則
圖片來源：楊政樺攝於遠東航空公司波音757-200航空器客艙。

予受理該行李上機。

　　目前，國籍航空公司有關「客艙占位行李」的作業規定均呈報請民航局核備，因此航空公司對於各種機型與機上座位適合安排的CBBG尺寸與可安置的座位都會公告在網頁上以供旅客查詢。而就非本國籍的航空公司而言，以國泰航空為例，額外座位上的行李僅接受樂器，重量限制為重量不得超過75公斤（165磅），尺寸限制豎立樂器箱時，高度不可超過53英吋，樂器箱寬度不可超過19英吋，樂器箱的厚度不可超過11.5英吋。新加坡航空公司只接受經濟艙提供「特大型音樂器材」攜帶進入機艙，旅客與樂器均須持用經濟艙機票，樂器必須放置地板並且倚靠座椅，並以安全帶適當固定，至少需要四個嬰兒用安全帶才能夠固定，重量限制75公斤，體積高度不得超出61英吋，寬度不得超出19英吋，不接受低音大提琴為「客艙占位行李」〔低音大提琴（英contrabass；法contrebasse）是近代管弦樂中最低音也是最大的樂器，全長約200公分，演奏者須站立拉奏。〕。日本航空與全日空對於CBBG的限制為重量不得超過32公斤，長寬的線性長度總和不可超過80英吋，且必須七十二小時前完成訂位，否則航空公司有權拒絕。美國達美航空客艙占位付費行李重量限制75公斤，其他限制與華航相同。**表7.1**為節錄長榮航空客艙占位付費行李的的摘錄，**表7.2**為中華航空客艙占位付費行李限制尺寸摘錄。

圖7.4　乘客隨身行李不得阻礙緊急裝備之取用及緊急撤離通道，亦不得強迫客艙組員協助置放在非行李放置區域（如機上廚房）保管

圖片來源：曾通潔攝於中華航空A330-300緊急出口。

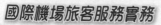

表7.1 長榮航空客艙占位付費行李限制尺寸

班機類型	艙等	座位號碼	客艙行李尺寸限制（長*寬*高）（英吋）		
			座椅空間	地板空間	大提琴最大尺寸
B747-400 COMBI (74E)	商務艙 桂冠艙	6 ACHK	27×33×20	*	*
		13 AHK			
	長榮客艙 菁英艙	20 ACHK	27×30×18	51×26×26	74×26×26
		33 AK	27×30×18	51×12×26	64×12×26
		33 EF	27×30×18	51×12×26	74×12×26
	經濟艙	35 ABJK	25×27×16	49×13×20	64×13×20
		35 DEFG	25×27×16	49×15×20	74×15×20
		42 DEFG	25×23×16	49×5×20	74×5×20
		46 DEFG	25×27×16	49×15×20	74×15×20
		51 DEFG	25×23×16	49×5×20	74×5×20
B747-400 (74W)	商務艙 桂冠艙	6 ACHK	30×31×22	*	*
		8 AK	30×31×22	*	*
		10 ADGK	30×31×22	*	*
		13 DG	30×31×22	*	*
	長榮客艙 菁英艙	20 ACHK	27×28×18	44×22×23	64×22×23
		20 EF	27×28×18	44×20×25	74×20×25
		26 EF	27×28×18	44×17×25	74×17×25
	經濟艙	46 DEFG	28×26×16	45×22×20	74×22×20
		53 DEFG	28×26×16	45×10×20	74×10×20
		60 DEFG	28×26×16	45×22×20	74×22×20
		70 DEFG	28×26×16	45×10×20	74×10×20
		80 ABJK	28×26×16	45×22×20	60×22×20
		89 AJK	28×26×16	45×13×20	60×13×20

資料來源：長榮航空網頁摘錄。

表7.2 中華航空客艙占位付費行李限制尺寸

機型	機號	艙等	座位	長寬高限制（單位公分）	
				放置座位上	放置地板上（限樂器）
B74C (12/49/314)	B-18210 B-18211 B-18212 B-18215	F	1AK	55×45×70	55×60×145
			5AK	55×45×70	55×40×145
		C	6AK, 11AK	48×48×73	48×70×145
			17AK	48×48×73	48×60×145
			17DEF, 19DEF	48×48×73	N/A

（續）表7.2 中華航空客艙占位付費行李限制尺寸

機型	機號	艙等	座位	長寬高限制（單位公分）	
				放置座位上	放置地板上（限樂器）
		Y	*28AB	42×42×73	42×40×145
			*29JK	42×42×73	42×48×145
			46ABJK	42×42×73	42×25×145
			*30DEFG，36EF，46EF，*51EF，63EF	42×42×73	N/A
A343 (30/246)	B-18801 B-18802 B-18803 B-18805 B-18806 B-18807	C	1ABDJK，5AK	52×52×80	52×72×145
		Y	*6AB，*7EFJK	42×42×76	42×50×145
			24ABK，*26AK，39ABJK	42×42×76	42×30×145
			23EF，25EF，39E	42×42×76	N/A

資料來源：中華航空網頁摘錄。

　　總結，雖各航空公司有不同的尺寸重量規定，但有幾點是一致的：(1)「客艙占位行李」必須與旅客在同一艙等，支付相同艙等的費用；(2)「客艙占位行李」的座位安排必須與旅客相鄰；(3)「客艙占位行李」必須事前訂位確認；(4)「客艙占位行李」必須包裝良好；(5)「客艙占位行李」必須固定在座位上；(6)「客艙占位行李」在航行途中不得更換座位；(7)「客艙占位行李」不得阻礙或影響緊急逃生裝配與逃生路線；(8)「客艙占位行李」不得為危險品或安全限制品；(9)航空公司保有接受載運與否的最終權利。

第二節　活生動物的託運

　　活生動物，泛指有生命之飛禽、走獸、爬蟲等陸上動物、兩棲動物及水中動物，如鴿子、鸚鵡、雞、鴨、貓、狗、猴、兔等。航空公司對於活生動物的託運（Live Animal in Hold, AVIH），均會遵循起迄兩國的

圖7.5　高雄小港機場國內線各航空公司的行李託運一律統
　　　　一委由獨立於運務櫃檯之專屬窗口辦理

圖片來源：楊政樺攝於高雄小港機場。

圖7.6　兩岸直航後，松山機場已經成為直航的重要轉運
　　　　站，立榮航空公司台北站運務櫃檯的行李託運處

圖片來源：楊政樺攝於台北松山機場。

動植物防疫檢疫局相關規定，並參考國際航空運輸協會（IATA）於 1991 年訂定的《活生動物空運規定》（Live Animal Regulation, LAR）對於輸運動物在特製的動物運輸容器（shipping container）之規格及空間需求，以及《瀕臨絕種動物國際交易公約》（the Convention on International Trade in Endangered Species of Wild Fauna and Flora, CITES）的名單附錄。除了要求貨主備妥具結書之外，航空器在沿途溫控需保持在攝氏 18-22度間，若是大量運送，尚需安排專人押運，動物運輸容器的包裝要防止動物逃逸，保證通風，底部要防止糞便外溢。

國際民航組織（ICAO）規定航空公司客運承載的活生動物（寵物）種類僅局限在犬、貓、鳥三類。國際航空運輸協會為使全球航空公司託運活生動物的作業程序能標準化，亦制定「活生動物空運規定」，要求航空公司進行此項作業時，要注意運送安全、人道作業與考量成本效率，該規則並依照歐盟與美國有關漁業與野生動物相關保育措施所制定，並符合國際貿易組織對於瀕臨滅絕的野生動植物與「世界動物衛生組織」（The World Organization for Animal Health, OIE）的認可。

基於各國的檢疫規定，航空公司「原則上」不同意旅客攜帶活生動物為客艙內寵物（cabin pet）。就台灣而言，自2007年1月1日起，除了輔助弱能人士的義犬（導盲犬、導聾犬、服務性犬）外，國籍航空公司的航機客艙已經全面禁止留置寵物或動物，而家庭馴養的狗隻、貓隻或鳥類（部分國家暫停接受）則可被安置於籠中，並於航空器下方的貨艙運送。旅客如欲攜帶寵物同行，必須事先安排，除各航空公司的規定不相同外，尚必須考量各國的輸出入檢疫法規，與風土民情。例如：馬來西亞古晉（Kuching）就不同意貓隻的輸入，但導盲犬或導聽犬不受客艙寵物的限制，可以免費登機〔古晉是沙勞越（馬來文：Sarawak）的首府，又稱為「貓城」，是世界上唯一崇拜貓的城市。「古晉」，在馬來文裡就是「貓」的意思，被第一代白人王公（Rajah of Sarawak）James Brooke用以命名這座城市〕。

極少數國外的航空公司會允許國際航線客艙內至多有一隻寵物同行。對於這些航空公司而言，只要乘客攜帶寵物的手續齊備，允許乘客

將寵物置於適當的籠子內（尺寸不得超過23公分×36公分×56公分，總尺寸不得超過115公分），放在座椅底下，視同手提行李，在運務上以「CPET」模式處理。但無論以「手提行李」或「託運行李」的方式運送，除弱能人士的引導犬，其籠子和食物則可免費運送，而不計入旅客的免費託運行李之限額內，其他的寵物及裝載的容器均不能算是免費行李，必須依航空公司規定另外付費，以該寵物方享有產物險保障，對於有些寵物太過敏感或凶猛，有些航空公司會要求寵物的飼主上機前要給予安撫、遮光或帶口罩。

　　值得注意的是，對於欲將寵物從事國際空運者應該瞭解，部分狂犬病非疫區國家（如澳洲、台灣、紐西蘭、日本）規定自台灣攜帶貓或犬進入該國必須符合該國之動物檢疫規定，亦即須停留檢疫至少三十日始可輸入，且動物必須在台灣已居住六個月以上、或自出生以來至少已居住六個月以上，並且已植入可用單頻或多頻感讀機讀取的RFID植入式晶片（如AVID、HomeAgain、Destron、Trovan等符合ISO 11784/11785動物無線射頻身分識別通訊協定的晶片）。一般而言，晶片的植入不需要手術甚至麻醉，僅是透過一個專用注射器注入動物的兩個肩胛間的皮下。在寵物晶片植入過程中，儘管針頭很大，但是大部分動物在植入時並不會害怕或退縮。

圖7.7　中華航空公司高雄運務櫃檯的活生動物
資料來源：國立高雄餐旅大學航空暨運輸服務管理系林慶杰同學攝。

動物於輸入該國前，必須事先取得該國政府動物檢疫站之同意，動物必須隨伴其有效的輸入許可書（有效期限通常為兩個月）方能入境。簡言之，凡欲辦理寵物申請入境該國者，與寵物同行的旅客或代理人於須檢疫寵物（活生動物）到達目的地前，應該先向該輸出入動物檢疫機關申請檢疫，並儘早提出申請，俾便該檢疫站保留檢疫動物之居住空間。若該國檢疫檢驗局同意後，會寄給申請人「輸入同意許可書」，並隨附動物輸出前之健康及檢疫規定。當申請人接到輸入許可書後，應安排合格之獸醫院為動物注射疫苗、檢查或治療事宜。這些事宜應在動物輸出前完成，以確保動物符合該國之動物健康規定。同時務必事先聯絡航空公司安排動物之運送事宜。動物抵達該國時會有該國檢疫檢驗局官員在場，繳驗輸出國檢疫機關發給之動物檢疫證明書（輸出國獸醫師簽發之「狂犬病不活化疫苗注射證明書」），若檢疫結果認為罹患或疑患動物傳染病者，則將禁止進口或為「必要之處置」。

圖7.8 活生動物標示貼紙

到達目的地後，動物將直接被運送至動物檢疫站，且停留至少三十日。於此停留期間內，動物將被安排至特定的居住環境並受到該國檢疫檢驗局官員之照顧。動物抵達該國七日後，動物主人可每週探視動物一次。探視規定可能因動物檢疫站不同而有所差異，詳情應洽詢各國的動物檢疫站。

以我國為例，欲攜帶犬貓入境我國者，依據行政院農業委員會動植物防疫檢疫局對輸出入動物檢疫的相關規定，茲分述如下：

一、輸入犬貓檢疫規定

1. 犬貓欲輸入台灣地區前，應於犬貓輸出三週前向輸入地港口機場之動植物防疫檢疫局所屬分局或機場檢疫站申請核發「進口同意文件」，並經安排隔離檢疫廠位後，始得輸入。

2. 目前中國大陸、新加坡、馬來西亞及孟加拉等國之犬貓禁止輸入台灣。

3. 申請時應檢附下列證明文件：

   (1) 檢附動物醫院獸醫師簽發之狂犬病不活化疫苗注射證明書，其內容應含犬貓之品種、年齡（或出生年月日）、晶片號碼及狂犬病不活化疫苗預防注射日期及敘明初次免疫或補強免疫，惟如有政府機關簽發之動物檢疫證明書亦可將影本一併檢附供審查。

   (2) 輸出前一百八十日至兩年內所採取血液，經世界動物衛生組織狂犬病參考實驗室或行政院農業委員會動植物防疫檢疫局指定之實驗室檢測狂犬病中和抗體力價達0.5IU/ml以上之檢測報告（自狂犬病疫區輸入之犬貓）。

   (3) 申請人身分證或護照影本。

   (4) 申請人自行書寫申請書乙份：記載畜主及台灣聯絡人之姓名、地址及聯絡方式，犬貓預定返國日期、犬貓之晶片號碼、選定之指定隔離檢疫場所（自疫區國家輸入之犬貓）等相關資料，須於輸入三十日前提出申請。

4. 申請動植物防疫檢疫局進口同意文件處：

   (1) 若由桃園國際機場進口者，請向動植物防疫檢疫局新竹分局機場檢疫站申請【桃園縣大園鄉（337）中正國際機場航勤北路二十五號。TEL：03-3982663；FAX：03-3982313】。

   (2) 由高雄國際機場進口者，請向動植物防疫檢疫局高雄分局機場檢疫站申請【高雄市小港區（812）飛機路630號航空貨運站二樓。TEL：07-8057790；FAX：07-8068427】。

5.請依動植物防疫檢疫局核發「進口同意文件」之規定辦理。

6.犬貓到達海港或航空站時，應檢附「進口同意文件」、輸出國政府動物檢疫機構簽發之動物檢疫證明書正本及航運公司提單（bill of lading, B/L），依法申報檢疫（旅客攜帶入境者向入境室動植物檢疫櫃檯申辦），經現場查驗動物檢疫證明書內容相符，狂犬病預防注射有效，並診查畜體健康情形良好後，押運至動植物防疫檢疫局指定隔離檢疫場執行隔離檢疫二十一天，但必要時得予延

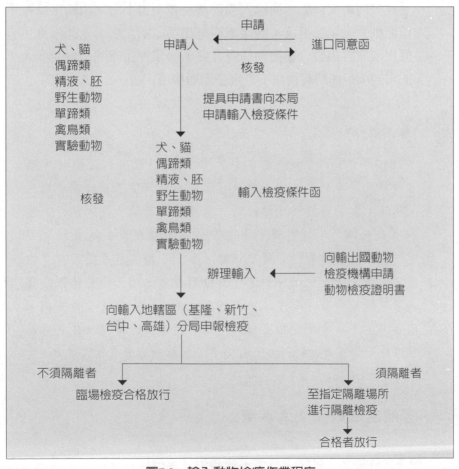

圖7.9　輸入動物檢疫作業程序

資料來源：我國動植物檢疫局網頁。

長檢疫隔離期間。

7.輸入之犬貓裝運設備,應以清潔並經政府認定之消毒藥品消毒,運輸途中不得經由狂犬病疫區國家機場或港口轉運。

8.隔離檢疫期滿後放行後,須配合飼養所在地之縣市家畜疾病防治所或院轄市之家畜衛生檢驗所繼續追蹤檢疫六個月。

9.攜帶犬貓寵物往返非疫區國家的旅客,只要該寵物在該國家至少飼養六個月以上在返國可免須隔離檢疫。旅客只要在犬貓寵物出國時保留輸出動物檢疫證明書影本、犬隻登記資料,已備申請「進口同意文件」,而輸入動物檢疫證明書上必須由輸出檢疫單位記載「犬貓於抵達本國後未再進出第三國證明」。此措施可方便出國旅客攜帶犬貓寵物往返非疫區國家停留時間不會受到太大的限制,返國時寵物亦不需接受隔離檢疫。

【案例研討】

　　2010年1月,一位住在日本的甲小姐1月初帶狗回國時,機場官員說文件有缺失,狗不能放行,甲小姐只能陪著狗在機場過夜。隔日,加註時間和地點證明「未經過第三地」後才放行。但小狗因為長時間不能動彈,得了緊張症,雙腿幾乎是僵硬。不過,兩份文件仔細看內容幾乎一樣,唯一不同的就是備考欄中的條文,前半段都一樣,證明這隻狗沒到過第三國,只是補正的文件多了時間地點與「未經過第三地」六個字。動檢所人員強調,是因為文件有缺失才會扣留狗,一切都是依法辦事,沒有刻意刁難。因此,愛護寵物的飼主,有必要瞭解相關的檢疫作業規定。

二、客艙運送動物注意事項

　　攜帶犬貓等活生動物入境者,應檢附「進口同意文件」、輸出國政府動物檢疫機構簽發之動物檢疫證明書正本及航運公司提單,依法申報

檢疫，這些文件是缺一不可的，若有缺乏證件或沒有加蓋關防者就無法接著辦理後續的停留檢疫。無法順利通關的活生動物會先暫存於海關區內的檢疫局鐵籠內，待所有手續齊備後始可辦理為期二十一日的停留檢疫。二十一日後，若確認活生動物無檢疫相關疑慮，始可輸入我國。我國對活生動物的檢疫檢測單位是由檢疫局委託台中市的國立中興大學獸醫學系辦理，中興大學附設獸醫醫院對活生動物的受理檢疫時間是由早上09:00至下午15:00，活生動物運抵中興大學停留檢疫二十一日後，檢疫局始能予以放行。然而，對航空運務員來說，考慮到海關區屬於管制區，一般旅客無法進入，運務員只需協助旅客申請臨時出入證，俾便其辦理相關手續即可。

　　然而，對於航空公司是否願意接受活生動物運送的申請？實務上，如果要將活生動物置於客艙運送，僅有鳥、狗、貓可以被接受，惟其注意事項如下：

1. 寵物必須是健康無害、乾淨沒有異味、不吵鬧。
2. 雌性動物不得懷孕，帶幼兒或騷動不安不得載運。
3. 必須放置於防漏、防逃脫、防抓的容器或籠子內。
4. 出生未滿十週不得運送。
5. 這些動物必須攜有適用於起程地、目的地及轉機地之文件，如運送文件、健康及檢疫證明。
6. 犬、貓獸籠內以放置一隻成全犬（貓）為限。
7. 鳥籠必須以布覆蓋，但允許籠中置放一對小鳥。
8. 若寵物於客艙內不停吵鬧時，機長有權於下一停留點要求將動物放入貨艙。
9. 飛行途中不得將動物取出籠外。
10. 2007年1月1日起，台灣的動植物檢疫規定，禁止寵物以客艙行李方式，攜帶進入客艙。
11. 具有視力障礙或聽力障礙困擾的旅客所攜帶的身心障礙人士使用的引導犬，可與身心障礙人士同行，不用關在籠內，但必須蹲坐

在主人的腳旁。

三、貨艙運送動物注意事項

若將託運的活生動物與主人分開運送，則這些活生動物將被置於貨艙。多數貨艙內有溫度及氣壓調整設備，可附載活生動物。對於準備將寵物以託運方式運送者，要考慮轉機站不可帶其出來活動，應於行前於籠內準備足夠的飲水及食物，並附上詳細的餵食方法。對於裝載活生動物的籠子應注意下列事項：

1. 在運送過程中，活生動物運輸裝置動物的牢籠必須防漏、防脫逃、堅固，能防止動物之口鼻、腳爪及舌伸出籠具外。地勤公司或航空公司勤務部門處理時，必須確實檢查獸籠是否牢固，惟需特別強調——防爪子伸出籠子外。航空公司要求裝載「AVIH」的籠具必須適合動物站立、轉身、臥躺，其測量標準規定如下：若「A」代表動物由鼻子到尾根的長度，「B」代表動物由地面到肘部的長度，「C」代表動物肩胛骨之間的背寬，「D」代表動物四腳站立時地面到頭頂或耳尖（取較高者）的高度，則依據慣例，籠具的長度、寬度、高度衡量標準如下：
   (1)籠具的長度＝A＋1/2×B
   (2)籠具的寬度＝C×2（一籠關兩隻寵物則需調整為C×3，一籠關三隻寵物為C×4）
   (3)籠具的高度＝D
2. 利用空運方式者，籠具必須符合國際航空運輸協會之《活生動物空運規定》，並必須被列為裝載之貨物。建議利用直飛方式以減少動物所受之壓迫及避免時間上的拖延。
3. 籠子必須夠堅固，且無內載動物逃脫或傷害到動物本身及其他裝載的風險。
4. 符合運送處理的要求（餵食、給水、清潔）且無危害到經手職員

安全的考量。

5.至少有一面以上的通風口。

6.裝載動物的容器必須是易於辨識為動物牢籠，外包裝上應當標明照料和運輸的注意事項。

7.下層墊有易吸水之物，避免滲漏排泄物（避免以稻草鋪於下層吸水，以免觸及某些國家農業規定及限制）。

8.有特殊要求的活體動物運輸，託運人應當向承運人說明注意事項或在現場指導作業。

然而，這些被置於貨艙的活生動物會安分嗎？由於噴射飛機的發明，動物的運送問題變得更為棘手。在動物必須以「裝載之貨物」的方式置於貨艙內，會引發一些重要的考量，包括：

1.動物的種類、數量和體重。

2.運送中動物自由活動的空間。

3.二氧化碳的密度。

4.地面滯留的時間。

5.季節因素。

6.地面四周的溫度與濕度。

7.運送時的條板設備（crating）。

8.飛航的高度和時間。

9.使用何段貨艙。

10.廢棄物的收拾。

四、運送動物前之注意事項

在運送動物之前，為了能順利完成託運旅客的交託及兼顧寵物運輸過程的舒適程度，並不至於會對航空公司的人員或設備產生負面的影響。通常應注意的事項有三，分別是飛航前的準備、載運時動物的上下飛機及最大的承運量。

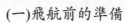

(一)飛航前的準備

裝運動物的容具（container）一定要具有防逃、防漏（因為動物的排泄物會導致機身的腐蝕。有關排泄物處理的原則可參閱《活生動物空運規定》）與容積大小適中而通風良好的特性。此外，各項容具應該適當地標示所運動物的種類與目的地。

人類相對的已逐漸習慣於飛行，但是動物則不然，因而需要特殊的考慮，諸如動物不能長時間曝露於噴射機的噪音中以及需要充足的食物與水。在飛航前，這些動物應留置於乾燥、通風良好、溫度適中的地區，不要受到陽光的直曬以及避免強烈的侵襲。在這部分，有五個環境因素必須加以考慮，分別是：溫度、通風、濕度、艙壓及噪音程度，茲討論如下：

◆溫度

在很多飛機上，組員是無法控制貨艙內的溫度，因此艙內溫度務必在飛航前予以確定，並考慮動物本身散發的熱量、飛機的空速（影響機身表面的溫度）以及機艙與外界空氣的溫度。適中的機艙溫度對活生動物的運送是非常重要的，尤其是溫度過高可能會增加動物的緊張，嚴重的甚至於可能構成致命。

◆通風

貨艙通風程度是決定載運動物能力的一項重要考量。二氧化碳是動物新陳代謝過程中持續不斷產生的現象，而二氧化碳的產量會因動物的不適狀況，如緊張、熱度、溫度而增加。因此，一項成功的動物空運作業一定要保持極佳的通風率！並非所有的機種均提供溫控與空氣的提供，有些機種僅提供部分的貨艙，適合載運活生動物，如ERJ190、B757前貨艙；有些機種不適合載運活生動物，如B738-800，但大部分的廣體噴射客機的貨艙有空氣通風設備，如B747、B767、A330、A340均有空氣迴轉調節系統。

【案例研討】

　　2010/08/04路透社芝加哥電文，美國航空公司（AA）從杜爾沙（Tulsa）飛往芝加哥的班機，發生機上七隻小狗死亡事件，航空公司今天表示已在調查事件原委。

　　美國航空公司母公司AMR集團發言人在電子聲明稿裡表示：「當時數隻動物被帶往轉機門，我們的行李搬運員發現這些狗看起來無精打采，開始擔心。」「其他員工試圖替狗降溫，最後帶牠們去看獸醫。五隻小狗先死亡，後來另外兩隻也死了。」根據奧克拉荷馬州杜爾沙的國家氣象局（National Weather Service）資料，杜爾沙昨天早上六點的氣溫是攝氏29.4度，到了七點升高至攝氏30度。

　　發言人表示，該班機原本預定早上六時三十分起飛，但因天候因素延後了一小時，於八時五十四分抵達芝加哥。機上共有十四隻小狗。美國航空公司網站上聲明表示，「航程中任何地點的當前或預報氣溫超過華氏85度（攝氏29.4度）時，不接受任何寵物載送」。

資料來源：中央社2010/8/14（翻譯）。

◆濕度

　　活生動物的出汗與呼吸均會增加貨艙內的濕度。不過，只要艙內溫度適中，較高的濕度是需要的！因此每一機種均有限制可承載的活生動物數量，避免造成不必要的損傷，其次溫度與濕度的相對關係（若溫度高，會促增動物體溫而增加二氧化碳的排放，將會產生不良的惡性循環），亦有可能產生貨艙內的煙霧警報器的不正常訊號，影響航機飛行安全。

◆艙壓

　　飛機貨艙內的艙壓是與客艙一樣的，這樣的艙壓對一般動物都挺合

適的。不過，對於那些獅鼻型的犬類，如拳獅狗、北京狗及獅子狗，會感到呼吸略為困難，尤其是在飛航中艙壓降低時更具影響。

◆噪音程度

動物是無法適應過高的噪音，在運送過程中應儘量避免將牠們曝露在引擎、輔助電源或其他噪音較大的機器附近。總之，最合理的原則就是不要將牠們置於人類也需要帶耳罩的噪音環境中。

(二)載運時動物的上下飛機

飛機在裝卸時，動物應該是最後登機，最先下機，因為可以降低其受傷的機會，同時還可以將牠們曝露在不習慣環境的時間減到最低的程度。另外，裝運動物的容器應予牢固地繫緊，以及在飛航途中與其他貨物發生碰撞；在到達目的地或中途停站時，應即開啟艙門，便利通風，並視察動物的狀況。

動物抵達目的地後，應立即將之引導下飛機至航站的有氣溫調節設備的待領區，由收貨人或託運人來領取，千萬不可利用貨物滑送槽（cargo chute）來交遞活生動物（以免獸腳被機器夾傷）。

(三)最大的承運量

飛機運送貨物的最大承運量，運送人應考慮所運送動物的種類、體積以及機艙內的溫、濕度與二氧化碳含量等條件，而作適當的決定。

五、航空公司活生動物處理原則

1.如旅客未攜帶行李，亦不可當作免費行李處理。
2.貨運站收受之國內航線活生動物按一般貨運以十公斤起運，並按其實際重量或籠箱之體積重量，以一般貨物運價之雙倍收費。
3.搭機旅客攜帶之活生動物按其實際重量加上籠箱重量的總重計

價，依照該航段適用的超重運費來計價，有些航空公司對於寵物託運係以運價之雙倍收費。

4.我國所有的活生動物皆須裝入貨艙，旅客不可隨身攜帶。

5.活生動物處理注意事項：

(1)活生動物需裝入附有托盤之籠箱，欄門必須牢固加鎖，以防污染貨艙或發生意外事故。

(2)具有危險性之活生動物應婉拒受理。

(3)各類活生動物限置於貨艙並防擠壓。

(4)航空公司各站接收活生動物時，須由貨主或旅客填寫切結書一式兩份，一份自存，一份隨貨運通知單送到達站。

(5)須知會擬運送班次機長活生動物所在位置，以便調節溫度不致凍死。

　　活生動物的託運在實務操作上偶發事故的案例，諸如：死亡、受傷、遺失或因證件不齊而被到達站之機場檢疫單位禁止進口或採取「必要之處置」。寵物常被其主人視為家族的一分子，若遭逢意外，常使其主人悲痛欲絕。因此機場作業單位，必須謹慎處理，在作業上接受旅客託運時務必與飼主確認寵物的健康狀況，若寵物明顯出現疾病症狀或精神委靡，應勸導飼主不要攜帶出境；並須詳細說明可能遭遇的風險，與航空公司相關的限制責任，取得飼主同意並簽立對航空公司的免責同意書後，以免責行李牌辦理託運。根據旅客載運契約約定，活生動物若因：(1)自然死亡；(2)自身行為導致的受傷；(3)容器的缺陷導致的事故。航空公司並無賠償責任。但是，如果動物在運送過程死亡的原因可歸責於航空公司者，而必須擔負賠償責任時，因行李賠償有其上限（以國際航線為例，每公斤的行李賠償金最高為20美金），其賠償額是有限的，甚至某些無法用價格衡量的寵物死亡所獲得的賠償額與主人的期望落差頗大，引發旅客不滿，亦易引起訴訟事件。因此，航空公司對於活生動物運送的處理格外謹慎，並對若干具有潛在危險的動物託運保留拒絕運送的權利。

 ## 第三節　武器託運作業

一、武器託運作業相關法令規定

　　對於航空運務的「武器託運作業」來說，所謂的武器是泛指具有攻擊性，能夠造成航空公司人員或旅客傷害的物品，如槍械、子彈、警棍、刀械等。以現行各航空公司的運務作業的武器託運對象是受到限制的。依據《民用航空法》第47條之5：「航空保安計畫之訂定與報核程序、航空器所有人或使用人對於航空器之戒護與清艙檢查、旅客、行李、貨物、空廚餐飲與侍應品之保安措施、保安控管人之申請程序、戒護與被戒護人、武裝空安人員與其他經航空警察局許可攜帶武器進入航空器人員搭機應遵行事項、保安控制人員之資格、航空保安事件之緊急應變措施、航空保安品質管制計畫之訂定與報核程序、保安訓練計畫之訂定與報核程序、保安資料之保密、外籍航空器所有人或使用人保安管理及其他應遵行事項之辦法，由交通部定之。」另外，《民用航空保安管理辦法》對於軍、警、情治人員因公攜帶槍彈搭機，亦分別在第16條、第20條及第22條對航空公司受理武器託運的武器限制及現場作業管制做了規範：

第16條

　　航空器所有人或使用人於接受武器託運時，應通知航警局派員確認武器未裝填彈藥，並置於航空器飛航時無人可觸及之處。

第20條

　　戒護人搭乘航空器時，應依下列規定辦理：

　　一、檢具執行機關證明文件辦理搭乘航空器手續。

　　二、不得攜帶武器進入航空器，如攜帶武器，應辦理託運。

第22條

　　航警局得指派武裝空安人員，於航空器上執行保安任務，並於搭機前七十二小時，通知航空器所有人或使用人。但緊急情況時，不受七十二小時通知之限制。

　　航空器所有人或使用人於接獲前項通知後，應轉知起運國、過境國及目的地國之有關航空站作業單位。

　　航空器所有人或使用人載運經航警局核准攜帶武器進入航空器之其他人員，準用前二項規定。

　　航空器，除經民航局核准外，不得裝載武器、彈藥、爆炸物品、毒氣、放射性物料或其他危害飛航安全之物品。國家元首、政府各部會首長、一般外國貴賓、軍方上將或主管、情治單位首長等之隨從人員及軍、警、情治人員因公攜帶槍彈在國內航線搭機及中華民國射擊協會比賽時需使用之槍枝等得依法核准外，其餘均不接受代管運送。此外，中共民航業務亦有類似規定：中華人民共和國《民用航空法》第8章第101條亦有類似規範：「公共航空運輸企業運輸危險品，應當遵守國家有關規定。禁止以非危險品品名託運危險品。禁止旅客隨身攜帶危險品乘坐民用航空器。除因執行公務並按照國家規定經過批准外，禁止旅客攜帶槍枝、管制刀具乘坐民用航空器。禁止違反國務院民用航空主管部門的規定將危險品作為行李託運。」

　　目前我國國籍各主要航空公司的武器託運作業普遍遵循的相關法令規定彙整如下：

(一)因公攜帶槍彈搭機出勤特殊任務之軍警人員、首長隨從人員

　　依據《台灣地區民航機場安全檢查作業規定》第15點（槍彈代管）規定：「政府各部、會首長，一般外國貴賓，軍方上將級主管，情治單位首長之隨從人員及軍、警、情治人員，因公攜帶槍彈在國內搭機，可依規定辦理託運，隨從人員應先向機場航空警察單位辦理登記。軍、警、情治人員應由所屬單位主管（上校或薦任八職等或警察分局長以上

身分人員）出具證明文件，向機場航空警察單位辦理查驗。」原則上，
凡在旅途中執行勤務人員應所攜帶之武器必須託運，不可隨身攜帶。但
是，基於若干特殊任務的考量，為了護衛最高行政機關首長的人身安全
能做到滴水不漏，是可以經事先申請核可而允許相關軍、警、情治人員
「隨身攜帶」槍械登機。依據內政部函頒《台灣地區民航機場安全檢查
作業規定》第15點規定，下列禮遇對象之隨從人員，經事先通報航空警
察單位者，其警衛槍彈得准予自行攜帶登機：

1. 本國部分：總統、副總統（含其家屬）、五院院長、副院長；總
   統、副總統候選人；總統、副總統當選人及其配偶；卸任總統及
   其配偶、已故總統之配偶；其他經總統核定保護人員。
2. 外國部分：經我國邀請來華訪問之各國總統、副總統（均含其家
   屬）及經外交部報請行政院院長核准之特殊禮遇對象。
3. 經外交部報請行政院院長核准特殊禮遇之對象，請外交部通知我
   駐外有關單位轉知欲搭乘班機之航空公司負責人。

(二)經政府核可之特定民間社團

2009年05月27日修正《槍砲彈藥刀械管制條例》第4條，對於槍
砲、彈藥、刀械定義如下：

1. 槍砲：指火砲、肩射武器、機關槍、衝鋒槍、卡柄槍、自動步
   槍、普通步槍、馬槍、手槍、鋼筆槍、瓦斯槍、麻醉槍、獵槍、
   空氣槍、魚槍及其他可發射金屬或子彈具有殺傷力之各式槍砲。
2. 彈藥：指前款各式槍砲所使用之砲彈、子彈及其他具有殺傷力或
   破壞性之各類炸彈、爆裂物。
3. 刀械：指武士刀、手杖刀、鴛鴦刀、手指虎、鋼（鐵）鞭、扁
   鑽、匕首及其他經中央主管機關公告查禁，非供正當使用具有殺
   傷力之刀械。

目前若有民間社團欲從事武器託運，必須依照《槍砲彈藥刀械管制

條例》第5條與第5條之1，事先已函請航警局同意，經航警局核准後辦理查驗後，航空公司始能載運之。

二、武器託運作業程序及注意事項

除了因特殊任務需要，經航空警察局核准，並經航空器使用人同意，而藉由航空器進行武器託運之外，實務上，航空公司為了確保人機的安全，多會要求：凡具有攻擊性且能夠造成傷害的物品，如警棍、子彈、刀等。不論何種式樣的武器，亦不論拆散、分解與否，均不可攜帶上機或置放於行李箱中。依據各航空公司在其內部《運務手冊》對「危險品載運——武器託運作業」的作業程序多規範如下：

(一)武器託運作業程序

◆出發站

槍彈之接受託運及歸還均由運務督導以上之主管人員處理。接獲槍彈託運時，應按下列程序處理：

1.起站作業：

(1)隨從人員應先向機場航空警察單位辦理登記。

(2)軍、警、情治人員應由所屬單位主管（上校或薦任八職等或警察分局長以上身分人員）出具證明文件，向機場航空警察單位辦理查驗。

(3)前述人員及航空警察單位應會同航空公司辦理槍彈代管手續後，發給代管收據。

(4)航空警察單位及航空公司之專責人員，將代管之槍彈密封並妥善包裝後送至搭乘之航機，親交機長或機長指定之人員簽收保管。

(5)航空警察單位及航空公司應於航機起飛後，迅速通報目的地相

關單位，準備到站時發還作業。

航空公司運務員在現場處理類似個案時的處理技巧包含但不限於：

(1)將武器託運保管箱（鉛製）、密封簽條兩張（同號碼）、槍彈代管收據一式四份等備妥。

(2)將上列備妥物品聯絡機場航警局安全檢查隊進行託運作業。

(3)託運人必須先辦妥登機手續，並持有登機證。

(4)會同交運人及安檢人員依旅客申報書，清點槍枝與彈藥，數量確實無誤後槍械必須退出彈匣並清槍後（確認武器未裝填彈藥），再將槍枝裝入保管箱內，立即以兩張「密封簽條」封妥該保管箱。此外，彈藥為第一類危險品，每位旅客僅可攜帶5公斤，若為團體彈藥不可以併裝，且必須採用安全固定的包裝。

(5)填妥槍彈代管收據，第一聯由交運人保管，第二聯交起程站安檢單位，第三聯交座艙長（事務長）簽收後交航空公司起程站收存，收據由機場運務人員簽字負責，第四聯交由座艙長（事務長）簽收保管，並由座艙長確實告知機長轉交到達站。

(6)槍枝保管箱不再置於航空器駕艙內，而是由勤務人員依機型屬性放置於貨艙或航空器飛航時無人可觸及之處，並採取槍彈分離的方式分別放置前後貨艙。運務員另需準備「機長通知書」（Notification to Captain, NOTOC）請機長簽收與確認。

(7)國內線以電話告知主管某班次有槍彈，必須派員領取，並登錄受話人姓名及時間備查。國際線透過「國際航空電訊協會網路」（SITA TELIX）以LDM（Load Message）與CPM（Container/Pallet Distribution Message）或另行電報（tele-communication）通知該航班續程站或到達站，請其回覆電文確認知悉。

2.到站作業：

(1)航機到達目的地後，航空警察單位及航空公司專責人員應先行登機，向機長或機長指定之人員領取代管槍彈。

(2)前述人員於領取代管槍彈後，應迅速發還原武器持用人，並收回起站所發給之代管收據。

3. 航空公司應於航機內設置槍彈存放容器，並存置於安全處所，嚴密保管。

4. 航空公司之「槍彈領取人」應爲運送航空公司之安管人員、站長（副站長）、督導或被指派之資深可靠人員辦理代管及發還等手續。

◆**續程站或到達站**

續程站或到達站的運務員接獲槍彈通知時，應按下列程序處理：

1. 班機到達後，承辦交運武器作業人員至客艙向座艙長（事務長）領取槍彈代管收據第四聯及貨艙門提領武器託運保管箱。

2. 將武器託運保管箱攜至隱密安全處，並請交運人出示槍彈代管收據第一聯。

3. 會同交運人當面剪開「密封簽條」請交運人清點項目並確認項目數量無誤後，請其在槍彈代管收據第一聯簽署。

4. 武器託運領取、清點武器時，避免閒雜人員在場。

(二)武器託運作業注意事項

1. 除經《台灣地區民航機場安全檢查作業規定》第15點第6款相關規定，由航空警察局專案核准的少數個案之外，在旅途中因公執行勤務人員所攜帶之武器必須辦理託運，不可隨身攜帶。

2. 託運槍枝彈匣內不得裝塡子彈。

3. 必須裝入航警局武器託運的危險品專用袋內。

4. 如託運武器的體積較航警局武器託運的危險品專用袋大之武器，必須包裝及遮蔽良好，以免歹徒覬覦，徒增運送過程的風險。

由於彈藥係屬於國際航空運輸協會發行的Dangerous Goods Regulation（IATA DGR）第一類危險品「1.4S」，在數量限制（5公斤）以內是安全的，但依照各航空公司與政府的安全政策，並非所有航空公司皆接受旅客託運。在IATA DGR中，各國航空公司會將其對危險品運送

規則，陳列在IATA DGR 2.9章節中，其中定義接受危險品的數量、包裝方式、檢查與可接受的危險品種類皆明定其中。我們所熟悉的航空公司均有訂定規則，如長榮航空的BR-04、中華航空的CI-02、中國國際航空CA-07、馬來西亞航空MH-06、泰國航空TG-01與越南航空VN-02僅可接受小量危險品的數量，凡航空接受旅客託運時，務必確認輸出國與輸入國，以及承載的航空公司皆可接受彈藥的運送。

【案例研討】

　　四年一度的亞洲體壇盛事——「香港2009東亞運動會」，台灣射擊隊欲搭乘國籍航空公司前往香港參賽，五位選手一共攜帶35公斤的彈藥欲前往香港，惟該隊事先向高雄航空警察局申報的輸出數量為25公斤，且將全隊的彈藥共同包裝成一件，遭到航警局以數量不合，航空公司以影響飛安與航空保安規定拒絕，待其完成分裝與重新裝箱，並將未獲許可的彈藥10公斤送回左訓中心後方成行，差點造成該射擊隊趕不上飛機。

第四節　報值行李作業

　　近年來，中華民國消費者文教基金會接獲多起國際旅行中行李遺失申訴案。台灣目前在行李遺失的賠償機制主要是依據《華沙公約》內的條文規定：「託運行李遺失賠償金額以每公斤250普安卡雷法郎（相當於20美元）為上限，經濟艙行李（20公斤×20美元）限額為每人美金400元；延誤、受損則視情況而定。」因此當消費者的行李在託運時遺失，是以重量來論賠償金額，而非行李的內容物。為了避免爭議，航空公司通常會建議旅客若有貴重行李，最好是隨身攜帶，若要託運，則建議其做到「事先報值」的動作以證實行李的價值，才可獲得較合理的賠償。航空公司通常會收取其報值若干比例的手續費，若行李真的遺失，

便可依報值金額照價賠償。

　　儘管法律及國際公約已針對航空公司（承運人）在運送行為時可能碰到的侵權狀況做了保護旅客的賠償規範，航空公司（承運人）也完全知道他們的職責，並據以安排保險。旅客們雖也能明白地從機票後面的運送條款知道遇有傷害或損失時可以期望獲得什麼賠償。然而，有些旅客可能會認為這些賠償的額度不夠，他們可以選擇另外購買保險或在運務櫃檯報到劃位時，要求航空公司以「報值」的方式來處理他們的託運行李，冀求若發生損害時可以獲得更多的賠償。在航空運輸對「報值行李」（Excess Valuation Charge）的認定中，與傳統「保險」的意義不同。航空公司對於行李報值費用的收取亦非隸屬保險費用的名目，其意義僅只是旅客認為其攜帶之託運行李價值超過航空公司依據現行法規規定所訂之最高賠償金額，主觀上為了降低其行李之旅行風險（如遺失、損毀等）而向航空公司申請「報值」，航空公司則於承載責任範圍內提供限定金額內之服務項目。

一、報值行李接受範圍

1. 為了避免操作上的複雜性及風險控制，報值行李的相關作業僅限機票填發單位之航空公司飛行的航線適用，旅客行程若牽涉兩家（含以上）航空公司的載運行為，則不接受旅客申辦報值（如轉機他航）。

2. 國際線接受之報值金額最高不得超過2,500美元；國內線接受之報值金額最高不得超過新台幣60,000元。若旅客認定其行李價值超過航空公司所訂定的額度，則請旅客向保險公司投保產物險。

3. 僅接受個人旅遊之旅客申請「託運行李」報值（手提行李不接受報值申請），但不限一件或多件託運行李同時申請報值。

4. 航空公司不接受下述行李之託運行李報值：金錢、珠寶、貴重礦石、流通票據、有價證券、商業文件、樣品、書、古董、加工製品、手稿、不能再修補之絕版書或出版品、其他貴重物品等。

二、報值行李計費規定

1. 航空公司對託運行李所負之責任，國內線依據《航空客貨損害賠償辦法》第4條之規定，每公斤賠償額為新台幣1,000元，故最高法定賠償額為NTD 1,000× 10公斤＝NTD 10,000；國際線則依據《華沙公約》及《海牙議定書》之規定，每公斤賠償額為20美元，故最高法定賠償額為USD 20× 20公斤＝USD 400。

2. 國際線每報值100美元，收取0.5美元之服務費；國內線每報值新台幣3,000元，收取新台幣20元之服務費。

3. 若涉及當地貨幣與美金之換算，則以當地銀行買入美金價格計算。

【案例探討一】

國內線旅客一件10公斤託運行李，申請報值新台幣80,000。

申請報值金額⟹	NTD 80,000
最高法定賠償金額⟹	NTD 1,000×10公斤＝NTD 10,000
超過之報值金額⟹	NTD 70,000（80,000－10,000＝70,000）
報值行李服務費收取⟹	NTD 70,000/3,000×20＝NTD 466.6元≒467元

【案例探討二】

國際線旅客一件20公斤託運行李，申請報值美金2,500。

申請報值金額⟹	USD 2,500
最高法定賠償金額⟹	USD 20× 20公斤＝USD 400
超過之報值金額⟹	USD 2,100（2,500－400＝2,100）
報值行李服務費收取⟹	USD 2,100/100× 0.5＝USD 10.5

三、場站處理要領

(一)起程站

1. 航空公司承辦人員於收取行李報值費後，應立即對該報值行李單獨開立一張「超重行李票」或「MCO」（Miscellaneous Charge Order）給旅客。若以「行李超重票」開立，不得與其他超重行李合併計算或共同使用一張超重行李票，超重行李票副本交由旅客收執，並應將行李掛牌之號碼填於票上。

2. 航空公司承辦人員務必要求旅客打開該報值行李並檢視其內容有無金錢、珠寶、貴重礦石、流通票據、有價證券、商業文件、樣品、書、古董、加工製品、手稿、不能再修補之絕版書或出版品、其他貴重物品等限制品，若有發現則應立即要求旅客將該限制品取出並改為手提行李項目。

3. 為了避免旅客飛抵目的地站後對行李內容物的完整性質疑或其他不可預期的困擾，航空公司承辦人員務必當面與旅客確認報值行李內容無誤後，方可將其行李押運至行李艙內，以防遺失或損毀，且必須通過當地機場海關、安檢的檢驗及相關查核。

4. 若旅客於辦理報值手續後因故沒有確實在該航班登機時出現，則航空公司依據慣例必須將行李取出，並退還其所支付之報值行李費，旅客應憑機票辦理退費手續並繳回收據。

5. 當載送報值行李的班機放行後，運務員必須將該報值行李的相關資料，諸如：旅客姓名、行李牌號碼、行李特色、行李置放處、報值金額等，透過電話或SITA TELIX電報告知目的地站，以確保報值行李於到達目的地站後得以順利遞還旅客。

(二)目的地站

　　若目的地站的運務員由SITA TELIX電報或其他通報管道得知由出發站飛抵本站的旅客中有申報行李報值者，應通知行李處理中心的運務員或地勤公司的勤務人員，當班機抵達時必須至飛機旁接機，確認行李箱或行李櫃封鉛完好，特別取出該行李，從飛機貨艙卸下行李後，全程押送該行李，當面交給旅客點收無誤後索回行李掛牌，並通知原出發站該行李已安全交還旅客始結案。而為了稽核之便，結案後最少必須將相關資料存檔三個月。

 ## 第五節　遺體託運

　　科學家告訴我們，整個宇宙只不過是變化、活動和過程而已。無常是宇宙運行的常態：四季的更迭、葉脈上的露珠、指天為誓的山盟海誓、信守不渝的信念，甚至是我們的容貌、年齡⋯⋯無一不可找到「無常」的鏡子。我們肉體的存活依靠肌肉、體液、體熱、呼吸和身體氣色維持運作，對於大多數的人來說，雖然明知這個世界的運行，有生就有死，死亡是不能規避，也不是個人可依個人意志主觀決定的過程，甚至不容許自己想到死亡這件事。談到死亡，多數人的反應是恐懼與忌諱，然而無論恐懼與否，每個人卻必定會死，只是時間、地點、死亡方式的差異。

　　對於華人面對死亡所抱持的態度而言，雖然死亡難以避免，但「壽終正寢」卻是對死亡方式的最佳妥協。然而，人生無常，世事詭譎如棋，對於客死異鄉的人來說，家人莫不希望將其遺體送回故鄉安葬，以入土為安。然而，若客死異鄉的遺體離其家鄉甚遠，甚至是關山萬里、遠隔重洋。透過航空運輸這種快捷、有效的運輸方式，往往是託運遺體時所考慮的管道。然而，對於航空運務作業來說，遺體託運有哪些注意事項？

　　雖然人類的生命及身體是不能用價值衡量的，基於對人類生命的尊重，也不能當作「貨物」看待。但是，在運輸實務操作上，遺體的託運在民航業界是屬於「特種貨物」。特種貨物係指在收運、儲存、保管、運輸及交付過程中，因貨物本身的性質、價值、體積或重量等條件需要特別處理的貨物。實務上常見的特種貨物包含：禁止運輸、限制運輸的貨物、急件、菌種、毒種及生物製品、植物和植物產品、活體動物、骨灰、靈柩、危險物品、鮮活易腐物品、貴重物品、槍械、彈藥、押運貨物等。對於託運的遺體，可以分為已經過火化的骨灰及屍體，其託運注意事項如下：

一、骨灰

1. 託運人應將包裝骨灰的容器外，包裹裝合適的外包裝，如外加木盒或紙箱，以客艙行李方式，放置在客艙內的置物架中或另外購買座位，以付費占位行李的方式運送，避免驚擾鄰座旅客；或是以一般貨運方式寄運，並知會航空公司，以便裝卸時留意。
2. 託運人應預先訂妥運送的航班及日期。

二、屍體（或稱靈柩託運）

有關航空運務對靈柩託運的規定如下：

1. 託運人應當憑醫院出具的死亡證明、殯葬管理部門出具的入殮證明及有關部門（航警局、衛生檢疫等）出具的准運證明辦理靈柩託運手續，並預先訂妥航班、日期。
2. 靈柩內必須是非傳染性疾病死亡的屍體。
3. 屍體應經過防腐處理，並在防腐期限以內。
4. 屍體應以鐵質棺材或木製棺材為內包裝，外加鐵皮箱和便於裝卸的環扣。
5. 棺內鋪設木屑或木炭等吸附材料，棺材應當釘牢、銲封，無漏

縫，確保氣味及液體不致外漏。

6.除死者遺物外，靈柩不能與其他貨物使用同一份貨運單託運。

7.靈柩必須在旅客登機前裝載，在旅客下機後卸載。

8.靈柩不能與活生動物、鮮活易腐物品、食品裝在同一集裝器（亦稱為「航空貨物承載裝置」或Unit Load Device）內；散裝時，靈柩不能與動物裝在同一貨艙內；分別裝有靈柩和動物的集裝器，裝機時中間至少有一個集裝器間隔。

而我國對於遺體託運的入出境檢疫相關法律規範係依據《國際港埠檢疫規則》第8條：「船舶、航空器等運輸工具載運有屍體者，應持有合格醫師簽發之死亡證明書，並載明死因及死亡日期。」的規定，入出境屍體的託運人或代理人必須向檢疫機關申報，經審查後放行及發給出境許可證，不檢查屍體，僅作證件審查。相關程序如下：

1.屍體入境檢疫：憑合格醫師簽發之死亡證明書及有效之防腐證明書放行。

2.屍體出境檢疫須攜帶下面證明文件之正本辦理：

(1)死亡證明書（須載明死因）。

(2)有效之防腐證明書（若正本另有用途，可先行影印一份與正本一起帶來，經核對後，正本歸還）。

(3)遺體載運許可。

3.出境許可證明書與其他證明書：每張新台幣200元。

除此之外，骨灰經高溫火化，無染疫之虞，其入出境不須辦理檢疫手續，可逕向機場或港口之海關單位辦理報關即可。

第六節 危險品與安全限制品行李託運規範

依據《民用航空法》第43條第4項規定，並爰用聯合國國際民航組織第18號附約（ICAO Annex18）發布的《危險物品航空安全運送技術規範》及國際航空運輸協會《危險物品處理規則》，可將危險物品區分爲九大類（稍後介紹）。

另一方面，交通部民用航空局訂定國內空運危險物品作業標準，大致將航空危險品的運送類別區分成四類：(1)可接受的危險物品（Dangerous Goods Acceptable）：此類物品運送完全符合該國法令或法規許可，亦不違反國際航空運輸協會《危險物品處理規則》，可以使用貨機運送的危險物品（Cargo Aircraft Only, CAO）；(2)禁運危險物品（Dangerous Goods Forbidden for Transport by Air）：此類物品屬於容易爆炸或是內含易爆物質，使用航空運送非常容易造成航機或環境的嚴重危險發生；(3)特許的危險物品（Dangerous Goods Exempted）：該項危險品雖然是屬於禁運危險物品，但是因爲輸出國與輸入國的特許之下，在指定航線、班次與航空公司的情況下，准許將此危險物品採用航空貨運方式運送；(4)除外的危險品（Dangerous Goods Excepted）：這類物品一般而言雖然是危險品，但是當旅客或是飛航組員攜帶少量該種類物品在手提（隨身）行李內或放置在託運行李中，不會產生飛安問題，例如少量的免稅品（酒類或香水類）、髮雕、定型液。

然而，要如何定義「危險物品」？所謂危險物品係指該物品本身或是內容物的材料特性，易受外界環境的影響，接觸到水、火、撞擊、電力、空氣、溫度變化而產生化學作用，引發爆炸、燃燒、氧化作用、釋放毒氣甚至輻射外洩，造成人體健康危害或環境破壞、生命與財產損失。在學習危險品處理過程的從業人員，包括航空空勤與地勤人員、地勤代理公司人員、航空貨運承攬商、航空貨運倉儲中心人員，都必須學習有關危險物品交接、倉儲、裝卸、運輸過程中，有關危險物品標準作

業的程序與專業知識，以降低產生危險性與引起災害的風險。依據《航空器飛航作業管理規則》第2條第24項的界定是：「危險物品：指民航局依本法第四十三條第三項公告之物品或物質。」其範圍係指行政院勞工委員會訂定之《危險物及有害物通識規則》規定適用之危害物質、行政院環境保護署依據《毒性化學物質運送管理辦法》公告之毒性化學物質及危險物品。其分類標準可以依據《危險物品空運管理辦法》（2008年2月25日發布）第3條界定為九大類危險物品：(1)第一類：爆炸物品（Explosives）；(2)第二類：氣體（Gases）；(3)第三類：易燃液體（Flammable Liquids）；(4)第四類：易燃固體、自燃物質、遇水釋放易燃氣體之物質（Flammable Solids; Substances Liable to Spontaneous Combustion; Substances which, in Contact with Water, Emit Flammable Gases）；(5)第五類：氧化物、有機過氧化物（Oxidizing Substances and Organic Peroxide）；(6)第六類：毒性物質、傳染性物質（Toxic and Infectious Substances）；(7)第七類：放射性物質（Radioactive Material）；(8)第八類：腐蝕性物質（Corrosives）；(9)第九類：其他危險物品（Miscellaneous Dangerous Goods）。

最後，為了規範各機場相關單位運送處理危險物品之作業，讓各類危險物品能藉由航空安全運送至目的地，並讓相關人員瞭解發生緊急意外事件時之通報作業程序，民用航空局非僅要求貨主或託運人必須確實申報所託運之危險物品，承攬危險物品交運之航空貨運承攬業者及航空公司應確實檢查該危險物品，確認其不屬於禁止空運之物品。貨主或託運人並應將危險物品正確分類、標籤並包裝之外，並規定所有從事危險物品空運作業之人員必須接受危險物品運送相關訓練，取得受訓合格證書後，方能從事危險物品運送相關作業；完成訓練後，每二十四個月應接受複訓，以確保證書之有效性（證書之有效期限為兩年）。

茲於後依序簡述九大類危險物品：

一、第一類：爆炸物品

表7.3 爆炸物品類別說明

類別	內容	例如	貨機運送	客機運送
1.1	具有巨量爆炸危害的物質或物體	核彈、火藥	禁運	禁運
1.2	具有射出危害的物質或物體	手榴彈	禁運	禁運
1.3	具有起火危害以及輕微的爆破危害或輕微的射出危害，或者兩者兼具但無巨量爆炸危害的物質或物體	訓練用手榴彈、閃光誕	1.3C/G 視航空公司而定 其他禁運	禁運
1.4	不致引起重大危害的物質或物體	鞭炮、競技用子彈	1.4B/C/D/E/G/S 視航空公司而定	1.4S 視航空公司而定
1.5	具有巨量爆炸危害，但敏感度低的物質或物體	爆破用炸藥	禁運	禁運
1.6	敏感度極低且不具有巨量爆炸危害的物質或物體		禁運	禁運

資料來源：Dangerous Goods Regulations；IATA第51版。

圖7.9 第一類：爆炸物品之標籤1.1～1.6
資料來源：Dangerous Goods Regulations; IATA.

第一類危險品標示圖除了類別外，在每一類別下，另外會有不同的相容性組合（various compatibility groups），以一個英文字母代表其次危險因子（sub risk），不同的相容性組合，在進行裝載時要特別查詢不相容性檢核表，避免產生危險。部分航空公司接受易爆物品以全貨機方式載運，如IMP Code（Interlines Message Procedure Code）：RCX（易爆物品1.3C）、RGX（易爆物品1.3G）、RXB（易爆物品1.4B）、RXC（易爆物品1.4C）、RXD（易爆物品1.4D）、RXE（易爆物品1.4E）、RXS（易爆物品1.4S）：部分航空公司並同意將運動、競技比賽專用的子彈RXS（易爆物品1.4S）視為可以接受的危險品，以客貨機運送。

二、第二類：氣體

依據國際航空運輸協會所制定之《危險物品處理規則》於氣體的定義是：「物理性質在攝氏50度時的蒸氣壓大於300 kPa，或是在攝氏20度及101.3 kPa的標準壓力差下是完全氣態的物質」。在第二類危險品中，依可能在運送過程中產生的主要危害區分為三類：易燃氣體（Flammable Gases）、非易燃氣體或無毒性氣體（Non Flammable or Non-toxic Gas）、毒性氣體（Toxic Gas）。

(一)2.1項：易燃氣體

1.在攝氏20度及標準壓力差101.3 kPa時，體積在13%或13%以下與空氣混合所形成的混合物。其物理特性為會起火的氣體，如瓦斯。
2.不論燃燒範圍的低點為何，與空氣的燃燒級距至少為12個百分點的氣體。

(二)2.2項：非易燃氣體或無毒性氣體

1.在攝氏20度及標準壓力差不低於280 kPa時，或是作為冷凍液體時的非易燃氣體，無毒性氣體，如液態氮。

易燃氣體
CGO IMP Code RFG

非易燃氣體
CGO IMP Code RNG或RCL

毒性氣體
CGO IMP Code RPG

圖7.10 第二類：氣體之標籤

資料來源：Dangerous Goods Regulations; IATA.

2.此類氣體會稀釋或取代正常的氧氣，如二氧化碳。

3.此類氣體通常會供應氧氣，相對於其他物料，雖非易燃，但相對於空氣會有較高的可燃性，如氧氣瓶。

(三)2.3項：毒性氣體

氣體中所包含的物質是有毒氣體或是毒性氣體足以導致人體的危害，如殺蟲劑。由於其LC50值等於或小於5,000ml/m³（ppm），對人體產生毒害或腐蝕性氣體。

三、第三類：易燃液體

第三類危險物品是以物質或物品的「閃點」作為歸類的依據。凡是閃點高於攝氏61度的物質或物品均歸屬於「易燃液體」。第三類危險物品可再細分為：

1.第I包裝群體：低閃點液體，起沸點≦35℃，如乙醚。

2.第II包裝群體：中閃點液體，起沸點＞35℃，閃點≦23℃，如甲苯。

3.第III包裝群體：高閃點液體，起沸點＞35℃，23℃≦閃點≦61℃，如煤油。

圖7.11　第三類：易燃液體之標籤（CGO IMP Code RFL）

資料來源：Dangerous Goods Regulations; IATA.

四、第四類：易燃固體、自燃物質、遇水釋放易燃氣體之物質

依燃燒方式區分為三類：易燃固體（Flammable Solids）、自燃性固體（Spontaneously Solids）、遇濕易燃的固體（Dangers When Wet）。

(一)4.1項：易燃固體

易燃固體在運送過程中很容易因摩擦生熱導致起火，或是物品本身會生熱具有「即燃性」（readily combustible），易於著火，如矽粉、安全火柴。

(二)4.2項：自燃性固體

1. 「起火物質」（Pyrophoric Substances）：此類物質即使數量稀少，只要與空氣接觸，常會在五分鐘內自行起火，如黃磷。
2. 「自熱物質」（Self-Heating Substances）：此類物質與空氣接觸時，即使是沒有供給能量，也會自行加熱。但此類物質只有在數以公斤計的大量之下，或經過數以時日的長時間才有被點燃的可能，如救身衣自動充氣裝置。

易燃性固體   自燃性固體   遇濕易然的固體
CGO IMP Code RFS   CGO IMP Code RSC   CGO IMP Code RFW

圖7.12 第四類：易燃性固體之標籤

資料來源：Dangerous Goods Regulations; IATA.

(三)4.3項：遇濕易燃的固體

此類「遇濕易燃的固體」遇到水則會釋出易燃氣體，而與空氣形成爆炸性混合物，如鈉鋁氫化物（通樂）、鎂粉。

五、第五類：氧化物、有機過氧化物

(一)5.1項：氧化物

氧化物本身未必會自燃，但是因為會釋出氧氣，恐有與其他物質接觸而產生燃燒的危險，如硼酸鹽、硝酸鈉、氯化物、雙氧水。

(二)5.2項：有機過氧化物

有機過氧化物為溫度不穩定的物質，會產生放熱性自我加速分解，如硝酸氮。具有下列特質：易爆炸性分解、快速燃燒、對衝擊或摩擦敏感、與其他物質危險反應、對眼睛產生傷害。

氧化物　　　　　　　　　　有機過氧化物
CGO IMP Code ROX　　　　CGO IMP Code ROP

圖7.13　第五類：氧化物、有機過氧化物之標籤

資料來源：Dangerous Goods Regulations; IATA.

六、第六類：毒性物質、傳染性物質

(一)6.1項：毒性物質

　　第一項毒性物質若吞食或吸入肺部，或經由皮膚接觸，會造成嚴重傷害或當事人死亡的危險，如：砷。

(二)6.2：傳染性物質

　　第二項傳染性物質包含具有生命力的細菌、病原體、病毒等微生有

毒性物質　　　　　　　傳染性物質
CGO IMP Code RBP　　　CGO IMP Code RIS

圖7.14　第六類：毒性物質、傳染性物質之標籤

資料來源：Dangerous Goods Regulations; IATA.

機物，可能會對人類或動物產生危險，如：疫苗。

七、第七類：放射性物質

1. 第七類第一級分類的標貼顏色：白色（放射線傳送指數T.I值0 <T.I.<0.05）。IMP CODE RRW
2. 第七類第二級分類的標貼顏色：黃色（放射線傳送指數T.I值0.05 <T.I.<1.0）。IMP CODE RRY
3. 第七類第三級分類的標貼顏色：黃色（放射線傳送指數T.I值1.0 <T.I.<10.0）。IMP CODE RRY
4. 第七類FISSIL的標籤顏色：白色（可分裂性物質）。與放射性物質合成包裝且其內容物是屬於易分裂之物質，需張貼此標籤。

第一級分類
CGO IMP Code RRW

第二級分類
CGO IMP Code RRY

第三級分類
CGO IMP Code RRY

分裂性物質
（必須註明臨界安全指數CSI）
Criticality Safety Indes

圖7.15　放射性物質之標籤

資料來源：Dangerous Goods Regulations；IATA.

圖7.16　放射性物質的微量外包裝盒之標籤
（CGO IMP Code RRE）

此外包裝盒符合國家與國際間的檢驗合格標準
（此盒中裝載放射線物品後，不需再次經由機長
確認）
資料來源：Dangerous Goods Regulations; IATA.

八、第八類：腐蝕性物質

腐蝕性物質若接觸活體組織或物質材料時，有腐蝕或毀壞的危險因
素存在，如硫酸、王水等。

圖7.17　腐蝕性物質之標籤（CGO IMP Code RCM）
資料來源：Dangerous Goods Regulations; IATA.

九、第九類：其他危險物品

對於第九類DGR分類標準的涵蓋範圍來說，主要是任何危險物品在
前述八大分類中均無法被歸類者，則一律隸屬於這個類項，統稱為「其
他危險物品」或「雜項類危險物品」。例如：磁性物質，可能危害到機
體結構的物質，及其他因固有的特性若未經過適當的包裝處理就不適合
空運的物品。

關於九大類危險品的菱形識別標籤，依照IATA DGR SECTION 7規
定，此標示的最小長寬為100mm×100mm，為使服務流程更加順暢，另
外設計了「處理標籤」（handling label），以依照貨物特性給予更貼心

雜項危險品　　　　　　　　　磁性物質
CGO IMP Code RMD、RSB、ICE　　　CGO IMP Code MAG

圖7.18　第九類：其他危險物品之標織

資料來源：Dangerous Goods Regulations; IATA.

圖7.19　向上指示標籤

資料來源：Dangerous Goods Regulations; IATA.

圖7.20　僅可使用貨機載運之標籤（CGO IMP Code CAO）

資料來源：Dangerous Goods Regulations; IATA.

的處理，在第九類危險物品中，對磁性物品設立了專屬標籤，最小面積是100×90mm。

有鑑於部分化學液體或貨物的特殊性，不可傾倒，提供方向指示標籤，以利地勤工作人員裝載時特別留意。對於僅可以貨機載運的危險品亦須貼上CAO（Cargo Aircraft Only），避免錯誤裝載到客貨機，產生飛安意外。

冷凍液體或是不適合長期曝曬在陽光下的物品，如生鮮食品、活生動物，須使用其專屬標籤，讓地勤人員、裝載人員與倉儲人員知道使用正確的儲藏與裝載的作業流程。

在機場運務作業的實務中，常見身心障礙旅客會託運電動輪椅的個案。電動輪椅的自由移動係因安裝有電瓶提供電力，一般使用的制式乾電池（non-spillable Batteries）與制式濕電池（spillable batteries）。由於電池內為第八類危險品，內含易腐蝕液體，但是制式乾電池封裝良好，檢視外殼良好就比較不會有滲漏的危險。但是，制式濕電池因為需定期填充電解液以維繫電瓶供電正常，比較可能有滲漏的危險，因此當處理到旅客欲託運電動輪椅時，務必確認電瓶種類，確實固定在輪椅的安裝電瓶位置，保持正確的「向上」方向，並將正負兩極安全絕緣後，使用

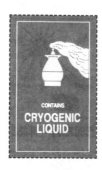

圖7.21　冷凍液體之標籤
資料來源：Dangerous Goods Regulations; IATA.

圖7.22　遠離熱源之標籤
資料來源：Dangerous Goods Regulations; IATA.

【案例研討】

　　2009年8月27日華視新聞報導，根據美國聯邦航空管理局（Federal Aviation Administration, FAA）資料，從2008年3月以來，由於運送鋰電池已發生六起火災，乘客和貨運飛機皆因此受到波及。這些意外都沒有釀成死亡或重傷。好幾起火災意外引起工會的呼籲，包括8月14日聯邦快遞客機火災，該架飛機在Minneapolis降落後不久發現起火。Minneapolis聖保羅國際機場發言人Patrick Hogan表示，這起火災顯然由裝運的電池供電的無煙香菸引起的。這些產品均採用可充電的鋰電池。Hogan指出，這架客機沒有受損，但火災嚴重損壞客機內部的貨櫃。以測試電子產品安全聞名的Underwriters Laboratories，該實驗室的消費者安全主任John Drengenberg表示，鋰電池的影響力不斷增長，電子業越來越依賴鋰電池，運用產品的範圍從手機到相機。當鋰電池出現極少數的失敗情況時，反而造成這些電子產品更加危險。鋰電池的危險首次在1999年的洛杉磯發現，一班從日本起飛的飛機降落後，其中一批裝有十二萬顆鋰電池的貨櫃起火。而非充電鋰電池不同於可充電的鋰電池，它燃燒猛烈，且無法用水或滅火器熄滅。此起意外也引起美國國家運輸安全委員會（National Transportation Safety Board, NTSB）的關注。2004年，美國交通部旗下的輸運管道及危險物質安全管理局（Department of Transportation Pipeline and Hazardous Materials Safety Administration, PHMSA）的監管機構禁止客機運輸散裝非充電鋰電池。可充電的鋰離子電池沒有那麼易燃，可用滅火器熄滅，但NTSB已發布一連串要求對電池嚴格把關和測試的建議。2009年1月1日起ICAO修訂新的鋰電池的運送規範，我們將在下一節進行說明。

飛機上的抑制裝備固定電動輪椅，以避免因電瓶遺失、傾倒引發的危險事件與旅客不便而求償的後續發展。

　　由於危險品的內含物質，有許多化學成分，若包裝不良或是外洩，甚至於產生化學變化造成強酸強鹼汙染環境，燃燒產生有毒廢氣，或輻射外洩而塗炭生靈，因此對於會產生環境破壞與汙染的危險品，除了前述的危險品標籤外，亦須加掛對環境產生有害物質指示標籤（如圖**7.23**），使得儲存、裝卸與載運各環節的工作人員，更加留意小心，避免對環境產生破壞，危害人體健康。

圖7.23　鋰電池以貨運寄送時須張貼的警告標示，內容註明不要接受包裝破損的鋰電池貨物

資料來源：Dangerous Goods Regulations; IATA.

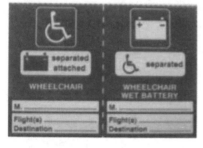

圖7.24　電動輪椅的指示標籤，左為使用乾式電瓶，右為使用濕式電瓶

資料來源：Dangerous Goods Regulations; IATA.

圖7.25　對環境產生有害物質指示標籤

資料來源：Dangerous Goods Regulations; IATA.

第七節　帶得安心，飛得放心

　　航空飛行安全並非靠民用航空局、航空警察局與航空公司共同努力即可確保飛行安全，實際上仍有賴所有旅客共同遵守規範，才能落實飛安的完成，因此本節將系統化有關旅客行李要如何託運、什麼是可以手提的、什麼是必須託運的、什麼是不可以帶的。交通部民用航空局為加強宣導飛航安全之重要性，並使飛航工作從業人員及一般民眾重視飛安工作，特別於宣導摺頁推廣以下觀念：

一、不可放置在隨身或手提行李中的物品

　　以下物品因有影響飛航安全之虞，不得放置於手提行李或隨身攜帶進入航空器，但可放置於託運行李內交由航空公司辦理託運：

(一)刀類

　　如各種水果刀、剪刀、菜刀、西瓜刀、生魚片刀、開山刀、鐮刀、美工刀、牛排刀、折疊刀、手術刀、瑞士刀等具有切割功能之器具等〔不含塑膠安全（圓頭）剪刀及圓頭之奶油餐刀〕。

圖7.26　民用航空局飛安宣導摺頁封面圖

資料來源：交通部民用航空局網頁。

圖7.27　危險品宣導陳列櫃

資料來源：楊政樺攝於台北松山機場。

(二)尖銳物品類

如弓箭、大型魚鉤、長度超過五公分之金屬釘、飛鏢、金屬毛線針、釘槍、醫療注射針頭等具有穿刺功能之器具。

(三)棍棒、工具及農具類

各種材質之棍棒、鋤頭、鎚子、斧頭、螺絲起子、金屬耙、錐子、鋸子、鑿子、冰鑿、鐵鍊、厚度超過0.5mm之金屬尺等，可作為敲擊、穿刺之器具。

(四)槍械類

各種材質之玩具槍及經《槍砲彈藥刀械管制條例》與《警械許可定製售賣持有管理辦法》之主管機關許可運輸之槍砲、刀械、警棍、警銬、電擊器（棒）等。

(五)運動用品類

如棒球棒、高爾夫球桿、曲棍球棍、板球球板、撞球桿、滑板、愛斯基摩划艇和獨木舟划槳、冰球球桿、釣魚竿、強力彈弓、觀賞用寶劍、雙節棍、護身棒、冰（釘）鞋等可能轉變為攻擊性武器之物品。

(六)液狀、膠狀及噴霧物品類

1. 搭乘國際線航班之旅客，手提行李或隨身攜帶上機之液體、膠狀及噴霧類物品容器，不得超過100毫升，並須裝於一個不超過1公升（20×20公分）大小且可重複密封之透明塑膠夾鍊袋內，所有容器裝於塑膠夾鍊袋內時，塑膠夾鍊袋須可完全密封，且每位旅客限帶一個透明塑膠夾鍊袋，不符合前揭規定者，應放置於託運行李內。
2. 旅客攜帶旅行中所必要但未符合前述限量規定之嬰兒牛奶（食品）、藥物、糖尿病或其他醫療所需之液體、膠狀及噴霧類物品，須於機場安檢線向內政部警政署航空警察局安全檢查人員申報，並於獲得同意後，始得放於手提行李或隨身攜帶上機。

(七)其他類

其他經人為操作可能影響飛航安全之物品。

二、隱藏性危險品

旅客或貨主託運行李與貨品時，經常以一般品名申報之行李或貨物形式來進行託運。然而，行李或貨物中的些許材質或有可能暗藏了不適合託運的危險品物質。為了避免旅客或貨主攜帶或託運危險品登機，導致裝載錯誤而引發意外事件，因此第一線的服務人員必須要熟悉與旅

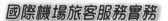

客或貨主確認行李或貨物之內容物的技巧，與辨識危險品的方法。首先，機場運務員要閱讀旅客寄運貨物的申報書或對託運行李的內容進行詢問，確認內容物沒有危險品項；其次，確認貨物或行李的外包裝是否有危險品的標示與說明。如果有，隨即請求安檢人員會同旅客或貨主共同確認內容物是否是危險品。如果行李的內容物是危險品則拒絕旅客託運，並請旅客將該物品改用全貨機運送，如果行李的內容物不是危險品，則請旅客使用無危險品標籤的行李箱重新包裝，或移除行李箱上的危險品標示，請旅客重新包裝良好後方接受託運。如果貨運內容疑似危險品但貨運提單未註明，須按照「危險品規章」關於危險物品的分類定義查驗其所託運之物品，聯絡貨主或代理商確認貨品內容修改提單，若確實非危險品亦要求貨主或代理商在空運提單註明「No restricted」，強調貨物內物品不具危險性。

典型的隱藏性危險物品說明如下，詳如**表7.4**。

表7.4 典型的隱藏性危險物品

品名	中文翻譯	可能含有的危險性
Aircraft on Ground (AOG)	緊急運送的航機修復器材	油料、化學藥劑或濕、鋰電池、壓縮氣體鋼瓶等
Automobiles, Automobile Parts	汽車、汽車零件	磁性物質、腐蝕性電解液及安全氣囊
Breathing Apparatus	呼吸裝置	可能有空氣循環壓縮機或氧氣筒
Camping Equipment	露營器材	易燃氣體、易燃液體、易燃固體
Car, Car Parts	汽車、汽車零件	磁性物質、腐蝕性電解液及安全氣囊
Chemicals	化學物品	各種的危險物質
COMAT（Company Materials）	公司航材	各種的危險物質：油料、化學藥劑、壓縮氣瓶……
Consolidated Consignment	併裝貨	各種的危險物質
Cryogenic Liquid	液體低溫劑 / 冷凍液體	液化氣體
Cylinders	鋼瓶	壓縮氣體 / 液體
Dental Apparatus	牙科醫療器材	易燃液體（溶劑）
Diagnostic Specimens	醫療檢體 / 試劑樣本	傳染性物質
Diving Equipment	潛水裝備	潛水照明燈、鋼瓶

（續）表7.4　典型的隱藏性危險物品

品名	中文翻譯	可能含有的危險性
Drilling/Mining Equipment	探鑽及採礦裝備	爆炸品等
Dry Shipper（Vapour Shipper）	液態氮裝置	含有液態氮
Electrical Equipment	電氣裝備	磁性物質、水銀等
Electrically Powered Apparatus	電動裝置／器具	鋰電池
Expeditionary Equipment	探險裝備	照明彈、信號彈、易燃氣體／液體等
Film Crew or Media Equipment	影片攝影組或媒體器具	爆炸煙霧裝置、鋰電池
Frozen Embryos	冷凍胚胎	乾冰、液態氮
Frozen Fruit, Vegetables	冷凍水果、蔬菜	乾冰
Fuels	燃料	易燃液體
Fuel Control Units	燃油控制單元	易燃液體
Hot Air Balloon	熱氣球	易燃氣體的泵、滅火器、內燃機、電池
Household Goods	家庭用品	油漆、噴霧劑、漂白劑
Instruments	儀器	氣壓計、溫度計、水銀
Laboratory/Testing Equipment	科學實驗設備	各種的危險物質
Machinery Parts	機器零件	易燃液體
Magnets and Other Items of Similar Material	磁鐵或相關類似物質	磁性物質
Medical Supplies	醫藥器材	危險的化學品
Metal Construction Material, Metal Fencing, Metal Piping	金屬建構材料、金屬柵欄、金屬鋼管	磁性物質
Parts of Automobile (Car, Motor, Motorcycle)	汽車、機車零件	濕電池
Passengers Baggage	旅客行李	爆竹、清潔劑、露營頭燈、瓦斯爐各種的危險物質
Pharmaceuticals	藥品	各種的危險物質
Photographic Supply	攝影設備	危險的化學品
Racing Car or Motorcycle Team Equipment	賽車或機車團體裝備	易燃液體、電池
Refrigerators	冰箱	液化氣體或氨
Repair Kits	修理工具組	易燃氣體／液體、樹脂等
Samples for Testing	試驗用樣品	傳染性物質、易燃物質、毒性或腐蝕性物質
Semen	精液	乾冰或液態氮
Show, Motion Picture, Sage and Special Effects Equipment	表演、影片、舞台及特種效果裝備	易燃物質、爆炸品等
Swimming Pool Chemicals	游泳池化學劑	氣化或腐蝕性物質

（續）表7.4　典型的隱藏性危險物品

品名	中文翻譯	可能含有的危險性
Switches in Electrical Equipment or Instruments	電氣裝備或儀器之開關	水銀
Tools Boxes	工具箱	爆炸物、易燃氣體／液體、壓縮氣體
Torches	火炬、噴火器	易燃氣體／液體
Unaccompanied Passengers Baggage/Personal Effects	後送行李	各種的危險物質
Vaccines	疫苗	乾冰

資料來源：Dangerous Goods Regulations; IATA.

　　當然，還會有其他物品未能表列其中，若需查詢，可閱讀國際航空運輸協會《危險物品處理規則》或各航空公司的《危險品訓練計畫》與《危險品標準作業手冊》。其中航空公司的緊急修護用航材，雖然是危險品，但是考量航機故障會造成旅客極大不便與航空公司嚴重損失。因此，經報備核准後，可裝入該公司的航機進行緊急運送，若要使用其他航空公司的航機運送就必須查詢該公司的「危險品規章」辦理。

三、旅客及組員可攜帶或託運上機之危險物品

　　除符合下列規定外，旅客及組員均不得將其他空運危險物品放置於手提或託運行李或隨身攜帶上機：

(一)須經航空公司同意始可託運上機之危險物品

1.安全包裝之彈藥（Ammunition）：每人僅能攜帶供個人使用毛重5公斤以內，屬危險物品分類1.4S類且安全包裝之彈藥（僅限UN0012或UN0014），不包括含爆裂性或燃燒性之彈藥。兩名以上旅客所攜帶之彈藥，不得合併為一個或數個包裝件，彈藥之運輸必須符合《槍砲彈藥刀械管制條例》之規定，方可進行運送。運務員尚需準備「機長通知書」（NOTOC），知會機長危險品裝載位

置，並註明緊急應變處理代碼ERG Code 1L。

2. 裝有溢漏式電池（濕式電池）之輪椅或其他電動行動輔助裝置（Wheelchairs/ Other Battery-powered Mobility Aids with Spillable Batteries）：在裝載、存放、固定及卸載的過程中，電池須全程維持直立狀態，且須切斷電源，電極並須保護避免短路，另電池須牢固附於輪椅或行動輔助裝置上。

(1) 包裝件須堅固防止滲漏，使電池液體不致流出，並且在打盤、裝櫃作業時，除了以貨物或行李支撐以外，應使用諸如皮帶、托架或支架適當保護防止翻倒。

(2) 電池須避免短路，並直立固定於包裝件內，周圍須包覆足以吸收所有電池液體之合適吸附性材料。

(3) 電池包裝件須防漏並標記「Battery, Wet, with Wheelchair」或「Battery, Wet, with Mobility Aid」，電池包裝件須貼上腐蝕性標籤及方向性標籤。

(4) 製作「機長通知書」（NOTOC）知會機長危險品裝載位置，並註明緊急應變處理代碼 ERG Code 8L。

3. 裝有非溢漏式電池（乾電池）之輪椅或其他電動行動輔助裝置（Wheelchairs / Other Battery-powered Mobility Aids with Non-spillable Batteries）：電池之電極須加以保護或隔離避免短路，例如將電池裝於保護盒中並牢固附於輪椅或輔助器上。航空公司必須確認裝有非溢漏式電池之輪椅或其他電動行動輔助裝置使用諸如皮帶、托架或支架適當保護方式運送並予以保護，以防止正常作業時因行李、郵件、侍應品或貨物移動而受到損壞。

4. 露營用火爐及含有易燃液體之燃料罐（Camping Stoves and Fuel Containers that have Contained a Flammable Liquid Fuel）：露營用火爐及用於露營用火爐裝有易燃液體之燃料罐，得放置於託運行李中，惟所有易燃液體應完全排乾，且採取必要措施防止危險發生。

(二)須經航空公司同意始可手提上機之危險物品

1. 水銀氣壓計或溫度計（Mercury Barometer or Thermometer）：政府氣象局或類似官方機構之每一代表，可隨身攜帶一支水銀氣壓計或溫度計，惟須裝進堅固的外包裝中，且內含密封之內襯墊或堅固防漏及防止穿刺材料製成之袋子，以防止水銀或水銀蒸氣的外洩。

2. 鋰離子電池（Lithium Ion Batteries）：備用鋰離子電池超過100瓦／小時但不超過160瓦／小時可手提攜帶上機，或者是裝置在儀器（機器）內可手提攜帶上機或託運行李。每個人不可攜帶超過兩個備用電池上機。

(三)須經航空公司同意始可託運或手提上機之物品

依各航空公司的危險品作業規定不同而有所差別。

1. 醫療用氧氣筒（Medical Oxygen）：供醫療使用之小型氧氣瓶或潛水用氧氣瓶；每一個鋼瓶毛重不能超過5公斤，鋼瓶上之氣閥和調節器必須要保護避免損壞導致氧氣散發；含液態氧之裝置禁止隨身攜帶或放置於託運或手提行李。並非所有航空公司皆同意旅客攜帶氧氣瓶上機，非醫療用氧氣瓶更是無法被同意帶上飛機，旅客需要此類服務時，可以事先向航空公司預定醫療用氧氣筒服務，自帶的氧氣鋼瓶必須洩氣至壓力閥指數為零後，辦理託運。

2. 固態二氧化碳（乾冰）（Solid, Carbon Dioxide; Dry Ice）：當作生鮮食品防腐保鮮使用之乾冰，每個人可攜帶不超過淨重2.5公斤，且包裝必須可以散發乾冰所產生的二氧化碳氣體。手提與託運行李合計每人不得超過淨重2.5公斤之乾冰。由於各國法規不一致，如菲律賓民航局要求凡行李中內含乾冰者一律辦理託運，旅客與航空公司亦當遵從。

3. 裝在救生衣內之非易燃氣體氣瓶（Non-flammable Gas Cylinder fitted into a Life Jacket）：裝入可自行膨脹之救生衣內之二氧化碳

或屬危險物品分類2.2類之其他小型氣瓶，每人最多可帶兩個，另可帶兩個備用瓶。有的航空公司除屬第九類危險品之乾冰外，其餘危險品禁止客機運送。

4.含填充冷凍液態氮之隔熱包裝（Insulated Packages Containing Refrigerated Liquid Nitrogen）：液態氮須完全由多孔物質吸附，並且用於低溫下運輸非危險物品。此隔熱包裝之設計，不得任壓力在容器內累積，而且不論包裝物之方向如何，都不會釋出任何冷凍液態氮。航空公司除屬第九類危險品之乾冰外，其餘危險品禁止以客機運送。

5.雪崩救援背包（Avalanche Rescue Backpack）：每人可攜帶一件雪崩救援背包，可內裝含有淨重不超過200毫克屬危險物品分類1.4S類之煙火發射裝置以及淨重不超過250毫升屬危險物品分類2.2類之壓縮氣體。此救援背包必須包裝成不會因意外而啟動，其內含的氣囊必須配備有壓力釋放閥。

6.化學計量偵測設備（Chemical Agent Monitoring Equipment）：禁止化學武器組織（The Organization for the Prohibition of Chemical

圖7.28　醫療用氧氣瓶須經由航空公同意方可攜帶，每架航機本身均備有緊急時的醫療用氧氣瓶

圖片來源：楊政樺攝。

Weapons, OPCW）所屬人員因公務旅行得攜帶化學計量偵測設備，惟設備中所含之放射性物質不得超過放射性物質安全運送規則附表三之活度限制，並須包裝牢固且未含鋰電池。

7.產生熱源的產品（Heat Producing Articles）：如水底照明設備（潛水頭燈）和焊接設備等，一旦受到意外啓動，即可產生高熱和起火之電池驅動設備。惟須將產生熱量或電池（能源）裝置分離分別包裝，以防止運送時意外啓動。任何被分離的電池必須要保護防止短路。

(四)無須經航空公司同意即可託運或手提上機之物品

1.醫療、梳妝用品及分類爲2.2類危險物品之噴劑（Medicinal or Toilet Articles and Aerosols in Division 2.2）：非放射性醫療用品或梳妝用品（含噴劑），如髮膠、香水、古龍水及含酒精之藥物等，可攜帶上機。爲避免內容物不慎洩漏，噴劑壓力閥門須由蓋子或其他適合方式加以保護。醫療、梳妝用品及分類爲2.2類危險物品之噴劑，每人可攜帶之總重量不超過2公斤或2公升，單一物品不超過0.5公斤或0.5公升，僅可作爲託運行李。前述限量規定僅適用於搭乘國內線航班；國際線航班旅客須遵從國際航線新安檢規定。

2.義肢用氣瓶（Cylinders for Mechanical Limbs）：供操作義肢用屬危險物品分類2.2類之小型氣瓶，另可攜帶航程中所需之小型備用氣瓶。

【案例研討】

　　某教學醫院組織一醫療團隊欲前往非洲友邦國家進行人道醫療行為，除相關醫療藥物、器械外，更攜帶300支水銀體溫計為致贈之禮品。但因違反航空公司運送危險品的安全作業規則，遭到航空公司以客機無法載運危險品為由拒絕運送，並請旅客將該物品改以貨運方式寄送。

3. 心律調整器（Cardiac Pacemakers/ Radio-pharmaceuticals）：放射性同位素之心律調整器或其他裝置，包含植入人體並以鋰電池為動力之裝置，或因醫療所需而置於人體內之放射性藥物。

4. 醫療或診療用溫度計（Medical/ Clinical Thermometer）：放在保護盒內供個人使用之小型醫療或診療用水銀溫度計，每人限帶一支。

5. 安全火柴或香煙打火機（Safety Matches or Cigarette Lighter）：以個人使用隨身攜帶為限，禁止放置於手提或託運行李內，每人限帶一盒安全火柴或一個香煙打火機，惟不可攜帶無法被吸收之液體燃料（不含液化氣）打火機與打火機燃料或打火機燃料填充罐及非安全火柴。部分國家機場禁止旅客攜帶安全火柴或香煙打火機，如美國、韓國。

6. 含酒精飲料（Alcoholic Beverages）：酒精濃度超過24%但不超過70%且以零售包裝之酒精飲料，其容器內盛裝量不得超過5公升，每人攜帶的總重也不得超過5公升。酒精含量等於或少於24%的酒精飲料，則無攜帶數量之限制。前述限量規定僅適用於搭乘國內線航班，搭乘國際線航班亦需符合國際航線新安檢規定，且前述之攜帶數量與各國海關免稅酒有一定額度限制，當攜帶數量超出免稅額度時，旅客將面對入境國徵收關稅的問題。

7. 捲髮器（Hair Curlers）：含碳氫化合物氣體之捲髮器，每人只可攜帶一個，且其安全蓋必須牢固的裝置在加熱元件上。這種髮捲不論任何時候，都不可以在機上使用。此類捲髮器之氣體填充罐，不可作為託運或手提行李。

8. 含有鋰或鋰離子電池之消費性電子裝置（Consumer Electronic Devices containing Lithium or Lithium Ion Cells or Batteries）：作為個人使用之消費性電子裝置，如手錶、計算機、照相機、手機、手提電腦及錄影機等，備用電池須個別保護避免短路且僅限放置於手提行李中。鋰電池須符合以下規範：(1)鋰金屬或鋰合金電池，其鋰含量不超過2公克；(2)鋰離子電池不得超過100瓦／小

時。

9.含有燃料電池系統之消費性電子裝置（Consumer Electronic Devices Containing Fuel Cell Systems）：使用燃料式電池系統爲動力之可攜式電子設備（如照相機、手機、手提電腦及攝影器材）及備用燃料式電池匣，符合以下條件得作爲手提行李或隨身攜帶上機，但不可作爲託運行李：

(1)燃料電池匣僅限裝易燃液體、腐蝕性物質、液化易燃氣體、遇水會有反應物質或金屬氫化物之氫氣。

(2)燃料電池容器必須符合國際電工委員會（IEC）PAS 62282-6-1 Ed. 1之規範。

(3)燃料電池匣應爲使用者無法自行填充型式。除非允許將備用燃料電池匣安裝於裝置上，否則不能對燃料電池系統進行充填。用於充填燃料電池系統之燃料電池匣，若其設計或使用方式不允許一直安裝於裝置上，則不得攜帶。

(4)任何燃料電池匣中之燃料數量不得超過下列標準：(a)液體：200毫升；(b)固體：200公克；(c)液化氣體：於非金屬之燃料電池匣120毫升；於金屬之燃料電池匣200毫升；金屬氫化物之氫氣之燃料電池匣水容量等於或少於120毫升。

(5)每一燃料電池匣上應有製造商認證符合IEC PAS 62282-6-1 Ed. 1標準之標記，並標明電池匣中燃料之最大數量與類型。

(6)每一燃料電池系統應符合IEC PAS 62282-6-1 Ed. 1之標準，並應有製造商認證符合該標準之標記。

(7)每人攜帶之備用燃料電池匣不得多於兩個。

(8)含有燃料與燃料電池匣之燃料電池系統及備用電池匣，只允許以手提行李方式攜帶上機。

(9)在裝置內之燃料電池與電池組間之交互作用，必須符合IEC PAS 62282-6-1 Ed. 1之標準；僅供裝置中電池充電之燃料電池系統是不允許託運或手提上機。

(10)可攜式電子設備在未使用時，燃料電池系統必須是未充電的

　　型態，並且須由製造商標示「APPROVED FOR CARRIAGE IN AIRCRAFT CABIN ONLY」之耐久標記。

(11)除啟運國要求之文字外，前述各項標記應加註英文。

(12)燃料電池匣中之燃料數量必須符合國際航線新安檢規定。

第8章

旅客到站、過境與轉機

第一節　旅客到站

　　本節要討論的是機場運務單位要如何為來自其他機場，即將飛抵本地機場的航機從事相關的準備，實務界的專門術語稱為「接機作業」。

　　國際航線之續程站（或目的地站）的機場運務單位在班機抵達前，會接收到前一站所發出之旅客服務相關電報（如Passenger Service Message, PSM），即應開始準備相關接機事項，依SITA TELIX電報內容聯絡相關協同單位（如裝載管制組、地勤代理公司），並將班機預計抵達時間通知航空站中央廣播控制中心，更新班機動態廣播系統資訊，以提供接機者正確的航班動態，準備接機。國際航線航機一般於抵達航站三十分鐘之前，機長會以特高頻（VHF）無線電提報聯管或航務單位班機預計抵達時間（Evaluate Time Arrive, ETA）。聯管或航務單位確認機長傳遞訊息後，將以無線電對講機通報各單位準備接機。然而，為了減少機組人員的工作負荷，提高數據的完整性，現代新型客機機種已經配備「機載通訊定址與回報系統」（Aircraft Communications Addressing and Reporting System, ACARS），藉由無線電或衛星傳輸電報的數字數據鏈系統，以確保航空器和地面終端系統能進行即時通信，使航空器前艙的正副機師能夠處理更多類型的資訊，包括從地面獲取各種類型資訊以及向地面發送各種類型報告。至於航空公司透過ACARS收到電報後，亦會進行更進一步的處理，包含重新格式化電報報文、存儲到資料庫中以待日後分析、轉發到公司內其他部門（如航務部門、機務部門、品管部門、財務部門等）。

　　有關飛機到站的工作基本流程大致如**圖8.1**所示。

　　運務員的接機作業程序必須依照即將抵達本地航空站之前一出發站所發出之SITA TELIX電報內容來聯絡相關單位。根據經驗，準備的事項大致包含下列數項：

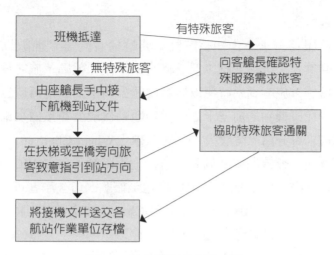

圖8.1 航空器到站作業流程

資料來源：《航空地勤服務管理》，楊政樺（2001）。

一、閱讀班機動態電報

把航機正確的抵達時間通知入出國移民署、海關、航空站中央控制室，裨益旅客可以透過班機動態時刻表掌握班機正確到站時間。我國民航局對國籍航空公司進行航權分配時，實施若航空公司未能準確報告正確的班機動態，將會被進行缺失記點，國籍航空公司未來進行航班分配時將會受到不利的影響。

二、閱讀PSM進行特殊服務需求旅客的接機準備

1. 擔架服務旅客或醫療服務旅客：如使用擔架之旅客（STCR CASE；Stretcher Case）、需要醫療澄清之旅客（MEDA CASE；Medical Case）須運用身心障礙旅客服務升降車、救護車進行運送服務；必要時須配合聯檢作業進行到站快速通關或緊急機邊驗放

旅客作業。

2.輪椅服務需求：告知該航班需要輪椅者的需求輛數以及所需輪椅的款式、班機號碼、抵達時間及停機坪號碼，旅客為入境或當日轉機，旅客到站時使用地勤代理公司準備的輪椅或自備輪椅，至少在班機到站前三十分鐘通知地勤代理公司預做準備〔機場輪椅需求可分為三個層級：(1)WCHR（Wheel Chair at Ramp）：輪椅推送至登機門口（旅客可自行上下階梯）；(2)WCHS（Wheel Chair at Stairs/Steps）：輪椅推送至機艙門口（旅客可自行走到機艙座位上）；(3)WCHC（Wheel Chair at Cabin）：協助旅客至座位（旅客需由服務人員攙扶）〕。

3.單獨旅行孩童（UM）或青少年單獨旅行旅客（YP）：由於單獨旅行孩童必須事先完成訂位，並確認家屬會依諾接機方可接受。對於無法聯絡上接機家屬的孩童，務必通知出發站不得受理。當UM與YP確實搭機成行，依相關電報內容，聯絡其接機親友，告知班機抵達時間，約定見面交接地點。

4.需特別照料之旅客（MAAS）：如語言障礙旅客、首次旅行之旅客、年長旅客（AGED）、視障旅客（BLND；Blind）、聽障旅客（DEAF）、瘖啞旅客（DUMB）與嬰兒車機邊提領旅客等。依相關電報要求，請客艙組員協助引領旅客於接機空橋交接地勤服務人員，提供後續相關協助。

5.孕婦與新生兒同行的婦女：指示旅客升降電梯的位置，旅客通關時給予必要的協助，例如領取託運行李，但切記不要輕易答應旅客幫忙抱嬰兒，以免不熟悉如何照顧新生兒引發旅客抱怨。

6.轉機旅客服務：指示旅客正確的轉機報到櫃檯與續程轉機航班的登機門；協助轉機時間不足旅客急轉服務。

7.並非所有的航空公司對於到站旅客皆提供免費的MAAS服務，包括對於身心障礙旅客、UM、YP、孕婦或家庭旅遊到站接機服務，部分美籍與日籍航空公司對於需求此類服務的旅客要求旅客必須購買全額機票，使用特惠票與促銷票的旅客將會被拒絕提供

此類服務。

圖8.2 運務員依PSM進行特殊服務需求旅客的接機準備

圖片來源：楊政樺攝於日本函館國際機場。

【範例一】旅客服務資訊

```
QK KHHLDZZ KHHTTZZ
.HKGTTZZ 161342
PSM
ZZ736/16 PART1
-KHH CHU/J 01A PRESIDENT -MVC
ABDUL/H 36K BAG T/N ZZ323134 L/R SIGN FRAGILE
ITEM-GLASS
DAI/Q 19A MAAS AGED OVER 70YRS 1ST TRVL
DU/F 19B MAAS AGED OVER 70YRS 1ST TRVL
FANG/C 34F BAG T/N ZZ322422 L/R SIGN FRAGILE
ITEM-GLASS GIFT
```

【說明】

一、發文給ZZ航空高雄站的裝載管制部LD與運務部TT。

二、來源ZZ航空的香港站運務部。

三、PSM（Passenger Service Message）：旅客到站服務需求艙單。

四、KHH CHU/J 01A PRESIDENT–MVC朱先生到高雄是某公司的老闆，亦是本公司的重要顧客，要記得接機服務。

五、ABDUL/H座位36K，行李BAG行李牌號T/N（Tag Number）ZZ323134，是L/R（Limited Release Tag）責任免除行李牌SIGN以簽名免除航空公司之責，FRAGILE ITEM-GLASS是玻璃易碎品，要小心處理。

六、DAI/Q座位在19A，須到站協助MAAS（Meet Arrival And Assist），年長七十多歲的旅客 AGED OVER 70YRS，第一次來高雄旅遊1ST TRVL。

七、DU/F座位在19B，須到站協助MAAS（Meet Arrival And Assist），年長七十多歲的旅客AGED OVER 70YRS，第一次來高雄旅遊1ST TRVL。

圖8.3　並非所有航機均使用空橋停靠，當航機停靠外側機坪時，須安排接駁車接送旅客

圖片來源：楊政樺攝於台北松山機場。

八、FANG/C座位34F，行李BAG行李牌號T/N（Tag Number）
ZZ322422，是L/R（Limited Release Tag）責任免除行李牌
SIGN以簽名免除航空公司之責，FRAGILE ITEM-GLASS是玻
璃易碎品，要小心處理。

三、外站要求協尋旅客

1. 機票漏收旅客：機場運務人員偶會發生疏忽，未能在啟程站收取
旅客機票，或收取機票後卻因故遺失，以致無法進行後續機票帳
款核銷作業，因此會尋求目的地機場協助收取機票或協助進行遺
失機票作業。

2. 誤撕旅客機票搭乘聯：有時機場運務人員會誤撕旅客機票搭乘
聯，因此會請目的地機場協助聯絡旅客收取正確機票，並留下旅
客通信方式，處理後續換票作業。

3. 旅客超重行李費用徵收：有時旅客因未能在啟程站繳交超重行李
費用，同意抵達目的地站時，其家屬會前往付費。因此，目的地
站運務人員會在旅客到站後，先行保存該旅客的託運行李，待旅
客確實付妥行李運費後，再歸還行李。

4. 購買續程機票旅客：有時旅客因各國入境規定，未能於出發站備
妥續程或回程機票，且無足夠現金購買機票，但目的地站的親屬
同意協助購票，因此待其親屬購票後，目的地站運務人員會攜帶
該機票，在旅客抵達後，尋找該旅客，將續程或回程機票交給他
（她），以利進行通關作業。

5. 到站領取入境許可證件旅客：部分旅客未能於離境時取得有效旅
遊證件，但旅行社或代理商已將該旅行證件（如大陸人士入台許
可證）於班機出發前送達目的地機場，並由航空公司發送登機許
可（Ok Board, OKBD）給出發站。旅客抵達後，目的地站運務人

圖8.4　當航機到站後,將依旅客服務需求提供入境與過境服務

圖片來源:曾通潔攝於韓國仁川機場。

圖8.5　旅客可查閱班機時刻表以確定續程航班登機門

圖片來源:曾通潔攝於韓國仁川機場。

員會尋找旅客交還旅遊證件，以利旅客通關。

四、接機者之處理原則

當班機即將抵達以及到達後，負責接機者有下列處理原則：

1.接機者應依飛航動態電報（MVT）或班機動態告示板上所揭示的班機預計到站時間與到站登機門，於班機落地前二十分鐘抵達登機門（或接駁車預定停駐點）準備接機，備妥接機需繳交各單位（航空站航務組、檢疫局、關稅局、移民署、航警局）的旅客艙單，填寫入境與過境的正確旅客人數。

2.接機者應注意空橋操作人員或地勤公司的扶梯車操作人員是否已在現場待命，空橋操作人員是否持有合格的證照進行空橋靠機作業；接駁巴士是否已就位等候。

3.依來機起程站的電報或電話準備輪椅、擔架旅客服務需求，地勤代理公司提供的服務人力與載具是否就位，服務數量是否正確。如是MEDA CASE、STCR CASE身心障礙旅客服務升降車或餐車，地面救護車是否就位，進行機邊驗放的政府公部門官員（檢疫局、關稅局、移民署、航警局）是否就位，機邊緊急驗放申請書是否填妥，航空站救護車通行申請作業是否完成。

4.飛機停妥後，空橋或登機樓梯車靠妥後，在艙門口識別窗口前比出大拇指向上手勢（Thumb Up），待客艙組員同樣比出大拇指向上手勢後才可開啟飛機的艙門。並與座艙長（事務長）交接「公司轉送文件」（Co-mail）與機上飛行文件，包含：組員艙單（GD）、旅客艙單及貨運艙單，並確認需要特別服務旅客的需求與任務交接。

5.將機內座艙長（事務長）所交之「安全限制品」交還旅客並取回收據（目前所有之安全限制品，正常情況應裝於安全限制品用盒內，置於散貨艙並於班機抵達後於行李提領處領出）。

6.協助將嬰兒車交還託運嬰兒車旅客,並確認行李牌是否正確。

7.由運務員陪同「單獨旅行孩童」(UM)或「需特別照料之旅客」(MAAS)通關,並將UM送交其接機親友,俟點交文件簽收清楚後,將收據攜回存參。並尋找出發站通知的協尋旅客,進行後續服務處理。

圖8.6 越南航空班機停妥後,空橋正要靠上飛機,警示燈閃爍。空橋未停妥前,人員不得接近工作梯

圖片來源:曾通潔攝於高雄國際機場。

圖8.7 當航機停妥後,空橋操作員操控空橋移靠航機,進行靠橋作業

圖片來源:曾通潔攝於高雄國際機場。

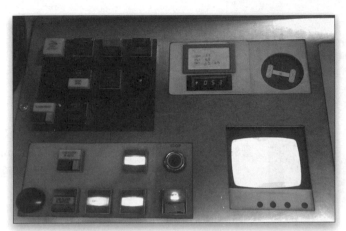

圖8.8 空橋操作台的實際操作面板圖,右下方的監視螢幕
可協助操作員觀察地面的狀況,右上方的輪軸圖顯
示空橋與航機接觸的角度。「+053」代表空橋停妥
時與航機機門的垂直間距

圖片來源:曾通潔攝於高雄國際機場。

圖8.9 當空橋靠妥後須檢查空橋是否靠妥,機門是否有異
常狀況,左側是空中巴士A330-300機門,右側是波
音B737-400機門

圖片來源:曾通潔攝於高雄國際機場。

圖8.10 開啟艙門時須與客艙內組員以**Thumb Up**確認
艙壓。已經完全洩壓後，方可開啟艙門

圖片來源：曾通潔攝於高雄國際機場。

8.遭到他國因旅客停留逾期遣返（deportee）或他國不許可入境旅
　客（inadmissible, INAD）返國時，須通知內政部入出國及移民署
　（簡稱「移民署」），並與座艙長交接旅客證件後，帶領旅客前
　往移民署公務台辦理入境手續。

9.等候航機內前、後艙組員全部離機後，將登機門關上鎖好。

10.管制門禁，旅客下機的過程中，不得讓未持有機場通行證人員或
　　航空公司許可人員通行管制區或接近航機。

11.遞送旅客到站文件至機場各單位存檔。

【範例二】裝載明細通知

```
QK ICNTTWW KHHFFWW KHHLDWW KHHTTWW TPEFGWW
TPERBWW TPERRQQ TSAJCQQ
.ICNTTWW 161208
LDM
WW361/16.B1628.104Y01.2/3
-KHH.94/2/0.T1842.1/360.2/950.3/532.PAX/0/0/95.DHC/0/0/1
SI PANTRY CODE A
BAG/168/1842END
161208 JAN 2010 XOY 238
```

【說明】

一、發文給ICN「仁川」的WW航空公司的TT運務單位；KHH
「高雄」的WW航空公司的TT運務單位，FF貨運單位，FG貨
營單位，LD裝載單位，TPE「桃園」WW航空公司的RB訂位
控管單位與QQ航空公司的RR訂位單位，TSA「台北」QQ航
空公司的JC聯管單位。

二、來源WW航空的仁川站運務部

三、LDM Loading Manifest。

四、WW361班次2010年1月16日，機號B1628，總機位數104，Y是
全經濟艙服務，01是Version01班機的組合基礎編號，2/3代表
駕駛艙組員2位，客艙服務員3位。

五、-KHH目的地高雄，94/2/0旅客人數分別有94位成人，2位兒
童，0為嬰兒，T1842貨艙總重量1842公斤，1/360第一貨艙重
量360公斤，2/950第二貨艙重量950公斤，3/532第三貨艙重量
532公斤，PAX/0/0/95旅客總人數，頭等艙0、商務艙0、經濟
艙95，DHC/0/0/1 Dead Head Crew非值勤的機組員數是頭等艙
0、商務艙0、經濟艙1。

六、SI PANTRY CODE A 機上侍應品的裝配組合代號是A。

七、BAG/168/1842旅客總託運行李是168件／1842公斤，END報告
結束。

八、161208 JAN 2010 XOY 238 此電文發報的時間日期與收報機的
編號。

五、國內航線之接機作業及處理原則

至於國內航線之接機作業較為單純，處理原則如下：

(一)接機作業準備工作

1. 依班機全日派遣表瞭解班機動態。
2. 主動與航務部門負責「航情守望」（flight watch）的簽派員查詢班機到達時間。並與航務部門協調，瞭解班機到達後之停機位置。
3. 詳閱公布欄或電腦上是否有上級特殊交辦事項。
4. 通知空橋人員或地勤公司的接駁車準備。
5. 若該航班有行動不便需協助者，應事先聯絡勤務人員待命。
6. 天雨時必須通知勤務人員備妥雨具（雨傘或雨衣），以免旅客受淋。

(二)接機作業程序

1. 運務員於確定班機降落時間後，應於班機降落前廣播到達班機。並會同機務維修人員及勤務人員在停機位置待命。
2. 班機停妥後，運務員必須登機向空服人員接取載運艙單，並詢問

圖8.11　香港赤鱲角機場針對入港常客設立快速入境計畫，加速通關速度

圖片來源：曾通潔攝於香港赤鱲角機場。

有無重要物品或文件。

3. 重要（機密）文件或貴重物品，應與空服人員當面點交清楚並簽收。

4. 若有憲警押送的罪犯，須請空服員協助通知憲警人員最後離機。

5. 指引旅客前往出口方向的動線，避免旅客於機坪逗留或穿越機翼下方管制區域，以免發生危險。

6. 將到達艙單一份送交運務櫃檯備查，其餘送各有關單位。

7. 班機到達後，將到達艙單分送下列各有關單位：(1)民航局空運組；(2)航空站管理當局航務組；(3)航空警察局；(4)航空公司分公司營業部門；(5)航空公司詢問服務櫃檯。

(三)接機突發狀況之處理

◆到達班機有突發病患時

當接獲航空站管理當局航務組或公司的航務部門得悉即將抵達本航站的班機上有緊急病患時，應即通報值日主管。並依病患狀況電請航空站救護車支援。若無法洽請航空站之救護車時，應速洽民間醫院急救中

圖8.12　升降車是在處理緊急病患時的必要輔助載具
圖片來源：曾通潔攝於高雄國際機場。

心，並儘速爲救護車辦妥航空站場內通行證。

◆外站班機轉降或緊急迫降本地航空站時

　　若原計畫降落其他機場的班機因組員失能、機件故障、旅客因素、駕客艙起火、天候因素等臨時事件而必須改降或緊急迫降本地航空站時，運務員接獲並受理本案後，應主動向航空站管理當局之航務中心查明降落本站的原因及預計降落時間。相關說明如下：

1. 機械故障緊急迫降作業：飛行途中，發生航機機械故障時，例如發動機轉速不一致、襟翼或起落架無法放至定位，垂直方向舵或水平升降舵無法正常操作。如果到達班機是雙發動機之窄體客機，機長會依據「雙發動機飛機展延航程作業」（Extended Range Twin Operations, ETOPS）的標準作業程序，選擇轉降機場，進行航機迫降作業。當決定轉往備降機場時，機長會聯絡該機場的塔台，由塔台通報航空站準備緊急應變措施，由航空站主任（值日官）成立緊急應變小組，安排緊急危難救援裝備，消防車、救護車待命，並通知協同的鄰近醫療院所戒備。航空公司的機場經理，亦要成立航空公司的緊急應變小組，協助接運旅客與緊急疏散旅客，運用接駁巴士接運旅客，發給旅客臨時過境卡，讓旅客至候機大廳休息。若降落本地航站有危險因素存在（如航空器起落架無法正常放下，可能必須以機腹著地；或者剛起飛不久的飛機，若遇緊急情況要立即回航或轉降其他機場的話，在飛機降落前，必須先行放油至飛機能安全降落的存量範圍內，如果飛機不放油降落，降落時的瞬間飛機重量，會達到飛機起飛全重量的三倍，這對飛機會產生結構受損和機輪爆胎，甚至墜毀的危險），則應聯絡航空站依緊急迫降程序派遣救護車、消防車待命，必要時則另需由航空站管理當局協調安排清理降落跑道，並噴上消防泡沫，以免航機落地時摩擦係數過大，容易引發危險。

2. 組員失能：駕駛艙組員因故失去意識，或客艙組員受到晴空亂流的影響以致於受傷待援救，這時就必須發揮「組員資源管理」

（Crew Resource Management, CRM）訓練計畫的指導綱領，由一位資深空服員至駕駛艙，協助另一位飛行機師進行緊急應變作業的確認工作，讓駕駛員可以穩定的執行作業，檢查航機的油料變化與進行航機返航的進場作業，通知塔台與聯管中心航機狀況，使飛機可以平安降落，其餘組員協助將失能的組員進行緊急安置與急救。在地面的運務人員則依組員失能狀況，聯絡地勤代理公司事先備妥輪椅或擔架協助受傷組員離機，經航醫中心的醫護人員檢查後與聯檢單位緊急驗關作業後，安排緊急救護車送患者至機場特約協同醫院，進行後續的治療。繼而，協助將受傷或失能組員名單，通報組員派遣中心，聯絡組員家屬。

3. 旅客生病無法繼續航程：當有旅客發生疾病時，如休克、心肌梗塞，空服人員會在機上廣播是否有醫護人員可進行緊急醫療協助，機長會尋找最近且有所屬航空公司的場站進行飛機轉降，當塔台接獲機長通知要進行病患轉降時，會通知航空站航務組聯繫場站救護車待命，並通知該航空公司或代理航空公司準備接機，此時地勤代理公司須通知疾病管制局、航警局安檢分隊、關稅局以及入出國移民署轉降班機國籍、班機編號、班機機型、班機行程、旅客姓名、旅客性別、旅客年齡、旅客國籍，並約定等候集合地點，並填寫緊急驗放旅客申請書，並通知地勤公司備妥升降車待命，以利班機抵達時基於人道安全考量，進行機邊驗放旅客作業，使該旅客能夠在最短的時間離機，前往醫療院所進行急救治療。

4. 旅客攻擊事件：當航機出現暴行旅客攻擊其他旅客或機組員時，機長有權力進行轉降，機組員亦基於航機安全考量，有權對該旅客施行緊急處分，制伏該旅客並將其銬鎖在座位上，惟其座位不得在緊急逃生口附近或靠窗的座位。當塔台接獲機長通知航機遭到旅客攻擊時，會按下「劫機」（highjack）的緊急通知鈕，航警局會協調派遣防爆小組與警政署霹靂小組待飛機停妥後上機壓制該暴行旅客法辦，並會要求航空公司機組員協助製作調查筆錄。

圖8.13 鳥擊事件常常會影響航班的準時與否

圖片來源：遠東航空公司飛安部提供。

　　運務人員必須協助安排受傷旅客或組員送醫治療，並安排機上旅客離機休息，待航機準備妥當後，再次請旅客登機。

　　不論航機是什麼原因轉降，接機人員須備妥「臨時登機證」準備接機（臨時登機證核發的目的是為了區隔旅客再度登機時的身分辨認）。俟改降本站的班機停妥後，請空服人員於客艙廣播改降原因後，詢問機組員與機務人員航機再次起飛的預計時間，若旅客在機上等候時間會太久，則引導旅客下機並發給每一位旅客一張臨時登機證（包含嬰兒），安排旅客在內候機室等候，並提供飲料茶水服務，請旅客離機時需將隨身行李提下飛機。班機經確定起飛時間後，再次廣播請旅客登機並對行程的變更致歉。

　　對班機安全轉降後的處理原則大致如下：

1.通報相關單位並與當地有關單位協調停機位等相關事宜。

2.通報聯管中心與航務單位班機抵達時間，並請協助製作飛行計畫書。

3.與加油公司聯繫，執行補油任務，並隨時與該航班機務人員或機坪管制員保持聯繫。

4.旅客乘座機上進行航機補油作業時，要向航空站申請加油安全戒護作業，以維護飛行安全。

5.統整相關資訊，隨時告知旅客最新動態，並提供必要的膳食飲料招待與必要性的協助。

6.如旅客要離開登機口，要注意旅客動態，特別是免稅店與機場餐廳，以免航機再次登機時找不到旅客，如有必要可在旅客身上貼上識別標籤。

7.若班機轉降因素短期內無法排除，且公司無法從事機隊調度支援時，原則上先以其他航空公司的班機運送旅客，或安排過境旅館提供旅客休息。如有必要以特約巴士送旅客至目的地，由航空公司各場站事先與當地遊覽公司簽訂合約之特定合法車輛運送旅客，不得利用非公司契約的遊覽公司從事運送，否則航空公司投保之保險公司將不予承認。

8.如因長時間停留，旅客自願改由其他交通工具前往目的地，若因天候等不可抗力因素，航空公司將不予補償額外費用；其他可歸責於航空公司之因素，則可協助旅客安排其他交通工具前往航機目的地，該筆費用可由航空公司支付，運送合約即終止。

9.如因末班機當日無法再起飛時，如客人要求安排住宿，則需代為安排，所產生之費用由航空公司支付（僅限於班機異常原因可歸責於航空公司者或經公司主管特殊裁量指示者，團體旅客實務上會由旅行社先協助安排）。

10.如旅客對處理方式有不同意見時，由地區最高主管依公司規定視情況彈性處理，所產生之費用由公司支付。

11.轉降班機，與旅客有關之各項作業，如是否安排旅客下機休息、確定再度起飛時間等，宜由各站運務人員負責聯繫、安排、決定，並知會空服員後告知旅客，俾便班機整體調度運作。

【案例研討】

「機載通訊定址與回報系統」（ACARS）已經成為現代民航機的必備無線傳輸裝備。除了能提供準確的班機離場與到場的時間，也可以作為緊急事件時的聯絡管道，同時亦是用來判斷航機發生意外時的依據。2009年5月31日法國航空公司（Air France）AF447班次330-200型空中巴士客機，載運216名乘客和12名機組人員從里約熱內盧（Rio De Janeiro）準備前往法國巴黎。在飛經巴西與非洲之間穿越一處亂流區域時，在雷達上失蹤。機組人員透過ACARS告知航空公司飛機正穿越一處暴風雨亂流區，到那時候為止，客機一切正常。晚上11時10分，通訊系統發出自動導航系統失去聯繫的自動訊息，顯示出當時飛機的飛行控制已由機組人員操作。飛機的「線傳飛控」（Fly-By-Wire）變成「備用規律」（飛行控制規律）（Alternative Law）。接下來的訊息顯示，飛機某些主要電腦系統陸續出現嚴重的故障，據空中巴士專家指稱，一旦出現「備用規律」的訊號，就表示噴射機的電腦系統嚴重損壞。最後一個警訊「機艙垂直速度」（Cabin Vertical Speed）在11時14分發出。雖然法航客機的「黑盒子」是唯一能夠協助解開此失事謎團的具體工具，但無論是航空公司、還是法國與巴西政府都承認，要在茫茫大海中尋獲它的機會非常渺茫。因此，此段ACARS紀錄成為判斷航機意外的重要佐證。

第二節　旅客過境與轉機

基本上，航線網路規劃（routing network design）的型態可粗分為兩種類型：一者是將各服務點之需求匯流至主要服務點，再運送至另一主要點的「軸幅網路航線結構系統」（Hub-and-Spoke System, HSS）；另

一種則是在各服務點中直接來往的「點對點網路」（Point to Point）。

　　「軸幅網路」是航空業極常運用的一種服務網路，其特性就是將多數的端點（spoke）集中到少數的軸心點（hub）。透過軸心點（亦稱為轉運中心）聚集網路節線（links）之流量，不僅可以滿足集結或疏散的規模經濟（economies of scale）效益，降低單位運輸成本，減少系統間接口的開發個數，更兼具強大的擴展性。在機隊規劃上，對於「軸心點」至「軸心點」，航空公司可以利用中型或大型客機提供服務；但從「軸心點」至「端點」時，只要派遣中型、甚至小型的客機就可以滿足服務需求。航空公司藉由不同大小機隊的組合，即可滿足軸幅網路不同需求密度的服務。

　　另一方面，「點對點網路」則是與「軸幅網路」截然不同的網路設計型態。若航空公司的航線網路型態是以「點對點網路」配置時，由於其載客量難以達到一定規模，多半皆以小型客機為主，因而限制其服務範圍為短程區域航線或國內航線。

　　國際機場最大的功能，是成為軸幅的轉運站。除了航空公司單純的點對點班機的飛航服務外，亦須提供旅客轉機，使得航空公司航線銜接延伸增加載客數量與機場的運轉率，這也是機場管理當局與航空公司提高競爭效能的重要思考方向。過去，傳統的「軸幅網路」轉機模式是以航班銜接的方式進行，以香港赤鱲角機場為例，除了過去的轉機方式外，進而出現「航班」接「船班」的海空聯運服務型態。因香港機場的腹地內設有海天客運碼頭，此碼頭提供運用珠海水域將旅客以新型汽艇的船運公司（如信德船務、珠江客運）將旅客運送到廣東口岸以及澳門，節省旅客前往珠江三角洲各口岸的轉乘時間，不失為新興的轉機方式。另一方面，澳門機場為了提升機場的競爭力，降低旅客前往廣東珠海等地通關不便，逐於澳門機場提供旅客「兩關一檢」服務。只要旅客在辦理報到手續時，告知航空公司運務人員抵達澳門後要進行兩關一檢接駁服務，旅客抵達澳門機場後，無須提領行李，只要到澳門機場過境櫃檯購買接駁巴士車票劃位後，將行李牌出示給巴士公司員工後，即可搭乘巴士前往橫琴關口，進入中國大陸，省去原先必須在澳門通關提領

行李的不便，這種飛機轉乘巴士的轉機方式，堪稱航空公司與機場當局共同努力提升服務競爭力的表現。

一、過境

什麼稱為「過境」（transit）？什麼稱為「轉機」（transfer）？航空公司提供旅客的服務航線不一定都是從甲地到乙地的「點對點」配置。基於航線的延伸與航權的分配，以及機隊使用的最適派遣模式、航機性能最佳運用等策略，通常會設計以相同班次呼號，但飛行的航線是從甲地經乙地經丙地到丁地的航線，稱為「多航段班次」（multi sectors flight）。例如中華航空過去曾經飛航桃園到瑞士聯邦的最大城市蘇黎世，途經馬來西亞的吉隆坡與德國的法蘭克福，若旅客啟程站是桃園而終點站是蘇黎世，便須過境於吉隆坡與法蘭克福兩站。在過境時，除了行動不便旅客、身心障礙旅客、與嬰幼兒同行不方便離機旅客，經航空公司與航空站安檢單位許可而可留在原機機上等候之外，其餘旅客皆須攜帶隨身行李離機，經由過境通道轉往候機室等候下一次的登機。過境站的運務人員會發放旅客過境卡，再次登機時旅客憑過境卡登機。

比較特殊的是美國對過境旅客的要求：自911事件後修正了旅客過境規定，例如旅客搭乘日本航空公司的班機從東京到巴西第一大城市聖保羅，過境美國紐約時，所有旅客必須離機，除提領機上的隨身行李外，尚需前往託運行李提領區領取行李，進行入境檢查後再前往過境，並取消了「過境免簽證」（TWOV）的措施。除了持用免簽證護照的旅客之外，其餘旅客必須辦妥過境簽證或持有有效美國簽證，否則不得在美國過境或轉機。因此，所謂「過境」的定義是指旅客搭乘「多航段班次」班機，在不同國家（地區）離機等候與再次登機的過程，且均係搭乘相同的班號與相同座位的運輸型態。

對航空公司派駐於機場的運務員而言，應該如何引領旅客進行過境呢？首先，要閱讀前一站在離境班機後續處理過程所發送的LDM與PSM，確認實際過境旅客人數，並準備旅客過境登機證；其次，在登

圖8.14　桃園機場第一航廈轉第二航廈旅客轉機指示板
圖片來源：曾通潔攝於台灣桃園國際機場。

機門的旅客到站出口區要明顯標示出過境通道與到站通道，在過境通道發給旅客過境登機證，並確實清點人數；第三，若是旅客過境時段剛好是用餐時段，那麼依各航空公司給予旅客的服務計畫安排餐飲或是供應點心，依照機場設施與餐廳因地制宜彈性提供服務；第四，安排專人引導旅客前往過境候機室，如果有必要，如旅客語言溝通上有困難，可發放旅客識別貼紙請旅客貼在身上，有利稍後登機時人數的掌控；第五，要告知旅客班機再次出發的時間、旅客登機時間與登機門編號與方向位置；第六，再次登機時要收回旅客過境卡清點人數。

二、轉機

「轉機」是指旅客在轉機站換搭不同的班機，可以改搭同一家航空公司但不同班號的班機，也可以改搭不同航空公司的班機。轉機的便利與否取決於航空公司的時間帶銜接的順暢程度。一般而言，二至四小時內可完成轉機作業算是比較符合「旅客期望」與「市場賣相」的銜接方式。

目前航空公司正努力推動「TCI作業」，TCI是指旅客在第一次報到

時便取足全程登機證的報到作業方式，也就是「Through check in」。現階段同一家航空公司的轉機旅客皆可取得同一家航空全程的登機證（共掛班號的班次除外）。另外，熱門航線如台灣—香港航線、台灣—澳門航線，因轉機前往大陸的旅客數量較大，因此國籍航空公司與中國國際航空、中國東方航空、中國南方航空、港龍航空、廈門航空等簽訂「跨航報到作業合作契約」，讓旅客報到時亦能取得港、澳前往內地的登機證，節省旅客在轉機櫃檯等候時間並縮短整體的轉機時間。

實務上，因各個機場規模不同，設有轉機報到櫃檯的區域不止一處。以香港赤鱲角機場為例，共設有四個轉機報到櫃檯區（分別是E1、E2、W1、W2）。航空公司會以班次密集度、航機經常性停靠的航廈、節省櫃檯使用租金與人事成本等考量因素，不一定會在該機場所有的轉機櫃檯均設立服務據點。旅客若欲查詢轉機櫃檯區位，到達轉機站時務必要看櫃檯分布圖與方向指示，或直接詢問航空公司接機人員相關位置，才不至於延誤至轉機櫃檯辦理報到手續而上不了飛機。

值得注意的是，近年來興起的低成本航空公司（Low Cost Airline/Carrier 或No Frill Airline），既然以低價為賣點，在營運上就會盡可能降低成本，除了簡化機內服務、降低票務成本與營業成本外，航線網路規劃多以中短程為主且採取「點對點網路」的經營模式。因此，多半未能

圖8.15　中華航空在桃園機場一期航廈的轉機服務櫃檯

圖片來源：曾通潔攝於台灣桃園國際機場。

提供轉機與過境的服務。當旅客欲轉搭低成本航空時，將無法進行轉機作業，行李亦無法直掛到終點目的地。旅客必須將預想的過境站視爲終點站，到站須提領行李與進行入境檢查後，再自行前往低成本航空公司的報到櫃檯重新辦理報到作業。此外，由於低成本航空公司的機票大多有嚴格的限制，旅客必須預留較長的銜接時間，以免因班機延誤而轉機不上。

三、過境與轉機的其他注意事項

關於單獨旅行孩童（UM）或青少年單獨旅行旅客（YP）的轉機與過境作業有幾項重點必須留意：第一，轉機與過境的安排必須要取得確認，特別是轉機的航班是本家轉外家的航班時，務必取得他航的服務確認，方可接受旅客搭機。以加拿大航空爲例，該航空公司拒絕接受由其他航空公司轉機而來的UM；第二，留意航班的轉機時間，轉機時間以四小時內爲較合適，盡可能避免安排UM、YP進行過境免費旅館住宿方式轉機（Stop Over Paid by Carrier, STPC），以免衍生轉機站的困擾。若無法避免STPC轉機，必須請家屬事先安排人員並經航空公司確認會在過境時前往過境旅館照顧幼童；第三，過境或轉機站的航空公司運務單位，從班機到站時的接機到接續班機登機完畢的期間，必須要安排專人全程照顧UM、YP；當班機登機完畢後務必再次發送電報通知下一站預做接機準備；第四，當YP與UM同行時，YP不可以擔任UM的照顧人，兩人都必須視爲單獨旅行的幼童方式來進行

圖8.16 國際機場候機室提供服務諮詢櫃檯
圖片來源：曾通潔攝於韓國仁川機場。

401

國際機場旅客服務實務

轉機與過境服務。

　　對於因為旅客停留逾期遭到遣返或他國不許可入境旅客（INAD）過境時，必須與座艙長交接旅客護照，全程戒護旅客轉機，並通知當地的移民局與機場安檢單位（security officer）。特別是若旅客係由警政單位押送時，須通知會同接機與協助戒護。若當地的移民局與機場安檢單位有指示旅客戒護地點時，務必將旅客送達指定戒護地點候機，不論任何理由都不得將旅客證件歸還旅客，待旅客登機續程班機後，須再次將旅客證件與座艙長交接，並填寫交接清單後，完成過境作業並發送電報通知下一站運務單位進行後續的服務。

　　當旅客過境時遭逢生病或發生意外事故時，首先協助旅客至航空站所設立的臨時醫療站或航醫中心，請醫護人員協助診斷，經診斷後若旅客必須送醫治療，則協助旅客取消過境或轉機行程，並尋找同行者陪同前往醫療院所，通知聯檢單位進行旅客緊急通關手續，尋求場站編制內救護車護送患者就醫，航空公司亦指派專人護送前往；其次，立即回報公司主管相關旅客意外事件，並發送電報給前一站運務與營業部門試著聯絡旅客家屬，並查明旅客登機前是否已有疾病徵兆；也要通知旅客目

圖8.17　機場候機室內的餐飲服務區常常可找到忘記登機的過境旅客

圖片來源：曾通潔攝於香港赤鱲角國際機場。

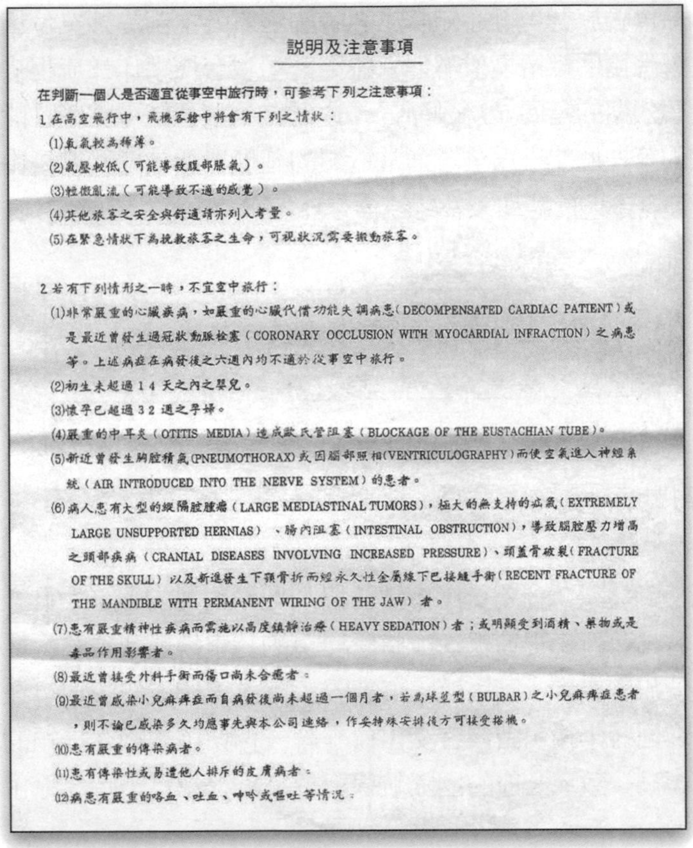

說明及注意事項

在判斷一個人是否適宜從事空中旅行時，可參考下列之注意事項：

1. 在高空飛行中，飛機客艙中將會有下列之情狀：
   (1)氧氣較為稀薄。
   (2)氣壓較低（可能導致腸部脹氣）。
   (3)性微亂流（可能導致不適的感覺）。
   (4)其他旅客之安全與舒適請亦列入考量。
   (5)在緊急情狀下為挽救旅客之生命，可視狀況需要搬動旅客。

2. 若有下列情形之一時，不宜空中旅行：
   (1)非常嚴重的心臟疾病，如嚴重的心臟代償功能失調病患（DECOMPENSATED CARDIAC PATIENT）或是最近曾發生過冠狀動脈栓塞（CORONARY OCCLUSION WITH MYOCARDIAL INFRACTION）之病患等。上述病症在病發後之六週內均不適於從事空中旅行。
   (2)初生未超過14天之內之嬰兒。
   (3)懷孕已超過32週之孕婦。
   (4)嚴重的中耳炎（OTITIS MEDIA）造成歐氏管阻塞（BLOCKAGE OF THE EUSTACHIAN TUBE）。
   (5)新近曾發生胸腔積氣（PNEUMOTHORAX）或因腦部照相（VENTRICULOGRAPHY）而使空氣進入神經系統（AIR INTRODUCED INTO THE NERVE SYSTEM）的患者。
   (6)病人患有大型的縱隔腔腫瘤（LARGE MEDIASTINAL TUMORS），極大的無支持的疝氣（EXTREMELY LARGE UNSUPPORTED HERNIAS）、腸內阻塞（INTESTINAL OBSTRUCTION），導致腦顱腔壓力增高之頭部疾病（CRANIAL DISEASES INVOLVING INCREASED PRESSURE）、頭蓋骨破裂（FRACTURE OF THE SKULL）以及新近發生下頷骨折而短永久性金屬線下已接縫手術（RECENT FRACTURE OF THE MANDIBLE WITH PERMANENT WIRING OF THE JAW）者。
   (7)患有嚴重精神性疾病而需施以高度鎮靜治療（HEAVY SEDATION）者；或明顯受到酒精、藥物或是毒品作用影響者。
   (8)最近曾接受外科手術而傷口尚未合癒者。
   (9)最近曾感染小兒麻痺而自病發後尚未超過一個月者，若為球莖型（BULBAR）之小兒麻痺患者，則不論已感染多久均應事先與本公司連絡，作妥特殊安排後方可接受搭機。
   (10)患有嚴重的傳染病者。
   (11)患有傳染性或易遭他人排斥的皮膚病者。
   (12)病患有嚴重的咯血、吐血、呻吟或嘔吐等情況。

圖8.18　航空公司旅客適航證明書的說明與注意事項，旅客搭機前出現類似症狀應該予以勸說不要搭乘飛機，以免衍生不必要的遺憾

的地接機人員告知旅客近況與航空公司所提供的協助；第三，通知機坪裝載管制員（RC Staff）與行李查詢組（Lost and Found Staff）協助卸下旅客託運行李，讓航機可以順利起飛；第四，陪同旅客前往醫院治療的員工不宜替旅客簽立任何同意書（如手術同意書、免責同意書），除於法無據外也需避免造成家屬誤會與公司後續困擾；第五，相關醫療行為衍生的費用，對於不可歸責於航空公司的開支無須支付，航空公司之所以指派專人護送患者，是基於人道考量而不是擔心被患者歸咎；第六，

若旅客係單獨旅行，可通知該旅客所屬國籍外交部駐外單位或辦事處官員前往醫院協助後續事項辦理。航空公司也有標準作業流程去協助旅客辦理機票效期的延展。一般而言，會延展到旅客恢復健康且能夠取得確認機位的第一個航班為止，通常這類的延展機票效期授權是由營業單位或機場運務部門的經理來執行授權。

第三節　到站行李作業

一、到站行李提領作業

班機到達後，運務員應確認並協調地勤公司的勤務人員立即將行李送到旅客出口行李提領處，並將所使用的行李轉盤號碼輸入機場顯示看板，俾便旅客查詢。國內航線與部分大陸航線的航空公司會在旅客於行李轉盤取回行李後，請旅客交出行李牌，俾便確認旅客提領的行李與其行李牌號碼一致。一般的國際航線對於旅客提領行李時，除了申報保值

圖8.19　旅客行李提領處的顯示看板

圖片來源：楊政樺攝於香港赤鱲角國際機場。

行李外，並不會特別去核對旅客行李牌，大都採旅客自由心證的方式處理旅客託運行李的提領作業，一則是各國海關會對可疑的行李採取抽驗方式，二則誤領他人行李有刑事責任侵占之嫌，且若不小心誤領到內含毒品走私或槍械走私的行李箱時，各國刑事處罰刑期不一，最嚴重甚至可判處死刑，提領行李時不可不慎。為避免旅客領錯行李，航空公司多在旅客報到櫃檯提供免費的旅客姓名掛牌供旅客使用，旅客姓名掛牌也是讓旅客領行李時可降低誤領他人行李機會的良好辨識工具。航空公司行李組的運務人員對於旅客在行李轉盤提領行李時，若表現出遲疑或不知所措的態度時，主動向前詢問或協助核對行李，亦可避免行李誤領事件發生。

二、旅客遺失行李牌時

若旅客遺失行李牌時，應請旅客出示機票，經查證旅客艙單及行李託運艙單無誤後，可將行李交還旅客。同時，請旅客於行李牌第二聯上簽名，證明已領取。

三、行李異常狀況處理

若有旅客抱怨其行李遺失、破損、部分物品失竊或遭受污染，應請其至行李處理中心，由勤務人員與值日主管負責處理旅客遺失、破損、部分物品失竊、污染行李的查詢和賠償事宜。有關旅客遺失行李查詢作業程序如下：

1. 因前一站轉機時間不足進行行李轉運作業或未收到應轉運行李時，應發送行李未銜接的電報，告知目的地機場行李查詢組。當行李查詢組接獲此類電報時應該在旅客到站後，主動尋找旅客告知行李異常情形，並請旅客前往行李組辦理行李異常登記。
2. 旅客告知行李未到時，要以耐心與誠懇的態度詢問旅客的行程、

託運行李件數與重量、內容物的概述、行李箱的廠牌款式與顏色、行李牌號碼等有關資料，並詳實記載在「行李意外報告表」（Property Irregularity Report, PIR），如**圖8.20**。

3.再次請地勤代理公司清查該航機行李貨艙與行李盤櫃內有無遺漏之未卸下或誤送至貨運集散區的行李。

4.檢查行李提領作業區死角有沒有無人認領的行李，若發現有無人認領行李，就有可能是「旅客誤領行李事件」（Cross Pick Up）。

5.若為團體旅客，應請該團體領隊協助清查團體旅客行李，有無家人或朋友代領或多領。

6.若於短時間內無法將行李找回，應即向旅客致歉並請留下聯絡方式。除填寫「行李意外報告表」，並將該報告表的正本交給旅客表示已完成行李異常申報。繼而，運務員將旅客護照與機票影印備查後，對於外籍旅客支付購買日常盥洗用品零用金，若日後仍無法尋獲行李，必須進行理賠作業時要扣除該費用。綜合前述程序後，將相關資訊輸入電腦，運用國際航空公司異常行李配對搜尋系統尋找遺失行李。為了順遂尋獲行李後的後續運送問題，運務員應請旅客授權航空公司協助處理海關對後送行李的檢查規定，若旅客同意，日後將尋獲的行李以快遞運送交還旅客。

7.若旅客申報行李箱破損時，須檢視破損情形與行李牌上是否已有「損害確認」的旅客簽名，對於行李箱的輕微損壞（如刮傷）、行李箱名牌斷裂、綑綁帶遺失、拉鍊頭斷裂、行李鎖頭遺失與行李牌上已有旅客簽名的損害確認是不賠償的。除此之外，須請旅客填寫「行李意外報告表」，並拍照存證，協助旅客送修行李箱。

8.若旅客申告行李內容物遺失，須檢視行李箱是否遭外力破壞，拍照存證，並請旅客填寫「行李意外報告表」與「遺失物清單」，並協助旅客向機場航警局報案。

9.若旅客申報行李汙損，須檢視汙損狀況並拍照存證，協助旅客送

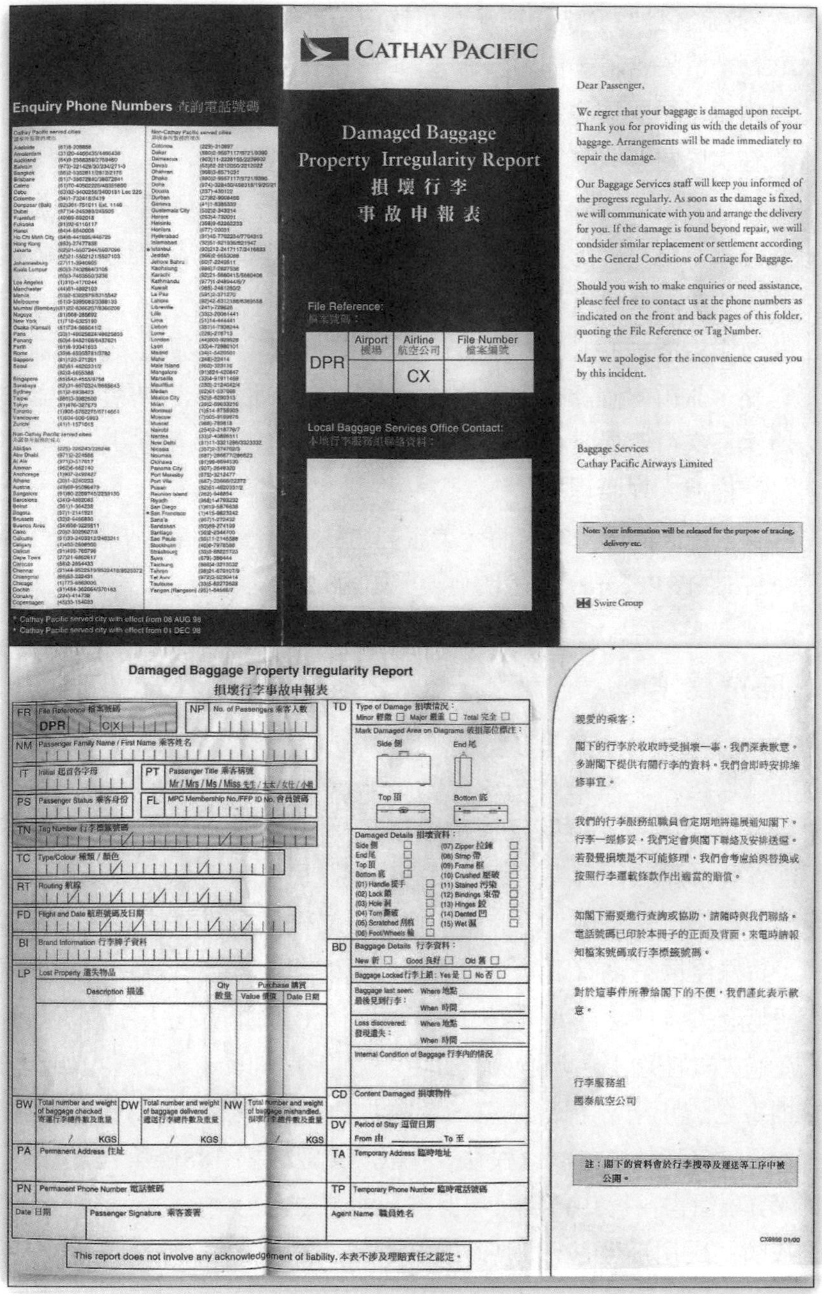

Enquiry Phone Numbers 查詢電話號碼

* Cathay Pacific served city with effect from 08 AUG 98
* Cathay Pacific served city with effect from 01 DEC 98

CATHAY PACIFIC

Damaged Baggage
Property Irregularity Report
損壞行李
事故申報表

File Reference:
檔案號碼：

Airport 機場	Airline 航空公司	File Number 檔案編號
DPR	CX	

Local Baggage Services Office Contact:
本埠行李服務組聯絡資料：

Dear Passenger,

We regret that your baggage is damaged upon receipt. Thank you for providing us with the details of your baggage. Arrangements will be made immediately to repair the damage.

Our Baggage Services staff will keep you informed of the progress regularly. As soon as the damage is fixed, we will communicate with you and arrange the delivery for you. If the damage is found beyond repair, we will condsider similar replacement or settlement according to the General Conditions of Carriage for Baggage.

Should you wish to make enquiries or need assistance, please feel free to contact us at the phone numbers as indicated on the front and back pages of this folder, quoting the File Reference or Tag Number.

May we apologise for the inconvenience caused you by this incident.

Baggage Services
Cathay Pacific Airways Limited

Note: Your information will be released for the purpose of tracing, delivery etc.

Swire Group

Damaged Baggage Property Irregularity Report
損壞行李事故申報表

FR File Reference 檔案號碼 DPR CX
NP No. of Passengers 乘客人數
NM Passenger Family Name / First Name 乘客姓名
IT Initial 起首名字母
PT Passenger Title 乘客稱號 Mr / Mrs / Ms / Miss 先生 / 太太 / 女仕 / 小姐
PS Passenger Status 乘客身份
FL MPC Membership No./FFP ID No. 會員號碼
TN Tag Number 行李標籤號碼
TC Type/Colour 種類 / 顏色
RT Routing 航線
FD Flight and Date 航班號碼及日期
BI Brand Information 行李牌子資料
LP Lost Property 遺失物品

Description 描述	Qty 數量	Purchase 購買 Value 價值	Date 日期

BW Total number and weight of baggage checked 寄運行李總件數及重量 / KGS
DW Total number and weight of baggage delivered 遞送行李總件數及重量 / KGS
NW Total number and weight of baggage mishandled 損壞行李總件數及重量 / KGS
PA Permanent Address 住址
PN Permanent Phone Number 電話號碼
Date 日期　Passenger Signature 乘客簽署

TD Type of Damage 損壞情況：Minor 輕微 □ Major 嚴重 □ Total 完全 □
Mark Damaged Area on Diagrams 依損壞部位標注：
Side 側　End 尾　Top 頂　Bottom 底
Damaged Details 損壞資料：
Side 側 □　End 尾 □　Top 頂 □　Bottom 底 □
(01) Handle 提手 □　(02) Lock 鎖 □　(03) Hole 洞 □　(04) Torn 撕破 □　(05) Scratched 刮損 □　(06) Foot/Wheels 輪 □
(07) Zipper 拉鍊 □　(08) Strap 帶 □　(09) Frame 框 □　(10) Crushed 壓破 □　(11) Stained 污染 □　(12) Bindings 束帶 □　(13) Hinges 鉸 □　(14) Dented 凹 □　(15) Wet 濕 □
BD Baggage Details 行李資料：New 新 □ Good 良好 □ Old 舊 □
Baggage Locked 行李上鎖：Yes 是 □ No 否 □
Baggage last seen: 最後見到行李：Where 地點　When 時間
Loss discovered: 發現遺失：Where 地點　When 時間
Internal Condition of Baggage 行李內的情況
CD Content Damaged 損壞物件
DV Period of Stay 逗留日期 From 由 To 至
TA Temporary Address 臨時地址
TP Temporary Phone Number 臨時電話號碼
Agent Name 職員姓名

CX8666 01/00

This report does not involve any acknowledgement of liability. 本表不涉及理賠責任之認定。

親愛的乘客：

閣下的行李於收取時受損壞一事，我們深表歉意。多謝閣下提供有關行李的資料。我們會即時安排維修事宜。

我們的行李服務組職員會定期地將進展通知閣下。行李一經修妥，我們定會與閣下聯絡及安排送還。若發覺損壞是不可能修理，我們會考慮給與替換或按照行李運載條款作出適當的賠償。

如閣下需要進行查詢或協助，請隨時與我們聯絡。電話號碼已印於本冊子的正面及背面。來電時請報知檔案號碼或行李標籤號碼。

對於這事件所帶給閣下的不便，我們謹此表示歉意。

行李服務組
國泰航空公司

註：閣下的資料會於行李搜尋及運送等工序中被公開。

圖8.20　行李意外報告表

圖片來源：國泰航空公司桃園國際機場行李組提供。

洗或旅客自行送洗後憑繳費單據申請理賠。

10.行李遺失當日，即須將旅客申報資料建檔，輸入國際航空公司異常行李配對搜尋系統進行配對尋找。依據經驗，大約90%的行李在次日便會有尋獲或配對類似行李的回覆。

11.行李遺失後的二十四小時後若仍未有回覆，要與遺失行李旅客聯絡，並再次確認行李箱款式、顏色與詳細的內容物說明，並發送第二次行李異常尋找電報。

12.行李箱遺失的七十二小時後若仍未有回覆，要與遺失行李旅客聯絡，並再次確認行李箱款式、顏色與詳細的內容物說明，並發送第三次行李異常尋找電報，並寄發「行李索賠申請書」給旅客，準備進入理賠程序。

13.領取遺失的隨身行李時，請旅客填寫「拾獲物品簽收單」（Found Property Record），證明無誤，如圖**8.21**所示。

四、賠償標準

從《民法》對運送營業規範的相關侵權案例而言，係以債務不履行與侵權行為居多。就航空運輸於旅客行李上的責任來說，應屬於侵權行為（民事違法行為）。而侵權行為在《民法》上又可分為「一般侵權行為」和「特殊侵權行為」兩大類。一般侵權行為之成立，係採過失責任；特殊侵權行為有別於一般侵權行為的理由，在於其採取介於過失責任與無過失責任之中間責任。所謂中間責任係指責任人所負責任的標準，在過失責任之上，無過失責任之下之意。亦即，「責任人如能證明其於損害之防止已盡相當注意，或縱加以相當注意，仍不免發生損害者，不負賠償責任。」（《民法》第187條第2項、188條第1條但書、第190條第1項但書、第191條第1項但書）即屬之。

我國《民用航空法》對於賠償責任之構成，內容較為複雜，每因多種情況而有所差異。若侵權的原因是由於「航空器失事所致之損害」或「自航空器上投擲物品所致之損害」，則根據《民用航空法》第89條

拾獲物品簽收單 Found Property Record

EVA AIR
長榮航空

編號(Ref): 000965

物品名稱 Article	數量 Amount	物品內容 Content

班機/日期 Flight/Date	拾獲位置 Where found

拾獲人 Finder

姓名 Name	部門 Department

上述物品交接點收無誤， The above items are well received，

◆ 出入境組簽收人 Gate agent : _____

◆ 行李組簽收人 Baggage service agent : _____

物品存放位置 Storage place : _____ (保存三個月 Keep for 3 months)

處理方式 Action taken	結案人員/日期 Staff/Date
☐旅客領取 Passenger pick up ☐寄送旅客 Deliver to passenger ☐航警 Report to the airport police ☐存關 Report to the airport customs ☐銷毀 Disposal under station manager's approval	

拾獲物品旅客簽收聯 Receipt

茲於_____年_____月_____日在_____機場收到長榮航空拾獲之本人(委託人)之物品，

物品內容_____，上述物品經點收確實無誤。

I, THE UNDERSIGNED, hereby acknowledge receipt of the found items, content_____,

from EVA Airways on_____/_____/_____ at _____ Airport.
(Day)　(Month)　(Year)

姓名 Name : _____

國籍 Nationality : _____

證件號碼 ID/Passport No. : _____

住址 Address : _____
_____

電話 Telphone : _____

見證人簽名 Witness Signature _____   旅客簽名 Passenger Signature _____

1st copy: Finder Dept　2nd copy: Station KP Office　3rd copy: Station LL Office　　TC-3603

圖8.21　長榮航空公司拾獲物品簽收單格式

圖片來源：長榮航空公司桃園國際機場行李組提供。

（航空器所有人之無過失責任）：「航空器失事致人死傷，或毀損他人財物時，不論故意或過失，航空器所有人應負損害賠償責任；其因不可抗力所生之損害，亦應負責。自航空器上落下或投下物品，致生損害時，亦同。」即表示侵權原因係為上述兩項者，凡遇損害發生，不論是出於何種原因，概行負責。

但若侵權的原因並非航空器失事所致之乘客傷亡或財物損害，則採「相對責任主義」。依據《民用航空法》第93條規定：「乘客或航空器上工作人員之損害賠償額，有特別契約者，依其契約；特別契約中有不利於中華民國國民之差別待遇者，依特別契約中最有利之規定。無特別契約者，由交通部依照本法有關規定並參照國際間賠償額之標準訂定辦法，報請行政院核定之。前項特別契約，應以書面為之。第一項所定損害賠償標準，不影響被害人以訴訟請求之權利。」

對於航空公司於旅客行李之責任來說。旅客行李有交託於旅客運送人者，也有未交託而自行攜帶者，兩者責任輕重不同，《民法》於下列兩條分別規定之。一般而言，旅客隨身行李可細分為「無託運行李」和「託運行李」。無託運行李所指為旅客自行攜帶上機且自行保管的行李，包含「免費攜帶物品」及「座艙行李」。在《民法》上對於行李是否有交託予運送人，法律的責任不一。對於航空公司的託運行李來說，不管是在行李免費額度之內，抑或因超重額外收費的行李，《民法》第657條明文規定：「運送人對於旅客所交託之行李，縱不另收運費，其權利義務，除本款另有規定外，適用關於物品運送之規定。」因而可發現《民法》對於託運行李於運送人的責任採取「通常事變責任主義」。此外，旅客自行攜帶上機的「無託運行李」，依據《民法》第658條：「運送人對於旅客所未交託之行李，如因自己或其受僱人之過失，致有喪失或毀損者，仍負責任。」對於無託運行李，若在航行過程中損毀，則旅客必須自行舉證損毀原因可歸責於航空公司者方有機會獲得賠償，若無法舉證或確認航空公司無過失，則無賠償之義務，因此，《民法》對於無託運行李於運送人的責任採取「過失責任主義」。

此外，旅客因行李喪失或毀損所生之賠償請求權，屬於「短期時

效」。根據《華沙公約》規定，行李的損害必須於三天內向航空公司申訴，行李的遲延必須在十四天內申訴，若旅客未在時效內申訴，則喪失求償權利。若航空公司經查屬實，受理旅客的理賠時，根據我國《航空客貨損害賠償辦法》第7條之規定，「航空器使用人或運送人對於乘客及載運貨物或行李之損害賠償，應自接獲申請賠償之日起三個月內支付之。但因涉訟或有其他正當原因致不能於三個月內支付者，不在此限。」

接下來談到的是賠償金額的範圍，若是國內線的損害賠償，我國的《航空客貨損害賠償辦法》之授權係依據《民用航空法》第93條規定：「乘客或航空器上工作人員之損害賠償額，有特別契約者，依其契約；特別契約中有不利於中華民國國民之差別待遇者，依特別契約中最有利之規定。無特別契約者，由交通部依照本法有關規定並參照國際間賠償額之標準訂定辦法，報請行政院核定之。」因此，航空客貨損害賠償辦法在法律位階上屬於授權命令，為行政院發布之命令。

該辦法第4條規定：「航空器使用人或運送人對於載運貨物或行李之損害賠償，其賠償額依下列標準：一、貨物及登記行李：按實際損害計算。但每公斤最高不得超過新台幣一千元。二、隨身行李：按實際損害計算。但每一乘客最高不得超過新台幣二萬元。」此外，中共民航總局於2006年1月29日經國務院批准發布之《國內航空運輸承運人賠償責任限額規定》，對於行李賠償標準係於第3條第2款規定：「對每名旅客隨身攜帶物品的賠償責任限額為人民幣三千元。」；第3款規定：「對旅客託運的行李和對運輸的貨物的賠償責任限額，為每公斤人民幣一百元。」

就國際航線（包括接駁的國內班機）的賠償標準而言，依據《華沙公約》規定，除運送人之作為或不作為是有意造成損害或預知其會發生損害，運送人對於託運行李損失的責任以每公斤美金20元為限（每公斤二百五十普安卡雷法郎為限），而對於手提行李則以每人美金400元為限（每位旅客以五千普安卡雷法郎為限）。但如法律另有規定，將以適用之法律規定為依據。但若旅客的託運及隨身手提行李，非可歸責航空

公司疏忽所造成之損害，概不負賠償責任。有關處理旅客相關賠償作業
的程序如下：

1. 依據國際航空運輸協會對旅客行李遺失作業的處理建議，如果旅客的行程涉及一家以上的航空公司，則請依國際慣例向最後搭乘之航空公司申報行李之延遲、損壞或遺失，並由最後一家航空公司進行理賠作業。若僅搭乘同一家航空公司的航班，則於到達站先申報行李異常報告，可待返國後再商討後續理賠事項。

2. 航空公司的機場行李查詢組須致力協助旅客處理異常行李情形，並與旅客適切保持聯絡，使旅客能瞭解處理經過。當確認行李已無法找回，亦應當坦白地向旅客說明致歉，並主動通知旅客填寫理賠申請書，並與旅客解釋理賠的相關作業流程與航空公司的責任限制原則，尋求理賠共識。

3. 對於理賠金額未超出理賠上限的賠償案，應盡量授權權責單位合理迅速完成理賠事項，以免延遲理賠反而提升旅客不滿與抱怨的負面情緒。

4. 由承辦人員填寫「行李意外報告表」、「旅客行李賠償建議報告表」，附旅客艙單一份，按正常行文程序呈報總公司營運部門及貨運部門核備。

5. 如旅客的行李係修理或清洗賠付，另外加附收據憑證。

6. 對於超出責任限額的理賠要求，原則上總公司行李異常事件部門會針對個案資料予以審查，經法務保險部門與財務部門審核後，經主管核可後，再將賠償額通知原呈報單位辦理賠付。原呈報申請賠付單位，依相關部門通知之賠償額，以支票或郵局匯票支付該旅客，並取得其簽字之理賠同意書。

7. 總公司營運部門及法務保險部門將和解書行文簽送財務部門。由財務部門將前項資料連同索賠申請單經核可後，送保險公司索賠。

五、無人認領之掛牌行李處理原則

最後，若該班機結束相關作業，行李轉盤處仍有無人認領之掛牌行李時，其處理原則如下：

(一)掛目的地為本站行李牌的行李

1.航空公司的機場行李組負責登記、保管、建立檔案公布於國際航空公司異常行李配對搜尋系統。
2.依行李託運艙單追查旅客資料，設法掌握旅客行程，聯絡發還。
3.如當天無人認領，則向海關填具申請書（如圖**8.22**），存入海關關棧待領。

(二)掛其他航空站行李牌的行李

1.行李組聯絡有相同行程航班的友航行李組，查證是否為友航旅客因故非自願或自願更改行程，以致行李誤送航班，若為友航旅客遺失之物，則將行李交還友航進行後續處理。

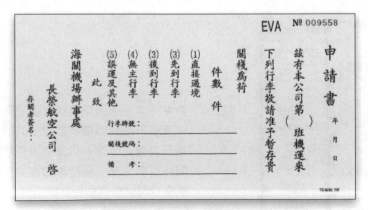

圖8.22　長榮航空公司暫存海關關棧申請書格式

圖片來源：長榮航空公司桃園國際機場行李組提供。

2.若行李牌爲友航行李牌，行程與目的地皆非本家所有，但係前站地勤公司誤裝載航班以致誤送，則以最近的航班送返原始出發機場，以利後續處理。

3.若行李有旅客聯絡電話但是行李牌已經遺失，可試圖致電旅客詢問旅客行程並協助將行李送交相關的航空公司進行後續轉運處理。

4.若爲外站友航所處理的遺失案件，若委託本站代爲轉運送行李給旅客，應先聯絡旅客說明緣由後，取得旅客同意後，協助將行李通關並以快遞送交旅客，並向友航收取相關服務費用。若拾獲物品送還旅客，應請失主填具「拾獲物品簽收單」，俾便結案。

5.如該項行李無人提領，則予以登記，申請存入海關關棧待領，並依照行李牌號、旅客姓名掛牌、行李款式顏色材質建立，無人認領行李檔案，並公布於國際航空公司異常行李配對搜尋系統中，讓系統自動配對尋找失主。

圖8.23　遺失行李尋獲優先處理掛牌

圖片來源：國泰航空公司桃園國際機場行李組提供。

圖8.24　遺失行李後送急轉掛牌，運送時儘量安排直航班機或轉機次數最少的班次，以免二次遺失行李。行李後送是航空公司間的互惠行為，但行李數量太多時部分航空公司仍會收取相對的運費

圖片來源：國泰航空公司桃園國際機場行李組提供。

圖8.25 拾獲物品處理掛牌
圖片來源：國泰航空公司桃園國際機場行李組提供。

圖8.26 優先行李掛牌未正確繫在高艙等旅客行李上，是行李組最常面對的抱怨

超出32公斤的行李務必掛上重量標示標籤以為服務警示
圖8.27 過重的行李除容易造成行李箱破損，更容易造成工作人員職業傷害

 ## 第四節　World Tracer行李追蹤查詢系統介紹

　　為降低行李搜尋成本及提高行李搜尋成功機率，World Tracer行李追蹤查詢系統是一種提升航空公司整合「服務誤失」造成行李異常運送相關訊息的作業系統。它將過去全球各航空公司所使用的不同系統加以整合，具有彈性且易於使用。這套追蹤與管理系統是由國際航空電訊協會（SITA）與國際航空運輸協會（IATA）共同開發。World Tracer強調能快速地尋找迷失行程的旅客行李，讓全球各航空公司公平地交換資訊。現今World Tracer組織了不同的服務區塊用來追蹤與管理行李動態，這些服務模組讓行李的處理需求更佳的客製化。自1960年以來，World Tracer以標準化的服務流程提供全球航空公司行李追蹤業務，迄今已有三百六十家以上的航空公司使用該系統。此外，World Tracer廣泛應用網路、無線應用協議（WAP）、無線射頻識別系統（RFID）、整合性語音識別系統（IVR）及自助服務系統（CUSS）等技術，大幅提高系統效率及降低系統執行成本，以取代傳統文件存檔系統。

　　World Tracer具備有四套主要功能：(1)行李追蹤功能；(2)行李管理功能；(3)索賠調查功能；(4)網際網路服務功能。茲分述如下：

一、行李追蹤功能

　　World Tracer行李追蹤功能發展是基於BAGTRAC系統架構所建立，是容易操作且具有效率的追蹤系統。此系統提供持續長達一百天以上的追蹤期限，它遵循IATA規則與建議來執行行李追蹤作業，擁有全球最強大的搜尋資料庫與後送行李資訊，根據行李外觀與內部物品的特點，以先進的配套比對機制來進行追蹤作業。先進的配套功能，是以類似口語模式產生的「行李內容組合指示」來操作，能讓因處理不當而遺失的行

李更快、更容易被找到,追蹤期的長短會影響到所需支付的服務費用,各航空公司會依照實際的作業需求來簽訂所需的追蹤期限。

二、行李管理功能

World Tracer管理模式的特徵是運用延伸工具來管理與矯正異常行李事件產生的成因,並建立、檢索與修改異常行李的檔案紀錄。此一紀錄會自動轉換信息與其他車站或航空業的行李追蹤系統連結(如World Tracer Tracing、EASYTRAC、ACTS),無須再個別輸入行李追蹤需求到其他的搜尋系統。此系統也提供登錄旅客在航空公司的服務場所或設施遺留物品的功能,並建立失物招領檔案,這類檔案在網上公告的時效性約可維持三十天到九十天。另一個有關World Tracer的特點是它具有強大與彈性的報告功能,提供量化的數據定義不同行李異常事件發生的原因,讓使用者能夠對誤失行李產生的原因進行綜合統計分析,確認誤失發生的環節,讓航空公司對產生誤失的原因偵錯與排除,降低行李異常事件發生。

三、索賠調查功能

索賠調查模組是一個獨立的區塊,詳實的記錄異常行李處理過程的相關紀錄,包括異常行李的類別(遺失、損壞或失竊),配對檔案紀錄,搜尋歷程、理賠經過、檔案結束。索賠調查模組已被設計和追蹤與管理系統無縫接合,只要輸入現有的行李遺失申報檔案(AHL)或行李損壞檔案(DPR),便可檢索出該案件的索賠與調查的參考資料,所有的理賠調查資料內容與欄位填入,皆由負責該理賠案件的員工在系統內建立詳細且完整的紀錄。

國際機場旅客服務實務

四、網際網路服務功能

通常，旅客對行李異常事件容易對航空公司的服務品質產生負面的評價，且經常抱怨航空公司未盡力協助。因此，在航空公司的要求下，World Tracer建立網際網路的互動查詢功能，提供航空公司作為服務的選

【範例】World Tracer System 的網路查詢結果案例（電腦輸出報表）

Please review that the information below is correct and contact your airline if you have any questions or changes. Also be aware that when more than one bag is missing we have no means to know which tag number is related to which of your bags until the baggage has actually arrived.

Bag 1 Status	RECEIVED AT AIRPORT/DELIVERY PROCESS INITIATED 機場已經收到該件行李且運送歸還旅客
Passenger Information 旅客資訊	Name Sxx/HxxMxx　　　姓名Sxx/HxxMxx Initials HMS　　　　　　姓名縮寫HMS File Reference ROMxx79155　檔案編號ROMxx79155

Address			住址
Telephone Numbers	Permanent Cell/Mobile	0x-5x1x3xx 0x1x1xx9xx	永久聯絡電話0x-5x1x3xx 行動電話號碼0x1x1xx9xx
Flight Details	Flight & Date Routing	YY208/23MAR/YYI840/23MAR HKT/BKK/ROM	班次行程 普吉島／曼谷／羅馬
Tag Details	Tag Number	YY662398	行李牌號 YY662398

Bag 1
Type: 22 All Types 行李款式 TC22	Date Received Date Delivered Colour Type樣式 Descriptors	24MAR　行李收到日期 24MAR　行李運送給旅客日期 BLACK　行李箱顏色　黑色 UPRIGHT DESIGN SOFT MATERIAL　直立設計軟材質 HANDLE, WHEELS　有拉桿與輪子

418

項。此一系統提供旅客除了運用電話或電子郵件向航空公司查詢異常行李的處理過程，亦提供網際網路的查詢服務。旅客只要輸入World Tracer正確的檔案編號及旅客姓氏後，隨即可以查詢遺失行李的最新處理狀態。另一方面，旅客亦可點選「聯絡航空公司」功能鍵，將想要詢問的問題或意見直接傳送到行李案件成立場站之信箱，航空公司當地場站將會透過電話或電子郵件方式直接回覆。

圖8.28　航空公司行李查詢組服務櫃檯，負責旅客行李異常事件處理

圖片來源：曾通潔攝於高雄國際機場。

第9章

二十一世紀的航空服務變革

 ## 第一節　民航服務科技化

　　藉由網際網路與電腦資訊科技（Information Technology）技術的蓬勃發展，電子商務（Electronic Commerce）在媒體報導及標竿企業的相繼投入下，一股新興的經濟力量及媒體趨勢迅速的擴大。美國第四十二任總統柯林頓（William Jefferson Clinton）在1999年的《全球電子商務競爭架構報告》中強調企業電子化（E-Business）與電子商務不僅僅是一個國家的政策，更是一個企業邁向全球化競爭策略中一個重要的步驟。在當下變化快速的數位時代，比爾・蓋茲提出《全球電子商務競爭架構報告》與《知識工作者》的概念後，諸多企業經理人除了普遍認識到速度決定企業的成敗之外，也是在二十一世紀，企業對企業的競爭方式中移動最快且不得不選擇的策略（張新立、楊政樺，2002）。

　　伴隨著「資訊導入服務」於各領域的廣泛應用，這波科技化的熾熱，已在數年之內延燒到整個服務業。舉凡前、後場服務舞台的資源整合、儲存、轉換與分享，甚至是服務接觸的互動情境，均已成為不可或缺的商業模式。近年來，全球經濟呈現低迷萎縮，影響層面遍及各行各業，厲行開源節流以應對困境已是大勢所趨。在實務界常用的節流策略中，資訊傳輸科技已不斷的被創新與應用，更驅使服務供應商與消費者之間的互動模式產生變革（Liljander, Gillberg, Gummerus, and Riel, 2006）。其中，「自助服務科技」（SSTs）提供消費者嶄新且有效的服務渠道（Meuter, Ostrom, Bitner, and Roundtree, 2003）以增加效率與生產力（Walker, Craing-Lee, Hecker and Francis, 2002），期望能契合消費者需求，並提高滿意度（Bitner, Ostrom, and Meuter, 2002）。近年來，科技在餐旅服務業的應用包含：飯店、旅館、醫療、博奕事業、民航運輸業及租賃仲介（Joseph and Jerome, 2009）。就民航運輸業而言，國際航空運輸協會（IATA）於新加坡召開的第六十屆年會暨全球民航高峰會議強調實施自助服務科技對於達成節流目標的重要性，並通過五項旨

在簡化商業模式的特別議案以因應經濟衝擊，包含：(1)在2007年全面實施電子售票（ET）；(2)實施旅客自助報到劃位（Self Service Check-in, SSC）；(3)製訂條碼的標準碼（BS）；(4)發展無線射頻識別系統（RFID）；(5)在2010年全面推行數位式貨運報關文書，落實「無紙化作業」（Paperless Cargo, E-CGO）（Field, 2004; Pilling, 2005）。

IATA發布的《民用航空簡化商務計畫報告》（Simplifying the Business Final Results）（IATA, 2006）曾經針對全球三百零六家航空公司從事旅客報到劃位可選擇途徑進行調查，發現服務渠道包含：(1)傳統的人力櫃檯服務；(2)自助報到亭服務；(3)網路報到服務；(4)行動電話報到服務。其中，有二百七十三家業者提供傳統的人力櫃檯服務，六十四家業者提供自助報到亭服務，五十一家業者提供網路報到服務，十二家業者提供行動電話報到服務，但三十三家業者不接受調查。在調查中同時發現，有三十三家業者提供兩種報到服務方式，三十五家業者提供三種型式的報到服務。另外，來自歐洲與亞洲的八家航空公司，甚至提供四種報到服務方式。IATA預測截至2008年，使用自助服務科技辦理報到劃位者將會超過總旅客人數的25%。就我國民航界而言，目前僅採用自助報到亭服務及網路報到服務兩種（楊政樺，2007），且依據楊政樺、曾通潔、程健行（2010）的實際訪查，業界對於後者的採行率更甚於前者。

歷經多年的推廣，旅客已經逐漸習慣除了傳統的人力服務，亦開始透過網路，以多重選擇的服務渠道和航空公司進行服務互動（Chang and Yang, 2008）。儘管現階段尚有若干技術瓶頸尚待克服（例如：非定期航班、與他航結盟的聯營航班、部分受限於網路技術瓶頸的機場），自助化的思維不僅可以在兼顧「綠能環保」、「拓寬傳統服務渠道」下確保客運安排更有效率及可靠，更被航空業視為節流方略及被機場當局期望為空間效率配置的革命式變革（楊政樺，2007）。然而，從業界的實行過程中觀察，這項新科技卻無法完全取代傳統報到服務。從文獻顯示，諸多創新性的科技過於先進，並不一定能讓所有使用者感到簡單易懂而能進行直覺操作（Garcia and Calantone, 2002），部分顧客的人格特

質亦會影響科技準備性與科技接受度（Dabholkar and Bagozzi, 2002）。甚至，呂錦隆、凌珮娟（2009）指出，相對於國外發展，自助服務科技在國內明顯落後且旅客並未普遍採用，且國人在面對新式自助服務科技時，容易擔心操作過程不順利，使權益蒙受損失而傾向於使用人員報到服務。鑑此，航空業者該如何降低民眾的抗拒感及阻礙更顯重要。因此，如何運用企業知能讓網路報到的服務遞送程序更加合理化、人性化，驅使顧客樂於使用，是服務變革的重要關鍵（Walker et al., 2002；楊政樺、何芯如、紙矢健治，2010）。

在「數位經濟」（digital economy）與「體驗經濟」的浪潮下，民航業界不斷嘗試透過對資訊科技的掌握，希冀成為提升競爭力的關鍵策略之一。就自助服務科技應用於民航服務的課題而言，本節分別就「自助服務科技」與「網路報到」說明如下：

一、自助服務科技的定義

服務可視為一連串的「處理」，並區隔為「完全服務」（full-service transactions）與「自助服務」（self-service transactions）（Globerson and Maggard, 1991）。「完全服務」指將一部分服務活動和顧客合作完成，剩下的活動則在辦公室完成；「自助服務」則是一部分的服務活動由顧客自行完成，並且將所有相關處理活動中顧客自行參與的時間比例定義為自助服務強度（self-service intensity）。自助服務強度可能從極小到接近100%，但不會到達100%，因為廠商仍必須為服務做準備，如自動櫃員機屬於自助式的服務，但廠商必須負責機器的提供與維修。

自助服務的概念源自Lovelock和Young（1979）提出一項當時被視為顛覆傳統思維的解決方案——「讓消費者做更多的工作」，亦即讓消費者透過科技進行自助服務（Lovelock and Young, 1979; Bateson 1985）。1990年起，電子商務逐漸蓬勃發展，驅使傳統人際接觸的服務遞送模式，轉移到以機器輔助或取代服務人員，或者是盡可能提供

不限時間地點的網路服務。於焉，「科技型服務接觸」（Technology-based Service Encounters）遂隨著科技創新的浪潮風行草偃，並被定義為：「以科技介面使顧客無需接觸服務人員而自行完成的服務活動」（Meuter, Ostrom, Roundtree, and Bitner, 2000）。繼而，如果消費者把科技當作服務接觸的主要平台，經由此一平台連結業者的服務系統，則可以定義為「自助服務科技」（SSTs），典型的自助服務科技包括自動櫃員機（Automated Teller Machine, ATM）的使用，自動語音回覆系統（Voice-Back System）或自動傳真回覆系統（Fax-Back System）等。此項概念並被廣泛地實踐於網路銀行、電子交易網站、餐旅服務業自助化等議題。

Bateson（1985）針對自助服務或人際接觸的服務傳遞系統之選擇加以探討，發現使用者考量因素有時間、控制性、需要的努力程度、依賴、效率、人際接觸與風險。Globerson和Maggard（1991）並提出，影響顧客使用自助服務的因素有下列七項：(1)方便性（convenience）：時間與地點是否便利；(2)省時（time-saved）：與完全服務比較所能省下的時間；(3)自我控制（self-control）：不需依賴服務人員即可完成服務，此為影響顧客選擇自助服務的重要因素；(4)省錢（money saved）：自助服務的收費較便宜；(5)自我形象（self-image）：使用自助服務是否影響自己的形象；(6)風險（risk）：自助服務是否比由服務人員提供服務風險高，顧客是否有足夠的專業能力完成自我服務；(7)自我實現（self-fulfilment）：自助服務可增進顧客的成就感。Dabholkar（1996）則認為消費者對於使用「科技型服務接觸」的服務品質評估指標計有七項，包含：(1)傳送的速度：包括等待的時間及服務的時間；(2)容易使用：使用上不費力且服務傳遞過程不複雜；(3)可靠度：服務結果可靠、正確；(4)使用愉快：使用互動的過程是有趣的；(5)可控制：對使用的過程與結果能夠自己控制；(6)對使用科技產品的態度：用過去相關的經驗或態度判斷新的情況；(7)與服務人員互動的需求：使用者對以機器或以人為服務接觸有不同的容忍程度。

隨著科技技術的不斷演進，服務接觸使用科技技術的比例將會逐漸

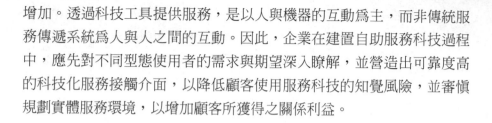

增加。透過科技工具提供服務，是以人與機器的互動為主，而非傳統服務傳遞系統為人與人之間的互動。因此，企業在建置自助服務科技過程中，應先對不同型態使用者的需求與期望深入瞭解，並營造出可靠度高的科技化服務接觸介面，以降低顧客使用服務科技的知覺風險，並審慎規劃實體服務環境，以增加顧客所獲得之關係利益。

二、網路報到

在自助服務科技中，較為常見的是透過網路技術提供顧客獨立接受服務的介面平台，亦即「網路自助服務」（Meuter et al., 2000）。1995年起，在航空運輸業專注於提供會員處理電訊傳送事宜的國際航空電訊協會（SITA）開始研發將網路和航空業結合的可行性，這個思維後來被延伸於機場報到劃位，稱為「網路預辦登機」或「網路報到」（楊政樺，2007）。Gillian（2007）曾經針對全球國際機場的資訊科技發展趨勢進行調查，發現電子機票的使用率已高達80%，國際航空公司有53%提供網路報到服務，而有60%的旅客當獲知可以使用自助服務科技辦理報到劃位時願意嘗試使用（如圖9.1）。一般而言，旅客僅需在航空公司網頁進行五個簡單的步驟即可完成報到劃位，分別是：(1)登入；(2)輸入護照資料；(3)報到選位；(4)更換座位；(5)列印。甚至，本研究調查發現，網路報到的功能尚且涵蓋：(1)訂位購票；(2)選位、預約座位的更改或取消；(3)查閱、更新及換取哩程優惠累積資料；(4)網路選餐；(5)免稅品預訂；(6)掛失行李查詢；(7)手機簡訊或e-mail提供航班最新動態；(8)旅遊資訊與促銷活動查詢等（楊政樺、曾通潔、程健行，2010）。

Liljander等人（2006）發現往返歐洲的旅客在「科技準備性」（Technology Readiness）和接受自助服務的態度意向存在著正向關聯，但是其實際的接納行為卻沒有正向關聯。楊政樺（2007）亦發現旅客對於續接航程、選位或更改、取消座位，以及操作介面的親和性與服務誤失的處理較不滿意。賴燊標（2007）則以科技接受模式輔以科技準備性的干擾效果探討旅客對於民航自助服務科技的接受度，發現「知覺有用

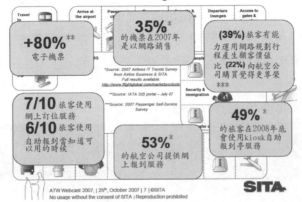

圖9.1　2007年全球國際機場的資訊科技發展趨勢調查

資料來源：Gillian (2007)；楊政樺、曾通潔、程健行（2010）。

性」對於旅客使用自助服務科技的影響效果最大，但除了正向的科技準
備性對「知覺易用性」稍具干擾效果外，科技準備性的干擾效果並不明
顯。雖然，科技型服務接觸已經逐漸普遍化，但並非任何自助服務科技
皆可達到顧客滿意。Parasuraman（2000）發現人們對於使用新科技完成
生活或工作上的目標有困窘傾向。為了避免顧客抗拒使用所產生的資源
閒置，企業無不期望能制定精確的服務策略與行銷企劃，促使顧客能獲
得正面的使用體驗。

　　楊政樺、曾通潔、程健行（2010）整理中華、長榮、國泰、港龍、
西北、荷蘭皇家和新加坡等航空公司相關網路報到資訊，內容包含有網
路報到於機場作業之相關說明、不適合使用網路報到服務之說明、護照
資料輸入、航班限制、報到人數及開放報到時間等，如**表9.1**所示，略
為：(1)受理網路報到服務有時間限制；(2)辦理網路報到服務的旅客有身
分限制；(3)辦理網路報到服務的續接航線，受到航空公司彼此載運合約
限制與班次限制；(4)必須是已經完成預約且已經購買機票的旅客方可使
用；(5)網路報到服務完成之已列印登機證，視各機場安檢規定不同有不
同的通關程序；(6)基於各國民航法規不同，旅客必須持用有效的旅遊證
件進行網路報到登錄；(7)參與常客飛行計畫之旅客必須以會員號碼登入

網路報到服務系統，以便累積飛行酬賓哩程；(8)並非所有的航線均提供網路報到服務，旅客需選擇有提供服務的航線辦理。

即便使用網路報到系統的廣泛應用固然能讓供需雙方蒙受其利，諸如：縮短作業現場的等候線，節省旅客時間，減緩其久候不耐，並能讓

表9.1　航空公司網路報到服務對照表

比較項目　公司名稱	網路報到於機場作業之相關說明	不適合使用網路報到服務之說明	護照資料輸入	航班限制	報到人數	開放報到時間
中華航空	配合機場報到時間，於班機起飛前一至二小時前，至專屬報到櫃檯或自助報到亭領取登機證。	特殊需求旅客與UM	yes	未與DCS連線航班	MAX 7	起飛前24～3小時
長榮航空	配合機場報到時間，使用網路報到系統，目前尚未能完全取代您在機場報到櫃檯所需辦理之手續。	特殊需求旅客與UM	yes	包機與聯營不宜	MAX 9	起飛前24～3小時
國泰航空港龍航空	在專屬報到櫃檯領取登機證與行李託運或自助報到亭領取登機證。	非馬可波羅會員非電子機票旅客	yes	部分機場聯營不宜	未定義	起飛前48～1.5小時
西北航空荷蘭航空	部分機場可使用二維條碼之網路報到登機證；其餘機場在專屬報到櫃檯領取登機證與行李託運或自助報到亭領取登機證。	未使用西北、荷航與法航電子機票旅客	option	西北、荷航與法航航班皆可	MAX 9	起飛前30～1小時
新加坡航空	配合機場報到時間，於班機起飛前四十五分鐘至一小時前，至專屬報到櫃檯領取登機證；部分機場可使用二維條碼之網路報到登機證。	17歲以下與特殊服務需求旅客、UM	yes	新航航班跨航報到合作航班	MAX 10	起飛前48～2小時

說明：(1)特殊服務需求旅客：輪椅服務旅客、醫療援助旅客、傷殘旅客、年長旅客；(2)UM（Unaccompany Minor）：單獨旅行幼童；(3)Option：視航線而定；(4)DCS（Departure Control System）：離場管制系統；(5)MAX（maxmumin）：最多可接受人數。

資料來源：楊政樺、曾通潔、程健行（2010）。

旅客在報到完畢後可以自主地彈性運用時間（包含：商務艙／頭等艙旅客至貴賓室休息的時間、過境轉機旅客可從事休息、一般旅客辦理「免稅品退稅」或逛免稅店的時間）。但是，網路報到的發展是否有所限制呢？

本質上，「網路報到」在服務傳遞過程中，是屬於技術可行，但執行上卻容易牽涉到出入境管制與法令問題而受到一些束縛。依據《民用航空法》第47條之3第1項規定：「航空器載運之乘客、行李、貨物及郵件，未經航空警察局安全檢查者，不得進入航空器。」亦即，在現行法令限制下，沒有任何理由可以支持「網路報到登機證」可以被視為有效的登機證。台灣兩大國際機場（桃園國際機場與高雄國際機場）迄今仍不同意持用網路報到登機證者可以直接進行通關檢查；同時，台灣境內各航空站尚未設置「通用型自助報到服務亭」（Common Use Self Service, CUSS），現階段僅中華航空、國泰航空與西北航空各自設有專屬的自助式報到亭（Service-Self Check-in Kiosk）可以提供制式登機證。

若非使用自助報到亭辦理報到劃位的「網路報到」旅客，則因機場安檢設施與登機管制設備無法進行判讀，而仍需至專屬報到櫃檯或自助報到亭換取制式登機證，亦即無法完全落實網路報到服務的優點。實務上，無論旅客是透過傳統人力報到櫃檯或透過自助服務科技取得登機證者，他們進入機場管制區後，仍需接受海關／移民局／檢疫嚴格的身分查驗。

然而，即便目前證照查驗、行李託運等因素，「網路報到」尚未能完全取代旅客在機場報到櫃檯所需辦理的手續，但旅客仍能透過科技的使用來縮短航空旅行以外的等候時間，更加靈活、便利的安排個人時間（Chang and Yang, 2008），航空公司亦能節省櫃檯的人力負荷，機場更能因等候線縮減而讓空間使用更有效率。以長榮航空為例，其官方網站對於「網路報到」的注意事項即強調：「由於證照查驗、行李託運等因素，網路報到系統目前尚未能完全取代您在機場報到櫃檯所需辦理的手續。但因為您使用本系統先行辦理了部分手續，故可以縮短在機場櫃檯的辦理時間。」

第二節　網路訂位與電子機票

　　網際網路在行銷所賦予的最大衝擊，就是它改變了傳統的通路結構。就航空公司而言，除了增加廣告的效果，亦減輕過去旅遊中介商的角色，讓旅客更容易直接與航空公司接觸，直接交易與獲取服務。電子商務是透過資訊管理系統、商業模組，藉由組織作業的流程改造，來達到減低組織營運的成本開支，提升作業效率，增加客戶滿意度的新興商業行為。有效利用電子商務，除了將可控制並節省通路、鋪貨成本、行銷成本、人事成本等營運成本外，並可藉由網路無國界、無時差的流通特性讓新商品可以即時鋪貨、透過電子郵件及視訊會議，增加企業競爭力，將節省下的成本用來提高商品的功能、附加價值，並可以開發或改良更進階的商品或回饋給消費者。從經濟學的論點看來，整個交易過程產生了「加乘效果」（synergy effect），藉由大量成本的縮減及效率的提升，俾使企業體及消費者達到雙贏。

　　面對日新月異的電子商務競爭趨勢，世界各大航空公司無不摩拳擦掌，積極研發電腦軟體系統、擴充硬體設備，利用電腦化將售票成本、飛航前後的作業成本降到最低。目前的網際網路訂位、購票系統不僅是航空公司的基本配備，甚至經過美國西北航空公司電子商務部的估算指出，比較航空公司委託傳統旅行社和由網路售票所需負擔的成本，得到以下數據：透過旅行社開票的成本是26美元；透過旅行社網路販售是19美元；經航空公司特約旅行社開票是10～15美元；到航空業者合組的網路購票，成本是8～9美元；直接到航空公司網路訂票，成本只要6美元。相較之下，航空公司透過自己的網路賣票成本只有透過旅行社售票的四分之一，不但可以大幅降低營運成本，還可以減少收不到帳款、旅行社惡性倒閉的風險。

　　網路訂位服務，航空公司期望旅客使用網路訂位主要是因為可節省訂位人員的人事成本，航空公司無須安排二十四小時輪班的訂位人力，

旅客訂位不受航空公司的開放訂位時間與營業場所的限制，可以在自己家裡或辦公室進行網路完成訂位與開票。1994年11月首度應用電子商務技術於航空運輸營運之「電子機票」的美國聯合航空公司（UA），剛開始於美國西海岸的國內航線市場試辦良好，1995年4月起便陸續推展到芝加哥及其他主要的八大航線。這項基於國際趨勢及符合環保需要的「電子機票」在短期內風行草偃，很快地席捲全球，各大航空公司紛紛跟進。航空公司運用B2B與B2C網站服務，提供產品與訊息，舉凡航線、班次、促銷活動、票價、套裝旅遊、訂位、公告與定型化契約以及常客會員計畫，針對旅客需求與旅行社的利潤維持，企圖創造三贏的局面。不僅達到一對一服務，更因為一對多的溝通方式，降低過去飽受批評的旅客資訊取得不對稱的弊病，更容易接觸所謂的潛在性顧客。Kotler與Armstrong（2009）表示網路行銷為顧客創造價值並建立顧客關係，且改變顧客對便利、速度、價格、產品品質與服務的關注。蔡憲唐、黃榮鵬（2002）表示電子商務創造出網路訂位與電子機票的發展，改變了旅行業者中間商地位的改變，航空公司不再依循傳統的通路販售機票，電子商務提供航空公司營收掌控的最佳解決方案。航空公司販售電子機票產生了六點重要的影響：

1. 提供旅客可自行選擇班次與票價的平台。
2. 免除旅客訂位代號與機票攜帶的不便及遺失的風險。
3. 藉由網路解釋說明讓旅客更瞭解機票的內容。
4. 無紙化服務環保觀念降低綠能的浪費。
5. 顧客導向服務旅客自由掌控行程規劃。
6. 顧客搭機資訊與旅客權益資訊取得的便利性。

2004年IATA宣布所有航空公司在2007年年底全面改用電子機票，預計一年將節省30億美元的支出，在2007年6月時，因部分航空公司表示作業系統轉換不及，而順延至2008年5月31日起實施。但有些區域航空公司未使用電子機票，或是庫存的傳統紙本機票數量仍多，又部分航空公司的聯營政策與運送合約尚未完備，無法受理或讀取他航的電子機

票，以致於仍使用傳統紙本機票；另外，電子機票至多僅能開出十六個航段。在實務上，如開立環球機票總航段超出十六個航段亦必須以傳統紙本機票開出。

電子機票與實體機票功能相同，只是機票的形式改變。電子機票的好處為可直接透過網站、電話以本人信用卡或網路銀行轉帳購票，或經由旅行社及逕至票務櫃檯付現或刷卡購買，訂位購票完成後，將原先登載在機票上的資料改儲存在航空公司的電腦系統資料內。電子機票開立後，旅客會收到電子機票收據以為憑證，至機場報到時，只要告知電子機票票號或出示收據即可取得登機證，而以電話或網路直接購票者，辦理報到時應出示本人購票之信用卡供航空公司人員核對，若非搭機本人購票，須於報到櫃檯繳交付款同意書。對於機場航空公司的櫃檯報到工作來說，若旅客聲明其使用電子機票時，運務員僅需請旅客提示付款信用卡和身分證明文件，資料與電腦記錄相符即可為其辦理報到劃位，並給予其登機證。但是，以國際航線來說，持用電子機票的旅客，並不等同於訂位完成，仍有航空公司要求旅客要進行回程訂位確認，旅客仍然必須依照航空公司公布的旅客報到作業開始與結束時間辦理報到手續，逾時未辦理報到時仍會取消其訂位。同時若旅客行程牽涉兩家以上的航空公司，或旅遊目的係屬商務、觀光、探親，有些國家的入境規定要求旅客必須持有確認回程訂位的機票，政府當局的移民署並無法與航空公司機票系統連線，無法得知旅客是否持有有效之回程機票，旅客仍必須持有電子機票收據以備核驗。

陳怡嬌（1996）發現「風險小」（資訊可靠度高）是消費者滿意網站服務的因素之一，賴士葆與顏永森（2004）在網路交易風險變項檢測中發現，能夠承受高交易風險的消費者較能夠承受低交易風險的消費者對系統自動化的感受價值高。在交易網站上承受高風險的消費者比承受低風險的消費者有較高的滿意度，對使用價值感較深刻。因此，網路銷售過程要確保消費者隱私與交易內容保密，方能建立旅客信賴，俾便順利推展網路訂位購票服務。

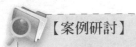

【案例研討】

旅客要不要攜帶電子機票的收據呢？

據2007年5月19日曼谷《世界日報》報導稱：泰國台灣商會聯合總會呼籲國人至泰時，倘若需要於機場辦理落地簽證入境泰國時，除需遵循原有落地簽證相關規定外，並被要求需備有確認回程之機票及不少於泰幣1萬銖之等值貨幣（即使持有信用卡，也需有泰幣1萬銖以上），否則可能遭受原機遣返。某位台商因持用電子機票而未帶電子機票收據欲辦理落地簽證，且身上未帶等值1萬泰銖之外幣，雖然身上持有多張信用卡白金卡，泰國移民署拒絕其辦理落地簽證，並以違規入境為由遣送回台。

圖9.2 電子商務蓬勃發展，旅客與航空公司從業人員都在磨合期中，熟悉服務技能是運務人員面對的重要課題

圖片來源：曾通潔攝於韓國仁川機場。

圖9.3　自助報到服務風潮已經從歐美延燒到亞洲各國
圖片來源：楊政樺攝於日本札幌國際機場。

 # 第三節　自助報到服務

　　前檯自動化服務的革命時代來臨，企業與顧客的互動方式正在改變。資訊網路的普及，各種智慧型裝置的開展，自動化服務大幅降低企業與顧客的互動成本，重新調整前檯作業，善加利用網路介面與人力，來改善服務效力（effective）與效率（efficient），科技自助化服務的浪潮，已開始湧入我國，就我國民航界採行自助服務科技而言，目前僅採用自助報到亭服務及網路報到服務兩種（楊政樺，2007），美國與日本國內航線甚至開始研究發展行動登機作業。當旅客使用手機辦理報到劃位後，航空公司會傳送二維條碼（2D Barcode）到旅客手機，旅客登機時使用手機液晶螢幕所顯示的條碼供登機門條碼辨識登機門管制系統進行判讀後完成登機手續。

　　就「自助服務科技」應用於民航服務領域而言，傳統上，旅客僅能透過傳統通路購買機票，再到機場排隊辦理登機手續，包括：報到、行李託運、證照查驗、安全檢查，進而登機完成旅程。接下來，本節將探討目前航空業界提供旅客使用的科技自助服務方式：

一、手機行動訂位劃位服務（Mobile Check-in）

行動電話（cellular phone; mobile phone）已廣泛地在世界各地被使用。但是，隨著技術的進步，行動電話的機型日新月異，不斷地更新、進步與改革。透過網際網路與電子郵件，新一代的行動電話不再只是聯絡的工具而已，還可以傳遞與接收資料，最新的新聞與消息將會即時地被傳達。航空公司期望能夠透過這項新的技術改善對旅客的服務。商務旅客由於工作的緣故，時間對他們而言是非常寶貴且重要的。因此，藉由多功能、高品質的行動通訊讓商務旅客即時接收資訊，爭取時間是二十一世紀的發展商機。根據1999年5月的《航空商業雜誌》（*Airline Business*）的報導指出：IBM、Nokia已全力發展與生產具備上網功用的手機，以提供這些商務旅客即時的航班飛行資訊。目前所使用的技術稱之為WAP（Wireless Application Protocol，無線通訊協定），旅客利用WAP，可透過行動電話得知航班的班表，是否有延滯或取消的情形，甚至可以直接在手機上訂位或取消。同時，AMADEUS公司的GDS系統已在1999年2月起和易利信（Erikson）合作，讓部分持有易利信行動電話的旅客，能夠利用手機透過網際網路進入AMADEUS系統來訂票。此外，航空公司亦將航班的飛行資訊，以簡短文字傳遞給其他的旅客，旅客只要透過現行的GSM系統，即能接收短文字訊息（Short Message System）。

2007年2月15日，中華航空股份有限公司與遠傳電信股份有限公司（Far EasTone Telecommunications Co., Ltd.）宣布異業合作。遠傳電信由日本引進手機加值服務「i-mode」提供用戶進行網路訂票、網路報到、優惠情報、航班動態查詢服務，成為國內第一家提供行動購票報到服務的業者。遠傳的手機用戶點選「i-mode」的「i-mode生活選單」中有關「交通／地圖／旅遊」類別後，再點選「中華航空」，就可開始使用所需的服務，包括：

1. 網路訂票：遠傳用戶必須具有中華航空華夏會員（Dynasty Flyer）資格，由手機進行網路訂票服務。
2. 網路報到：提供旅客經由手機辦理網路報到服務。
3. 優惠情報：旅客可以隨時查詢到華航最優惠的促銷訊息。
4. 航班動態：旅客透過手機簡單按鍵即可查詢中華航空航班離到時間。
5. 機場服務：搭機資訊說明，如行李託運規則，貴賓室設施及使用說明。
6. 機上電影介紹：每月華航機上放映的最新電影簡介。
7. 華夏會員介紹：介紹華航各種華夏會員權利、哩程酬賓計畫、優惠服務內容與升等的辦法。

再以新加坡航空為例，2009年12月23日新航宣布啟用「新航行動通訊」，舉凡搭乘新航的旅客，可以隨時隨地使用個人具有行動上網功能的手機，將手機的瀏覽器輸入「http://m.singaporeair.com」網址，選擇下載新航行動通訊應用軟體至手機，或直接透過手機內建瀏覽器進入新航行動通訊網頁行動，進行預訂機位、劃位報到、管理其訂位記錄以及瀏覽「新航獎勵計畫」（KrisFlyer Membership）等多項服務。旅客也可以用行動電話來查詢航班時刻表。全球手機大廠生產的行動電話都可以支援「新航行動通訊」服務。使用該項服務者必須是訂位確認而且是在班機出發前二至四十八小時內，可使用該項服務從事劃位報到，選擇座位。完成行動報到的旅客，新航將會回覆其確認報到作業完成，手機上會顯示劃位報到的二維條碼；旅客也可於機場的劃位報到櫃檯領取登機證。值得注意的是，「新航行動通訊」適用於所有新航飛航的航

圖9.4　新航行動通訊服務

圖片來源：翻拍自新加坡航空網頁。

次，但不適用於與新航共掛班號的航班。

　　目前旅客在搭機時不能使用行動電話，不過IBM預期，未來旅客將可能在科技發展突破機上禁用通訊器材的飛安疑慮後，在飛行旅途中使用手機上網、接收電子郵件與訊息，讓行動電話發揮最大的效用。以台灣為例，中華航空公司已於2009年3月15日起開放旅客將行動電話、iPod、iPhone在登機前關閉收發話功能，轉換為飛航模式（Flight Mode）後，在避免干擾飛機操作下，使用與無線通訊裝置無關的應用程式，如：個人數位助理、音樂與影片播放器、遊戲程式等。

二、網路報到

　　「網路報到」（Web Check-in/ Internet Check-in）又稱為「網路預辦登機」，亦即運用網際網路改善旅客報到服務流程，是航空業推展科技基礎服務的一環。一般而言，除了幾種旅客不能在網路上進行預辦登機（包含需要醫療服務的旅客、沒有成人同行的獨行兒童、隨團旅客訂票時以旅行團做登記、旅客須繳付附加費）之外，其他所有持用電子機票的旅客均可使用該項服務。

　　接下來，將簡介如何使用網路報到的方法，將參照作者實際操作中華航空所設立的網路報到服務介面，提供讀者瞭解與感受自助化服務的便利。

(一)中華航空網路報到使用規則

1.網路報到服務開放全線已經連結離場管制系統（DCS）的航班皆可使用此項服務（目前僅德里、阿姆斯特丹、阿布達比、安克拉治、雪梨、布里斯本不開放），在起飛前三至二十四小時，可辦理網路預辦登機。

2.所有華航訂位確認的旅客，可以輸入華夏會員卡號（須在訂位時告知會員卡號）或輸入訂位資料（訂位之英文姓名與電腦編號）

進入系統。

3. 旅客可替與本人同一訂位紀錄之旅客辦理網路預辦登機，但同一訂位紀錄旅客人數限九或九人以下。

4. 使用本系統完成報到後，仍必須在起飛前一小時，至機場中華航空櫃檯領取登機證，與辦理行李託運等事宜（台灣桃園國際機場與高雄國際機場設有專屬櫃檯，可逕赴該櫃檯辦理），並配合機場安全檢查，完成通關作業。

5. 前往美國、加拿大地區、日本、澳洲與德國的旅客，依照當地政府規定，必須輸入護照資料供查核，前往其他地區旅客則不用輸入此一資料。

(二)從網站首頁點選「預辦登機」

在華航網站首頁http://www.china-airlines.com/ch/index.htm 點選「預辦登機」即可進入本系統（如圖**9.5**）。

(三)登入系統

旅客可以利用下列兩種方式登入系統（如圖**9.6**）：

1. 身分辨識：中華航空公司的網路報到服務開放提供所有華航訂位確認的旅客使用，旅客可憑華夏會員卡號或輸入訂位資料以進入系統。

2. 輸入訂位資料：包含訂位之英文姓名與電腦編號，英文姓名中勿輸入特殊符號。

圖9.5　華航企業網站首頁

資料來源：何芯如（2009）攝自華航企業網站。

圖9.6　網路預辦登機頁面之二

資料來源：何芯如（2009）攝自華航企業網站。

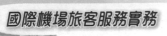

(四)選擇班機

1.對照旅行之日期、啓程站、目的地等資料，然後按【確定】鍵。
2.然後確定班機編號。

圖9.7　網路預辦登機頁面之三

資料來源：何芯如（2009）攝自華航企業網站。

圖9.8　網路預辦登機頁面之四

資料來源：何芯如（2009）攝自華航企業網站。

(五)報到

1.點選要報到旅客,勾選相關資料,再按下【輸入】執行。

2.報到結果將顯示於網頁上。

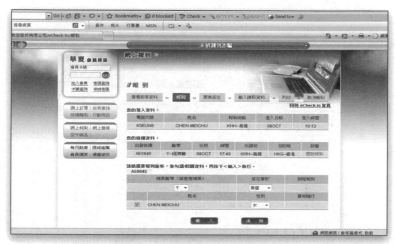

圖9.9 網路預辦登機頁面之五

資料來源:何芯如(2009)攝自華航企業網站。

圖9.10 網路預辦登機頁面之六

圖片來源:何芯如(2009)攝自華航企業網站。

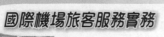
(六)更換座位

1.在右下方座位圖上選擇喜歡的座位，待同一組PNR的所有旅客選擇完畢後，再按下【輸入】執行。

2.更換座位結果將顯示於網頁上。

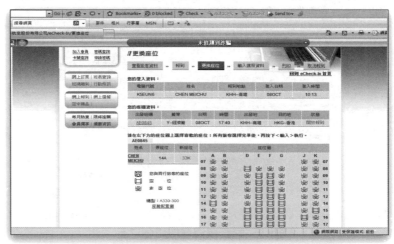

圖9.11　網路預辦登機頁面之七

資料來源：何芯如（2009）攝自華航企業網站。

圖9.12　網路預辦登機頁面之八

資料來源：何芯如（2009）攝自華航企業網站。

(七)完成報到

結果將顯示於網頁上。

圖9.13 網路預辦登機頁面之九
資料來源：何芯如（2009）攝自華航企業網站。

(八)列印

按「列印」可將本頁資料印出，並於報到時攜至機場，以便在機場迅速取得登機證與託運行李。本頁所列資料為網路報到登機證，可供旅客於機場報到時等同正式的登機證，旅客仍須至報到櫃檯進行證件查驗與託運行李作業（如圖**9.14**）。

(九)取消報到

1.僅可勾選由本人執行報到作業的旅客（以登錄時使用之會員卡號或姓名為準）。勾選完畢後，按下「輸入」執行（如圖**9.15**）。
2.取消報到結果將顯示於網頁上（如圖**9.16**）。

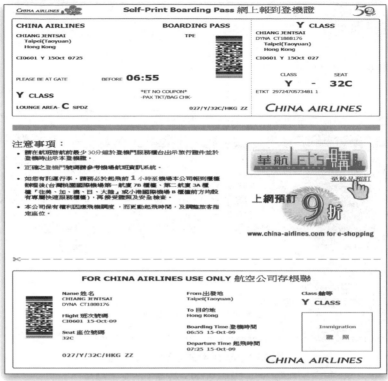

圖9.14　中華航空網路報到旅客登機證

資料來源：中華航空公司提供。

圖9.15　網路預辦登機頁面之十

資料來源：何芯如（2009）攝自華航企業網站。

圖9.16 網路預辦登機頁面之十一

資料來源：何芯如（2009）攝自華航企業網站。

三、自助式報到亭

(一)自助式報到亭的由來

「kiosk」一詞源自波斯語，原意是具有遮陽功能的販賣亭、小食亭、小賣店。15世紀至19世紀鄂圖曼帝國時期廣泛地使用於波斯地區及印度花園內的涼亭亦稱為kiosk。依《大英百科全書》的解釋，kiosk原為伊斯蘭教建築中的露天圓亭，亦代表亭式書報攤及公共電話亭之類的設施，在現代應用上可以解釋為「互動式多媒體資訊站」，是由自動化設備（電腦加上周邊）所構成，提供使用者在其上完成一種雙向的互動，達成一定的查詢或是服務提供的功能（包括：資訊查詢與導覽、廣告訊息播放、票證販售與儲值、數位攝影編輯傳輸、指定列印 ）。

近年來，航空業逐漸認知時間在貨幣價值上的意義後，紛紛引進包含「自助式報到亭」等自助服務科技，以直覺式的流程，觸控式螢幕的動畫指示，提供行李輕便的旅客自助辦理報到登機手續並列印登機證、

瀏覽或變更座位、變更航班，冀望能加速服務傳遞及縮短作業流程。以台灣為例，華信航空公司首度自2001年2月起在北高航線引進自助式報到亭後，國泰、中華及西北等航空公司隨即亦陸續於桃園國際機場設置「特定航空公司專屬自助式報到亭」。2010年2月起，長榮航空亦在桃園國際機場第二航廈6A櫃檯後方提供八台該公司專屬的自助式報到亭以提升服務效率。一般而言，相較於櫃檯運務人員在三分鐘內完成國際航線旅客的平均處理時間。使用「自助式報到亭」者最快可在三十秒內完成從登機到護照驗證的一切流程。

(二)特定航空公司專屬自助式報到亭與通用型自助報到服務亭

目前，全球各大機場使用的自助式報到亭可以略分為「特定航空公司專屬自助式報到亭」（Dedicated Service-Self Check-in Kiosk）及「通用型自助報到服務亭」（CUSS）兩類。顧名思義，前者係為單一航空公司自行研發或訂購的專屬服務設備，後者則由國際航空運輸協會制定一套「通用自助服務標準」（簡稱CUSS標準，CUSS stands for Common Use Self-Service），讓多家航空公司的旅客可在同一台終端機的服務平台辦理登機手續。CUSS標準讓旅客可以點選「通用型自助報到服務亭」觸控螢幕上的航空公司選單，選擇所要搭乘的航空。然後，CUSS程式會進入特定航空公司的自助服務應用程式，旅客可透過此應用程式完成辦理劃位報到程序，並取得登機證。由於CUSS可以利用單一終端機提供多家航空公司使用，對機場管理當局的最大貢獻是能妥善利用機場容量及報到動線，另一項優勢是未來將實現的遠距報到。值得一提的是，即便某些航空公司是採用「特定航空公司專屬自助式報到亭」而非「通用型自助報到服務亭」，但為了應付未來更加多元的空運旅客需求，其終端機的軟硬體介面亦未雨綢繆地遵循CUSS標準，以確保持用該公司機票的旅客亦可在全球各大機場使用符合CUSS標準的自助式報到亭，或使用其他航空公司聯合提供的自助式登機服務平台。

就自助式報到亭在台灣的發展而言，中華航空公司於2005年3月6日在桃園國際機場第一航廈A7櫃檯提供旅客自助服務報到專區，2010年

圖9.17　中華航空自助報到亭KIOSK

圖片來源：何芯如（2009），攝自華航企業網站。

2月長榮航空亦在桃園國際機場的第二航廈6A櫃檯後方建置該系統。華信航空初期在台北、高雄機場各裝設了兩台「DIY報到亭」（自助式報到亭）提供網路購票、電話購買電子機票，和已訂位的國內航線旅客使用。除了北高機場，華信航空亦於2009年3月12日起，於台中清泉崗機場提供已訂妥國際航線機位且前往香港、胡志明市、杭州的旅客使用自助式報到亭來完成劃位手續。若再加上原先已建置自助式報到亭的兩家外籍航空公司（西北航空及國泰航空），台灣境內前已有五家航空公司提供此類服務。

(三)自助式報到亭的使用

◆步驟1：旅客操作報到系統

　　對於攜帶簡便手提行李的旅客，可在機場大廳透過自助式報到亭辦理登機服務。清楚的圖示介，旅客只需要觸碰螢幕即可操作。如果是使用「通用型自助報到服務亭」（CUSS），必須先點選所搭乘之航空公司名稱，選定後進入該公司的服務介面；若是使用特定航空公司專屬自助式報到亭，則可直接點選所需的服務項目。

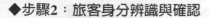

◆步驟2：旅客身分辨識與確認

從圖9.19可知，仁川機場的「通用型自助報到服務亭」，螢幕左側提供十國的語言選項，增加操作的互動便利性。螢幕右側說明該服務的使用限制：(1)必須是使用電子機票的旅客；(2)旅客前往的目的地無需使用入境簽證要求。從圖9.20可知，仁川機場的共用自助報到亭以大韓航空爲例，有檢查旅客使用系統的身分驗證機制，旅客可以使用購票的信用卡、大韓航空Skypass會員卡、訂位代號，或網路報到確認單的二維條碼來讓系統判讀旅客的訂位紀錄。機器提供護照閱讀的光學讀寫頭與會員卡、信用卡三種不同的輸入管道。

圖9.18　韓國仁川機場內大韓航空、韓亞航、聯合航空共用自助報到系統之一

圖片來源：曾通潔攝於韓國仁川機場。

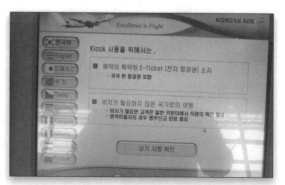

圖9.19　韓國仁川機場內大韓航空、韓亞航、聯合航空共用自助報到系統之二

圖片來源：曾通潔攝於韓國仁川機場。

圖9.20　韓國仁川機場內大韓航空、韓亞航、聯合航空共用自助報到系統之三

圖片來源：曾通潔攝於韓國仁川機場。

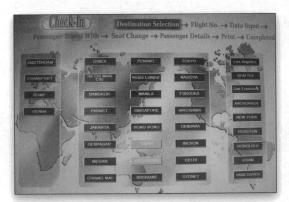

圖9.21　中華航空所有目的地機場的選單

圖片來源：楊政樺攝於桃園國際機場。

◆**步驟3：選擇班次目的地**

　　從**圖9.21**可知，幾乎所有中華航空的目的地機場都可以選擇。若是外國旅客，則有英文介面可以選擇。

◆**步驟4：選擇航班編號**

　　從**圖9.22**可知，旅客確認所欲搭乘的目的地機場後，可以進入「選擇航班編號」的選項，螢幕隨即呈現當天所有可供辦理登機手續的航班，自助式登機服務一直到飛機起飛前四十五分鐘才停止受理。

◆步驟5：互動式機艙座位地圖選擇座位

　　依據Dabholkar（1996）對「可控制程度」（expected control）的定義，其最重要的體現是全局監控，對服務內容上有決定權，對服務實施的過程及質量具備調整、完善及修正的能力。從圖9.23可知，中華航空公司提供旅客高度自主性的作業環境，讓旅客可以自行透過互動式機艙座位地圖，依個人喜好選定喜歡的座位或更換座位。

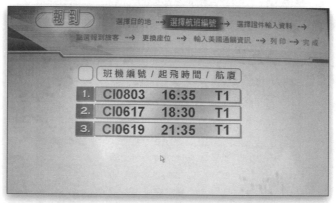

圖9.22　中華航空特定目的地機場「選擇航班編號」的選項
圖片來源：楊政樺攝於桃園國際機場。

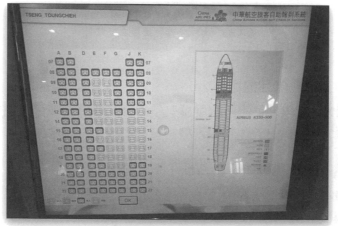

圖9.23　中華航空互動式機艙座位地圖選擇畫面
圖片來源：曾通潔攝於桃園國際機場。

◆步驟6：選擇列印登機證

由於登機手續可以多人辦理。在選擇登機證列印時，可依顧客需要，選擇一人或多人登機證列印。

◆步驟7：查閱、更新哩程優惠累積資料或領取貴賓室邀請卡

國泰航空公司賦予「亞洲萬里通」會員或「馬可孛羅會」會員可透過自助式報到亭辦理會員哩程查詢、哩程補登等相關服務。並能透過機器領取機場貴賓室邀請卡。

圖9.24　國泰航空「CXpress」自助式報到亭列印登機證
圖片來源：楊政樺攝於桃園國際機場。

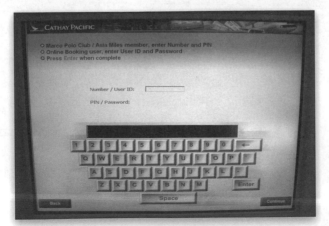

圖9.25　國泰航空「CXpress」自助式報到亭可供會員查閱、更新哩程
圖片來源：楊政樺攝於桃園國際機場。

圖9.26　中華航空kiosk熱感應登機證印刷出口

圖片來源：曾通潔攝於桃園國際機場。

圖9.27　中華航空kiosk登機證格式

圖片來源：曾通潔攝於高雄國際機場。

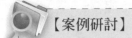

【案例研討】

　　2009年6月16日，一名中國裔加拿大籍女子第二次至美國聯合航空自助報到櫃檯領取他人登機證，搭機乘往台灣。根據航空警察局和內政部入出國及移民署的調查，這名程姓旅客並未向聯合航空訂位或購票，僅以她的加拿大護照在自助報到亭操作報到系統，利用系統的盲點取得與她英文姓氏Chen相同的旅客姓名選單，任意點選其中一位同姓旅客，便順利取得他人登機證冒用來台。全球反恐最積極的美國和美籍航空業者，卻出現如此重大疏漏，移民署和航空警察局已經要求聯合航空在未改善此一系統的漏洞前，應暫時停止提供旅客自助報到服務。

(四)SMART CARD旅遊智慧卡

　　在歐美國家，經常使用大眾運輸工具的旅客常使用一種便捷的身分認證與付款機制的SMART CARD智慧卡，卡片內有IC智慧晶片，不僅具備記憶、識別、加密與解密及傳輸功能外，並具無線射頻識別系統（RFID）與資訊安全功能。目前有多家航空公司讓旅客使用SMART CARD進行快速搭機服務。例如：法國航空與聯合航空讓旅客使用SMART CARD作為使用自助報到亭劃位的身分識別工具。根據ICAO官方網站於2001年的統計，2000年全球旅客使用這友善的科技服務，讓航空公司服務了十億七千萬人次，芬蘭的赫爾辛基機場甚至讓使用SMART CARD的已訂位旅客，直接走向登機口而不須持有實體機票。北歐航空與瑞士航空甚至發行了八萬五千張具有RFID功能的SMART CARD給常客會員計畫的會員使用，讓旅客在僅有手提行李的情況下，在蘇黎士機場進行自動報到。而漢莎航空亦發行SMART CARD給常客會員計畫的會員，結合VISA信用卡與MASTER信用卡的付款機制，在德國旅客可運用此卡購票搭機，並運用卡中的RFID晶片進行登機作業。

因此歸納來說，旅客可運用SMART CARD進行以下服務：

◆**機位預約（Reservation）**

1.旅客可利用旅遊智慧卡，提供個人資料，透過個人電腦向航空公司預定機票。這個步驟可作為初步的控制，就像是一種簽證、認可。

2.這張卡也包含了可任選服務偏好，經常飛行的旅客與旅行資訊都會在螢幕上顯現。

3.可透過信用卡或銀行轉帳付款。

◆**機場報到劃位（Check-in Terminal）**

1.旅客在機場將智慧卡插入特定的自動報到讀卡機，並輸入航班編號，確認是否一致。

2.預定的紀錄載入，並確認登機的細節，例如：座位、機門等。

3.系統會列印出登機卡、行李收據，於此旅客就通過安全檢查，前往起程等候區（Departure Area）。

◆**行李檢查（Baggage Check）**

1.行李被放置在一個能記錄其件數及重量的自動化儀器上，並透過一個類似無線電頻率（Radio Frequency, RF）晶片的標籤，用來追蹤行李所在地。

2.此系統將會估算任何額外的行李收費，此收費會由信用卡自動付款。

3.在旅客辦好報到劃位手續，在前往登機門候機的同時，行李也會在機場海關接受行李安全檢查。此時會再次以旅遊智慧卡確認搭機者與行李的確在同一航班上。

◆**離境管制檢查（Departure Control Check）**

1.未來搭機旅客的身分檢查會逐漸融合為單一步驟完成，以免浪費

旅客的寶貴時間。

2.若旅客的身分有疑慮,將被請求其提供更多的資訊,該旅客將會
被移送至一個隔離的空間,做更進一步的檢查(這與其是一個例
外,倒不如是一個準則)。

3.旅客在登機離境之前,電腦系統將會提供旅客與航班的詳細資料
給目的地機場的管理機構。

◆登機(Aircraft Boarding)

1.藉由插入這張旅遊智慧卡與掃描器完成身分確認後,旅客將可進
入內候機室休息或直接登上飛機。

2.同時,旅客的託運行李也能在班機離境前確認的確與該名旅客一
樣都在這班飛機上。

◆到達目的地(Arrival at Destination)

1.抵達目的地後,旅客先在行李提領處拿回自己的行李,並前往專
屬的電子閘門出口。

2.智慧卡與掃描器再次確認旅客身分與託運行李的主人是否一致,
當行李被確認無誤後,行李上的無線電頻率晶片將被收回。

3.除非機場管理當局有特別的需求要接見此位旅客,不然入境大廳
的顯示螢幕上會讓接機者看到該旅客通過電子閘門出口到達入境
大廳。

4.如果旅客本身希望得到海關認證,他可以在互動式的螢幕上提出
要求。

5.互動式的螢幕上,也可以用來提供進一步的訊息,像是如何安排
地面接駁運輸之細節。

(五)移動式工作站

美國西北航空在E Check-In運轉成功的基礎下,馬上緊鑼密鼓地

**圖9.28　德國漢莎航空公司設置於法國戴高樂國際機場的
自助報到亭**

圖片來源：楊政樺攝於法國戴高樂國際機場。

又在明尼蘇達州的明尼亞波利斯之聖保羅機場開始推行另一項個別
旅客報到手續的電子化服務，稱為「移動式工作站」（Portable Agent
Workstation, PAWs），期能進一步挑戰在30秒內為旅客完成Check In。
「PAWs」是由十幾位頭戴無線電耳機、手拿掌上型電腦、腰繫印表機
的運務員，在機場運務報到櫃檯前，為攜帶簡便行李的旅客服務。運務
員在詢問完旅客的姓名、乘坐的航班資料後，即用光筆在其掌上型電腦
上完成輸入，並直接由其腰上所繫的印表機直接列印出旅客所需的登機
證、行李託運條等登機文件。西北航空希望透過這樣的方式，將傳統
的運務櫃檯人力，移作為只對團體旅客、特殊旅客（如輪椅旅客、UM
等）、攜帶寵物或大件行李的旅客辦理登機手續，俾使人力資源的配置
能經濟有效。我國的中華航空在桃園國際機場也曾經提供類似的服務，
在人潮壅擠的時段，由機場運務人員提供無線報到櫃檯，協助無託運行
李或年長旅客快速取得登機證服務。

第四節 航空公司的新服務

一、運輸產業內的異業聯盟

　　2009年12月16日起，華航與台灣高鐵共同推出合作方案。華航在高鐵桃園站內設立報到服務櫃檯，並與高鐵合作，旅客購買華航機票即可享受優惠價格加購高鐵車票。每日早上07：00至晚上22：00提供旅客一次性的報到服務，包含Check-in手續、領取登機證、貴賓室邀請卡、行李託運，以及相關票務、訂位、查詢等服務。2010年3月1日，長榮航空亦在高鐵桃園站設櫃服務旅客。

　　其實，華航與高鐵合作，這並不是華航第一次的異業合作案。2005年10月30日華航便與德國鐵路公司（DB，德鐵）進行共掛班號合作，搭乘華航班機前往德國法蘭克福的旅客，將可經由機場的德鐵車站，立即轉搭高速鐵路列車前往德國內陸七個城市：漢堡（Hamburg）、漢諾

圖9.29 中華航空在台灣高鐵桃園站設立的旅客報到櫃檯
圖片來源：曾通潔攝於高鐵桃園站。

圖9.30　長榮航空於2010年3月1日起亦在台灣高鐵桃園站提供旅客報到服務

圖片來源：楊政華攝於台灣高鐵桃園站。

瓦（Hanover）、斯徒加特（Stuttgart）、杜塞道夫（Dusseldorf）、科隆（Cologne）、紐倫堡（Nuremberg）與慕尼黑（Munich），赴德旅行將更為方便。透過華航與德鐵的共用班號合作，除了省時之外，費用也比搭乘航空內陸線更為低廉，而且還可以使用德國鐵路的貴賓室。

　　除了華航之外，美國航空（AA）、葡萄牙航空（TP）與全日空（NH）亦與德鐵（DB）合作進行共掛班號服務。另外，華航與國泰航空在香港機場遷移至新機場赤鱲角時，為便利旅客辦理報到服務，在香港站與九龍站設立免費預辦登機服務，服務時間為早上05：30至晚間12：30，旅客持有機場快線車票與航空公司機票，只需於登機前一日至航機起飛前九十分鐘之任何時間，即可前往櫃檯預先辦領登機證及託運行李。目前，華航、華信、國泰、港龍、南非、泰航、越南、瑞士、新加坡航空、聯合航空均提供於香港車站及九龍車站的「機場快線」進行「免費預辦登機服務」。在馬來西亞吉隆坡市中心的中央車站，馬來西亞航空公司亦設立機場幹線旅客報到服務，讓旅客在市中心完成報到手續與行李託運，然後搭乘地鐵直達機場離境。除了軌道運輸服務外，香港機場另提供跨境渡輪碼頭，2009年12月15日海天客運新碼頭啟用，提

供旅客前往珠江三角洲其他城市與澳門的接駁服務，建立了AIR-SEA轉運的新服務，旅客搭船抵達海天碼頭，轉搭飛機離境；亦可以主要的珠江口岸預辦登機服務及託運行李，旅客必須持有有效訂位的機票方可成行。在航空公司延伸接駁服務除了帶給旅客接駁便利，省卻提領行李的困擾，更提供接駁運輸車輛優惠價格，提供無接縫的服務，同時提高競爭力，提供旅客多樣的服務選擇。

二、貴賓級的報到空間

「80/20法則」（80/20 Rule; The 80/20 Principle），又稱為「帕雷托法則」（Pareto's principle），意指企業在經營實務上經常可以發現「總結果的80%是由總消耗時間中的20%所形成的」的現象。推衍其意涵，可以理解為20%的高級艙等旅客將可為航空公司帶進80%的營運利潤。差異化策略與品牌經營是全球主要航空公司的經營方向。尤其，塑造有別於競爭者之「獨特性」（unique），從而在消費者心中占有一個預期的位置（定位），將有助於獲致銷售成果。

就航空公司競爭策略來說，對於高級艙等旅客的經營策略，除了

圖9.31　華航於桃園第二期航廈設置的頭等艙專屬報到區
圖片來源：曾通潔攝於桃園機場。

營造品牌形象外，商譽、產品品質、企業文化表現，都足以牽動M型社會的青睞。新加坡航空對於產品與服務創新亦不吝惜投資。因此，創造品牌第一的地位，不僅建立亞洲最佳的空中娛樂系統——「銀刃世界」（KrisWorld），更對高級艙等客艙服務空間的舒適度不斷地精進：2007年引進的A380首創十二個套房式的客艙服務，提供32吋大螢幕電視與78吋可平躺的臥床。國泰航空提供全新的頭等客艙服務，提供旅客全新的貝殼座空間，擁有獨立的隱私空間，與長度達81吋的全躺式空中睡床。美國航空比照商務航空的經營模式，為爭取頂級客源斥資13億美元，在紐約甘迺迪機場設立頭等艙與商務艙旅客專屬的通關區域。相較鄰近亞洲區域國家，新加坡航空早已為其頭等艙與KrisFlyer/PPS會員在新加坡樟宜國際機場第二與第三航廈設立「頭等艙專屬貴賓室」辦理報到服務，提供旅客如五星級飯店迎客服務，並有專人協助提領行李，讓旅客優雅的完成報到作業。泰國航空在曼谷機場號1號入口，安排專人在頭等艙旅客抵達後協助行李搬運服務，並由專人安排迎接旅客前往「皇家頭等艙報到貴賓室」，由專人提供旅客報到服務。而長榮航空於2007年7月於桃園國際機場二期航廈新設「鑽石迎賓中心」，提供鑽石卡會員與頭等艙旅客專屬的報到貴賓室；中華航空2007年3月6日在桃園國際機場第二航廈推出「頭等艙專屬報到區」，提供品味與優雅的服務，以爭取頂級客源。

三、網路預購機上免稅品與網路預選餐食

航空公司運用「資料採礦技術」（Data Mining），從大量旅客回覆的服務問卷調查中探索旅客對客艙服務不滿意的關鍵因素時，發現免稅品販賣與客艙內飲食的不滿意占了較大的因素。由於航空公司客艙的空間有限與經濟酬載的考量，與燃油耗損的最佳經濟效用，客艙重量管控是成本分析的重要思考因素。因此，航空公司對於機上免稅販售物品的種類與數量均予以嚴格的精算，對於提供餐飲服務的餐食與飲料酒類的配送亦配合航線特性而施以不同的配置，因而無法完全滿足旅客用餐

時選擇餐點的公平性與選購免稅品的多樣性。另外，免稅品係依照廠商提供的現貨直接販售，旅客的偏好程度並非第一考量，以致於產生不少滯銷貨品而占據了暢貨空間，未能於航程中販售出的物品，與關閉客艙門後未能銷售的機位一樣，是不具經濟效益的閒置成本。因此，讓訂位旅客在航空公司行銷服務部門（機上免稅品控管倉庫）在班機起飛備品作業完成前，先於網路上預定免稅品，一方面可有效掌握商品的販售順暢，降低免稅車內貨品空間的閒置。透過資料採礦分析後，也有利於分析旅客購物動機與特性，針對各航線最佳的機上免稅物品商品組合與供應廠商的最佳議價空間。

再者，高級艙等旅客付出較高額的機票，理當獲得較精緻的服務，且頭等艙與商務艙的常客大多是企業碩彥，倘若在基本服務面向「餐飲」無法獲得滿足，所招致的不滿意將造成商譽與口碑的極大損失。因此，若能在旅客搭機前讓旅客依照客艙菜單預選喜好的餐食，不僅滿足旅客的口腹之欲，也能提供旅客美好的飛行經驗。同時，航空公司各航線提供的餐飲服務往往必須考量各機場當地的食材與民族特性，以及是否有特殊宗教因素以致無法提供某些食材，藉由旅客喜好的分析將有利於提供未來菜單的擬定與餐點設計的參考，將可提高客艙服務品質與降低空勤人員服務旅客時，有時因無法提供旅客合適餐飲而遭受的壓力。

四、電子購物商城的崛起

網路購物風潮的帶動下，消費者亦對航空公司提出質疑，也就是「如果沒有搭飛機時，有沒有機會可以購買機上販售的機品？」特別是航空公司所販售的獨家商品（如飛機模型或飛機造型商品）往往深受消費者青睞。由於航空公司過去機上除了販售免稅品外，早已針對航線的特性提供「機上訂貨宅配到府服務」的型錄宅配服務（如華航、日航），具備電子購物商城（E-Mall）的行銷販售能力。外籍航空公司，如：美國航空Advantage E-Shopping、達美航空Skymiles Shopping Mall亦早已施行機位販售以外的電子商務服務。航空公司若能憑藉著

圖9.32　中華航空的華航E-MALL
圖片來源：翻拍自中華航空網站。

圖9.33　長榮航空E-MALL長榮樂e購
圖片來源：翻拍自長榮航空網站。

長期累積的顧客群與品牌知名度，結合實體通路與虛擬電子交易市集
（e-Marketplace）的優勢，虛實並重地建立獨特的網路購物平台，讓消
費者不必然是空運旅客，也可以享受空中精品的購物樂趣，並擴充航空
公司既有的行銷通路。

第五節　航空公司面對的服務變革

　　面對全球性的經濟衝擊下，為求永續經營發展，航空公司無不思考
撙節成本與精緻化服務的方法。在進行企業服務改造前，應該先思考企
業內部各項資源整合的妥適程度：包括資訊管理、財務管理與人力資源
管理，方能提供能力所及的服務，而非盲從順應國際市場潮流，忽略目
標客群的特徵與需求。

　　航空公司在網路報到服務系統設計上，仍有許多改善的空間，在造
成旅客使用時不愉快感受研究中，曾通潔（2007）發現影響程度最高的
部分是「網路系統品質」部分，許多旅客認為網路報到系統的服務品質
目前尚缺乏穩定性，旅客就過往的使用經驗，認為「系統品質的穩定」
為最重要的因素，可增加使用者的信任且願意使用。其次在系統的「即
時回應」部分，在進行資料輸入及訊息傳輸過程中亦讓旅客感到阻礙，
報到過程中不明原因的傳輸中斷或報到完成結果無回應，而感受到服務
的缺失及焦慮，為避免降低旅客對於操作不確定感，建議航空公司可設
置服務電話，由專人為旅客即時解答與解決問題；此外，系統設立充足
的相關「操作說明／協助」可輔助旅客在操作過程運作順暢，建議航空
公司可建立操作示範影片供旅客瀏覽；由於旅客並不全然熟悉航空服務
作業流程與術語，網頁中的文字編排要盡量口語化，以協助旅客更清楚
瞭解；最後則是操作介面的設計，在網站自助服務中，雖說系統的實用
性是影響消費者使用自助服務的主要影響因素，但系統介面的操作是否
簡易，對使用網路使用者更是重要，使用者對於網頁中的選單點選通常
是直覺下選擇，因此，操作的介面應要愈簡單愈好。楊政樺（2007）指

出某些航空公司的網路預辦登機服務架設於官方網站中不顯眼的位置，消費者往往被五花八門的各類資訊及選項迷惑下而忽略。楊政樺、何芯如、紙矢健治（2010）研究結果亦顯示，旅客普遍認為網路報到服務之介面設計缺乏直覺式的操作模式，因此阻礙旅客在操作過程中的流暢感，建議航空公司在網路報到的操作設計上再簡化，且在國人廣泛接受自助服務概念之前，可設置實體設施並安排專屬人員在機器旁給予旅客諮詢及協助，使旅客不會因科技準備性不足而產生畏懼（Lijander et al., 2006）。

2009年11月30日，《中國民航報》討論國際航空運量萎縮，高級艙等旅客比率似有急遽減低的趨勢。頭等艙服務是否會真的消失？從業界的服務場景策略變化的觀察中可以發現：英航對於新購機種取消了頭等艙服務，而美國大陸航空將原有的頭等艙改為商務頭等艙服務，長榮航空將其頭等艙取消改為超級商務艙與桂冠艙服務。但是，頭等艙是否應該消失？其實取決於航空公司對其目標旅客的市場區隔與行銷策略，並思考高級艙等機位所提供的附加價值是否足敷其需求。由於M型化的經濟架構，高級艙等旅客對於頂級奢華的服務要求日益增高，如客艙內專屬的個人空間、寬敞的座位區、可全平躺式的臥床、合宜的工作區平台、較佳的個人娛樂系統螢幕屏寬、可提供上網服務與專屬電源插座，造成航空公司機位銷售單位成本的壓力。目前即使有些頭等艙確實賣相不佳，但並不表示商務客不會回來，商務旅客的來來去去與經濟循環的景氣關係是呈現正面的影響，倘若偏廢而後景氣回春時，航空公司將可能來不及應對與服務這些高收益旅客，而錯失良機。況且許多搭乘頭等艙的旅客是屬於大型企業的執行長，高品質的服務會使這些執行長對該公司的服務印象深刻，將有助於促進航空公司與該企業成為未來長期合作客戶關係的機會。

面對虛擬通路日益成熟，諸多服務產業開始廣泛使用「科技型服務接觸」取代傳統的人力服務與顧客互動。而在各領域中，科技基礎服務更是受到航空界的注目與採行，在IATA積極推動自助式商業流程管理的情況下，航空業透過自助服務來簡化作業流程及降低成本。因此，航空產業多試圖轉換旅客使用的習慣，期望吸引更多顧客使用科技與企業接

觸。Lilijander等人（2006）發現使用者願意採用科技基礎服務因素有：減少等待時間、便利、容易、可控制性、新技術的喜好及習慣等；而不採用科技基礎服務因素有：缺乏誘因、不知自助服務帶來的好處、偏好服務人員的直接服務、不便性及不信任感等。這個章節在結尾處，提供實務應用上的五項建議供參考：

一、研擬適當的行銷服務策略

在IATA積極倡議自助式商業流程管理的浪潮下，航空業透過科技服務傳遞從事服務變革。業者試圖轉變民眾對傳統登機服務的思維，並使其廣泛地接受科技基礎服務，然而，Meuter等人（2000）研究亦指出消費者不會因為不喜歡人員服務而選擇自助服務；但會因喜歡人員服務而不選擇自助服務。因此，如何擬定適當的「資訊導入」策略更為重要。在實務上，可先藉由瞭解顧客使用偏好及滿意度著手，並積極主動教育顧客前來使用。此外，善用優惠措施作為誘因，例如使用網路報到均可享有兌換機票獎勵、客艙升級獎勵、同行貴賓獎勵或其他生活品味獎勵（如酒店住宿、旅遊套票）等。

二、引導使用者實際體驗自助服務設備，以增強使用者認知易用性

Meuter等人（2000）認為科技基礎服務若能提供簡單且清楚的流程，可使顧客很容易進行所需的交易，可知使用的容易度將影響顧客在操作過程中的流暢度。在科技基礎服務導入階段，若要使顧客能熟悉此產品且被廣泛接受，則在推廣初期可安排專人教導使用，藉由現場服務人員親自教導說明以及給予旅客實際操作機會，將使旅客能更深入瞭解其操作流程並強化其「易用性」認知。

三、加強使用者對科技基礎服務之有用性

航空公司為因應世界潮流及提升競爭力，無不積極擴充各項自助服務科技的軟、硬體設施。為了避免資源閒置的浪費，應當加強使用者與新科技之間的溝通，並讓潛在使用者瞭解新服務所帶來的益處，藉此消除使用者的心理阻礙。建議航空公司應著眼於宣導科技基礎服務給予使用者帶來哪種益處，增加其誘因之外，盡可能讓使用者親身體驗科技基礎服務的好處進而感受其有用性。

四、結合數位化流程說明，以協助旅客使用操作

由於各家航空公司所提供的網路報到服務系統皆有所差異，旅客在面對不同航空公司所提供的網路報到服務須不斷地重新學習。建議航空業者在推廣科技基礎服務時，可考慮結合數位化的流程說明，並提供語音輔助，以降低使用阻礙。

五、架設線上客服中心，即時回應顧客需求

曾通潔（2007）發現「即時回應性」為顧客在使用自助服務科技中普遍面臨的難題。建議業者可以思考建立一個有效率且專業的客服中心，使顧客可以透過網際網路與企業進行雙向的溝通，以取得各項服務或解決不同程度的問題。顧客亦可選擇電話回覆、文字交談或網路電話交談等管道尋求問題解決。此外，企業除了透過客服中心的機制解決顧客對產品或服務的疑問，更可以主動建立和顧客的互動關係，使其更加完善與全面性，從而強化顧客對持續使用「科技型服務接觸」的正面態度。同時，航空公司業務行銷部門亦可蒐集顧客使用偏好及服務疏失案例，經由統計方法或資料採礦技術，從事問題診斷，並將分析結果提供決策所需。

參考文獻

呂錦隆、凌珮娟（2009）。〈國籍旅客對國際航線自助報到服務之使用意圖研究〉，《運輸學刊》，第二十一卷第三期，頁299-328。

曾通潔（2007）。〈航空公司運用科技自助服務實施網上報到服務——業界專家與旅客之意圖分析〉，國立高雄餐旅學院旅遊管理研究所碩士論文。

何芯如（2009）。〈應用羅序模式探討華籍旅客對科技基礎服務使用阻礙之研究——以網路預辦登機為例〉，國立高雄餐旅學院旅遊管理研究所碩士論文。

陳怡嬌（1996）。〈以全球資訊網作為軟體技術支援工具之探索性研究〉，國立交通大學管理科學研究所碩士論文。

賴士葆、顏永森（2004）。〈網際網路自助服務對消費者再購意願影響之研究〉，《電子商務研究》，第二卷第三期，頁259-278。

蔡憲唐、黃榮鵬（2002）。〈旅行業者導入電子商務經營策略之實證研究〉，《觀光研究學報》，第八卷第二期，頁87-100。

張新立、楊政樺（2002）。〈航空電子化服務對旅運者選擇行為影響之研究〉，《民航季刊（理論篇）》，第四卷第三期，頁99-121。

楊政樺（2007）。〈應用離散型順序反應資料轉換法探討空運旅客對科技型服務接觸滿意度之研究〉，《顧客滿意學刊》，第三卷第二期，頁153-189。

楊政樺、何芯如、紙矢健治（2010）。〈華籍旅客對網路預辦登機使用阻礙之研究〉，《旅遊管理研究》，第九卷第一期。

楊政樺、曾通潔、程健行（2010）。〈以專家觀點評析航空公司推行網路報到服務之策略內涵〉，《顧客滿意學刊》，第六卷第一期，頁89-124。

賴燊標（2007）。〈自助服務技術使用者接受度之研究——以航空公司報到自助服務櫃檯為例〉，國立台灣科技大學企業管理系碩士論文。

Bateson, J. E. G., (1985). Self-service Consumer: An Exploratory Study, *Journal of Retailing, 61*(3), 49-76.

Bitner, M. J., Ostrom, A. L., and Meuter, M. L., (2002). Implementing Successful Self-Service Technologies, *Academy of Management Executive, 16*(4), 96-106.

Chang, H. L. and Yang, C. H., (2008). Do Airline Self-Service Check-in Kiosks Meet the Needs of Passengers, *Tourism Management, 29*(5), 980-993.

Curran, J. M., Meuter, M. L., and Surprenant, C. F., (2003). Intentions to Use Self-Service Technologies: A Confluence of Multiple Attitudes, *Journal of Service Research, 5*(3), 209-224.

Dabholkar, A. P., (1996). Consumer Evaluations of New Technology-based Self-service Options: An investigation of Alternative Models of Service Quality, *International Journal of Research in Marketing, 13*(1), 29-51.

Dabholkar, P. A. and Bagozzi, R. P., (2002). An Attitudinal Model of Technology-Based Self-Service: Moderating Effects of Consumer Traits and Situational Factors, *Journal of the Academy of Marketing Science, 30*(3), 184-220.

Field, D., (2004). A Paperless World, *Airline Business, 20*(7), 58-85.

Garcia, R. and Calantone, R., (2002). A Critical Look at Technological Innovation Typology and Innovativeness Terminology: A Literature Review, *The Journal of Product Innovation Management, 19*(2), 110-132.

Gillian, J., (2006). Airport IT Trends 2006, *Airline Business, 22*(12), 48-51.

Gillian, J., (2007). Airport IT Trends 2007, *Airline Business, 23*(12), 60-61.

Globerson, S. and Maggard, M. J., (1991). A Conceptual Model of Self-Service, *International Journal of Operation & Production Management, 11*(4), 33-43.

IATA, (2006). *Simplifying the Business: 2006 StB Horizontal Campaign*, Montreal, Canada: International Air Transport Association.

Joseph, D. L. and Jerome, A., (2009). Relationship of WWW Usage and Employee Learning in the Casino Industry, *International Journal of Hospitality Management, 28*(1), 18-25.

Kotler, P. and Armstrong, G., (2009). Principles of Marketing, *12/E*, Prentice Hall.

Liljander, V., Gillberg, F., Gummerus, J., and Riel, A. V., (2006). Technology Readiness and the Evaluation and Adoption of Self-Service Technologies, *Journal of Retailing and Consumer Services, 13*(3), 177-191.

Lovelock, C. H. and Young, R. A., (1979). Look to Consumers to Increase Productivity, *Harvard Business Review, 57*(3), 77-89.

Meuter, M. L., Ostrom, A. L., Bitner, M. J., and Roundtree, R. I., (2003), The Influence of Technology Anxiety on Consumer Use and Experiences with Self-Service Technologies, *Journal of Business Research, 56*(11), 899-906.

Meuter, M. L., Ostrom, A. L., Roundtree, R. I., and Bitner, M. J., (2000). Self-

Service Technologies: Understanding Customer Satisfaction with Technology-based Service Encounters, *Journal of Marketing, 64*(7), 50-64.

Parasuraman, A., (2000). Technology Readiness Index: A Multiple-Item Scale to Measure Readiness to Embrace New Technologies, *Journal of Service Research, 2*(4), 307-320.

Pilling, M., (2005). Efficiency Drive, *Airline Business, 21*(5), 70-72.

Walker, R. H., Craing-Lee, M., Hecker, R., and Francis, H., (2002). Technology-Enable Service Delivery: An Investigation of Reasons Affecting Customer Adoption and Rejection, *International Journals of Service Industry Management, 13*(1), 91-106.

第10章

顧客抱怨處理

國際機場旅客服務實務

Parasuraman、Zeithaml和Berry（1996）三位學者曾經提出顧客忠誠度之衡量的觀念性架構（如圖10.1）。此觀念架構是經由服務品質及顧客行為歸納出服務品質與行為意向及財務結果之關係，認為服務品質與行為意向具有正向關連，並將決定顧客最終行為，若提供卓越的服務品質，將導致正面的行為意向；反之，若提供劣等的服務品質，將導致負面的行為意向。

從卷帙浩繁的行銷文獻中不難發現，顧客與服務提供者之間的人際接觸品質常是服務情境中影響顧客滿意、忠誠度、再購意願與建立長期性顧客關係的關鍵因素（Wu, 2007），學者普遍將「在一段時間內，由消費者直接與服務提供者面對面互動所產生的經驗」稱之為「服務接觸」（service encounters）（Shostack, 1985; Solomon et al., 1985）。諸多企業經理人在洞悉市場脈動及社會消費趨勢後紛紛體認：組織欲攫獲顧客青睞的共通策略，就是將「消費導向的服務接觸管理」置入整體產品行銷策略的核心（Nwankwo, 1995）。

然而，由於現今消費意識抬頭，各項訊息暢通，部分消費者追求個人權利相當積極，有時會忽略業者營業、利潤的基本立場，甚至以不理性或不適當的方式回應業者對奉行「顧客至上」策略的初衷，導致買賣雙方之間產生「服務失敗」（failed service encounters），並引

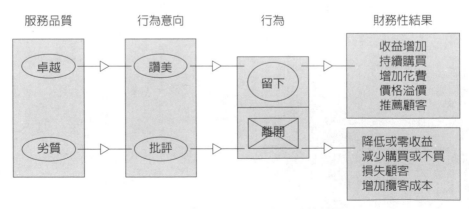

圖10.1 服務品質的行為與財務性結果

資料來源：Parasuraman, Seithaml, Berry (1996)。

發顧客信心下降、流失顧客、負面口碑、公共形象不佳以及直接成本損失。鑑此，行銷學者隨即進行探究或歸納隱藏在這些不理性或不適當消費者行為背後的內在動機與行為模式（Bitner et al., 1994; Fullerton and Punj, 2004; Harris and Reynolds, 2004）。在這些以「服務失敗」議題為主軸的文獻中，對於描述這些不理性或不適當消費者行為所使用的名詞五花八門，莫衷一是。諸如：「不正常的顧客行為」（deviant consumer behavior）（Mills and Bonoma, 1979）、「脫離常軌的顧客行為」（aberrant consumer behavior）（Fullerton and Punj, 1993）、「問題顧客」（problem customers）（Bitner et al., 1994）、「不適當的行為」（inappropriate behavior）（Strutton et al., 1994）、「難纏顧客」（jaycustomers）（Lovelock, 1994）、「地獄來的顧客」（customer-form-hell）（Zemke and Anderson, 1990; Knutson et al., 1999; Belding, 2005）以及「顧客的無禮行為」（consumer misbehavior）等（Tonglet, 2001）。前述這些名詞的共同特徵均是強調第一線人員或服務傳遞系統在法理上並無疏失下，卻因為服務對象之差異產生服務失敗。因此，為了言簡意賅地詮釋這些共同特徵，本書以「難纏顧客」一詞作為界定那些導致服務中斷，並對組織、服務人員或其他顧客造成負面影響的行為製造者（無論是蓄意或無心）之操作型定義（Lovelock, 1994）。

　　另一方面，從「服務補救」（service recovery）與「顧客抱怨」（customer complaining）的相關文獻中發現，研究者關心的焦點多是探究引發「難纏顧客」的前因變項（Fullerton and Punj, 1993; Gabriel and Lang, 1997; Reynolds and Harris, 2005），而僅有少數的研究著墨於探究難纏顧客對企業組織或服務人員所產生的後果（Harris and Reynolds, 2003）。就後者而言，Harris and Reynolds（2003）認為難纏顧客將會對服務人員、顧客及企業組織三者帶來負面的後果，分別是：(1)服務人員（employees）：包含長期性及短期性在員工心理上引發的情緒波動（工作士氣受到影響）與行為的改變（試圖或實際反擊難纏顧客的作為），以及因處理難纏顧客而在服務人員身體或財物上造成的實質傷害；(2)顧客（customers）：難纏顧客在服務現場的喧囂可能會獲得

現場目擊者的認同並在顧客群體之間引發聚集性及連續性的「骨牌效應」（domino effects），更甚者，若難纏顧客對企業組織進行尖銳性或持續性的負面行為，將可能在短期內影響其他顧客在對該企業的消費經驗中產生負面的「毀壞效應」（spoilt consumption effects）；(3)企業組織（organization）：包含非直接的常態性財務成本（pervasive indirect financial costs）與直接的偶發性財務成本（occasional direct financial costs）。

　　在許多標榜「顧客至上」的服務業中，航空公司在營運上所面臨的不確定因素通常相較於其他服務業甚多，且造成班機異常（flight irregularities）的前因（antecedents）並不一定可全然歸責於航空公司。依據美國運輸部的統計，造成民用航空運輸業產生班機延遲的原因，有70%肇因於天候因素（US Department of Transportation, 1989），其他不可歸責於航空公司的外部因素尚包含航管因素、機場相關因素（機場跑道、航廈容量不足）等。在航空服務領域探討「服務失敗」的文獻中，Bamford and Xystouri（2005）發現：在常見的空運旅客抱怨案例中，有89%的旅客抱怨內容集中於25%的「問題區」（problem areas），符合「帕雷托法則」在「80/20」的比例。前述的「問題區」尚可細分為三個類別：(1)誤點延滯（delays）：本質上的技術問題；(2)服務中斷（service interruptions）：經常性的外來衝擊（frequent strikes）；(3)因第一線運務人員服務態度引發的抱怨。多年來，雖然「以客為尊」或「顧客至上」的服務政策一直被航空業者奉為圭臬，但是，顧客真的永遠是對的嗎？Bitner等人（1994）認為有22%的「服務失敗」是肇因於難纏顧客的行為而不可歸責於服務人員。若業者一味地遷就難纏顧客所提出的要求或抱怨，而不問青紅皂白地以消極性的「無權變性」（non-contingent）從事因應，似乎意味著那些把抱怨當作「工具性動機」（instrumental motivation）而對航空公司進行越演越烈的「情緒勒索行為」（emotional blackmail behavior）可以被鼓勵（楊政樺、萬光滿、李郁潔，2010）。

　　因此，本書將嘗試從航空公司與顧客的角度，來探討顧客抱怨的原

因與實務上常見難纏顧客的種類，並協助置身於第一線與顧客進行人際互動的運務人員具有足夠的能力辨識出引發顧客抱怨的癥結以進行化解處理，期望能幫助航空公司從事第一線運務人員研擬因應各種棘手情境所需的教戰守則及複訓計畫，適切地教導運務人員辨識難纏顧客類型及其訴求，提高他們對服務失敗的防範意識能力與隔離危機的技巧，並發展完整的現場危機處理機制與服務補救策略，實現顧客滿意及企業目標的雙贏關係。

 ## 第一節　旅客為何抱怨

「叫你們主管出來！」、「你那是什麼態度啊！」、「我要去投訴媒體！」、「為什麼不行？別家都可以！」，相信這是服務業從業人員最常碰到的戲碼。一位原本態度優雅的旅客突然間暴跳如雷，言詞犀利又咄咄逼人。航空業者長期以來皆爭相奉為圭臬的「以客為尊」的企業精神，是否真能有效降低顧客的抱怨行為？

「主子與奴隸」（master and slave），這是早期哲學家用來形容理智與情緒的比喻，亦即理智是「主子」，是一切智慧的泉源，而情緒則是「奴隸」，它是低下的、原始的，甚至會破壞理智的。然而，早期西方管理思潮亦抱持著同樣的觀點。因此，在組織中，有效的員工必須保持理性與客觀，不能「感情用事」；若有情緒出現，應嚴加控制，以免干擾理性的組織功能（吳宗祐、鄭伯壎，2003）。Rafaeli與Sutton（1987）認為組織成員情緒表達會受到兩個重要因素的影響，第一是規範因素，它決定了某種職業角色在哪一種場合應該表達何種情緒，而組織往往透過招募與甄選、社會化、獎懲等方式，使各種職務角色的員工習得情緒表達的規範；第二是個人特徵因素，舉凡職務角色本身的特徵，諸如性別、情緒監控及情緒耐力（emotional stamina）等，以及個人對於工作的內在感受，都會影響該職務角色在組織中的情緒表達。

短期而言，可能會讓服務人員在自我控管情緒之餘，產生若干

自我防衛的反應（這是管理大師彼得‧杜拉克所稱之「不可避免的人性」），譬如在心裡嘀咕「這又不是我的錯」。長期而言，若公司缺乏積極展現領導階層對其員工貢獻的正面評價與組織支持外，並在課程規劃內納入提升員工情緒智力（emotional intelligence）的技巧，員工在長期壓抑內在真實感受，以配合組織所需的情緒表達規則而累積超額的情緒需求，可能導致情緒耗竭、情緒過度延展、去人化（depersonalization）、個人成就降低、工作倦怠，甚至出現自我異化（self-alienation）的現象（楊政樺、萬光滿、李郁潔，2010）。

由於第一線運務人員每日遇到的抱怨問題層出不窮，問題相似度頗高（如行李超重不願付額外超重行李費、機票過期無法被航空公司接受、機票訂位不正確或機票有使用限制要徵收額外價差、無法選到期望的座位、旅行證件不完備無法成行等），諸多問題在運務人員說明過程中，或因用字遣辭上，或因肢體語言不經意流露輕率或不耐煩的舉動，這些舉措，往往會在不經意之間觸動旅客敏感的神經，甚至造成服務失敗。再者，航空公司在進行人員訓練的過程，可能為了節省訓練成本，對運務人員著重於服務系統的操作訓練，或特殊案例講解（如載運違規而讓航空公司遭到罰款），並未投注足夠的權重與訓練資源分配比例在服勤技巧及儀態訓練，導致員工在服務態度與服勤技巧均缺乏一致性，讓旅客感受到服務落差太大而徒增抱怨。

就國際機場運務作業經驗而言，旅客抱怨的原因包含但不限於：(1)服務失敗所致；(2)產品瑕疵所致；(3)資訊錯誤所致；(4)服務人員態度；(5)旅客認知錯誤；(6)旅客本身意圖。然而，這六大原因中以「服務失敗」所產生的抱怨案例最多。例如：旅客對於客艙座位的選擇偏好，給予錯誤的安排、行李未能與旅客同時抵達目的地的異常事件、旅客預訂特別餐但客艙的餐飲服務卻因故無法提供。

俗話說：「一樣米養百樣人」。其實，人性的多元化常可在第一線服務接觸場景一覽無遺：每個人面對問題時都自有一套價值觀與處世觀，服務業的從業者寧願相信亦必須相信多數的消費者是理性的顧客，顧客是值得被尊重的，顧客應該是對的，但是顧客不一定永遠是對的。

當顧客懷有不合理的期望時，他（她）的要求只能予以尊重，有時可以技巧性的忽略或迴避。在服務場景的人際接觸中，顧客會有哪些不合理的期望呢？某些顧客懷有花錢者為大的心態，不僅頤指氣使，且容易將個人過去的旅遊經驗或主觀意識凌駕於服務提供企業的流程規章；某些旅客有時會認為服務人員必須視他（她）如親，甚至將服務人員視為其不如意人生中的浮木，不停地占用服務人員的時間不斷地說話或是訴苦而視為理所當然；也有些人習慣性的將自己看得太重要，認為服務人員必須對他（她）滿懷感激；有些顧客的消費態度是千錯萬錯都是別人的錯；有時家長過度寵愛自己的幼兒，隨意讓兒童置身在開放式的空間中不予約束而影響到其他消費者的空間安寧；亦有部分政治偏執狂熱人士，認為服務人員提供服務時必須使用他（她）的母語，否則便予以羞辱；抑或對於性別有所歧視；亦有旅客對其所要求的額外服務若不能順遂，常投以敵意（hostile）、威嚇性（intimidating）及侵犯性（offensive）的言語或行為作為訴求手段，意圖迫使他人順服其意志。相關概念整理如**圖10.2**。

　　顧客為何抱怨？抱怨意圖又受何種因素之影響？黃純德（1996）認為抱怨行為決策過程概念（process conceptualization），涉及經濟與非經濟因素，如消費者的個性、交互影響型態、人口統計上的特性、環境的

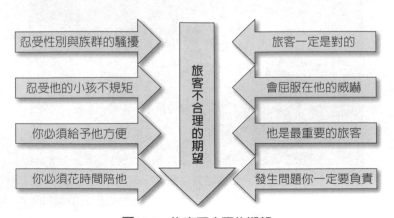

圖10.2　旅客不合理的期望

資料來源：本書整理。

影響、進一步考量整體的效果、以前的經驗、責任歸屬（attributions of blame）等等。抱怨與不抱怨的決策模式，又包含消費事件的重要性、消費者的知識與期望、抱怨時所產生的認知成本、抱怨成功的可能以及對抱怨行為的態度等。然而，值得注意的是，顧客抱怨與難纏顧客並不完全是同義詞。一方面，顧客很少從一開始就是難纏的。他（她）們之所以變得難纏，是因為他（她）們確實遇到了困難，他（她）們在追求愉快心情的過程中頻頻受挫，從而情緒變壞。

顧客抱怨是企業進步的機會，所以企業不會把每一位提出抱怨的顧客都視為難纏顧客。但若顧客不講理、超越一般可容忍底線，或遭評估其在未來一段時間內對企業的潛在貢獻，也就是其「顧客終身價值」（customer lifetime value, CLV）遠低於服務成本時，可能會被視為不值得建立或維持長期的關係。實務上，當服務人員處理旅客抱怨，通常交談一段時間下來，可以發現他（她）們多會在同一個點上面不停地盤繞（這個點就是他（她）們的主要需求）。面對此類顧客，一定要正視他（她）們不停盤繞的點，確認其需求後，盡力協助，並讓其瞭解公司可

圖10.3　第一線服務人員連結外部顧客、環境及內部組織，他們必須瞭解、過濾以及解釋來自於組織內外的資訊

圖片來源：國立高雄餐旅大學航空暨運輸服務管理系國泰航空實習生陳又嘉提供。

以處理的底限。同時，企業應確立難纏顧客的最高指導思想並全力支持第一線服務人員依程序處置。提升搭機安全首由管理者的「領導力與安全承諾」開始，並力促「安全第一」的組織核心價值。尤其，當服務績效與客艙安全產生衝突時，管理者應將安全置諸最優先的位置且毫不妥協（李開慧、葉又青、鄭建熙、宋孝先、齊乾威、高儷華、高振山，2005）。建議業者在處理準則內明訂公司對於組員維繫安全的支持立場，強化第一線服務人員相關法律常識，俾使其充分瞭解自身安全維繫角色的重要性與專業自信心。

第二節　難纏旅客

閩南語對「難纏顧客」一詞常以「拗客」稱之，亦即「拗蠻的人客」（張頤文，2004）。依據《教育部國語辭典簡編本網路版》的解釋，「拗」字的發音為「ㄠˋ」或「ㄋㄧㄡˋ」，其意為「固執、倔強」；何容（1995）主編之《國語日報字典》則將「拗」字解釋為「不順從之意」。楊青矗（1993）主編之《國台雙語辭典》以及陳修（2000）主編之《台語大詞典》中對「拗」字的註解為：「拆也，曲也。原意為折彎、折曲的動作，引申為不順從的、反抗的，也可用為壓制的、使人吃虧的。」至於「拗蠻」一詞，《教育部國語辭典》則解釋為「個性固執而不通情理的人」。另一方面，《教育部國語辭典》對於「客」字的解釋是：「賓，相對於主人而言」、「做生意、買賣等的人對顧主的稱呼」，而陳修（2000）認為「人客」一詞是指「商家的主顧，接受商家招待的對象」。因此，綜合前述文獻對「拗客」一詞的註解，該詞彙在社會意義上具有較為負面的意涵，似乎可以理解為不依照常理行動的人事物，可讓商家避之唯恐不及。然而，「客」字的註解則是透露出完全相反的社會意義，對商家來說，客乃是利益之所在，是需要被款待、被禮貌地對待的對象，具有相當正面的意涵。因此，張頤文（2004）認為：「拗客」一詞係將「拗」、「客」這兩個在意義上南轅

北轍的字結合在一起，其實也是源自於這類型顧客其本身的矛盾之處，以及商家對這類型顧客所抱持的矛盾態度。

雖然「難纏顧客」的問題普遍存在於各行各業，但學術上探究該議題的論述實屬鳳毛麟角，非僅相關文獻蒐集不易，且迄今仍在探索性研究階段（楊政樺、萬光滿、李郁潔，2010）。自從Mills and Bonoma（1979）首度在美國行銷學會（American Marketing Association）舉辦的Educators Conference Proceedings研討會針對某些在接受服務時以維護自身權益為名義而擾亂服務提供者經營場所之正常經營秩序的「不正常的顧客行為」（deviant consumer behavior）提出討論之後，Zemke and Anderson（1990）及Knutson等人（1999）相繼把這些在服務現場咆哮喧嚣、高傲、自我本位意識型態或嗜鬥的顧客形容為「地獄來的顧客」。爾後，Fullerton和Punj（1993）歸納出該類型的顧客在接受服務傳遞時所從事的一些悖離商家及大多數顧客在普遍認知下所能接受的規範，稱為「脫離常軌的顧客行為」（aberrant consumer behavior）（Fullerton and Punj, 1993, p.570）。Bitner等人（1994）針對服務人員的觀點，利用關鍵事件技術法（critical incident technique）針對旅館、餐廳及航空三個產業歸納出「受酒精影響者」、「言語或身體的侮辱」、「違反公司政策或法令」及「不合作的顧客」等四種問題顧客（problem customers）。郭德賓（2006）針對我國四十九家國際觀光旅館餐廳的第一線服務人員進行問卷調查發現，難纏顧客可以歸納為「永不滿足」、「傲慢自大」、「父母縱容」、「言行粗暴」、「違反規定」、「自以為是」及「拖延時間」等七種主要的行為類型。

Fullerton和Punj（2004）蒐集了三十四種廣為人知的難纏顧客行為，並依這些行為對企業組織造成直接傷害的危害屬性區分為五種類別，分別是：(1)服務人員；(2)商品；(3)顧客；(4)財產設施；(5)對實體或虛擬銷售通路的破壞。爾後，Belding（2005）在《處理地獄來的顧客》（*Dealing with the Customer from Hell*）一書中將難纏顧客分成兩類：「不滿足的顧客」（unsatisfied customer）和「不可理喻的顧客」（unreasonable customer）。前者係指具有正面的期望沒有獲得滿足，

或者抱持負面的期望結果成眞；後者則是抱持無理的期望，包括對服務提供者的不合理期望，或者不合理地期望自己的行爲能被服務提供者接受。當這些期望達成或者未能達成時，衝突便產生。不滿足顧客和不可理喻顧客表現出各式各樣大多數人都難以接受的行爲，包括：好鬥、詛咒、說謊、談判、言語辱罵、抱怨、沒耐性、嘶吼、占用服務人員的時間、態度傲慢，以及其他令人不悅的行爲表現。

　　Belding（2005）認爲雖然難纏顧客占所有顧客的比例不高，但「這一小群人卻深深地影響你如何看待自己，以及如何對待所有的其他顧客」。郭德賓（2006）則認爲這些偶而出現的難纏顧客雖然不會對服務人員想轉換工作造成直接影響，但卻會造成服務人員的工作壓力並影響其工作情緒，降低服務品質。然而，面對難纏的顧客在實務上應該如何處理？Belding（2005）依經驗法則提供了六個步驟的解決方案以供參，簡稱「LESTER」：(1)傾聽你的顧客（Listen to your customers）；(2)重述重點（Echo the issue）；(3)對顧客的情緒有同理心（Sympathize with the customer's emotional state）；(4)向顧客致謝（Thank the customer）；(5)評估你擁有的選擇（Evaluate your options）；(6)以雙贏的解決方案應對（Respond with a win-win solution）。

　　由於航空服務業有較高的安全規範，對於可能造成飛安隱憂的狀況都會加以禁止，因此旅客本身若缺乏安全觀念，往往無法認同航空公司所採取的高規格管制措施而進行衝撞。再者少數空運旅客自認社經地位較高，理當享有服務特權更是會進行無理的需求，導致諸多國際級航空公司不得不制訂有關難纏顧客的處理程序與建置「不受歡迎旅客名單」（watching list）以爲應對。加拿大溫哥華國際機場（YVR）甚至直接在機場顯明之處張貼告示：「機場管理當局、航空公司與運務人員對於非理性旅客的羞辱，採取零容忍的態度」，這也是當下諸多知名國際航空公司的應對策略。2010年5月15日一名坐在經濟艙的美籍台灣醉客在中華航空公司從美國洛杉磯回台灣的CI-007班機上，本欲前往商務艙上廁所，但因廁所內有人，竟然把機上準備旅客餐飲的廚房當成廁所，就地方便撒尿。空服員見狀上前制止，卻遭該名旅客大吼大叫地推打，還大

喊威脅要「埋」了空服員，然後強坐在商務艙座位上，座位被占據的旅客為免刺激他，只好改坐到他的經濟艙位置。後來座艙長與兩名旅客加入制止，飛機上場面混亂，當時機長一度計畫轉降日本機場，最後該旅客遭到機組員與旅客合力制止，以束帶反綁後，才結束混亂場面。2010年5月7日，持有美國護照的華裔楊姓牙醫師搭乘CI-008班機，準備從台北飛往洛杉磯，在飛機落地前一個半小時，突然告訴空服員他的行李箱中有槍，空服員緊急應變，立即通報座艙長。經機長啟動保安機制，全程隔離看管楊男。飛機落地立刻遭洛杉磯警方逮捕，但美國警方並未搜到任何槍支。楊男接受偵訊時聲稱，他只是想知道，如果他的行李有手槍，空服員知道後會如何處置。華航發言人陳鵬宇在媒體公開表示，如此威脅飛行安全的言語與行為，不論動機為何，華航都會以最嚴謹的態度處理，並依國際民航相關規定處理。若造成飛航延誤等損失，華航也會進行民事求償，並將楊男列為不受歡迎旅客。2010年1月6日夏威夷航空公司39號班機從波特蘭起飛後，因旅客對空服員出言威脅，拒絕將手提行李放置於置物櫃中而折返波特蘭機場，期間美國國土安全局亦出動兩架F-15戰鬥機全程護航，飛機降落後該旅客與同行者一併被美國聯邦調查局（Federal Bureau of Investigation, FBI）官員帶走偵訊。2009年4月27日達美航空第273班機一名非理性旅客在機上喧鬧後，宣稱自己的行李內有安置炸彈且使用假護照，導致該班機轉降緬因州班戈（Bangor, Maine）機場。我國籍旅客亦發生多起在客艙廁所內吸菸啟動煙霧偵測系統後，飛機降落後遭到逮捕移送航警局偵辦；甚至發生過旅客酒醉咆哮空勤人員甚至動手打人，而使航機轉降安克拉治事件；更有旅客因情緒失控怒罵地勤運務人員，更進而惡意詛咒，而依公然侮辱罪判刑定讞。難纏旅客不僅增加航空公司額外的營運成本，亦增加同機旅客的時間成本。

自2001年11月美國聯邦安全局（Federal Aviation Administration, FAA）公布十六位意圖對聯邦進行恐怖攻擊威脅的運輸拒載名單，至2007年已達七十萬筆拒載資料。美國運輸安全局（Transportation Security Administration, TSA）要求所有飛往美國的航空公司必須在班機起飛

前100% 完成旅客旅遊證件資料輸入（Advance Passenger Information System, APIS），並於航機起飛前將該航班的旅客詳細入境資料傳送到美國運輸安全局進行查核，所有飛往美國航空公司必須要確實查核運輸拒載名單，並不得載運運輸拒載名單旅客前往美國。另一方面，前往加拿大、日本、澳洲與紐西蘭，該國的入出境管理局，基於防止恐怖攻擊的理由，亦要求航空公司必須在航班起飛前將旅客旅遊證件資料輸入，並傳送到該國入出境管理局進行危安旅客查核。

實務上，旅客自報到後到登機前如果有以下行為：(1)酒醉並有滋擾行為（言語侮辱或威脅）及暴力傾向者可能會危害他人；(2)使用藥物（麻醉性藥物或藥物成癮症），情緒不穩定，有滋擾情形（言語侮辱或威脅）或行為嚴重異常情況者（可能會造成旅客本身或他人受到傷害或死亡）；(3)過境或轉機旅客於前段航程已有暴力滋事及嚴重影響飛航安全行為的事實；(4)因故被遣返回國，旅客出現精神不穩定及喧鬧或暴力威脅情形。機場運務人員將依據公司訓練程序與提醒，注意符合前述拒載條件的旅客，一經發現，隨即取消該旅客之行程，並卸下其託運行李。當旅客將會被告知拒絕搭載後，若出現威脅或暴力行為時，應一併聯繫機場安全單位或航警協助戒護與監控，以免旅客出現脫序或傷害自己或他人的行為。

第三節　服務失敗與服務補救

顧客關係管理乃是企業與顧客建立及維持長期關係，以提升顧客終身價值的管理活動。若想在服務上脫穎而出，必須與顧客建立多樣化互動經驗，並在每一接觸點上與顧客建立良好關係。因此，「零缺點」的服務更是所有服務提供者致力達成的目標。然而，由於服務業具備無形性及異質性、不可分割性及易逝性等四大特性（Parasuraman et al., 1985），使得服務的消費特質不同於購買實體商品，若要做到顧客知覺之服務品質達到零缺點的標準，似乎是非常困難的任務（劉新隆，

2006）。再者，顧客需求日新月異，在其價值觀和滿意水準型態各異之下，Kelly et al.（1993）認為服務產品受限於嚴格定義的製程標準化，難以避免會有服務失敗的情況發生。

何謂「服務失敗」？根據鄭紹成（1997）之定義，服務失敗係是指「顧客認為企業之服務或產品，不能符合其需求或標準，由消費者認定為不滿意之企業服務行為。」由於服務的產生與消費通常都是同時發生的，服務的傳送與服務提供者亦是同時存在，無法分離。因此，服務失敗可能發生在顧客與服務人員進行人際互動的任何一個服務接觸時點，亦即錯誤可能發生於多重面向（Bitner et al., 1990; Goodwin and Ross, 1992; Kelly et al., 1993）。Bitner等人（1990）認為「服務失敗」在本質上可以區分為三大類（如**圖10.4**）：第一類為服務傳遞過程所造成的失敗，如服務之無法提供、服務遲延等。第二類為顧客與第一線員工之互動所造成的服務失敗，如顧客提出額外的要求、顧客自身之偏好、顧客自身所造成的失敗，以及顧客對其他顧客造成之干擾。第三類為企業第一線員工所造成的失敗，如對顧客疏忽、員工行為異常、文化觀念之差異，以及受主管責備後之反應等。爾後，Bitner等人（1994）延續Bitner等人（1990）的研究，從顧客角度轉換為員工觀點，進行「關鍵服務接觸」（critical service encounter）之探討，針對航空、旅館、餐館業共蒐集七百七十四件員工眼中的服務失敗案例，並歸納出四大類群（如**表10.1**）。此研究與Bitner等人（1990）之探討最大的差異就是提出「問題顧客行為」的服務失敗類群，亦即說明服務失敗並不全然可歸究於企業組織或第一線服務人員，顧客本身也可能是服務失敗產生之主因。此外，Hoffman等人（1995）則以餐飲業為研究對象，同樣利用關鍵事件技術法，從三百七十三件服務失敗的案例中，歸納出三大類群（如**表10.2**）。鑑此，從前述討論可知企業與顧客在一連串「服務過程」中進行服務接觸的任何一時點，均有可能產生服務失敗，且「服務失敗」的認定標準通常端視於顧客主觀的判定。

然而，服務失敗對企業組織有何負面影響？依據Keaveney（1995）針對顧客轉換行為的研究指出，服務失敗及未盡完善的服務補救是顧客

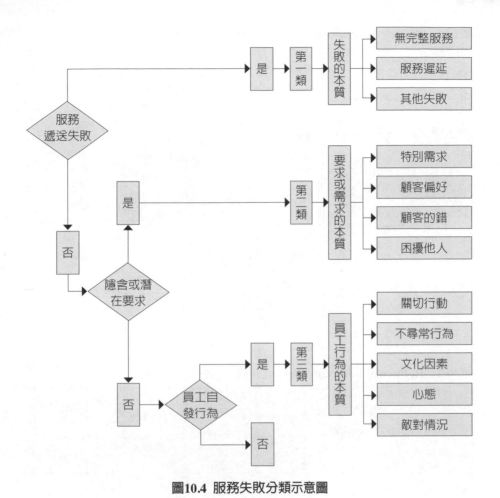

圖10.4 服務失敗分類示意圖

資料來源：Bitner et al., (1990)；杜壯（1999）。

變節、轉換到其他服務提供者的主因。當顧客遭受不滿待遇後，其後續行為將可能嚴重侵害企業組織的利基。顧客對企業表達不滿的方式包含：「離開」（exit）（Keaveney, 1995; Tax et al., 1998）、「向商家抱怨」（complain to firm）（Day and Landon, 1977; Folkes, 1984; Singh, 1988）、「透過第三者指責商家」（third-party action）（Day and Landon, 1977; Singh, 1988; Tax et al., 1998）、「負面的口碑流傳」（negative word-of-mouth）（Day and Landon, 1977; Singh, 1988）等方式。若顧客採取後兩

表10.1　Bitner、Booms和Mohr（1994）服務失敗之類群

第一群：服務傳遞系統失誤	1.對無法提供之服務的反應
	2.超出合理時間之延遲服務
	3.其他核心服務失敗
第二群：顧客個別需求之員工反應	1.對於有「特殊需求」顧客之反應
	2.對於有「特殊偏好」顧客之反應
	3.容忍顧客錯誤之反應
	4.對可能打擾其他顧客之反應
第三群：服務人員自發性行為	1.對於顧客之關心及注意
	2.超出平常員工之行為
	3.文化模式中之員工行為
	4.遭受斥責下之反應
	5.整體消費評估（gestalt evaluation）
第四群：問題顧客行為	1.酒醉
	2.口頭辱罵或肢體碰撞
	3.違反公司規定或政策
	4.拒絕合作

資料來源：Bitner et al., (1990).

表10.2　Hoffman、Kelly和Rotalsky（1995）服務失敗之類群

第一群：服務傳遞系統失誤	1.產品缺陷
	2.服務緩慢或忘記提供服務
	3.服務設備問題
	4.企業組織的服務政策不明確
	5.服務無法供應
第二群：服務人員能清楚辨識顧客的需求	1.食物未按顧客要求烹調
	2.座位安排問題
第三群：服務人員自發性行為	1.員工不恰當行為
	2.點餐錯誤
	3.點餐單遺失、對顧客訂單未加處理
	4.結帳計算錯誤

資料來源：Hoffman et al., (1995).

者的行為，則不僅減少其潛在利益，更可能破壞企業組織的形象，Kurtz and Clow（1998）即指出，一位不愉快的顧客會將其經驗告訴十至十一人之多，可見服務失敗對企業組織的負面影響不容小覷。因此，如果業者在服務傳遞時遭遇失敗，可以思考透過服務補救處理或「防禦性行

銷」（defensive marketing strategy）（Zeithaml and Bitner, 2000）改善原先的不滿意程度，並鼓勵顧客勇於表達抱怨，以從事管理循環之修正措施。Tax等人（1998）認為好的服務補救除了有助於平撫顧客的不滿與情緒，挽救因服務失敗產生的關係裂痕。該研究也發現，若服務補救處理得宜，則遭受服務失敗的顧客會較未曾遭遇過服務失敗的顧客，有較高的顧客忠誠度、對企業更加滿意，並成為企業的擁護者，宣傳企業的優點。值得注意的是，失敗的服務補救，則會使顧客再次感受到服務失

圖10.5 飛機的準時率是旅客最大的期望
圖片來源：曾通潔攝於高雄國際機場。

圖10.6 貴賓室的餐食供應必須以顧客需求為導向
圖片來源：曾通潔攝於高雄國際機場。

敗，對企業累積更多的不滿。

　　綜合以上論述可知，企業組織爲了強化顧客保留（customer retention），可透過事前的預防及事後的補償，以減少服務失敗的發生機率及消弭其衍生的負面衝擊。同時，若商家能有效掌握顧客抱怨及服務失敗的背後成因，從而檢討服務流程及強化第一線服務人員在應對進退上的合宜性，並在合理範圍內盡力解決顧客的實際問題以避免矛盾激化，將有助於提升服務品質，增加企業形象，鞏固顧客的忠誠度及再購意願。

第四節　精緻化服務的模型

一、化蝶五部曲

　　王品台塑牛排餐飲多次在《遠見雜誌》舉辦服務業「神秘客調查」（mystery shopper survey）中獲得極高的服務評價，其創辦人戴勝益董事長認爲一位服務人員必須具備的服務技能是：(1)臉笑；(2)嘴甜；(3)腰軟；(4)手腳快；(5)「目色利」（台語發音）。

(一)臉笑

　　服務首要便是要笑臉迎人，俗話說：「伸手不打笑面人」。服務人員給予顧客的第一印象就是穿著制服的外在表現，以「劇場理論」（Dramaturgical Theory）而言，劇場中的演員在舞台燈光亮起的一刻便令觀眾充滿期待，也引領劇場內應該充斥的氛圍，嬉笑怒罵令觀眾如癡如醉而值回票價。對服務業來說，顧客付費換取商品或服務時，當接觸到服務人員的那一刹那，就已經充滿期待，穿著制服的員工就如同舞台上的演員，必須是準備好的，任何的誤失都被放大鏡檢驗。因此，合宜

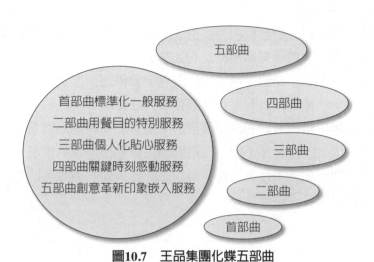

圖10.7　王品集團化蝶五部曲

資料來源：《經理人》雜誌，第46期。

的制服穿著就如同正確裝扮的舞台藝人是非常重要的，顧客和觀衆一樣是敏感與敏銳的，不論商品好壞，態度的展現決定結果。

(二)嘴甜

「嘴甜」是一門大學問，正如台語諺語所謂的「嘴甜得人疼」。如何對旅客正確的噓寒問暖是航空服務業不可少的本領，女性旅客普遍介意稱呼語被使用到與「年齡」有關的用詞，諸如「阿姨」、「婆婆」等與「老」字相關的詞彙，在首次與旅客接觸時最好不要用。在國際機場運務作業的經驗上，曾經有運務人員試圖拉近與旅客的距離，直接稱呼對方「阿姨」而被破口大罵，徒增場面的尷尬。對未婚或婚姻狀況不明的年輕女性旅客以「小姐」稱呼為宜。不過，中國大陸部分地區女性對「小姐」的稱呼有異議，認為「小姐」是特殊行業的從業人員，遂不喜歡被稱呼「小姐」，不妨改稱呼「美女」或「姑娘」。已婚的女性旅客可以「夫人」、「女士」為稱謂語。其次，若招呼顧客時，若他（她）身旁有其他的同行者（送行者）亦要留意問候，男性顧客稱呼「先生」，以友善的態度讓顧客放下警戒，而能使用愉快的態度來接受您接

下來所提供的服務。對於與顧客的對談過程中，時時表現出您對顧客所談論的話題深感興趣，可縮短彼此的人際關係距離，同時不要失去敏感度，溝通的過程除了要聽得懂顧客的語意，懂得聽顧客語彙中的隱藏意義亦是不可少的能力。有時，旅客語言中的弦外之音才是他（她）的重點，問題是兩岸華人普遍的說話習慣是不講重點，總認為服務人員一定會懂得他（她）的心，殊不知這竟是服務人員最怕遇到的情況。因此，對於旅客詢問事項不清楚時，務必再次確認其詢問的問題再回答，才能避免溝通錯誤而造成的抱怨。

(三)腰軟

「腰軟」，服務旅客時最忌諱骨頭太硬彎不下腰，也就是說服務他人時身段要低。某些知名的航空公司在服務商務艙、頭等艙旅客時，空服員採用「高跪姿」的姿勢來進行服務，讓自己與旅客目光接觸時，較對方略矮一些，不僅表達對貴賓的尊重，亦避免旅客必須仰頭與服務人員說話。

國際機場運務櫃檯的值勤人員與旅客第一次接觸時，起身與旅客致意後，雙手收取旅客的證件與機票時，報到櫃檯的寬度設計會讓服務人員自然地彎腰而讓旅客有被尊敬的感受。過去儒家的禮儀教育便是鞠躬作揖表示禮節，日式的鞠躬禮節更是一門學問，當對方的社會地位比你高，彼此進行鞠躬禮時，服務人員要先鞠躬而且鞠躬的角度要比他（她）低，而且時間要比較長。平常打招呼大約鞠躬15°，若是在正式的社交場合鞠躬打招呼時大約彎腰30°；鞠躬送客時大約彎腰45°；道歉、最大的敬意或致哀時鞠躬大約彎腰90°。雖然我們不一定能清楚記住日式的鞠躬禮儀，但依照一般迎賓禮儀規範，鞠躬15°至30°代表對旅客的尊敬是服務場景的常態。除了服務旅客姿態要低，過去的傳統師徒相承的學習過程，老師傅不懂得如何教人，學徒得靠自己偷偷地用心觀察偷學，才有出師的一天。服務業雖然有職前訓練，但是服務對象是人，在「三色人說五色話」的俗諺下，職場上的新進人員可從旁觀察諸多資深服務人員與旅客應對的技巧，這些均是標準作業手冊中提不到的

「巧活」。因此「腰軟」向前輩請益，可以活化服務技能更加事半功倍。

(四)手腳快

「手腳快」是國人普遍要求的服務速度。時間就是金錢，大多數的旅客對於等待多是缺乏耐性的，倘若能滿足旅客期待，達到手腳快的精髓。「專業」是非常重要的能力，具備充分的專業能力與服務技巧，以及完善的服務訓練，以即遵守標準作業程序的指導規範，讓自己服務技術快狠準，更重要的是保持謙虛的態度，向資深同仁請益與學習工作經驗與應對技巧，面對旅客挑戰時便不會驚慌失措而忘記了服務技巧與專業知識，能沉穩應對見招拆招，也不會讓旅客霸占在櫃檯或服務動線上，影響其他等候您服務的旅客。

(五)目色利

「目色利」是具備察言觀色的能力，服務人員要開發五感（視覺、聽覺、嗅覺、味覺、觸感），閱讀職場空氣的能力，什麼話該說什麼話不該說，要先想清楚，讓自己具備正確的工作態度與人際溝通的技巧，許多服務人員常犯的大忌就是觀察到旅客需要協助，亦想辦法提供協助，卻往往因為多說一句話而衍生抱怨。例如：旅客選擇座位時無法順利獲得喜歡的座位，而面有慍色，這時運務人員會試圖去詢問督導是否有可調動的空位，在可能的情況下航空公司都希望滿足旅客的喜好，若很幸運調換到旅客喜歡的位置時，若您多說了這句話一定會發生反效果——「我跟你說，下次就沒有這麼順利可以換到位置了」。服務的最大忌諱就是明明想要幫忙旅客，卻因為多說一句話而遭到白眼甚至客訴。如果您真的有心幫忙，就這個例子而言，只要說：「不好意思，久等了，剛好有旅客取消預約，現在幫你換到您喜歡的座位」。或許您費了很大的功夫才滿足旅客的需求，但是過程不是旅客所在意的，旅客只在意結果是他（她）要的。服務最重要的能力是搞清楚旅客的情緒與他

（她）要的是甚麼，如果眞的搞不懂。千萬要注意旅客的情緒變化來適當的提問以確認需求，可用「不好意思，您的意思是……」、「我想，您說的意思……」、「所以那表示……」、「換句話說……」、「對您來說，特別重要的是……」等口吻來徵詢旅客的看法。確定旅客的問題與不愉快的原因時，身段放低，運用同理心的發揮與公司授予的資源來軟化緩和旅客不滿的情緒，說出「兩個」可行的解決辦法讓旅客選擇，就事論事，別自以爲是心理學專家試圖要分析旅客不滿的眞正原因。因爲，猜測旅客的想法，往往容易影響到自己的情緒，而可能失去服務品質的穩定性。要保持冷靜，要幫自己心理建設，顧客發怒的原因不是針對您而發怒，不要因爲顧客態度影響到你自己的情緒與思維，將注意力放在如何處理顧客的問題。

國際機場運務作業要如何達成「化蝶五部曲」呢？

1. 要服務人員熟讀標準作業流程手冊，讓服務作業標準化，讓每位運務人員提供旅客的服務水準都具有一致性。
2. 對於特殊服務需求的旅客提供正確的服務與關心，給予身心障礙旅客取得所應得服務的便利。
3. 提供旅客貼心的個人化服務，提供多樣選擇的機上娛樂系統服務，並提供旅客搭機前預選餐飲與客艙座位的機會，降低旅客不滿。
4. 在關鍵時刻提供感動的服務，當旅客生日或結婚紀念日搭機時祝福旅客生日快樂致贈香檳酒祝賀，與嬰幼兒童行旅客提供玩具安撫孩童搭機的情緒，旅客不愼遺失重要飾物（如婚戒）盡力協助尋找交還旅客。
5. 在資訊通路發達的時代，運用電子商務服務提供旅客不同服務通路，滿足旅客自我操控的便利與多樣性的服務選擇，並積極善盡企業社會責任關懷弱勢族群。

二、STAR情境訓練法

　　麥當勞餐飲集團（McDonalds Corporation）在高度競爭的餐飲服務業中，一直保持翹楚地位。號稱「麥當勞之父」、「快餐巨人」的創辦人雷・克洛克（Ray A. Kroc）定義「麥當勞服務精神」為「員工只要聚焦一件事情：讓任何走進麥當勞的客人，感受到最好的用餐體驗。」

　　該集團提出一套「STAR情境訓練法」（star-spangled business model），期望能讓旅客賓至如歸：S代表情境（Situation）、T代表目標（Task）、A代表行動（Action）、R代表結果（Result）。2010年4月號的遠見《30雜誌》引述Gordon（2000）的論述，將顧客類型分為：(1)鸚鵡型顧客：聒噪、辣嘴毒舌，習慣以尖銳的話語表達不滿或挫敗感，但又對問題充滿好奇心，有時候他（她）所說的話，並非針對服務人員本身，而是服務人員的職位或公司；(2)貓型顧客：難以捉摸，唯我獨尊，有時沉默很久又難以下決定，約有33%的顧客具有這種傾向，希望服務人員卑躬屈膝地優先處理他的問題；(3)老鷹型顧客：對服務品質、機票或超重費用價格多疑，約有75.1%的顧客具有這種壓低價格的傾向，若能順利獲得降價，他（她）將會覺得比較有面子；(4)老虎型的顧客：習慣用語言或肢體動作威嚇服務人員，約有33.7%的顧客具有這種傾向，難搞又習慣客訴，將無理的行為當作是獲得交易利益的技術；(5)鮭魚型顧客：知道自己要甚麼，對於不符合期望的一定會挑剔，約有26%的顧客具有這種傾向，希望所花的每一塊錢都值回票價。挑剔抱怨是一種手段，不過缺乏安全感也是引發他情緒不安而挑剔的原因；(6)無尾熊型顧客：對於服務的取得，往往猶疑無法下決定，約有47.3%的顧客具有這種傾向，可能是過去的不愉快經驗所產生，對產品或服務缺乏信任感與安全感，優柔寡斷而浪費時間。

　　依照STAR情境訓練法，步驟如下：

　　第一步，先瞭解情境，當旅客出現焦躁不安時，以他的情緒表達傾

　　　　向來分辨是屬於哪一型的顧客。先安撫他（她）的情緒，
　　　　以免影響到其他旅客。

第二步，確認目標，詢問旅客問題為何，或其他的特殊需求，確認
　　　　並表示理解。

第三步，採取行動，傾聽旅客不滿或抱怨，讓他（她）先抒發情緒
　　　　後，再進行溝通與研究可能的問題解決方法。

第四步，確認結果，確認旅客對於問題回覆的瞭解與接受的程度，
　　　　情緒亦已平復，不會影響到其他的旅客。

　　遇到心情不佳或情緒波動較大的旅客，專心傾聽是非常重要的手
段，對於60秒決勝負的服務業競爭，老虎型顧客是最常面對的問題，
以關懷的態度面帶微笑耐心的傾聽旅客抒發不滿的情緒，才能找出他
（她）不滿的真正原因，並試圖處理與解決。如果旅客是鸚鵡型的旅
客，耐心的向他（她）解釋清楚，再讓他（她）選擇。例如對超重行李

**圖10.8　前置作業攸關後續飛航
任務的客艙服務品質**

圖片來源：曾通潔攝於越南航空
　　　　　A321駕駛艙。

**圖10.9　航機過夜整備的準確性
將影響次日派遣的妥善**

圖片來源：曾通潔攝於越南航空
　　　　　A321駕駛艙。

費徵收喋喋不休，可以試著轉換另外一種說法「您的超重行李3公斤，每公斤是900元，我已經多優惠3公斤的重量給您，已經讓公司損失了2,700元營收。不好意思，沒有辦法再多寬限了」，讓旅客知道他（她）所占的便宜實際價值是多少。如果旅客是無尾熊型的顧客，嘰嘰喳喳討論又無法下決定，以致影響後續排隊的旅客報到權益時，不妨安排另外一位服務人員，招呼他（她）們到其他的閒置櫃檯，讓他（她）們討論喜好的座位或需要的服務，把重心交付到服務人員身上，加速決策與完成報到服務。

 ## 第五節　顧客抱怨處理的技巧

經濟發展的軌跡隨著消費型態改變，已從過去之農業經濟、工業經濟、服務經濟轉變為當下的「體驗經濟」。在「體驗經濟」發軔下，愈來愈多的消費者渴望在接受服務的過程中獲得體驗。許多公司經由市場報告分析與客服中心顧客反映報告中獲得許多經驗知識。楊政樺與陳光華（2006）認為企業應經過精心策劃的「服務接觸」迅敏精悍地促銷體驗，方能為企業創造利潤。接觸的形形色色的消費者，每個人都會有全然不同的行為模式，與他們溝通時所需的使用技巧就不盡相同（Gordon, 2000）。

一、LESTER退魔術

《地獄來的顧客》一書，會把某些特定行為的顧客，諸如「他們大聲嚷嚷及嘶吼，試圖威嚇脅迫你。他們嗜鬥、辱罵且高傲。他們抱怨、撒謊並占用你過多的時間。他們激怒你，讓你的血壓升高。」比喻為從「地獄」而來。其原因在於來自顧客負面的聲音、對服務的提供感到不滿足，反射為不可理喻、無法控制的情況，或對提供服務者抱怨、咆哮，甚至做出不合理的行為等情境，提供一套實際可行、

具有實效，且有趣的解決方案（Belding, S.著，陳佩秀譯，2001）。Belding, S.（2005）並認為，再怎麼難纏的情境，都可透過前述第二節「LESTER」的六個步驟迎刃而解。

　　許多服務人員必須要瞭解一個事實──「旅客是您保住飯碗的關鍵因素」。您的人格特性會影響您對這關鍵因素的妥善掌握。當與顧客相處時，必須要用誠實與尊重的態度，體貼入微的方式來溝通，傾聽與訴說是溝通的主要管道。要知道，一言既出駟馬難追，說出的話就像潑出的水是收不回來的。因此，用詞、語氣、肢體動作一不小心就會洩漏您的隱藏情緒，與顧客談話前要先分析您所面對的顧客及其主要論述的訴求，並稍微在心中模擬一下可能發生的情境與解決的辦法，不要貿然說錯話或詞不達意，讓顧客產生不信任感。與之接觸時要時常面帶微笑，運用眼神交會讓旅客知道您是關心他（她）與重視他（她）的問題。溝通的過程中維持良好姿勢以減低錯誤的肢體語言可能帶來的不良暗示，而造成旅客曲解；維持精神狀態穩定，可降低被旅客挑動怒火的機會。

　　瞭解顧客問題與抱怨的最佳方法是不要先入為主，對於有不清楚旅客反映問題的地方要多加詢問，歸納顧客問題時，要確定自己所獲得的訊息是否與顧客所說一致。因此，複誦重點是必須的步驟，將旅客所說的問題記錄下來將有助於分析旅客所要表達的意思，保持客觀，不要對旅客的問題妄下評論，語氣真誠，避免使用外來語與專業用語，以正面態度的回應，適時地複誦旅客所陳述的重點可以讓顧客覺得受到重視，要知道問對問題，旅客才能給對答案，盡量不要一字回答，盡可能的口語化地簡潔說明，讓旅客容易瞭解問題所在。

　　實務經驗中，顧客不舒服的心理感受，大致有：被當作隱形人、被當成奢求太多、被瞧不起、被當作賊、被視為找麻煩、自尊心受挫、被標籤為沒水準等，優秀稱職的運務人員應該使用令人印象深刻的開場白問候顧客，主動詢問顧客是否需要協助，並告知您的名字是同理心表現的第一步，帶給旅客親切、溫暖與安心的感受，以積極有禮的態度面對顧客，為雙方建立融洽的關係。其次，針對造成旅客抱怨的原因表示關心，釐清問題的癥結點，對於錯誤正式的道歉，表示明白顧客不悅的

原因與有誠意解決問題。解釋服務錯誤或誤失情況時，誠實以對，不要隱瞞事實。在資訊通路發達的今日試圖掩蓋事實是最愚昧的辦法，不要急於安撫旅客，讓旅客暢所欲言才有助於找出癥結點，仔細考慮顧客的提議與解決方案，不要夾雜太多個人情緒，才能展現同理心。面對愛批評的旅客──保持冷靜；面對優柔寡斷的旅客──維持耐性；面對過度熱情的旅客──專業態度；面對文化背景不同的顧客──容忍差異；面對行動不便的旅客──尊重關懷。結束雙方互動前，謝謝旅客光臨，感謝旅客讓您有機會修正錯誤，說明未來會如何防範類似的問題，表達誠意。

　　告訴顧客您打算怎麼解決他（她）的問題，強調您可以做的事，不要輕易給予做不到的承諾，設身處地為顧客著想，找到與建議旅客適合的解決方案。千萬不要在旅客面前責備公司其他業務部門，會讓旅客感覺沒有誠意改善錯誤，而只是在卸責。旅客若不能接受您的解決方案，試圖瞭解旅客的期待，處理旅客反對的意見，尊重旅客的決定，並再審視一次LESTER的步驟是否有遺漏，檢視公司政策及流程與被授權的權限，研擬提供賠償或補助，允諾會親自拜訪或打電話告知解決方案，建立雙贏的局面。

二、控制情緒

(一)轉移注意力

　　當注意力轉移時，人的情緒也會改變。想像電影中常出現的情節，當有人歇斯底里時，一個巴掌就讓劇中腳色回神過來，當旅客情緒高漲時，可以試圖用其他的選項來讓他（她）轉移一下注意力：例如當旅客因櫃檯等候太久而在等待線後咆哮時，即時有人與他談話或提供行李名牌協助他（她）填寫，並掛上其行李時，讓旅客感受到有人關心他（她），也許其行為就會改變。

(二)發揮想像力

這是一種典型的干擾模式，想像喋喋不休的旅客，身上穿著「大紅點的黃埔大內褲」站在你面前，這種干擾或許有助於您從恐懼中脫出，讓您回神重新思考應對的方法。或是將旅客想像成您所熟悉的卡通人物，如《我們這一家》的「花媽」，或《蠟筆小新》中的小新的母親「美芽」，或是《烏龍派出所》的「兩津勘吉」。只要您能想到夠好笑、生動活潑或愚蠢的圖像，讓自己從被困住的情緒脫出，躲過您將被旅客點燃的情緒炸藥。

(三)肢體放鬆法

運用深呼吸或是鞋子裡腳趾頭的伸縮，或是身後的手指頭的伸展，心裡默數一到二十，幫助打斷被旅客影響的情緒，放鬆神經，自信地進行接下來的服務作業。

三、團隊運用

有時換個人做，效果可能會有所不同。身為小組的領導人（如航空公司運務督導），要主動觀察服務遞送系統與流程的進行。遇到瓶頸時，應考慮進行人員調換，亦可舒緩服務人員因為承接壓力過大而即將崩潰的情緒。不同的服務人員處理同樣的旅客抱怨，或許會呈現出不同的結果。

參考文獻

何容（1995）。《國語日報字典》。台北：國語日報出版社。

杜壯（1999）。〈服務復原管理概念性模式之構建〉，國立交通大學經營管理研究所博士論文。

李開慧、葉又青、鄭建熙、宋孝先、齊乾威、高儷華、高振山（2005）。〈客艙安全文化的量測──以國籍航空客艙組員為例〉，第三屆危機管理國際學術研討會，頁A15-A23。

吳宗祐、鄭伯壎（2003）。〈組織情緒研究之回顧與前瞻〉，《應用心理研究》，第19期，頁137-173。

陳修（2000）。《台語大詞典》。台北：遠流出版社。

張頤文（2004）。〈澳客的消費行為──探索式研究〉，國立中正大學行銷管理研究所碩士論文。

楊青矗（1993）。《國台雙語辭典》。高雄：敦理出版社。

楊政樺（2001）。《航空地勤服務管理》。台北：揚智文化。

楊政樺、陳光華（2006）。〈航空公司第一線服務人員之組織承諾、專業承諾與顧客期望服務態度之探討──以神馳經驗為干擾變項〉，《旅遊管理研究》，第六卷第二期，頁217-243。

楊政樺、萬光滿、李郁潔（2010），〈應用羅序模式探討華籍空服員處理滋擾乘客之應變能力與難度研究〉，《航空、太空及民航學刊》，系列B，第四十二卷第一期，頁55-66。

黃純德（1996）。〈國民文化對旅館顧客不滿意反應之影響：以美、日旅客為例〉，國立交通大學管理科學研究所博士論文。

郭德賓（2006）。〈餐飲業難纏顧客之研究──以台灣地區國際觀光旅館餐廳為例〉，《顧客滿意學刊》，第二期第二卷，頁1-26。

鄭紹成（1997）。〈服務業服務失誤、挽回服務與顧客反應之研究〉，中國文化大學國際企業管理研究所博士論文。

劉新隆（2006）。〈探討知覺正義下顧客服務補救期望之前導因素──以台鐵網路訂票為例〉，國立交通大學運輸科技與管理學系碩士論文。

嚴秀茹、李有仁、蕭承傑、李國書（2006）。〈方法目的鏈之應用〉，《管理評論》，第二十五卷第一期，頁95-119。

Jan Carlzon著，李田樹譯（1988）。《關鍵時刻──顧客導向的經營策略》，

台北：長河出版社。

Josh Gordon著，黃治蘋譯（2000）。《搞定難纏客戶：20種再創銷售高峰的策略》，麥格羅・希爾國際出版公司。

Renee Evenson著，莫策安譯（2009）。《服務聖經101：你一定要學的顧客服務技巧》，高寶書版。

Shaun Belding著，陳佩秀譯（2001）。《地獄來的顧客》，遠流出版社。

〈複製成功模式Know How以王品牛排為例〉，《經理人》雜誌，第46期，2008年9月。

〈變動時代的求生關鍵閱讀空氣〉，《天下》雜誌，第407期，2008年10月。

〈超級御客術〉，《30雜誌》，四月號，2010年4月。

Anderson, E. W. and Sullivan, M. W., (1993). The antecedents and consequences of customer satisfaction for firms, *Marketing Science, 12*(2), 125-143.

Anderson, E. W. and Mittal, V., (2000). Strengthening the satisfaction-profit chain, *Journal of Service Research, 3*(2), 107-120.

Bamford, D. and Xystouri, T., (2005). A case study of service failure and recovery within an international airline, *Managing Service Quality, 15*(3), 306-322.

Belding, S. (2005). *Dealing with the customer from hell: A survival guide*, London: Kogan Page Publishers.

Bitner, M. J., Booms, B. H. and Tetreault, M. S., (1990). The service encounter: Diagnosing favorable and unfavorable incidents, *Journal of Marketing, 54*(1), 71-84.

Bitner, M. J., Booms, B. H. and Mohr, L., (1994). Critical service encounters: the employee's viewpoint, *Journal of Marketing, 58*(4), 95-106.

Bolton, R. N., (1998). A dynamic model of the duration of the customer's relationship with a continuous service provider: The Role of Satisfaction, *Marketing Science, 17*(1), 45-65.

Cronin, J. J., Brady, M. K. and Hult, G. T. M., (2000). Assessing the effects of quality, value, and customer satisfaction on consumer behavioral intentions in service environments, *Journal of Retailing, 76*(2), 193-218

Day, R. L. and Landon, E. L., (1977). *Towards a theory of consumer complaining behavior,? in "Consumer and industrial buying behavior"*, Arch Woodside, Jagdish Sheth, and Peter Bennett, eds. Amsterdam: North Holland Publishing Company Press, 432-432.

Folkes, V. S., (1984). Consumer reactions to product failure: An attributional approach, *Journal of Consumer Research, 10*(4), 398-409.

Fournier, S. and Mick, D. G., (1999). Rediscovering satisfaction, *Journal of Marketing, 63*(4), 5-23.

Fullerton, R. A. and Punj, G., (1993). Choosing to misbehave: a structural model of aberrant consumer behavior, *Advances in Consumer Research, 20*(1), 570-574.

Fullerton, R. A. and Punj, G., (2004). Repercussions of promoting an ideology of consumption: consumer misbehavior, *Journal of Business Research, 57*(11), 1239-1249.

Gabriel, Y. and Lang, T., (1997), *The Unmanageable Consumer: Contemporary Consumption and Its Fragmentations*. Sage, London, UK.

Goodwin, C. and Ross I., (1992). Customer responses to service failures: influence of procedural and international fairness perceptions, *Journal of Business Research, 25*(3), 149-163.

Harris, L. C. and Reynolds, K. L., (2003). The consequences of dysfunctional customer behavior, *Journal of Services Marketing, 6*(2), 144-161.

Harris, L. C. and Reynolds, K. L. (2004), Jaycustomer behavior: An exploration of types and motives in the hospitality industry. *Journal of Services Marketing, 18*(5), 339-357.

Hoffman, K. D., Kelly, S. W. and Rostalsky, H. M., (1995), Tracking service failures and employee recovery efforts, *Journal of Service Marketing, 9*(2), 49-61.

Keaveney, S. M., (1995). Customer switching behavior in service industries: An exploratory study, *Journal of Marketing, 59*(2), 71-82.

Kelley, S. W., Hoffman K. D. and Davis M. A., (1993). A typology of retail failures and recoveries, *Journal of Retailing, 69*(4), 429-452.

Kelley, S. W. and Hoffman, K. D., (1997). An investigation of positive affect, prosocial behavior and service quality, *Journal of Retailing, 73*(3), 407-427.

Kotler, P., (1994). Marketing management: Analysis, Planning, Implementation, and Control, 8th ed, Prentice Hall International.

Knutson, B. J., Borchgrevink, C. P. and Woods, R. H., (1999). Validating a typology of the customer from hell, *Journal of Hospitality & Leisure Marketing, 6*(3), 5-22.

Kurtz, D. L. and Clow, K. E., (1998). *Service marketing*, New York: John Wiley & Sons, Inc.

Lovelock, C. H., (1994). *Product plus: how product and service equals competitive*

advantage, New York: McGraw-Hill.

Mills, M. K., Bonoma, T. V., (1979). Deviant consumer behavior: new challenge for marketing research. *Educators Conference Proceedings*, American Marketing Association, Chicago, IL, 445-453.

Nwankwo, S., (1995). Developing a customer orientation, *Journal of Customer Marketing, 12*(5), 5-15.

Oliver, R. L., (1997). *Satisfaction: A Behavioral Perspective on the Consumer*, New York: McGraw-Hill.

Parasuraman, A., Zeithaml, V. A. and Berry, L. L., (1985). A conceptual model of service quality and its implications for future research. *Journal of Marketing, 49*(4), 41-50.

Parasuraman, A., Zeithaml, V. A. and Berry, L. L., (1996). The behavioral consequence of service quality, *Journal of Marketing, 60*(2), 31-46.

Rafaeli, A., & Sutton, R. I., (1987). Expression of emotion as part of the work role. *Academy of Management Review, 12*(1), 23-27.

Reynolds, K. L. and Harris, L. C., (2005). When service failure is not service failure: an exploration of the forms and motives of "illegitimate" customer complaining. Journal of Services Marketing, *19*(5), 321-335.

Shostack, G. L., (1985). Planning the service encounter, In J. A. Czepiel, M. R. Solomon and C. F. Surprenant ed., *The Service Encounter*, Lexington, MA: Lexington Books, 243-254.

Singh, J., (1988). Consumer complaint intentions and behavior: Definitional and taxonomacal issues, *Journal of Marketing, 52*(1), 93-107.

Solomon, M. R., Surprenant, C. F., Czepiel, J. A. and Gutman, E. G., (1985). A role theory perspective on dyadic interactions: The service encounter, *Journal of Marketing, 49*(1), 99-111.

Strutton, D., Vitell, S. J. and Pelton, L. E., (1994). How consumers may justify inappropriate behavior in market settings: an application on the techniques of neutralization, *Journal of Business Research, 30*(3), 253-260.

Tax, S. S., Brown, S. W. and Chandrashekaran, M., (1998). Customer evaluations of service complaint experiences: Implications for relationship marketing, *Journal of Marketing, 62*(2), 60-76.

Tonglet, M., (2001). Consumer misbehaviour: an exploratory study of shoplifting. *Journal of Consumer Behavior, 1*(4), 336-354.

US Department of Transportation, (1989). *Federal aviation administration airport capacity enhancement plan*, Washington, DC: US government printing office, 3.

Wu, H. J., (2007), The impact of customer-to-customer interaction and customer homogeneity on customer satisfaction in tourism service- The service encounter prospective. *Tourism Management, 28*(6), 1518-1528.

Zeithaml, V. A. and Bitner, M. J., (2000). *Service marketing: Integrating customer focus across the firm*, London: Mcgraw-Hill.

Zemke, R. and Anderson, K., (1990). Customers from hell. Training: *The Magazine of Human Resources Development, 27*(2), 25-33.

第11章

無障礙航空運送

　　根據聯合國世界衛生組織（The World Health Organization, WHO）對於身心障礙者的定義：(1)損傷（impairment）：指生理上、心理上或人體結構上某種組織或功能之任何形式的喪失或不正常之情形；(2)身心障礙（disability）：由於損傷而缺乏作為一個正常人以正常姿態從事某種正常活動的能力或具有任何限制；(3)障礙（handicap）：由於損傷或失能處於某種不利地位，以致限制或阻礙該人根據年齡、性別、社會與文化因素所應能發揮的正常作用。亦即，若某甲具有身體或心理方面的缺點或限制，一般會以醫學鑑定和病理診斷為範圍的「損傷」來表示；而如果損傷會導致身體功能喪失或減少時，則以較為抽象的「身心障礙」代表某乙之日常生活相關的主要生活機能（major life activities）受到限制。

　　1997年4月台灣公布《身心障礙者保護法》，定義「個人因生理或心理因素致其參與社會及從事生產活動功能受到限制或無法發揮，經鑑定符合中央衛生主管機關所定等級之障礙並領有身心障礙手冊為範圍」，保障其教育、就業與福利服務。其中，第50條（搭乘公共交通工具之優待）明定「身心障礙者及其監護人或必要陪伴者一人搭乘國內公、民營水、陸、空公共交通工具，憑身心障礙手冊，應予半價優待。」第56條（無障礙設備之設置規定）更闡明「……交通工具之無障礙設備與設施之設置規定，由中央各目的事業主管機關於其相關法令定之。」1999年9月7日交通部頒布《公共交通工具無障礙設備與設施設置規定》（交路88字80461號），詳述輔助身心障礙者使用公共交通工具的輔助設施安排與無障礙運輸服務：「為落實照顧身心障礙旅客，航空公司訂定其作業辦法，並公布於企業網頁中。」

　　以復興、華信、立榮等三家經營國內航線業務的航空公司為例，其乘客運送定型化契約第7條均載明：「乘客有下列情形之一者得享有搭乘國內線票價優待：……四、本國籍身心障礙者及其監護人或必要陪伴者中之一人，享有全額客運票價五折優待。但應於購票及搭機時出示身心障礙手冊。」給予他們在購買國內航線機票能享有優惠。然而，因身心障礙旅客的身心狀況可能產生飛安上的疑慮（例如：無行為能力、無

溝通能力），當航機遭到意外事故或需進行緊急疏散旅客時，或恐危及身心障礙旅客的生命與財產安全，第25條規定：「航空公司基於飛航安全考量，僅得依民航主管機關備查之運務手冊規定，限制下列乘客之搭乘：（詳情請洽航空公司）：一、身心障礙及傷病旅客。……」此點雖依據民用航空局所訂《國內線航空乘客定型化契約範本》所擬定，但卻讓身心障礙旅客感受到搭機權益被剝奪。可是，就航空業者在營運上亦有困難之處，畢竟國內機場的規模限制，並不一定能合適安排噴射客機飛航，若使用小型螺旋槳客機，因機身過低，無法利用空橋運作，甚至提供身心障礙者輔助載具（如身心障礙登機升降車、客艙走道輪椅）可能無法充分發揮功能，尚需安排人力運送協助旅客上下機，除了潛在搬運乘客的風險（不慎墜落），從業服務搬運人員多數為男性：亦可能造成女性乘客誤會而導致性騷擾的控訴。

　　因時空環境改變，《身心障礙者保護法》部分條文修定而在2009年7月8日調整為《身心障礙者權益保護法》，依照該法規定，公共設施場所營運者不得使身心障礙者無法公平使用設施，違者要求限期改善，否則依法得處一萬至五萬元。2009年10月26日徐中雄立委主持一場「身心障礙者被拒獨自搭機」協調會，針對自2004年以來身心障礙旅客搭機遭拒案件邀請內政部社會司、交通部航政司、交通部民航局、復興航空、華信航空、立榮航空代表到現場共同研商改善措施，會議中交通部與各航空公司表示基於「安全考量」以及「身心障礙者身體狀況不佳」等理由來「婉拒」身心障礙者獨自搭乘的態度依舊，然而身心障礙者並不等同病人，僅是正處於障礙情境中的個體，如果給與足夠支持和協助，並非事事都無法自己去執行。因此，本書將以美國運輸部《航空器可及法案》（Air Carrier Access Act, ACAA）以及美國聯邦航空總署典集《標題14第382部法案》（DOT's 14 CFR Part 382）對於《身心障礙者搭機反歧視準則》（Nondiscrimination on the Basis of Disability in Air Travel）的時空背景及相關法條進行說明，藉以探討航空旅行過程中攸關生理殘障者的非歧視性議題進行研討。

 ## 第一節　無障礙航空運送概述

1948年12月10日聯合國大會通過並發表了《世界人權宣言》（聯合國大會第217號決議，A/RES/217），其中第2條揭示：「人人有資格享有本宣言所載的一切權利和自由，不分種族、膚色、性別、語言、宗教、政治或其他見解、國籍或社會出身、財產、出生或其他身分等任何區別。並且不得因一人所屬的國家或領土的政治的、行政的或者國際的地位之不同而有所區別，無論該領土是獨立領土、託管領土、非自治領土或者處於其他任何主權受限制的情況之下。」第13條又強調：「一、人人在各國境內有權自由遷徙和居住。二、人人有權離開任何國家，包括其本國在內，並有權返回他的國家。」以此為圭臬，交通運輸是一個重要環節，使殘疾人士享受和參與社會的許多方面，包括工作，商業和休閒活動，身心障礙者在進行國際航空運輸的過程中必須保障其相對的權利與尊嚴。

1986年美國國會通過了《航空器可及法案》（ACAA），要求運輸部（U.S. Department of Transportation, DOT）研擬確保身心障礙者或失能者在不影響全體旅客運送安全下，免遭歧視對待的實行規則。該法案明確說明每日近百萬與空中運輸活動有關人員（包括旅客、航空公司、機場營運部門與航空貨物承攬業）的責任，禁止航空公司所提供的服務對身心障礙者存有歧視或偏見。2005年8月2日美國總統任命經參議院同意的「身心障礙諮議會」（National Council on Disability, NCD）獨立行使公權力的十五位委員，以「權利論述」觀點，藉由人為的努力來袪除社會環境與態度的障礙，致力推展政策、計畫、條例與措施，來改善與增進身心障礙者平等的社會參與機會，使其自然、獨立、自我控制、有能力地自行完成生活中必要的社會經濟活動，袪除歧視，進而保障其具有尊嚴的獨立生活的機會。

為了落實1986年《航空器可及法案》中，對於禁止以定期航班營運

圖11-1 航空公司運務櫃檯提供輪椅、行李手推車以備旅客使用

圖片來源:楊政樺攝於台灣桃園國際機場。

圖11.2 未來機場改建、新機場建立,亦建議參照《航空器可及法案》規範執行

圖片來源:國立高雄餐旅大學航空暨運輸服務管理系邱滋惠攝於美國西雅圖國際機場。

的航空公司（承運人）歧視身心障礙旅客的規定，美國運輸部以修正後的《航空器可及法案》為法源依據，責成美國聯邦航空總署以《標題14第382部法案》（DOT's 14 CFR Part 382）——《身心障礙者搭機反歧視準則》，藉由罰款、停飛等經濟性懲罰為手段，要求自2009年5月13日開始，規範所有往返美國的「承運人」對於生理或心理因素影響造成身心障礙但具有合格能力進行單獨旅行的旅客，必須開放其航空器、其他設施和服務，且不得設定特殊旅客人數，且即使旅客本人自認不需要安全陪護，航空公司仍需主動提供，並要求承運人採取適當措施以方便這些旅客搭機。有關前述「承運人」的定義適用於美籍航空公司及來自或前往美國的非美籍航空公司航班（含共掛班號），以及這些航班所使用的航空器。為能廣泛地解決身心障礙人士的權力問題，並呼籲未來機場改建、新機場建立、航空公司引進新機隊或機型改艙時，均建議參照《航空器可及法案》的規範執行。若身心障礙人士遭到違反航空承運人提供《航空器可及法案》的對待時，可以向美國運輸部申訴或直接向聯邦法庭（Federal Court）提出控訴。

圖11.3　寬敞的登機通道有助於身心障礙人士行動

圖片來源：曾通潔攝於香港赤鱲角國際機場。

第二節 《身心障礙者搭機反歧視準則》的目錄

TITLE 14 -- AERONAUTICS AND SPACE

CHAPTER II -- OFFICE OF THE SECRETARY

DEPARTMENT OF TRANSPORTATION

PART 382

NONDISCRIMINATION ON THE BASIS OF DISABILITY IN AIR

TRAVEL

身心障礙者搭機反歧視準則

Rule in effect through May 12, 2009

Rule in effect beginning May 13, 2009

Subpart A—General Provisions 通則

382.1 Purpose 準則目的

383.3 Applicability 準則的適用性

382.5 Definitions 準則的定義

382.7 General prohibition of discrimination 一般與歧視有關的禁止

382.9 Assurances from contractors 相關事務團體的保證

Subpart B—Requirements Concerning Facilities 設施有關的規定

382.21 Aircraft accessibility 航空器便利性

382.23 Airport facilities 機場設施

Subpart C—Requirements for Services 服務的規定

382.31 Refusal of transportation 拒絕運送

382.33 Advance notice requirements 提前通知的規定

382.35 Attendants 隨行陪同者

382.37 Seat assignments 座位的安排

382.38 Seating accommodations　座位的調整

382.39 Provision of services and equipment　服務提供與設備

382.40 Boarding assistance for small aircraft　小型機種登機協助

382.40a Boarding assistance for large aircraft　大型機種登機協助

382.41 Stowage of personal equipment　個人裝備的存放

382.43 Treatment of mobility aids and assistive devices　移動輔具與協助設備的安排

382.45 Passenger information　乘客資訊

382.47 Accommodations for persons with hearing impairments　對聽障人士的服務

382.49 Security screening of passengers　乘客的安全審查

382.51 Communicable diseases　傳染性疾病

382.53 Medical certificates　診斷證明書

382.55 Miscellaneous provisions　其他服務

382.57 Charges for accommodations prohibited　禁止對服務收費

Subpart D─Administrative Provisions　營運準則

382.61 Training　訓練

382.63 Carrier programs. AUTHORITY: 49 U.S.C. 41702, 47105, and 41712　運輸計畫

382.65 Compliance procedures. SOURCE: 55 FR 8046, Mar. 6, 1990 and amendments　抱怨處理程序

382.70 Disability-related complaints received by carriers　航空公司所收到有關身心障礙者的抱怨

第三節　SUBPART A—General Provisions

382.1 Purpose

The purpose of this part is to implement the Air Carrier Access Act of 1986 (49 U.S.C. 41705), which provides that no air carrier may discriminate against any otherwise qualified individual with a disability, by reason of such disability, in the provision of air transportation.

【中譯】

本條款的目的係在於執行1986年的《航空器可及法案》（49 U.S.C. 41705），對於有合格能力進行單獨旅行，雖受生理或心理因素影響所造成身心障礙的旅客，禁止承運航空公司以殘障的理由對身心障礙人士歧視。

§ 382.3 Applicability

Except as provided in this section, this part applies to all air carriers providing air transportation.

(a) Sections 382.21-382.63 do not apply to indirect air carriers.

(b) Except for § 382.70, this part does not apply to foreign air carriers or to airport facilities outside the United States, its territories, possessions, and commonwealths.

(c) Nothing in this part shall authorize or require a carrier to fail to comply with any applicable FAA safety regulation.

【中譯】

除了下列情況，所有航空公司在進行航空運送時皆適用382條款：

(a) 382.21-382.63不適用於非直航班機。

(b) 除了382.70之外，382條款不適用於非美國籍、非美國境內以及

非隸屬於美國國民的外籍航空公司與機場。

(c) 本準則不得違反聯邦安全規定。

---

§ 382.5 Definitions

As used in this Part --

Air Carrier or carrier means any citizen of the United States who undertakes, whether directly or indirectly or by a lease or any other arrangement, to engage in air transportation.

【中譯】

空運承運人或承運人係指直接或間接藉由租約或其他手段進行航空運輸的任何美國公民。

Air carrier airport means a public, commercial service airport which enplanes annually 2,500 or more passengers and receives scheduled air service.

【中譯】

民航運輸機場係指全年度具有2,500位以上旅客的運量,且提供定期航班服務之公開性質的商業服務機場。

Air transportation means interstate, overseas, or foreign air transportation or the transportation of mail by aircraft, as defined in the Federal Aviation Act.

【中譯】

航空運輸係指依據聯邦航空法所定義之美國各州之間或飛越境外的空中運輸或者郵件的航空運輸。【本書按:本條文所稱Federal Aviation Act係指49 U.S.C. 40102中的定義】

Department or DOT means the United States Department of Transportation.

【中譯】

本法中的部門或DOT係指美國運輸部。

> FAA means the Federal Aviation Administration, an operating administration of the Department.

【中譯】

FAA係指美國聯邦航空總署，隸屬於美國運輸部的行政管理部門。

> Facility means all or any portion of aircraft, buildings, structures, equipment, roads, walks, parking lots, and any other real or personal property, normally used by passengers or prospective passengers visiting or using the airport, to the extent the carrier exercises control over the selection, design, construction, or alteration of the property.

【中譯】

設施係指一家承運人擁有、租賃或控制的一般由旅客或其他公眾使用的航空器或機場的任何一部分（如建築物、道路、人行道、停車場和其他真正或影響個人財產的任何部分）。

> Individual with a disability means any individual who has a physical or mental impairment that, on a permanent or temporary basis, substantially limits one or more major life activities, has a record of such an impairment, or is regarded as having such an impairment. As used in this definition, the phrase:
>
> (a) Physical or mental impairment means:
>
>   (1) Any physiological disorder or condition, cosmetic disfigurement, or anatomical loss affecting one or more of the following body systems: neurological, musculoskeletal, special sense organs, respiratory including speech organs, cardio-vascular, reproductive, digestive, genito-urinary, hemic and lymphatic, skin, and endocrine; or

(2) Any mental or psychological disorder, such as mental retardation, organic brain syndrome, emotional or mental illness, and specific learning disabilities.

The term physical or mental impairment includes, but is not limited to, such diseases and conditions as orthopedic, visual, speech, and hearing impairments; cerebral palsy, epilepsy, muscular dystrophy, multiple sclerosis, cancer, heart disease, diabetes, mental retardation, emotional illness, drug addiction, and alcoholism.

(b) <u>Major life activities</u> means functions such as caring for one's self, performing manual tasks, walking, seeing, hearing, speaking, breathing, learning, and working.

(c) <u>Has a record of such impairment</u> means has a history of, or has been classified, or misclassified, as having a mental or physical impairment that substantially limits one or more major life activities.

(d) <u>Is regarded as having an impairment</u> means:

(1) Has a physical or mental impairment that does not substantially limit major life activities but that is treated by an air carrier as constituting such a limitation;

(2) Has a physical or mental impairment that substantially limits a major life activity only as a result of the attitudes of others toward such an impairment; or

(3) Has none of the impairments set forth in this definition but is treated by an air carrier as having such impairment.

<u>Indirect air carrier</u> means a person not directly involved in the operation of an aircraft who sells air transportation services to the general public other than as an authorized agent of an air carrier.

【中譯】

身心障礙者係指一種或多種「主要生活機能」（major life activities）因暫時或永久性心理或生理損傷而受到限制的個人，或持有這種損傷紀錄，或是被視為有這種損傷。其個別的定義如下：

(a)生理或精神損傷定義是：

(1)任何生理異常或其他疾病、毀容，或影響以下身體系統功能的手術損傷：神經系統、肌肉與骨骼、特別感覺器官，包括發音器官的呼吸系統、心血管系統、生殖系統、消化系統、泌尿系統、血液和淋巴系統，皮膚和內分泌；或是

(2)任何精神或心理障礙，例如智力缺陷，腦器官疾病症候群、情緒障礙或精神官能症候群和某些學習障礙。生理和精神的損傷包含但不限於外科疾病、視覺損傷、聾啞、大腦痲痺、癲癇症、肌肉萎縮症、多發性硬化症、癌症、心臟病、糖尿病、智力缺陷、心理疾病、毒癮、酗酒等疾病或症狀。【本書按：「多發性硬化症」（multiple sclerosis）是一種中樞神經系統（腦部以及脊髓）的疾病。髓鞘質脫失的區域在組織修復的過程中，沿著軸突產生疤痕組織而變硬。中樞神經系統可能同時有多處的神經出現髓鞘質脫失受損的情形。患者可能會出現行動不便，視力受損，疼痛等症狀。】

(b)「主要生活機能」（major life activities）係指能夠進行自我照顧、進行日常動作：行走、辨識，聽覺、說話、呼吸、學習和工作等功能。

(c)「損傷紀錄」（has a record of such impairment）係指患有限制一種或多種主要生活機能的身體或精神損傷的病史，或者被認定或被誤判有這種損傷。

(d)被認為有損傷（傷殘）的情況係指：

(1)身體或精神損傷不會大幅限制主要生活機能，但會被承運人認定已構成這種限制；

(2)身體或精神損傷只有在其他人對其損傷（傷殘）的態度不對

時，才會導致構成這種限制；或是

(3)沒有上述定義的損傷（傷殘），但被承運人認為有這種損傷（傷殘）。

「間接空運承運人」（indirect air carrier）係指作為授權代理的承運人，但並非以銷售航空運輸服務給公眾的方式直接參與航空器的營運（operation of an aircraft）。

Qualified individual with a disability means a individual with a disability who --

(a) With respect to accompanying or meeting a traveler, use of ground transportation, using terminal facilities, or obtaining information about schedules, fares or policies, takes those actions necessary to avail himself or herself of facilities or services offered by an air carrier to the general public, with reasonable accommodations, as needed, provided by the carrier;

(b) With respect to obtaining a ticket for air transportation on an air carrier, offers, or makes a good faith attempt to offer, to purchase or otherwise validly to obtain such a ticket;

(c) With respect to obtaining air transportation, or other services or accommodations required by this part:

(1) Purchases or possesses a valid ticket for air transportation on an air carrier and presents himself or herself at the airport for the purpose of traveling on the flight for which the ticket has been purchased or obtained; and

(2) Meets reasonable, nondiscriminatory contract of carriage requirements applicable to all passengers;

【中譯】

符合搭機條件的身心障礙旅客指符合以下條件的殘疾者：

(a)考慮到陪同或接送旅客、使用地面運輸工具、利用航站設施或取

得班機時刻表、票價或政策資訊等問題，該身心障礙旅客採取了
必要措施以使其能利用航空承運人向一般公眾提供的設施和服
務，以及在需要的情況下，由航空承運人提供的合理協助；

(b)身心障礙旅客要購買或以正當方式取得某一承運人的航空運輸客
票；

(c)涉及該法規規定的航空運輸或其他服務或協助；

(1)購買或出示有效的航空公司機票時，旅客本人必須出現在機場
出示或購買因搭機旅遊目的之已經價購或獲得之機票；以及

(2)符合適用於所有旅客的合理而無歧視性的運輸契約要求。

Scheduled air service means any flight scheduled in the current
edition of the Official Airline Guide, the carrier's published schedule, or
the computer reservation system used by the carrier.

【中譯】

「定期航班」（Scheduled air service）係指承運人在最新版本的
《官方航線指南》（Official Airline Guide, OAG）中公布的時刻表，或是
承運人使用的航空電腦訂位系統中的航班時刻。

§ 382.7 General prohibition of discrimination

(a) A carrier shall not, directly or through contractual, licensing, or other
arrangements:

(1) Discriminate against any otherwise qualified individual with a
disability, by reason of such disability, in the provision of air
transportation;

(2) Require a person with a disability to accept special services
(including, but not limited to, preboarding) not requested by the
passenger;

(3) Exclude a qualified individual with a disability from or deny the
person the benefit of any air transportation or related services that

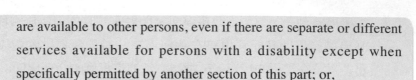

are available to other persons, even if there are separate or different services available for persons with a disability except when specifically permitted by another section of this part; or,

(4) Take any action adverse to an individual because of the individual's assertion, on his or her own behalf or through or behalf of others, of rights protected by this part or the Air Carrier Access Act.

(b) If an indirect air carrier provides facilities or services for passengers that are covered for other carriers by sections 382.21-382.55, the indirect air carrier shall do so in a manner consistent with those sections.

(c) Carriers shall, in addition to meeting the other requirements of this part, modify policies, practices, or facilities as needed to ensure nondiscrimination, consistent with the standards of section 504 of the Rehabilitation Act, as amended. Carriers are not required to make modifications that would constitute an undue burden or would fundamentally alter their program.

【中譯】

(a)所有承運人不得直接，或是透過契約、執照或其他方式從事下列事項：

(1)在提供空運服務時歧視身心障礙者；

(2)主動對身心障礙者提供特別服務（包含但不限於預先登機），而非由旅客提出要求；

(3)不能剝奪身心障礙者享受其他旅客可以享受的任何航空運輸或相關服務。除非本條文的其他章節有特殊說明之外，本條文同樣適用於對身心障礙者提供單獨、差異化服務的情況；或

(4)不能對代表他或她自身、代表他人，或是由他人代表要求獲得本條款規定或受到《航空器可及法案》（Air Carrier Access Act）保護的旅客採取不利行為。

(b)假如「間接空運承運人」（indirect air carrier）要依本條款第382.21-382.55條文，提供設施或服務給其他承運人從事旅客服務，間接空運承運人應依本條款提供一致性的設施或服務。

(c)承運人，除了符合本條款的其他要求之外，並與1973年《復健法案》（Rehabilitation Act）第504條的規範一致，從事政策修改、實施或設施以確保對身心障礙者提供非歧視性服務。但是，承運人沒有被要求做出帶來額外財務負擔或進行整體營運業務上的根本性變革。【本書按：1973年《復健法案》第504條適用於美國全國，其宗旨是保護合格人士不以殘疾爲由而遭受歧視。根據該法律之規定，殘疾人士的定義是具有身心障礙，從而嚴重影響其一種或多種「主要生活機能」的人士。該法案亦適用於具有此類身心障礙病史，或被視爲具有此類身心障礙的人士。該法案同時禁止各組織和雇主排除或剝奪殘疾人士獲得項目福利和服務的平等機會。】

§ 382.9 Assurances from contractors

Carriers' contracts with contractors who provide services to passengers, including carriers' agreements of appointment with travel agents (excluding travel agents who are not U.S. citizens who provide services to air carriers outside the United States, its territories and commonwealths), shall include a clause assuring:

(a) Nondiscrimination on the basis of disability, consistent with this part, by such contractors in activities performed on behalf of the carriers; and

(b) That contractor employers will comply with issued by carrier complaints resolution officials (CROs) under § 382.65.

【中譯】

承運人契約係以提供旅客服務者爲立約人，包括承運人與旅行代理商間協議（非美國公民的旅行代理商，係爲外國籍的空運承運人提供服

務除外），應該包括以下條款保證：

(a)承運人不得以契約行為對身心障礙者以傷殘歧視之；同時

(b)承運人應遵照§ 382.65對「投訴處理人」（carrier complaints resolution officials，CROs）的規定辦理之。

§ 382.5 When are foreign carriers required to begin complying with the provisions of this Part?

As a U.S. or foreign carrier, you are required to comply with the requirements of this Part on May 13, 2009, except as otherwise provided in individual sections of this Part.

【中譯】

非美籍航空公司何時適用此條款？除非有個別除外原因，否則自2009年5月13日起適用。

§ 382.7 To whom do the provisions of this Part apply?

If you are a foreign carrier, this Part applies to you only with respect to flights you operate that begin or end at a U.S. airport and to aircraft used for these flights.

圖11.4　機上走道側座位必須備有可移動式的扶手

圖片來源：曾通潔攝於日航B767-300機型。

【中譯】

　　此法適用之範圍為何？對於外籍航空公司僅適用於所有飛往美國或由美國飛出之機場及航機。

 第四節　SUBPART B－Requirements Concerning Facilities

§ 382.21 Aircraft accessibility

(a) The following requirements new aircraft operated under 14 CFR part 121 and ordered by the carrier after April 5, 1990 or delivered to the carrier after April 5, 1992:

(1)(i) Aircraft with 30 or more passenger seats on which passenger aisle seats have armrests shall have movable aisle armrests on at least one-half of passenger aisle seats.

(ii) Such armrests are not required to be provided on aisle seats on which a movable armrest is not feasible or aisle seats which a passenger with a mobility impairment is precluded from using by an FAA safety rule.

(iii) For aircraft equipped with movable aisle armrests as required by this paragraph, carriers shall configure cabins, or establish administrative systems, to ensure that individuals with mobility impairments or other persons with disabilities can readily obtain seating in rows with movable aisle armrests.

(2) Aircraft with 100 or more passenger seats shall have a priority space in the cabin designated for stowage of at least one folding wheelchair;

(3) Aircraft with more than one aisle in which lavatories are provided shall include at least one accessible lavatory. This lavatory shall

permit a qualified individual with a disability to enter, maneuver within as necessary to use all lavatory facilities, and leave, by means of the aircraft's on-board wheelchair. The accessible lavatory shall afford privacy to persons using the on-board wheelchair equivalent to that afforded ambulatory users. The lavatory shall provide door locks, accessible call buttons, grab bars, faucets and other controls, and dispensers usable by qualified individuals with a disability, including wheelchair users and persons with manual impairments;

(4)(i) Aircraft with more than 60 passenger seats having an accessible lavatory, whether or not required to have such a lavatory by paragraph (a)(3) of this section, shall be equipped with an operable on-board wheelchair for the use of passengers.

(ii) The carrier shall ensure that an operable on-board wheelchair is provided for a flight using an aircraft with more than 60 passenger seats on the request (with advance notice as provided in § 382.33(b)(8)) of a qualified individual with a disability who represents to the carrier that he or she is able to use an inaccessible lavatory but is unable to reach the lavatory from a seat without the use of an on-board wheelchair.【本書按：The Aerospatiale/Aeritalia ATR-72 and the British Aerospace Advanced Turboprop (ATP), in configurations having between 60 and 70 passenger seats, are exempt from this requirement. See 57 FR 12872, April 14, 1992.】

(iii) On-board wheelchairs shall include footrests, armrests which are movable or removable, adequate occupant restraint systems, a backrest height that permits assistance to passengers in transferring, structurally sound handles for maneuvering the occupied chair, and wheel locks or another adequate means

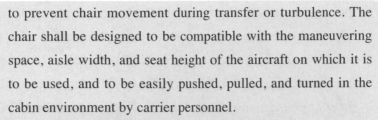

to prevent chair movement during transfer or turbulence. The chair shall be designed to be compatible with the maneuvering space, aisle width, and seat height of the aircraft on which it is to be used, and to be easily pushed, pulled, and turned in the cabin environment by carrier personnel.

(b)(1) Except as provided in paragraph (b)(2) of this section, aircraft in service on the effective date of this part (April 5, 1990) shall not be required to be retrofitted for the sole purpose of enhancing accessibility.

(2) No later than April 5, 1992, each carrier shall comply with the provisions of paragraph (a)(4) of this section with respect to all aircraft with more than 60 passenger seats operated under 14 CFR part 121.【本書按：14 CFR Part 121 Air Carrier Certification-- The Federal Aviation Administration (FAA) uses the air carrier certification process to ensure that you, the applicant, are able to design, document, implement, and audit safety critical processes that do two things: (1) Comply with regulations and safety standards; (2) Manage hazard-related risks in your operating environment. July 20, 2009.】

(c) Whenever an aircraft operated under 14 CFR part 121 which does not have the accessibility features set forth in paragraph (a) of this section undergoes replacement of cabin interior elements or lavatories, or the replacement of existing seats with newly manufactured seats, the carrier shall meet the requirements of paragraph (a) of this section with respect to the affected feature(s) of the aircraft.

(d) Aircraft operated under 14 CFR part 121 with fewer than 30 passenger seats (with respect to the requirements of paragraph (a) (1) of this section), fewer than 100 passenger seats (with respect to the requirements of paragraph (a)(2) of this section) or 60 or fewer

passenger seats (with respect to the requirements of paragraph (a) (4) of this section), and aircraft operated under 14 CFR part 135, shall comply with the requirements of this section to the extent not inconsistent with structural, weight and balance, operational and interior configuration limitations.【本書按：14 CFR 135 Operating Requirements--Commuter and on demand operations and rules governing persons on board such aircraft.】

(e) Any replacement or refurbishing of the aircraft cabin shall not reduce existing accessibility to a level below that specified in this part.

(f) Carriers shall maintain aircraft accessibility features in proper working order.

【中譯】

(a)以下規則適用於依據14 CFR part 121執行，於1990年4月5日之後訂購且於1992年4月5日之後交機的航空器【本書按：14 CFR part 121係美國聯邦航空總署規範航空公司和經營者有關航空器賠償或租用、認證及營運的法規】：

(1)(i)航空器旅客座位數在30（含）以上的機型，走道側備有活動式座椅扶手的座位數必須至少占全機走道側座位總數的一半以上。

(ii)對於安排行動不便旅客坐於靠走道側座位而未裝設可活動式扶手，是美國聯邦航空總署安全規則不容許的行為。

(iii)本節中要求航空器的座艙配置中要為靠走道側座位裝置可活動式扶手的座椅，承運人應該研究或建立管理機制，來確保行動不便旅客或其他身心障礙旅客可以取得靠走道的座位排數且該座椅配有可活動的座椅扶手。

(2)航空器配置旅客座位總數在100（含）以上的機型，應該在客艙內備有至少可存放一架折疊式輪椅的優先儲存空間。

(3)廣體客機內至少須設有一間可供身心障礙使用的盥洗室，設有

讓身心障礙旅客進出與使用的無障礙設施，包含航空器內須配置能夠在客艙內走道移動的客艙輪椅，可供身心障礙使用的盥洗室之大小必須能讓半身不遂旅客以輪椅進出且維護他（她）的隱私權。可供身心障礙使用的盥洗室內必須配有門栓、緊急呼叫按鈕、安全扶手、水龍頭、和其他的操控物品，這些設計要讓身心障礙旅客，包括輪椅旅客或手部傷殘的旅客方便使用。

(4)(i)60人座（含以上）的航空器須設有一間方便身心障礙者進出的「無障礙廁所」，但該盥洗室的設備不嚴格要求如本節(a)(3)所述，僅須備有一架可於機上走道移動的客艙輪椅以備旅客使用。

(ii)承運人將確保60人座（含以上）的航空器必須參照382.33(b)(8)Provision of an on-board wheelchair on an aircraft that does not have an accessible lavatory的預先通告（advance notice），為身心障礙者設置可供其使用之「無障礙廁所」並提供客艙輪椅服務。若航空器無法供應身心障礙者的「無障礙廁所」（Accessible Lavatory），必須提供客艙內輪椅，方便旅客如廁。【本書按：但是旅客人數在60-70之間，使用渦輪螺旋槳推進器的機種除外，如ATR-72與ATP等機型。請參見1992年4月14日57 FR 12872】

(iii)客艙輪椅的規格必須有腳踏板，可移動或可拆卸扶手，充足的乘員保護系統（adequate occupant restraint systems）。如協助旅客移動時，背靠要高於旅客身長、聲控把手結構符合人體操控、輪擋穩定避免滑動或傾斜。客艙輪椅必須具備適當的設計，考慮走道的寬度、客艙座椅高度，容易推拉與在客艙有限的空間內迴轉。

(b)(1)除了本節條文(b)(2)述及的情況外，1990年4月5日之後訂購的美國籍航空器，並未被要求為了落實1986年《航空器可及法案》的目的而需立即翻修航空器。

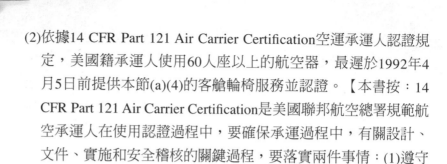

(2)依據14 CFR Part 121 Air Carrier Certification空運承運人認證規定，美國籍承運人使用60人座以上的航空器，最遲於1992年4月5日前提供本節(a)(4)的客艙輪椅服務並認證。【本書按：14 CFR Part 121 Air Carrier Certification是美國聯邦航空總署規範航空承運人在使用認證過程中，要確保承運過程中，有關設計、文件、實施和安全稽核的關鍵過程，要落實兩件事情：(1)遵守法規和安全標準；(2)在操作環境能管理與災害有關的風險。】

(c)無論何時當美國籍航空器依14 CFR part 121稽查認證時，若當時尚未具備如(a)段所稱之身心障礙者設施，未來進行客艙改艙或更換「無障礙廁所」，更換新型的座椅時，須依照(a)段所述規範執行《航空器可及法案》的身心障礙者搭機反歧視準則。

(d)航空器依據14 CFR part 121稽查認證時：30座以下航機（依照本節條文(a)(1)規定）、100座以下航機（依照本節條文(a)(2)規定）、60座以下航機（依照本節條文(a)(4)規定）執行，航機依據14 CFR part 135執行應適用其規則，不可影響航空器結構、裝載平衡、操作與客艙內部安全限制。

(e)任何的客艙改裝行為，不得低於或減損該航空器既有的便利性。

(f)承運人應以恰當的工作秩序（proper working order）維持航空器的便利性。

§ 382.63 What are the requirements for accessible lavatories?

As a foreign carrier, you must comply with the requirements of paragraph (a) of this section with respect to new aircraft you operate that were initially ordered after May 13, 2009 or which are delivered after May 13, 2010. As a U.S. carrier, this requirement applies to you with respect to new aircraft you operate that were initially ordered after April 5, 1990, or which were delivered after April 5, 1992.

【中譯】

對無障礙廁所有那些要求？

非美籍航空公司於2009年5月13日以後訂購之飛機或2010年5月13日以後交機之飛機必須具備可供身心障礙使用的無障礙廁所；美籍航空公司於1990年4月5日以後訂購之飛機或1992年4月5日以後交機之飛機必須具備無障礙廁所。

§ 382.17 May carriers limit the number of passengers with a disability on a flight?

As a carrier, you must not limit the number of passengers with a disability who travel on a flight.

【中譯】

可否限制身心障礙旅客之人數？

每班飛機不可限制身心障礙旅客人數。

§ 382.23 Airport facilities

(a) This section applies to all terminal facilities and services owned, leased, or operated on any basis by an air carrier at a commercial service airport, including parking and ground transportation facilities.

【中譯】

(a)本節條文適用於所有關於機場設施與服務，任何以商務服務機場的承運人關於自營、租賃或營運相關事務，包括停車與地面運輸設施。

(b) Air carriers shall ensure that the terminal facilities and services subject to this section shall be readily accessible to and usable by individuals with disabilities, including individuals who use wheelchairs. Air carriers shall be deemed to comply with this Air Carrier Access Act if they meet requirements applying to places of public accommodation under Department of Justice (DOJ) regulations implementing Title III

of the Americans with Disabilities Act (ADA).【本書按：The purpose of this part is to implement title III of the Americans with Disabilities Act of 1990 (42 U.S.C. 12181), which prohibits discrimination on the basis of disability by public accommodations and requires places of public accommodation and commercial facilities to be designed, constructed, and altered in compliance with the accessibility standards established by this part.】

【中譯】

(b)航空承運人應該確認機場設備與服務對身心障礙者之便利使用，包括身心障礙者自己使用輪椅時。航空承運人應該將《航空器可及法案》視爲己任，依照美國司法部訂定美國身心障礙者三號法案來維護公共設施無障礙空間。【本書按：這一部分的目的是落實標題的第三《美國殘障法案》（Americans with Disabilities Act, ADA）（1990年訂立U.S.C. 12181）在禁止歧視殘疾人的基礎上，於公共場所和公共設施及商業設施中設計、建造，並繼而使其成爲無障礙空間的標準。】

(c) The carrier shall ensure that there is an accessible path between the gate and the area from which aircraft are boarded.

【中譯】

(c)航空承運人應該確認登機門與航空器周圍登機時登機路徑的便利性。

(d) Systems of inter-terminal transportation, including, but not limited to, shuttle vehicles and people movers, shall comply with applicable requirements of the Department of Transportation's ADA rule.

【中譯】

(d)航空站內的運送系統，不僅限於接駁車與人員載運，應適用美國運輸部所訂之《美國殘障法案》（Americans with Disabilities Act, ADA）。

圖11.5 應使用登機空橋協助讓身心障礙者提前登機
圖片來源：曾通潔攝於高雄小港機場。

(e) The Americans with Disabilities Act Accessibility Guidelines (ADAAGs), including section 10.4 concerning airport facilities, shall be the standard for accessibility under this section.【本書按：10.4. Airports, 10.4.1 New Construction】

【中譯】

　　(e)《美國殘障者可及性設計準則》（The Americans with Disabilities Act Accessibility Guidelines, ADAAGs）第10.4節中有關機場設施規定，應該以其所述之便利性為標準。【本書按：為了落實1990年7月頒布之《美國殘障法案》，《美國殘障者可及性設計準則》於2002年被頒布，該準則包含確定建築物和設施的個人無障礙設施範圍與技術要求。與機場有關者包含：坡道、電梯、空橋、售票區、安檢區，或乘客候車區設置動線，盡量縮短輪椅使用者使用輪椅移動的距離與無障礙入口、無障礙通道的標示與指示。】

(f) Contracts or leases between carriers and airport operators concerning the use of airport facilities shall set forth the respective responsibilities of the parties for the provision of accessible facilities and services

to individuals with disabilities as required by this part for carriers and applicable section 504 and ADA rules of the Department of Transportation and Department of Justice for airport operators.【本書按：Section 504 of the Rehabilitation Act is a national law that protects qualified individuals from discrimination based on their disability.】

【中譯】

(f)承運人與機場營運者之間的契約與租賃中有關機場設施部分，應共同基於尊重與負責的立場，參照《美國殘障法案》與《復健法案》第504條，遵循美國運輸部與司法部為了規範機場營運，提供身心障礙者個人便利的設施與服務所為之規範。

 ## 第五節　SUBPART C－Requirements Concerning Services

§ 382.31 Refusal of transportation

(a) Unless specifically permitted by a provision of this part, a carrier shall not refuse to provide transportation to a qualified individual with a disability on the basis of his or her disability.

(b) A carrier shall not refuse to provide transportation to a qualified individual with a disability solely because the person's disability results in appearance or involuntary behavior that may offend, annoy, or inconvenience crewmembers or other passengers.

(c) A carrier shall not refuse to provide transportation to qualified individuals with a disability by limiting the number of such persons who are permitted to travel on a given flight.

(d) Carrier personnel, as authorized by 49 U.S.C. 44902, 14 CFR 91.8, or 14 CFR 121.533, may refuse to provide transportation to any passenger

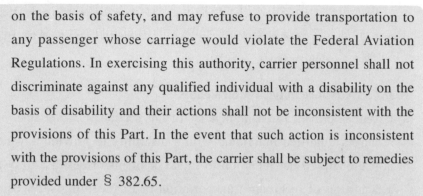

on the basis of safety, and may refuse to provide transportation to any passenger whose carriage would violate the Federal Aviation Regulations. In exercising this authority, carrier personnel shall not discriminate against any qualified individual with a disability on the basis of disability and their actions shall not be inconsistent with the provisions of this Part. In the event that such action is inconsistent with the provisions of this Part, the carrier shall be subject to remedies provided under §382.65.

(e) When a carrier refuses to provide transportation to any person on a basis relating to the individual's disability, the carrier shall specify in writing to the person the basis for the refusal, including, where applicable, the reasonable and specific basis for the carrier's opinion that transporting the person would or might be inimical to the safety of the flight. This written explanation shall be provided within 10 calendar days of the refusal of transportation.

【中譯】

(a)除非有本節條文中提到的情況，否則承運人不得拒絕提供運輸服務給具有資格的個別身心障礙者。

(b)航空業者不得因為身心障礙者的外表、無法自主控制的行為而使其他乘客與組員覺得不舒服、困擾就拒載個別身心障礙者。

(c)承運人不得以既定班次限制的身心障礙旅客總人數為由，而拒絕提供運輸服務給身心障礙者。

(d)承運人基於49 U.S.C. 44902、14 CFR 91.8或14 CFR 121.533等三條法規的授權，可以基於安全理由拒絕運送任何違反美國聯邦航空法的旅客。行使授權時，承運人員工不得以身心障礙為由歧視具有資格的個別身心障礙者，且行為不應該與本條款不一致，若不一致，該承運人將依第382.65條的規定補救或糾正。

(e)當承運人拒載身心障礙者，必須以書面方式具體說明拒絕的理

由，包含何項法規適用，及提出合理且有特別根據的意見，說明為何身心障礙者會造成飛安問題。此書面說明需在拒載後10個日曆日（calendar day）之內提出。

§ 382.33 Advance notice requirements

(a) Except as provided in paragraph (b) of this section, a carrier shall not require a qualified individual with a disability to provide advance notice of his or her intention to travel or of his or her disability as a condition of receiving transportation or of receiving services or accommodations required by this part.

(b) A carrier may require up to 48 hours advance notice and one-hour advance check-in concerning a qualified individual with a disability who wishes to receive any of the following services, types of equipment, or accommodations:

(1) Medical oxygen for use on board the aircraft, if this service is available on the flight;

(2) Carriage of an incubator, if this service is available on the flight;

(3) Hook-up for a respirator to the aircraft electrical power supply, if this service is available on the flight;

(4) Accommodation for a passenger who must travel in a stretcher, if this service is available on the flight;

(5) Transportation for an electric wheelchair on a flight scheduled to be made with an aircraft with fewer than 60 seats;

(6) Provision by the carrier of hazardous materials packaging for a battery for a wheelchair or other assistive device;

(7) Accommodation for a group of ten or more qualified individuals with a disability, who make reservations and travel as a group; and

(8) Provision of an on-board wheelchair on an aircraft that does not have an accessible lavatory.

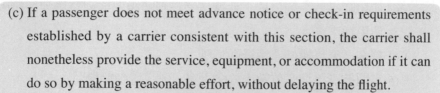

(c) If a passenger does not meet advance notice or check-in requirements established by a carrier consistent with this section, the carrier shall nonetheless provide the service, equipment, or accommodation if it can do so by making a reasonable effort, without delaying the flight.

(d) Carriers' reservation and other administrative systems shall ensure that when advance notice is provided by qualified individuals with a disability as provided by this section, the notice is recorded and properly transmitted to operating employees responsible for providing the accommodation concerning which notice was provided.

(e) If the qualified individual with a disability provides the notice required by the carrier for a service under paragraph (b) of this section, the carrier shall ensure that the requested service is provided.

(f) If a qualified individual with a disability provides advance notice to a carrier, and the individual is forced to change to the flight of a different carrier because of the cancellation of the original flight or the substitution of inaccessible equipment, the first carrier shall, to the maximum extent feasible, provide assistance to the second carrier in providing the accommodation requested by the individual from the first carrier.

【中譯】

(a)除了本節條文(b)中所述及情況，承運人不得要求身心障礙者——他（她）在從事航空旅遊時，事先告知身心障礙情況。

(b)如果航空器可以提供該項服務，身心障礙者需要以下特殊服務、輔助裝備協助或特別照顧等情況，承運人始得要求身心障礙者至少在航機起飛前四十八小時事先告知，並於班機報到開始前一小時抵達機場：

(1)需要在客艙內使用醫療性氧氣服務；

(2)使用早產兒保護器的旅客；

(3)使用呼吸器、通氣機、連續氣通正壓呼吸器或製氧機須於艙內使用插座者；

(4)旅客必須以擔架運送提供照料；

(5)定期航班機型座位數少於60人座，運送電動輪椅時；

(6)要求承運人為電動輪椅的電池或其他裝置提供危險品包裝；

(7)團體訂位的身心障礙旅客，且該團體中有超過10位以上的身心障礙者；

(8)該機型未設有可供身心障礙使用的「無障礙廁所」（accessible lavatory），旅客需要客艙輪椅服務以方便其往返客艙盥洗室如廁；

(c)如果旅客未事先告知而於報到時才要求本節所提及之服務，承運人在不延班機的情況下亦應當盡力提供服務、裝備與照料。

(d)承運人的訂位組或其他的行政管理系統，應該確保合格的身心障礙者如本節條文所述已經事前告知，這份事先告知必須有記錄並讓提供服務有關之人員熟知並如實提供所需之照料。

(e)假如合格的身心障礙者提出本節條文(b)中的服務要求，承運人必須確認能夠提供服務需求。

(f)假如合格的身心障礙者被強迫要求更換不同的承運人，因為原本的承運人班機取消或無法提供旅客需求的裝備，那原先的承運人必須盡力協助第二家承運人照料旅客。

§ 382.27 May a carrier require a passenger with a disability to provide advance notice in order to obtain certain specific services in connection with a flight?

You may require a passenger with a disability to provide up to 72 hours' advance notice and check in one hour before the check-in time for the general public to receive carrier-supplied in-flight medical oxygen on international flights.

【中譯】

　　身心障礙旅客如需要特別服務時可否要求其需事先告知？非美籍航空公司可以在旅客需要客艙醫療用氧氣服務時，要求其須於七十二小時前告知航空公司並於該班次辦理報到前一小時進行報到手續。

§ 382.35 Attendants

(a) Except as provided in this section, a carrier shall not require that a qualified individual with a disability travel with an attendant as a condition of being provided air transportation. A concern on the part of carrier personnel that a individual with a disability may need to use inaccessible lavatory facilities or may otherwise need extensive special assistance for personal needs which carrier personnel are not obligated to provide is not a basis on which the carrier may require an attendant.

【中譯】

　　(a)除了本條款中提及的情況，承運人不得要求具有資格的個別身心障礙者必須有人同行，本條款航空公司必須關切個別身心障礙者需要使用未設置身心障礙者輔助設施的「無障礙廁所」或其他航空公司無義務提供的私人需求，但承運人不得以此為由強制要求其必須有同行者。

(b) A carrier may require that a qualified individual with a disability meeting any of the following criteria travel with an attendant as a condition of being provided air transportation, if the carrier determines that an attendant is essential for safety:

【中譯】

　　(b)承運人基於以下的標準以及必要的安全需求可以要求具有資格的個別身心障礙者必須要有同行者陪同，並以此為提供運輸的條件：

(1) A person traveling in a stretcher or incubator. The attendant for such a person must be capable of attending to the passenger's in-flight medical needs;

(2) A person who, because of a mental disability, is unable to comprehend or respond appropriately to safety instructions from carrier personnel, including the safety briefing required by 14 CFR 121.571 (a) (3) and (a) (4) or 14 CFR 135.117(b);

(3) A person with a mobility impairment so severe that the person is unable to assist in his or her own evacuation of the aircraft;

(4) A passenger who has both severe hearing and severe vision impairments, if the passenger cannot establish some means of communication with carrier personnel that is adequate both to permit transmission of the safety briefing required by 14 CFR 121.57(a)(3) and (a)(4)or 14 CFR 135. 117(b) or the safety regulations of a foreign carrier's government, as applicable, and to enable the passenger to assist in his or her own evacuation of the aircraft in the event of an emergency. You may require a passenger with severe hearing and vision impairment who wishes to travel without a safety assistant to notify you at least 48 hours in advance to provide this explanation. If the passenger fails to meet this notice requirement, however, you must still accommodate him or her to the extent practicable.

For purposes of paragraph (b)(4) of this section, you may require, contrary to the individual's self-assessment, that an individual with both severe hearing and vision impairments must travel with a safety assistant if you determine that—

(1)The means of communication that the individual has explained to you does not adequately satisfy the objectives identified in paragraph (b)(4) of this section; or

(2)The individual proposes to establish communication by means of finger spelling and you cannot, within the time following the individual's notification, arrange for a flight crew member who can communicate using this method to serve the passenger's flight.

【中譯】

(1)使用擔架或使用保溫箱運送嬰兒的旅客，同行者必須要能夠照料此旅客在飛機上的醫療照護；

(2)因心智障礙無法聽從或回應航空公司人員依據14 CFR 121.571 (a) (3)與(a)(4) 或14 CFR 135.117(b)的安全說明與指示。

(3)嚴重行動不便旅客無法自行進行緊急逃生。

(4)乘客有嚴重的聽力障礙與視覺障礙，如果此人無法與航空公司人員建立溝通方式，讓工作人員可以傳達14 CFR 121.571 (a) (3)與(a)(4) 或14 CFR 135.117(b)的安全說明與指示，或外籍承運人所屬政府的安全規定（如適用）。或是不能在緊急狀況下自助撤離飛機，承運人可以要求不想攜帶基於安全需要的同行者之此類旅客至少提前在班機起飛前四十八小時告知承運人，以（向承運人）做出解釋。如果旅客沒能符合告知要求，承運人仍然應該在盡可能實際的情況下載運旅客。

對本條款(b)(4)，承運人如果與個別旅客意見不同，且認定以下幾點，則可以要求該聽力和視力都有嚴重障礙的旅客必須有一名安全陪同：

(1)該旅客（向承運人）解釋的溝通方式不足以實現本條款(b)(4)的目的；或是

(2)旅客建議使用手寫的方式溝通，但在旅客告知後，承運人無法安排一名飛航組員用這種方式在飛航過程中與其溝通。

(c) If the carrier determines that a person meeting the criteria of paragraph (b)(2), (b)(3) or (b)(4) of this section must travel with an attendant, contrary to the individual's self-assessment that he or she is capable of traveling independently, the carrier shall not charge for the transportation of the attendant.

【中譯】

(c)假如承運人認為身心障礙者達到本節規則(b)(2)、(b)(3) 或(b)(4)需

要陪同者隨行的標準，不同於該旅客個人的自我評估認為他（她）可以自己搭機，承運人不得向其陪同者收取運送費用。

(d) If, because there is not a seat available on a flight for an attendant whom the carrier has determined to be necessary, a person with a disability who has a confirmed reservation is unable to travel on the flight, the person with a disability shall be eligible for denied boarding compensation under 14 CFR part 250.

【中譯】

(d)假如因為承運人評定身心障礙旅客必須有陪同者，卻因該班機並無多餘空位可提供該陪同者，導致該身心障礙者雖已取得機位卻不能搭上飛機，該旅客可以依照14 CFR part 250請求因遭遇拒絕登機的補償。

(e) For purposes of determining whether a seat is available for an attendant, the attendant shall be deemed to have checked in at the same time as the person with a disability.

【中譯】

(e)為了確定是否有陪同者的座位，所以當身心障礙者報到時，陪同者將視同一起報到。

§ 382.37 Seat assignments

(a) Carriers shall not exclude any qualified individual with a disability from any seat in an exit row or other location or require that a qualified individual with a disability sit in any particular seat, on the basis of disability, except in order to comply with the requirements of an FAA safety regulation or as provided in this section.

(b) If a person's disability results in involuntary active behavior that would result in the person properly being refused transportation under § 382.31, and the safety problem could be mitigated to a degree that

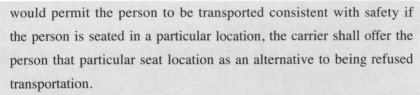
would permit the person to be transported consistent with safety if the person is seated in a particular location, the carrier shall offer the person that particular seat location as an alternative to being refused transportation.

(c) If a service animal cannot be accommodated at the seat location of the qualified individual with a disability whom the animal is accompanying (see § 382.55(a)(2)), the carrier shall offer the passenger the opportunity to move with the animal to a seat location, if present on the aircraft, where the animal can be accommodated, as an alternative to requiring that the animal travel with checked baggage. 【本書按：382.55 Miscellaneous provisions (a) (2) Carriers shall permit a service animal to accompany a qualified individual with a disability in any seat in which the person sits, unless the animal obstructs an aisle or other area that must remain unobstructed in order to facilitate an emergency evacuation.】

【中譯】

(a)承運人不得以身心障礙為由，排除身心障礙者選擇座位或要求身心障礙者坐在特定的座位，除非是為了遵守美國聯邦航空總署安全規則或本節所述情況。

(b)假使身心障礙者因非自願性的行為導致依382.31（拒絕運送）將正當地被拒絕運送，基於安全考量，如果該旅客被安排在一個特別的座位可以減輕影響安全的程度而可以同意承載，承運人應該幫旅客安排特定的座位以取代拒載。

(c)假如身心障礙者的服務陪伴動物無法被安排與其同座（如382.55 (a) (2)），承運人應該給予該旅客有機會調整到適合安排服務陪伴動物與身心障礙者同座的座位與機會，若不行則改將服務陪伴動物以託運行李方式處理。【本書按：14 CFR 382.55係有關輔助弱能人士的義犬（導盲犬、導聾犬、服務性犬），航空公司進行

座位安排之準則。從運務實務而論，運務員應將與身心障礙者同行的服務性動物置於客艙走道內側座位，以方便該動物在旅客身旁休憩或導引，且以前排有較寬廣之腿部空間座位爲佳，但應該避開緊急逃生口。】

§ 382.38 Seating accommodations

(a) On request of an individual who self-identifies to a carrier as having a disability specified in this paragraph, the carrier shall provide the following seating accommodations, subject to the provisions of this section:

(1) For a passenger who uses an aisle chair to access the aircraft and who cannot readily transfer over a fixed aisle armrest, the carrier shall provide a seat in a row with a movable aisle armrest.

(2) The carrier shall provide a seat next to a passenger traveling with a disability for a person assisting the individual in the following circumstances:

(i) When an individual with a disability is traveling with a personal care attendant who will be performing a function for the individual during the flight that airline personnel are not required to perform (e.g., assistance with eating);

(ii) When an individual with a vision impairment is traveling with a reader/assistant who will be performing functions for the individual during the flight; or

(iii) When an individual with a hearing impairment is traveling with an interpreter who will be performing functions for the individual during the flight.

(3) For an individual traveling with a service animal, the carrier shall provide, as the individual requests, either a bulkhead seat or a seat other than a bulkhead seat.

(4) For a person with a fused or immobilized leg, the carrier shall

provide a bulkhead seat or other seat that provides greater legroom than other seats, on the side of an aisle that better accommodates the individual's disability.

【中譯】

(a)在身心障礙旅客要求時，航空公司應提供身心障礙旅客就座的協助：

(1)使用客艙輪椅旅客，若無法跨入固定式扶手的座位時，應立即將旅客更換至有活動式扶手的座位排數。

(2)在下列情況下應安排與身心障礙者同行旅客，與身心障礙者相鄰的座位：

(i)與身心障礙旅客同行的旅客，係在飛行途中提供身心障礙者私人的照顧行為，且該協助是航空公司人員無法提供的照料，如協助進食；

(ii)身心障礙旅客同行的旅客，係照料視力障礙者，如協助閱讀；

(iii)身心障礙旅客同行旅客，係協助照料聽力障礙者，如協助手語翻譯。

(3)身心障礙者的服務陪伴動物應安排在第一排較寬的座位與主人同坐，或其他座位區相同較寬的座位。

(4)對於使用義肢的旅客應安排前排較寬的走道側座位或其他腿部伸展空間較寬的走道側邊座位。

(b) A carrier that provides advance seat assignments shall comply with the requirements of paragraph (a) of this section by any of the following methods:

(1) The carrier may "block" an adequate number of the seats used to provide the seating accommodations required by this section.

(i) The carrier shall not assign these seats to passengers not needing seating accommodations provided under this paragraph until 24 hours before the scheduled departure of the flight.

(ii) At any time up until 24 hours before the scheduled departure of the flight, the carrier shall assign a seat meeting the requirements of this section to an individual who requests it.

(iii) If an individual with a disability does not make a request at least 24 hours before the scheduled departure of the flight, the carrier shall meet the individual's request to the extent practicable, but is not required to reassign a seat assigned to another passenger in order to do so.

(2) The carrier may designate an adequate number of the seats used to provide seating accommodations required by this section as "priority seats" for individuals with disabilities.

(i) The carrier shall provide notice that all passengers assigned these seats (other than passengers with disabilities listed in paragraph (a) of this section) are subject to being reassigned to another seat if necessary to provide a seating accommodation required by this section. The carrier may provide this notice through its computer reservation system, verbal information provided by reservation personnel, ticket notices, gate announcements, counter signs, seat cards or notices, frequent-flier literature, or other appropriate means.

(ii) The carrier shall assign a seat meeting the requirements of this section to an individual who requests the accommodation and checks in at least one hour before the scheduled departure of the flight. If all designated priority seats that would accommodate the individual have been assigned to other passengers, the carrier shall reassign the seats of the other passengers as needed to provide the requested accommodation.

(iii) If the individual with a disability does not check in at least an hour before the scheduled departure of the flight, the carrier

> shall meet the individual's request to the extent practicable, but is not required to reassign a seat assigned to another passenger in order to do so.

【中譯】

(b)承運人應遵循本節條文(a)所述，採取下列方法提供事先告知的座位安排（advance seat assignments）：

(1)承運人先預留本節所述之足量座位，以備不時之需。

　(i)承運人不應將不需要特別座位的旅客安排在預留座位，所有預留的座位需保留到表訂班機時刻表起飛前二十四小時才釋出給一般旅客選用。

　(ii)在表訂班機時刻表起飛前二十四小時，承運人應遵循本節規範，對身心障礙者需求的座位給予安排。

　(iii)假如身心障礙者在表訂班機時刻表起飛前二十四小時未指定座位，承運人可依該身心障礙者之要求給予特別的協助，但是不要求將其他已選位旅客的座位進行更換。

(2)承運人可以考慮預設適當數量的「博愛座」（優先座位）（priority seats），作爲身心障礙者照料專用。

　(i)承運人應該提供提示通知其他旅客，當其預選到身心障礙專屬座位，運用航空電腦訂位系統中警語告示或服務人員口語說明、機票通知書、登機門廣播、登機證或說明書、常客優惠方案計畫，或其他適當的方式說明，建議一般旅客不要點選身心障礙專用座位。

　(ii)承運人應該保留「博愛座（優先座位）」直到表訂班機時刻表起飛前至少一小時。在起飛前一小時，如果所保留的博愛座均已售予其他旅客，得重新調整安排其他一般旅客座位，裨益提供身心障礙者所需的必要服務與座位安排。

　(iii)假如身心障礙旅客未能於表訂班機時刻表起飛前一小時完成報到，若身心障礙者要求應給予特別的協助，不要求爲

了提供身心障礙旅客某個座位，而將其他已選位旅客的座位進行更換。

(c) On request of an individual who self-identifies to a carrier as having a disability other than one in the four categories listed in paragraph (a) of this section and as needing a seat assignment accommodation in order to readily access and use the carrier's air transportation services, a carrier that assigns seats in advance shall provide such an accommodation, as described in this paragraph.

(1) A carrier that complies with paragraph (a) of this section through the "seat-blocking" mechanism of paragraph (b)(1) of this section shall implement the requirements of this paragraph as follows:

(i) When the passenger with a disability not described in paragraph (a) of this section makes a reservation more than 24 hours before the scheduled departure time of the flight, the carrier is not required to offer the passenger one of the seats blocked for the use of passengers with disabilities listed under paragraph (a) of this section.

(ii) However, the carrier shall assign to the passenger any seat, not already assigned to another passenger, that accommodates the passenger's needs, even if that seat is not available for assignment to the general passenger population at the time of the request.

(2) A carrier that complies with this section through the "designated priority seats" mechanism of paragraph (b)(2) of this section shall implement the requirements of this paragraph as follows:

(i) When a passenger with a disability not described in paragraph (a) of this section makes a reservation, the carrier shall assign to the passenger any seat, not already assigned to another passenger,

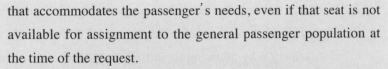

that accommodates the passenger's needs, even if that seat is not available for assignment to the general passenger population at the time of the request.

(ii) If such a passenger is assigned to a designated priority seat, he or she is subject to being reassigned to another seat as provided in paragraph (b)(2) of this section.

【中譯】

(c)在身心障礙旅客要求，表明其具有本節條文(a)所提之承運人認定的四類身心障礙者情形之一者，承運人應對其所需特別座位的安排進行協助。為了容易達到搭機的便利性與使用相關運輸服務，承運人應事先照顧與安排所須座位，如本節說明：

(1)承運人應遵循條文(a)說明，對提出要求的旅客依照(b)(1)的機制完成座位預留，相關規範如下：

(i)當旅客的身心障礙情形不適用本節條文(a)所列舉之身心障礙類型，在表訂班機時刻表起飛前二十四小時訂位時，不要求將其特別安排在為條文(a)所列舉之身心障礙旅客預留座位。

(ii)無論如何，承運人應為該旅客安排任何能滿足其需求之尚未安排給其他旅客的座位，即使在其提出需求時，該座位尚未對其他旅客開放。

(2)如果使用本節條文(b)(2)的指定「博愛座」（優先座位）機制，則必須滿足以下要求：

(i)如果有不屬於本節條文(a)中列舉的身心障礙旅客訂座，必須為他（她）安排任何能滿足其需求之尚未安排給其他旅客的座位，即使在提出請求時該座位尚未對其他旅客開放。

(ii)如果該旅客被安排到指定的博愛座（優先座位），則他或她有可能重新被安排到另一座位，以便給符合本節條文(b)(2)條件的（身心障礙旅客）座位安排。

(d) A carrier that does not provide advance seat assignments shall provide seating accommodations for persons described in paragraphs (a) and (c) of this section by allowing them to board the aircraft before other passengers, including other "pre-boarded" passengers, so that the individuals needing seating accommodations can select seats that best meet their needs if they have taken advantage of the opportunity to pre-board.

【中譯】

(d)承運人若無法依照提供本節條文(a)與(c)所提旅客預先選定所需座位，必須讓他（她）們與其他符合優先登機的旅客一起提前登機，這樣對於需求特別照料座位時，可以有機會藉由預先登機的利益選擇到最需要最好的座位。

(e) A carrier may comply with the requirements of this section through an alternative method not specified in paragraphs (b) through (d) of this section. A carrier wishing to do so shall obtain the written concurrence of the Department of Transportation (Office of the Secretary) before implementing the alternative method.

【中譯】

(e)承運人可以適用本節規定，對於條文(b)到(d)未具體說明的方案使用替代方案，承運人應被期望在替代方案完成前，先以書信獲得美國運輸部共識。

(f) The carrier shall assign a seat providing an accommodation requested by an individual with a disability, as specified in this section, even if the seat is not otherwise available for assignment to the general passenger population at the time of the individual's request.

【中譯】

(f)承運人依身心障礙者需求，應指定座位提供所需協助，即便該座位同時可以讓其他正常的普羅大眾選擇時，應該先提供給身心障礙者。

(g) If the carrier has already provided a seat to an individual with a disability to furnish an accommodation required by paragraph (a) or (c) of this section, the carrier shall not reassign that individual to another seat in response to a subsequent request from another individual with a disability, without the first individual's consent.

【中譯】

(g)假如承運人已經依照本節條文(a)或(c)所述提供特別的照顧給身心障礙者，若未獲得第一位身心障礙者同意，就不該將第一位身心障礙者所取得之座位，因第二位身心障礙者要求而把座位重新指派給第二位身心障礙者。

(h) In no case shall any individual be denied transportation on a flight in order to provide accommodations required by this section.

【中譯】

(h)根據本節所述，在任何情況下，不得因任何個人基於本節所述及提供照料的理由而予拒絕載運。

(i) Carriers are not required to furnish more than one seat per ticket or to provide a seat in a class of service other than the one the passenger has purchased.

【中譯】

(i)承運人並未被要求一張機票多給一個座位或依旅客所持機票艙等給予額外升等。

(j) In responding to requests from individuals for accommodations required by this section, carriers shall comply with FAA safety rules, including those pertaining to exit seating (see 14 CFR 121.585 and 135.129)【本書按：(1) The person lacks sufficient mobility, strength, or dexterity in both arms and hands, and both legs:(i) To reach upward, sideways, and downward to the location of emergency exit and exit-slide operating mechanisms; (ii) To grasp and push, pull, turn, or otherwise manipulate those mechanisms; (iii) To push, shove, pull, or otherwise open emergency exits; (iv) To lift out, hold, deposit on nearby seats, or maneuver over the seatbacks to the next row objects the size and weight of over-wing window exit doors; (v) To remove obstructions similar in size and weight to over-wing exit doors; (vi) To reach the emergency exit expeditiously; (vii) To maintain balance while removing obstructions; (viii) To exit expeditiously; (ix) To stabilize an escape slide after deployment; or (x) To assist others in getting off an escape slide.】

【中譯】

(j)本節規範，承運人依旅客要求給予回應時，必須遵守美國聯邦航空總署安全規則，包括緊急出口座位安排須知（14 CFR 121.585和135.129）。【本書按：緊急出口座位是基於緊急旅客疏散作業必要設施，該座位旅客須有能力協助緊急疏散作業，身心障礙者不得安排於緊急出口座位。】

(k) Carriers are required to comply with this section beginning September 30, 1998.

【中譯】

(k)承運人須於1998年9月30日開始適用本節所述。

§ 382.39 Provision of services and equipment

Carriers shall ensure that qualified individuals with a disability are provided the following services and equipment:

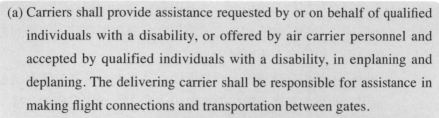

(a) Carriers shall provide assistance requested by or on behalf of qualified individuals with a disability, or offered by air carrier personnel and accepted by qualified individuals with a disability, in enplaning and deplaning. The delivering carrier shall be responsible for assistance in making flight connections and transportation between gates.

(1) This assistance shall include, as needed, the services personnel and the use of ground wheelchairs, boarding wheelchairs, on-board wheelchairs where provided in accordance with this part, and ramps or mechanical lifts.

(2) Boarding shall be by level-entry loading bridges or accessible passenger lounges, where these means are available. Where these means are unavailable, assistance in boarding aircraft with 30 or fewer passenger seats shall be provided as set forth in § 382.40, and assistance in boarding aircraft with 31 or more seats shall be provided as set forth in § 382.40a. In no case shall carrier personnel hand-carry a passenger in order to provide boarding or deplaning assistance (i.e., directly pick up the passenger's body in the arms of one or more carrier personnel to effect a change of level that the passenger needs to enter or leave the aircraft). Hand-carrying of passengers is permitted only for emergency evacuations.

(3) Carriers shall not leave a passenger with a disability unattended in a ground wheelchair, boarding wheelchair, or other device, in which the passenger is not independently mobile, for more than 30 minutes.

【中譯】

承運人必須確認提供合格的身心障礙者下列服務與裝備：

(a)承運人在身心障礙者提出要求時必須提供協助，或是身心障礙者同意由航空公司服務人員提供離站與到站的相關作業服務。到站的航空公司須負責將旅客運送到續程航班的登機門。

(1)若有需要，協助必須包含：人員服務與地面停機坪間使用的地面輪椅、登機的輪椅與身心障礙服務升高車與客艙內使用的客艙輪椅，以符合上述規定。

(2)登機時因使用空橋登機，或無障礙的休息室，端視於實際情境適用。若機型旅客人數少於30位，依§382.40規定協助登機；若機型旅客人數多於31位，依§382.40a規定協助登機。為了協助旅客登機或離機，人員不可以用背負方式提供協助（按：服務人員不可以一或兩人，以直接碰觸旅客身體之背負方式移動旅客，或試圖改變旅客姿勢以協助其上下飛機）。此種方式只有在緊急疏散時被允許。

(3)承運人不得將行動不便的身心障礙者獨自留在地面輪椅、登機輪椅、客艙輪椅或其他旅客不能獨立移動的設備上超過三十分鐘。

(b) Carriers shall provide services within the aircraft cabin as requested by or on behalf of individuals with a disability, or when offered by air carrier personnel and accepted by individuals with a disability as follows:

(1) Assistance in moving to and from seats, as part of the enplaning and deplaning processes;

(2) Assistance in preparation for eating, such as opening packages and identifying food;

(3) If there is an on-board wheelchair on the aircraft, assistance with the use of the on-board wheelchair to enable the person to move to and from a lavatory;

(4) Assistance to a semi ambulatory person in moving to and from the lavatory, not involving lifting or carrying the person; or

(5) Assistance in loading and retrieving carry-on items, including mobility aids and other assistive devices stowed on board in accordance with §382.41.

【中譯】

(b)當身心障礙者於客艙提出要求時，承運人應提供服務，或是必須在身心障礙者的同意下提供服務時，內容如下：

(1)協助旅客就座與離座，就像登機與離機的作業程序。

(2)協助進食的準備，諸如：打開餐盒包裝與說明餐食內容。

(3)若有客艙上使用的輪椅，必須協助旅客可以使用輪椅進出盥洗室。

(4)協助半身不遂旅客從座位到盥洗室間來回走動，但不可包含舉或是背、抱等動作。

(5)依照§ 382.41之規範協助旅客放置行動不便者必要的移動性輔具及其他輔助設備。

(c) Carriers are not required to provide extensive special assistance to qualified individuals with a disability. For purposes of this section, extensive special assistance includes the following activities:

(1) Assistance in actual eating;

(2) Assistance within the restroom or assistance at the passenger's seat with elimination functions;

(3) Provision of medical services.

【中譯】

(c)身心障礙者不得要求承運人提供其他多餘的特別服務，包含下列幾項活動：(1)餵食；(2)協助如廁；(3)提供醫療服務。

§ 382.40 Boarding assistance for small aircraft

(a) Paragraphs (b) and (c) of this section apply to air carriers conducting passenger operations with aircraft having 19-30 seat capacity at airports with 10,000 or more annual enplanements.

(b) Carriers shall, in cooperation with the airports they serve, provide boarding assistance to individuals with disabilities using mechanical lifts, ramps, or other suitable devices that do not require employees to

lift or carry passengers up stairs.

(c)(1) Each carrier shall negotiate in good faith with the airport operator at each airport concerning the acquisition and use of boarding assistance devices. The carrier(s) and the airport operator shall, by no later than September 2, 1997, sign a written agreement allocating responsibility for meeting the boarding assistance requirements of this section between or among the parties. The agreement shall be made available, on request, to representatives of the Department of Transportation.

(2) The agreement shall provide that all actions necessary to ensure accessible boarding for passengers with disabilities are completed as soon as practicable, but no later than December 2, 1998 at large and medium commercial service hub airports (those with 1,200,000 or more annual enplanements); December 2, 1999 for small commercial service hub airports (those with between 250,000 and 1,199,999 annual enplanements); or December 4, 2000 for non-hub commercial service primary airports (those with between 10,000 and 249,999 annual enplanements). All air carriers and airport operators involved are jointly responsible for the timely and complete implementation of the agreement.

(3) Under the agreement, carriers may require that passengers wishing to receive boarding assistance requiring the use of a lift for a flight using a 19-30 seat aircraft check in for the flight one hour before the scheduled departure time for the flight. If the passenger checks in after this time, the carrier shall nonetheless provide the boarding assistance by lift if it can do so by making a reasonable effort, without delaying the flight.

(4) Boarding assistance under the agreement is not required in the following situations:

(i) Access to aircraft with a capacity of fewer than 19 or more than 30 seats;

(ii) Access to float planes;

(iii) Access to the following 19-seat capacity aircraft models: the Fairchild Metro, the Jetstream 31, and the Beech 1900 (C and D models);

(iv) Access to any other 19-seat aircraft model determined by the Department of Transportation to be unsuitable for boarding assistance by lift on the basis of a significant risk of serious damage to the aircraft or the presence of internal barriers that preclude passengers who use a boarding or aisle chair to reach a non-exit row seat.

(5) When boarding assistance is not required to be provided under paragraph (c)(4) of this section, or cannot be provided as required by paragraphs (b) and (c) of this section for reasons beyond the control of the parties to the agreement (e.g., because of mechanical problems with a lift), boarding assistance shall be provided by any available means to which the passenger consents, except hand-carrying as defined in § 382.39(a)(2) of this part.

(6) The agreement shall ensure that all lifts and other accessibility equipment are maintained in proper working condition.

(d)(1) The training of carrier personnel required by § 382.61 shall include, for those personnel involved in providing boarding assistance, training to proficiency in the use of the boarding assistance equipment used by the carrier and appropriate boarding assistance procedures that safeguard the safety and dignity of passengers.

(2) Carriers who do not operate aircraft with more than a 19-seat capacity shall ensure that those personnel involved in providing

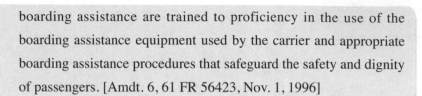

boarding assistance are trained to proficiency in the use of the boarding assistance equipment used by the carrier and appropriate boarding assistance procedures that safeguard the safety and dignity of passengers. [Amdt. 6, 61 FR 56423, Nov. 1, 1996]

【中譯】

(a)本節條文(b)與(c)適用於使用小機型載客人數在19～30人座的客機，且每年載客人數在10,000人次以上的機場。

(b)承運人應該與機場當局合作，使用機械升降設備、機坪，或其他適合的設備以提供身心障礙者登機服務，而非要求航空公司人員以舉、背、抱協助旅客登上階梯。

(c)(1)承運人應與各相關機場當局以誠信溝通，關注登機設施的取得與使用。承運人與各相關機場當局的營運人最遲應於1997年9月2日前，簽定協議書分層負責，裨益登機協助設備符合各種團體所需。這份協議書必須是可行且符合美國運輸部代表（representatives of the Department of Transportation）之規範。

(2)這份協議書應提供所有之必要行動，以確保身心障礙者能在施行上進行便利、快速的登機。協議書的完成日，中型與大型商業軸幅機場不得晚於1998年12月2日完成（機場年載客數在1,200,000人次以上）；小型商業軸幅機場不得晚於1999年12月2日完成（機場年載客數在250,000～1,199,999人次以上）；非商業軸幅主要機場不得晚於2000年12月4日完成（機場年載客數在10,000～249,999人次以上），承運人與各相關機場當局均有共同責任準時且完整地依協議書規範具體實行。

(3)在該協議下，承運人可以要求希望使用登機協助設備（升降車）的旅客，當該班機機型座位數在19～30之間者，在表訂班機時刻表起飛前一小時完成報到。如果旅客的報到時間未能在起飛前一小時完成報到，如果盡一切努力不造成班機延遲的情況，承運人仍應提供登機協助。

(4)在協議書中所稱之登機協助，不適用於下列情況：

(i)進入的航空器客座艙配置少於19個或多於30個座位數；

(ii)進入水上飛機（float planes）；

(iii)進入下列19人座的機種時：Fairchild Metro、Jetstream 31和Beech 1900（C型和D型）。

(iv)進入任何其他款式之19人座機型，經美國運輸部核定，基於使用登機協助設備（升降車）會顯著產生航機損壞的風險或航機存在內部障礙，阻礙旅客使用登機或走道輪椅抵達非緊急出口座位。

(5)基於本節條文(c)(4)，不適用於協議中所稱之登機協助情況者，或以本節條文(b)與(c)所述之不能提供登機協助的理由者（例如：升降車的機械因素），在旅客同意下應提供其他可能的協助，但以§ 382.39(a)(2)中所述之人員背負方式提供協助者除外。

(6)在協議書中應確保所有的升降車與其他無障礙設施應被維護在正常可使用的情況下。

(d)(1)有關承運人員工訓練應依據§ 382.61之規定辦理，包含讓航空公司服務人員學習有關登機協助提供，使用登機輔助裝備的專業，與登機協助中應適當的維護旅客安全與尊嚴。

(2)承運使用未超過19人座的航空器時，應確保員工對於登機協助提供，使用登機輔助裝備的專業，與登機協助中應適當的維護旅客安全與尊嚴。

§ 382.40a Boarding assistance for large aircraft

(a) Paragraphs (b) and (c) of this section apply to air carriers conducting passenger operations with aircraft having a seating capacity of 31 or more passengers at airports with 10,000 or more annual enplanements, in any situation where passengers are not boarded by level-entry loading bridges or accessible passenger lounges.

(b) Carriers shall, in cooperation with the airports they serve, provide boarding assistance to individuals with disabilities using mechanical lifts, ramps, or other suitable devices that do not require employees to lift or carry passengers up stairs.

(c)(1) Each carrier that does not provide passenger boarding by level-entry loading bridges or accessible passenger lounges shall negotiate in good faith with the airport operator at each airport concerning the acquisition and use of boarding assistance devices. The carrier(s) and the airport operator shall, by no later than March 4, 2002, sign a written agreement allocating responsibility for meeting the boarding assistance requirements of this section between or among the parties. The agreement shall be made available, on request, to representatives of the Department of Transportation.

(2) The agreement shall provide that all actions necessary to ensure accessible boarding for passengers with disabilities are completed as soon as practicable, but no later than December 4, 2002. All air carriers and airport operators involved are jointly responsible for the timely and complete implementation of the agreement.

(3) Under the agreement, carriers may require that passengers wishing to receive boarding assistance requiring the use of a lift for a flight check in for the flight one hour before the scheduled departure time for the flight. If the passenger checks in after this time, the carrier shall nonetheless provide the boarding assistance by lift if it can do so by making a reasonable effort, without delaying the flight.

(4) Level-entry boarding assistance under the agreement is not required with respect to float planes or with respect to any widebody aircraft determined by the Department of Transportation to be unsuitable for boarding assistance by lift, ramp, or other device on the basis that no existing boarding assistance device on the market will

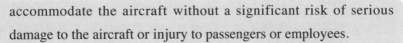

accommodate the aircraft without a significant risk of serious damage to the aircraft or injury to passengers or employees.

(5) When level-entry boarding assistance is not required to be provided under paragraph (c)(4) of this section, or cannot be provided as required by paragraphs (b) and (c) of this section (e.g., because of mechanical problems with a lift), boarding assistance shall be provided by any available means to which the passenger consents, except hand-carrying as defined in § 382.39 (a)(2).

(6) The agreement shall ensure that all lifts and other accessibility equipment are maintained in proper working condition.

(d) The training of carrier personnel required by Sec. 382.61 shall include, for those personnel involved in providing boarding assistance, training to proficiency in the use of the boarding assistance equipment used by the carrier and appropriate boarding assistance procedures that safeguard the safety and dignity of passengers.

【中譯】

(a)本節條文(b)與(c)適用於航空承運人使用機型載客人數在31人座以上的航空器,且機場每年載客人數在10,000人次以上,身心障礙旅客無論在任何狀況下都無法使用空橋或便利登機的候機室登機。

(b)承運人應該與機場當局合作,使用機械升降設備、機坪,或其他適合的設備以提供身心障礙者登機服務,而非要求航空公司人員以舉、背、抱協助旅客登上階梯。

(c)(1)無法提供身心障礙旅客使用空橋或便利其登機的候機室的承運人與各相關機場當局的營運人最遲應於2002年3月4日前簽定協議書分層負責,裨益登機協助設備符合各種團體所需。這份協議書必須是可行且符合美國運輸部代表之規範。

(2)這份協議書須提供所有的必要行動確保身心障礙者便利地登機

盡快完成是可行的，協議書的完成日，不得晚於2002年12月4日完成，承運人與每個機場運作者均有共同的責任準時的與完整的完成協議書。這份協議書應提供所有之必要行動，以確保身心障礙者能在施行上進行便利、快速的登機。協議書的完成日，不得晚於2002年12月4日完成。承運人與各相關機場當局均有共同責任準時且完整地依協議書規範具體實行。

(3)在該協議下，承運人可以要求希望使用登機協助設備（升降車）的旅客，在表訂班機時刻表起飛前一小時完成報到。如果旅客的報到時間未能在起飛前一小時完成報到，如果盡一切努力不造成班機延遲的情況，承運人仍應提供登機協助。

(4)進入水上飛機或任何廣體客機時，協議書未被要求應提供空橋登機協助，經美國運輸部核定，基於現今市場並無合適該機型之機械升降設備、機坪，或其他適合提供身心障礙者登機服務的裝備，若使用替代品會產生航機損壞的明顯風險或導致旅客或工作人員受傷。

(5)基於本節條文(c)(4)，不適用於協議中所稱之登機協助情況者，或以本節條文(b)與(c)所述之不能提供登機協助的理由者（例如：升降車的機械因素），在旅客同意下應提供其他可能的協

圖11.6　升降車是協助身心障礙者由機坪登機的工具
圖片來源：曾通潔攝於高雄小港機場。

助，但以§382.39(a)(2)中所述之人員背負方式提供協助者除外。

(6)在協議書中應確保所有的升降車與其他無障礙設施應被維護在正常可使用的情況下。

(d)有關承運人員工訓練應依據§382.61之規定辦理，包含讓航空公司服務人員學習有關登機協助提供，使用登機輔助裝備的專業，與登機協助中應適當的維護旅客安全與尊嚴。

§ 382.41 Stowage of personal equipment

(a) All stowage of qualified individuals with a disability wheelchairs and other equipment covered by this Part in aircraft cabins shall be in accordance with 14 CFR 121.589 and 14 CFR 121.285(c) or 14 CFR 135.87, as applicable.

(b) Carriers shall permit qualified individuals with a disability using personal ventilators/respirators to bring their equipment, including non-spillable batteries that meet the requirements of 49 CFR 173.159(d) and any applicable FAA safety regulations, on board the aircraft and use it.【本書按：49 CFR 173 SHIPPERS—GENERAL REQUIREMENTS FOR SHIPMENTS AND PACKAGINGS, 49 CFR 173.159 (d) Batteries, wet】

(c) Carriers shall permit qualified individuals with a disability to stow canes and other assistive devices on board the aircraft in close proximity to their seats, consistent with the requirements of FAA safety regulations for carry-on items.

(d) Carriers shall not, in implementing their carry-on baggage policies, count toward a limit on carry-on items any assistive device brought into the cabin by a qualified individual with a disability.

(e) Carriers shall provide for on-board stowage of passengers' wheelchairs (including collapsible or break-down battery-powered wheelchairs,

subject to the provisions of paragraph (g)(5) of this section) as carry-on baggage as follows:

(1) Carriers shall permit the stowage of wheelchairs or components of wheelchairs in overhead compartments and under seats, consistent with the requirements of FAA safety regulations for carry-on items.

(2) In an aircraft in which a closet or other approved stowage area is provided in the cabin for passengers' carry-on items, of a size that will accommodate a folding, collapsible, or break-down wheelchair, the carrier shall designate priority stowage space, as described below, for at least one folding, collapsible, or break-down wheelchair in that area. An individual with a disability who takes advantage of a carrier offer of the opportunity to pre-board the aircraft may stow his or her wheelchair in this area, with priority over the carry-on items brought onto the aircraft by other passengers enplaning at the same airport. An individual with a disability who does not take advantage of a carrier offer of the opportunity to preboard may use the area to stow his or her wheelchair on a first-come, first-served basis along with all other passengers seeking to stow carry-on items in the area.

(3) If an approved stowage area in the cabin is not available for a folding, collapsible, or break-down wheelchair, the wheelchair shall be stowed in the cargo compartment.

(f) When a folding, collapsible, or break-down wheelchair cannot be stowed in the passenger cabin as carry-on baggage, carriers shall provide for the checking and timely return of passengers' wheelchairs and other assistive devices as close as possible to the door of the aircraft, so that passengers may use their own equipment to the extent possible, except where this practice would be inconsistent with DOT regulations governing the transportation of hazardous materials.

(1) At the request of the passenger, the carrier may return wheelchairs or other assistive devices to the passenger at the baggage claim area instead of at the door of the aircraft.

(2) In order to achieve the timely return of wheelchairs, passengers' wheelchairs and other assistive devices shall be among the first items retrieved from the baggage compartment.

(3) Wheelchairs and other assistive devices shall be stowed in the baggage compartment with priority over other cargo and baggage. Where this priority results in passengers' baggage being unable to be carried on the flight, the carrier shall make its best efforts to ensure that the other baggage reaches the passengers' destination within four hours of the scheduled arrival time of the flight.

(g) Whenever baggage compartment size and aircraft airworthiness considerations do not prohibit doing so, carriers shall accept a passenger's battery-powered wheelchair, including the battery, as checked baggage, consistent with the requirements of 49 CFR 175.10(a)(19) and (20) and the provisions of paragraph (f) of this section.

(1) Carriers may require that qualified individuals with a disability wishing to have battery-powered wheelchairs transported on a flight (including in the cabin) check in one hour before the scheduled departure time of the flight. If such an individual checks in after this time, the carrier shall nonetheless carry the wheelchair if it can do so by making a reasonable effort, without delaying the flight.

(2) If the battery on the individual's wheelchair has been labeled by the manufacturer as non-spillable as provided in 49 CFR 173.159(d) (2), or if a battery-powered wheelchair with a spillable battery is loaded, stored, secured and unloaded in an upright position, the carrier shall not require the battery to be removed and separately

packaged. Notwithstanding this requirement, carriers may remove and package separately any battery that appears to be damaged or leaking.

(3) When it is necessary to detach the battery from the wheelchair, carriers shall, upon request, provide packaging for the battery meeting the requirements of 49 CFR 175.10(a)(19) and (20) and package the battery. Carriers may refuse to use packaging materials or devices other than those they normally use for this purpose.

(4) Carriers shall not drain batteries.

(5) At the request of a passenger, a carrier shall stow a folding, break-down or collapsible battery-powered wheelchair in the passenger cabin stowage area as provided in paragraph of this section.

(h) Individuals with disabilities shall be permitted to provide written directions concerning the disassembly and reassembly of their wheelchairs.

【中譯】

(a)對身心障礙者使用的輪椅或其他裝備，若保管在航空器內，需依照14 CFR 121.589和14 CFR 121.285(c)或14 CFR 135.87規則施行，其辦法如下：

(b)承運人依照美國聯邦航空總署安全準則與49 CFR 173.159(d)的要求，同意合格的身心障礙者攜帶非溢漏式電池的人工呼吸器上機與使用。【本書按：49 CFR 173係規範承運人有關危險品載運的準則，49 CFR 173.159(d)係與濕電池運送有關的規則】

(c)承運人依照美國聯邦航空總署有關「手提行李」（carry-on items）的安全準則，同意合格的身心障礙者攜帶助步器與其他輔助裝備上機與使用，並存放在鄰近該旅客的座位下。

(d)承運人在執行手提行李限制政策時，不得將合格身心障礙者的輔助裝置重量計入其隨身行李額度內。

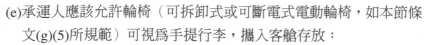

(e)承運人應該允許輪椅（可拆卸式或可斷電式電動輪椅，如本節條文(g)(5)所規範）可視為手提行李，攜入客艙存放：

(1)在不違反美國聯邦航空總署有關「手提行李」的安全準則下承運人應該允許旅客的輪椅或零件放置在座椅上方置物櫃或座椅下方。

(2)飛機內的衣櫥或其他允許旅客放置手提行李的空間，身心障礙者有優先權加以運用。這類空間的大小足夠放置折疊式、可拆卸式、可斷電式電動輪椅。機上至少須備妥放置一部折疊式、可拆卸式、可斷電式電動式輪椅的空間。任何個別身心障礙者都應該獲得承運人提供優先登機的機會，裨益其相對於其他同行旅客具有優先取得在客艙上放置輪椅的置物空間。若身心障礙旅客無法獲得承運人提供優先登機，以獲得在客艙上放置輪椅的機會，可和其他旅客依序尋找置物櫃空間儲放手提行李，採取先到先被服務的原則。

(3)假如客艙內許可的儲物空間不適合放置折疊式、可拆卸式、可斷電式電動輪椅，該輪椅應具備存（放）置貨艙。

(f)當折疊式、可拆卸式、可斷電式電動輪椅不能以手提行李放置於客艙時，承運人應予以託運並放置在貨艙機門邊，到站及時地歸還旅客輪椅和其他輔助裝備，以便旅客到站時能儘速取回輪椅使用，這些手續不得與美國運輸部危險品運送規則不一致。

(1)在旅客要求下，承運人可以在行李提領區歸還旅客輪椅和其他輔助裝備，而不是在航機出口。

(2)為了能及時地歸還輪椅，旅客輪椅和其他輔助裝備從行李艙被取出時應是第一批物品。

(3)輪椅和其他輔助裝備應被存放在行李艙時，其處理優先權高於其他行李與貨物。若這樣的優先權致使該旅客的託運行李無法隨原機運送，承運人須盡最大努力確認於該班次表訂抵達四小時內，將該旅客的其他行李送抵旅客的目的地。

(g)如果貨艙大小和飛機適航條件沒有限制，則承運人應遵循49 CFR

175.10(a)(19) 和(20)和本節條文(f)的規定，接受旅客使用電動輪椅或其他類似移動裝置，包括電池，作為託運行李。

(1)承運人可要求希望託運電動輪椅（包括放置載客艙）的身心障礙者，在表訂起飛時間前一小時完成報到。如果旅客的報到時間不足表訂起飛時間前一小時，如果盡一切努力在不造成額外工作和不延誤航班的情況下，應受理其託運電動輪椅。

(2)假如個別旅客使用的輪椅電池已經如49 CFR 173.159(d)(2)規定，被製造商標示為非溢漏式電池，又或電動輪椅是使用溢漏式電池，電池已依方向性被裝載、儲存、緊閉、卸下，承運人不應要求將該電池移除和分裝，儘管這樣的規定，當任何電池出現損壞或溢漏的情形，承運人可將該電池移除和分裝。

(3)對於不便固定於輪椅上的任何電池或是位於輪椅內但不能垂直向上裝卸、存放和固定在輪椅上的的溢漏式電池，必須根據49 CFR 175.10(a)(19)與(20)規則要求單獨卸除並包裝。已損壞或洩漏的電池不能予以託運。

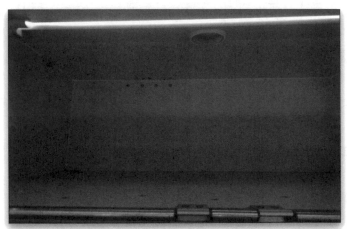

圖11.7　身心障礙者可於客艙使用可折疊式輪椅或助步工具，並放置於置物櫃或座椅下方

圖片來源：曾通潔攝於中華航空B737-800客艙。

(4)承運人不應該把電瓶內的電瓶液放空。

(5)在旅客要求下，承運人應存放折疊式、可拆卸式、可斷電式電動輪椅載客艙儲物區，如本節所述。

(h)承運人必須允許身心障礙者提供一份關於如何拆解和組裝輪椅的書面說明。

§ 382.43 Treatment of mobility aids and assistive devices

(a) When wheelchairs or other assistive devices are disassembled by the carrier for stowage, the carrier shall reassemble them and ensure their prompt return to the individual with a disability. Wheelchairs and other assistive devices shall be returned to the passenger in the condition received by the carrier.

(b) With respect to domestic transportation, the baggage liability limits of 14 CFR part 254 do not apply to liability for loss, damage, or delay concerning wheelchairs or other assistive devices　The criterion for calculating the compensation for a lost, damaged, or destroyed wheelchair or other assistive device shall be the original purchase price of the device.

(c) Carriers shall not require qualified individuals with a disability to sign waivers of liability for damage to or loss of wheelchairs or other assistive devices.

【中譯】

(a)承運人如拆解輪椅或其他輔助裝置以方便運輸，必須及時組裝好並歸還旅客。歸還時，輪椅或其他輔助裝置的狀態應該與接收時一致。

(b)鑑於美國國內線運送時，14 CFR Part 254規定之對於輪椅或其他輔助裝置遺失、損壞或延誤的賠償限額並不適用。計算遺失、損壞或延誤輪椅或其他輔助裝置的賠償，應該以該裝置的原始購買價格爲基礎。

圖11.8　機場提供各式各樣輪椅，依身心障礙者需求提供服務

圖片來源：曾通潔攝於中華航空公司高雄站運務櫃檯。

(c)承運人不應要求合格的身心障礙者對輪椅或其他輔助器具遺失、損壞簽署免責同意書。

§ 382.45 Passenger information

(a) A carrier shall make available, on request, the following information concerning facilities and services related to the provision of air transportation to qualified individuals with a disability. This information shall pertain to the type of aircraft and, where feasible, the specific aircraft scheduled for a specific flight:

(1) The location of seats, if any, with movable armrests and any seats which the carrier, consistent with this part, does not make available to qualified individuals with a disability;

(2) Any limitations on the ability of the aircraft to accommodate qualified individuals with disabilities, including limitations on the availability of boarding assistance to the aircraft, with respect to the departure and destination points and any intermediate stops. The carrier shall provide this information to any passenger who states that he or she uses a wheelchair for boarding, even if the passenger does not explicitly request the information.

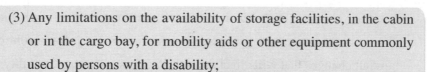

(3) Any limitations on the availability of storage facilities, in the cabin or in the cargo bay, for mobility aids or other equipment commonly used by persons with a disability;

(4) Whether the aircraft has an accessible lavatory.

(b) The following provisions govern the provision of individual safety briefings to qualified individuals with a disability:

(1) Individual safety briefings shall be conducted for any passenger where required by 14 CFR 121.571 (a)(3) and (a)(4) or 14 CFR 135.117(b);

(2) Carrier personnel may offer an individual briefing to any other passenger;

(3) Individual safety briefings for qualified individuals with a disability shall be conducted as inconspicuously and discreetly as possible;

(4) Carrier personnel shall not require any qualified individual with a disability to demonstrate that he or she has listened to, read, or understood the information presented, except to the extent that carrier personnel impose such a requirement on all passengers with respect to the general safety briefing, and shall not take any action adverse to a qualified individual with a disability on the basis that the person has not "accepted" the briefing.

(c) Each carrier shall ensure that qualified individuals with a disability, including those with vision or hearing impairments, have timely access to information the carrier provides to other passengers in the terminal or on the aircraft (to the extent that it does not interfere with crewmembers' safety duties as set forth in FAA regulations) including, but not limited to, information concerning ticketing, flight delays, schedule changes, connections, flight check-in, gate assignments, and the checking and claiming of luggage; Provided, That persons who are unable to obtain such information from the audio or visual systems

used by carriers in airports or on aircraft shall request the information from carrier personnel. Carriers shall also provide information on aircraft changes that will affect the travel of persons with a disability.

(d) Carriers shall have, at each airport they use, a copy of this part and shall make it available for review by persons with a disability on request.[Amdt. 6, 61 FR 56423, Nov. 1, 1996]

【中譯】

(a)承運人應在合格的身心障礙者要求下，盡可能地提供與航空運送有關的設備及服務資訊給身心障礙旅客。這些資訊包含有關機型、可使用的特定航班時刻：

(1)座位分布，帶活動扶手的座位（如果有的話）的位置（如第幾排的座位號碼）；根據本條款要求，承運人不得不提供符合身心障礙旅客乘機條件的座位（如緊急逃生口座位）。

(2)任何與航空器相關、服務相關或其他導致無法運輸身心障礙旅客的限制，包括飛機停靠機場沒有登機輔助裝備等資訊。這些資訊應該提供給提出自己乘坐輪椅的旅客，不論旅客是否有明確提出要求。

(3)在客艙或貨艙中任何儲物設施中，對身心障礙旅客慣用之移動式輔助器具或或其他輔助裝置的任何限制。

(4)航空器內是否設有可供身心障礙使用的「無障礙廁所」。

(b)以下是關於管理對個別身心障礙者進行安全說明時的規定：

(1)根據14 CFR 121.571(a)(3)和(a)(4)或14 CFR 135.117(b)之規定，承運人必須提供給個別旅客的安全說明。

(2)承運人之員工可以對任何一名其他個別旅客提供安全說明。

(3)為身心障礙者進行個別安全說明時，要盡可能的不引人側目（低調）與謹慎。

(4)承運人員工不能要求任何身心障礙旅客複誦其所被告知之資訊如：聽、讀或理解安全資訊，除非承運人對所有旅客都做此要

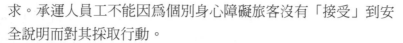

求。承運人員工不能因爲個別身心障礙旅客沒有「接受」到安全說明而對其採取行動。

(c)每位承運人應確認身心障礙者（包括聽障與視障旅客）及時的取得承運人在機場或航空器內（不牴觸美國聯邦航空總署規定的組員安全責任）提供給其他旅客的資訊。這些資訊包含但不限於：機票開立、班機延誤、時刻表更改、登機門指示、行李的託運與提領。當旅客無法由機場或航空器內的視聽或影像系統中獲得資訊時，得由承運人員人提供資訊。承運人也應在機型更換時提供受到影響的身心障礙者相關的旅遊資訊。

(d)承運人應依據1996年11月1日第六次修訂的美國聯邦航空法61 FR 56423，在飛往美國及由美國飛出之機場，在身心障礙旅客要求時，提供此法案影本供旅客查閱。

§ 382.47 Accommodations for persons with hearing impairments

(a) Each carrier providing scheduled air service, or charter service under section 401 of the Federal Aviation Act, and which makes available telephone reservation and information service available to the public shall make available a telecommunications device for the deaf (TDD) service to enable persons with hearing impairments to make reservations and obtain information. The TDD service shall be available during the same hours as the telephone service for the general public and the response time for answering calls shall be equivalent. Users of the TDD service shall not be subject to charges for a call that exceed those applicable to other users of the telephone information and reservation service.

(b) In aircraft in which safety briefings are presented to passengers on video screens, the carrier shall ensure that the video presentation is accessible to persons with hearing impairments.

(1) Except as provided in paragraph (b)(2) of this section, the carrier

國際機場旅客服務實務

> shall implement this requirement by using open captioning
> or an inset for a sign language interpreter as part of the video
> presentation.
>
> (2) A carrier may use an equivalent non-video alternative to this
> requirement only if neither open captioning nor a sign language
> interpreter inset could be placed in the video presentation without
> so interfering with it as to render it ineffective or would be large
> enough to be readable.
>
> (3) Carriers shall implement the requirements of this section by
> substituting captioned video materials for uncaptioned video
> materials as the uncaptioned materials are replaced in the normal
> course of the carrier's operations.

【中譯】

(a)依《美國聯邦航空法》第401條之規定，提供定期飛航服務
或包機飛航服務的承運人，對公眾提供電話訂位或資訊服務
時，應使聽障旅客盡可能地運用「失聰者電訊傳輸裝置」
（telecommunications device for the deaf, TDD）服務來進行訂位
或獲得資訊。TDD提供服務的時間與其他大眾運用電話取得服
務的答應回覆時間應是相同的，且TDD服務的使用者與其他大眾
運用電話獲得相同的資訊與訂位服務，因而不得超額計費。【本
書按：「失聰者電訊傳輸裝置」（TDD）也稱為「TTY」（Text
Telephone），意指聽障者專用之電話系統、打字電話、文本電話
或聾人電話。這種電話設有鍵盤和一個能讀兩行文字的小螢幕。
假設通話雙方都有這種設備，即可通過打字來交換資訊、交流溝
通。如果聽障者需要用該設備與普通電話使用者聯絡，就需要借
助「中轉員」的幫助。】

(b)承運人必須確保所有在飛機上播放的旅客安全示範影片能讓聽障
者容易理解。

1572

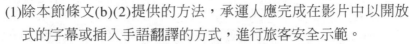

(1)除本節條文(b)(2)提供的方法，承運人應完成在影片中以開放
式的字幕或插入手語翻譯的方式，進行旅客安全示範。

(2)除非字幕或插入手語翻譯的方式會影響視頻播出，導致其無效
或字幕太小不可見，如果出現這種情況，承運人必須通過對等
的非視頻替代方法將旅客安全示範內容傳達給聽障者。

(3)承運人應完成本節條文之規定，使用設有字幕的安全示範影片
取代無字幕的安全示範影片，這是承運人的營運正常軌範。

§ 382.49 Security screening of passengers

(a) Qualified individuals with a disability shall undergo security screening in the same manner, and be subject to the same security requirements, as other passengers. Possession by a qualified individual with a disability of an aid used for independent travel shall not subject the person or the aid to special screening procedures if the person using the aid clears the security system without activating it. Provided, That this paragraph shall not prohibit security personnel from examining a mobility aid or assistive device which, in their judgment, may conceal a weapon or other prohibited item. Security searches of qualified individuals with a disability whose aids activate the security system shall be conducted in the same manner as for other passengers. Private security screenings shall not be required for qualified individuals with a disability to a greater extent, or for any different reason, than for other passengers.

(b) Except as provided in paragraph (c) of this section, if a qualified individual with a disability requests a private screening in a timely manner, the carrier shall provide it in time for the passenger to enplane.

(c) If a carrier employs technology that can conduct an appropriate screening of a passenger with a disability without necessitating a physical search of the person, the carrier is not required to provide a private screening.

【中譯】

(a)合格的身心障礙旅客應接受與其他一般旅客接受相同的安全檢查程序與相同的處理態度進行安檢。身心障礙者單獨旅遊時，假如使用安檢偵測系統檢查合格時，不需要被視為特別安檢的對象。就安檢人員的判斷所需，（身心障礙旅客）或許亦可能夾帶違禁物品或武器，本節條文並非禁止安檢人員對行動不便旅客或使用輔助設備的身心障礙者進行安全檢查。使用安檢系統偵測身心障礙者應採取對其他旅客接受安檢偵測時相同的態度。對身心障礙旅客以不同的理由，實施與其他一般旅客不同的隔離檢查，太過誇大並不被要求。

(b)除了本節條文(c)所提，假如個別身心障礙旅客在時間要求下要求隔離檢查，承運人應協助旅客及時登機。

(c)假若承運人的員工在技術上可以對身心障礙者採取適當的安檢而不必要搜身檢查，承運人並不被要求提供隔離檢查。

§ 382.51 Communicable diseases

(a) Except as provided in paragraph (b) of this section, a carrier shall not take any of the following actions, with respect to a person who is otherwise a qualified individual with a disability, on the basis that the individual has a communicable disease or infection:

(1) Refuse to provide transportation to the person;

(2) Require the person to provide a medical certificate; or

(3) Impose on the person any condition, restriction, or requirement not imposed on other passengers.

(b)(1) The carrier may take the actions listed in paragraph (a) of this section with respect to an individual who has a communicable disease or infection only if the individual's condition poses a direct threat to the health or safety of others.

(2) For purposes of this section, a direct threat means a significant

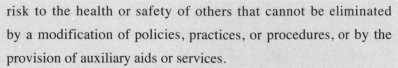

risk to the health or safety of others that cannot be eliminated by a modification of policies, practices, or procedures, or by the provision of auxiliary aids or services.

(3) In determining whether an individual poses a direct threat to the health or safety of others, a carrier must make an individualized assessment, based on reasonable judgment that relies on current medical knowledge or on the best available objective evidence, to ascertain: the nature, duration, and severity of the risk; that the potential harm to the health and safety of others will actually occur; and whether reasonable modifications of policies, practices, or procedures will mitigate the risk.

(4) In taking actions authorized under this paragraph, carriers shall select the alternative, consistent with the safety and health of other persons, that least restrictive from the point of view of the passenger with the communicable disease. For example, the carrier should not refuse to provide transportation to an individual if provision of a medical certificate or reasonable modifications to practices, policies, or procedures will mitigate the risk of communication of the disease to others to extent that would permit the individual to travel.

(5) If an action authorized under this paragraph results in the postponement of a passenger's travel, the carrier shall permit the passenger to travel at a later time (up to 90 days from the date of the postponed travel) at the fare that would have applied to the passenger's originally scheduled trip without penalty or at the passenger's discretion, provide a refund for any unused flights, including return flights.

(6) Upon the passenger's request, the carrier shall provide to the passenger a written explanation of any action taken under this

paragraph within 10 days of the request.

(c) If a qualified individual with a disability with a communicable disease or infection of the kind described in paragraph (b) of this section presents a medical certificate to the carrier, as provided in § 382.53(c) (2), the carrier shall provide transportation to the individual, unless it is not feasible for the carrier to implement the conditions set forth in the medical certificate as necessary to prevent the transmission of the disease or infection to other persons in the normal course of a flight.

【中譯】

(a)除非有本節條文(b)中提到的情況（旅客的身體狀況對其他人員的健康或安全構成直接威脅），承運人不得以身心障礙為由，對有傳染病的旅客進行下列的行為：

(1)拒絕對旅客提供運輸；

(2)要求旅客提供醫師診斷證明書（醫療上的適航診斷證明）；或

(3)對身心障礙旅客強加其他旅客沒有的任何條件、限制或要求。

(b)(1)承運人只有在個別旅客具有傳染性疾病，且如果其情況會造成對其他人員在健康或安全上的直接威脅，承運人可採用本節條文(a)中所條列的行為。

(2)基於本節的目的，所謂「直接威脅」係指明顯的危害其他人員的健康與安全，它不會因政策、慣例或程序的修正，或被輔助援助或服務供應而被排除。

(3)判斷個別旅客是否對其他人的健康或安全的直接威脅，承運人必須依據現行的醫療知識或最佳可行的客觀證據，合理判斷、評估，查明其風險的性質、傳染期間、危險的嚴重性；對其他旅客與飛航組員健康與安全的潛在危害與實際上將發生的可能性；以及是否有其他的方式或措施可以減輕風險的產生。

(4)執行本節條文所授權的行為，承運人在保護其他人的健康與安全與對有傳染病的旅客採取最小限制之兩難情境中應擇一替代

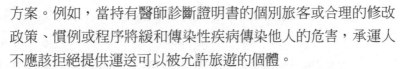

方案。例如，當持有醫師診斷證明書的個別旅客或合理的修改政策、慣例或程序將緩和傳染性疾病傳染他人的危害，承運人不應該拒絕提供運送可以被允許旅遊的個體。

(5)假如執行本節條文所授權的行為將導致旅客的旅遊延期，承運人應同意旅客以原始出發日同票價之無額外手續費辦理延後旅遊（從被延後旅遊日當日起算至多延遲90天），或在旅客的謹慎考慮後，提供未使用航段機票辦理退票，包括回程機票退票。

(6)依旅客要求，在旅客要求的10日內，承運人應依本節條文所做的行為解釋，提供旅客正式書函。

(c)假如依本節條文(b)所述之具有傳染性疾病或會傳染他人的身心障礙旅客出示醫師診斷證明書予承運人，當該證明書如§382.53(c)(2)所言情況，承運人應提供該員的運送，除非承運人無可行的辦法，可提供醫師診斷證明書中載明之必要方法去避免其他旅客在正常的運送途中不被疾病傳染。

§ 382.19 May carriers refuse to provide transportation on the basis of disability?

(a) As a carrier, you must not refuse to provide transportation to a passenger with a disability on the basis of his or her disability, except as specifically permitted by this Part.

(b) You must not refuse to provide transportation to a passenger with a disability because the person's disability results in appearance or involuntary behavior that may offend, annoy, or inconvenience crewmembers or other passengers.

(c) You may refuse to provide transportation to any passenger on the basis of safety, as provided in 49 U.S.C. 44902 or 14 CFR 121.533, or to any passenger whose carriage would violate FAA or TSA requirements or applicable requirements of a foreign government.

(1) You can determine that there is a disability-related safety basis for refusing to provide transportation to a passenger with a disability if you are able to demonstrate that the passenger poses a direct threat (see definition in Sec. 382.3). In determining whether an individual poses a direct threat, you must make an individualized assessment, based on reasonable judgment that relies on current medical knowledge or on the best available objective evidence, to ascertain:

(i) The nature, duration, and severity of the risk;

(ii) The probability that the potential harm to the health and safety of others will actually occur; and

(iii) Whether reasonable modifications of policies, practices, or procedures will mitigate the risk.

(2) If you determine that the passenger does pose a direct threat, you must select the least restrictive response from the point of view of the passenger, consistent with protecting the health and safety of others. For example, you must not refuse transportation to the passenger if you can protect the health and safety of others by means short of a refusal.

(3) In exercising this authority, you must not act inconsistently with the provisions of this Part.

(4) If your actions are inconsistent with any of the provisions of this Part, you are subject to enforcement action under Subpart K of this Part.

(d) If you refuse to provide transportation to a passenger on his or her originally-scheduled flight on a basis relating to the individual's disability, you must provide to the person a written statement of the reason for the refusal. This statement must include the specific basis for the carrier's opinion that the refusal meets the standards of paragraph (c) of this section or is otherwise specifically permitted by this Part. You must provide this written statement to the person within 10 calendar days of the refusal of transportation.

【中譯】

(a)承運人不應拒絕爲合格的個別身心障礙旅客提供運送服務，除非本節中所提之特例另當別論。

(b)承運人不應該拒絕爲合格的個別身心障礙旅客提供運送服務，僅因身心障礙者的外貌，或無意識行爲引起飛航組員或其他旅客不愉快、惱怒或是不便。

(c)可以根據U.S.C.44902或14 CFR 121.533規定的安全原因拒絕對旅客提供運輸服務，或是拒絕運輸任何違反FAA或TSA（Transportation Security Administration）條例或外國政府適用規則的旅客。

(1)如果可以證實旅客構成直接威脅（依據Sec. 382.3的定義），承運人可以因相關身心障礙（危及）安全爲由，拒絕提供運輸。要判斷個體是否會構成直接威脅，承運人需要對其進行個別評估，依據醫學最易獲得的客觀證據做出合理判斷，以確認：

(i)風險的性質、傳染期間、危險的嚴重性。

(ii)對其他旅客與飛航組員健康與安全的潛在危害與實際上將發生的可能性。

(iii)以及是否有其他的方式或措施可以減輕風險產生。

(2)如果確定旅客確實構成直接威脅，應該從大部分旅客的角度選擇限制最小、同時也符合保護其他旅客健康和安全的解決方案，同時也符合保護其他旅客健康和安全的要求。例如，如果對（身心障礙旅客）的一些限制也可以保護其他旅客健康和安全，就不應該拒絕運輸該旅客。

(3)在授權行使中，不應該做出與本節條文不一致的行爲。

(4)如果承運人的行爲與本規定條例不一致，美國運輸部將會根據《航空器可及法案》及《身心障礙者搭機反歧視準則》第K部

分之規定實施執法行動。

(d)當承運人因身心障礙理由拒絕為旅客提供原定航程，承運人必須提供一份書面聲明，解釋拒絕原因。聲明應該指出承運人意見符合本節條文(c)的標準，或是在本規定中有特別說明。應該在拒絕運輸的10個日曆日（calendar day）內向被拒旅客提供這份書面聲明。

§ 382.53 Medical certificates

(a) Except as provided in this section, a carrier shall not require a person who is otherwise a qualified person with a disability to have a medical certificate as a condition for being provided transportation.

(b)(1) A carrier may require a medical certificate for a qualified individual with a disability --

(i) Who is traveling in a stretcher or incubator;

(ii) Who needs medical oxygen during a flight, as provided in 14 CFR 121.574; or

(iii) Whose medical condition is such that there is reasonable doubt that the individual can complete the flight safely, without requiring extraordinary medical assistance during the flight.

(2) For purposes of this paragraph, a medical certificate is a written statement from the passenger's physician saying that the passenger is capable of completing a flight safely, without requiring extraordinary medical assistance during the flight.

(c)(1) If a qualified individual with a disability has a communicable disease or infection of the kind described in § 382.51(b), a carrier may require a medical certificate.

(2) For purposes of this paragraph, a medical certificate is a written statement from the passenger's physician saying that the disease or infection would not, under the present conditions in the particular passenger's case, be communicable to other persons during the

normal course of a flight. The medical certificate shall state any conditions or precautions that would have to be observed to prevent the transmission of the disease or infection to other persons in the normal course of a flight. It shall be dated within ten days of the date of the flight for which it is presented.

【中譯】

(a)如本節沒有特別說明，承運人不得要求身心障礙旅客提供醫師診斷證明書作為其登機的條件。

(b)(1)對以下旅客，承運人可以要求其出示醫師診斷證明書：

(i)要求使用擔架或早產兒保育器服務者。

(ii)依14 CFR 121.574需提供醫療用氧氣瓶者。

(iii)健康狀況讓人有合理理由懷疑在飛行途中，無特別醫療協助下將無法安全的完成航程者。

(2)本節中的醫師診斷證明書係指醫生開具之說明旅客可以在沒有額外醫療輔助的情況下安全完成飛行的書面聲明。醫師診斷證明書須在旅客始發航班日期的10天內開立方具效力。

§ 382.55　Miscellaneous provisions

(a) Carriers shall permit dogs and other service animals used by persons with a disability to accompany the persons on a flight.

(1) Carriers shall accept as evidence that an animal is a service animal identification cards, other written documentation, presence of harnesses or markings on harnesses, tags, or the credible verbal assurances of the qualified individual with a disability using the animal.

(2) Carriers shall permit a service animal to accompany a qualified individual with a disability in any seat in which the person sits, unless the animal obstructs an aisle or other area that must remain unobstructed in order to facilitate an emergency evacuation.

(3) In the event that special information concerning the transportation of animals outside the continental United States is either required to be or is provided by the carrier, the information shall be provided to all passengers traveling with animals outside the continental United States with the carrier, including those traveling with service animals.

(b) Carriers shall not require qualified individuals with a disability to sit on blankets.

(c) Carriers shall not restrict the movements of persons with a disability in terminals or require them to remain in a holding area or other location in order to be provided transportation, to receive assistance, or for other purposes, or otherwise mandate separate treatment for persons with a disability, except as permitted or required in this part.

【中譯】

(a)承運人應該允許身心障礙旅客攜帶輔助弱能人士的義犬或服務性動物同機相伴。

(1)證明動物是服務性動物時,承運人應該接受動物身分牌,其他書面文件、繩子、標籤或使用該動物的身心障礙旅客的口頭保證。

(2)承運人應該允許該動物與身心障礙者同座位,除非該動物會阻塞走道或影響緊急逃生口通暢。

(3)承運人必須將關於動物在美國境外運送情況相關需注意資訊,告知與服務性動物同行的所有旅客。

(b)承運人無權要求個別身心障礙旅客必須隔著毯子就座。

(c)承運人不應該要求身心障礙旅客在固定的等候區等候後續的協助,除非身心障礙旅客允許或要求。承運人不可以命令的方式進行對旅客的安排。

§ 382.57 Charges for accommodations prohibited

Carriers shall not impose charges for providing facilities, equipment, or services that are required by this part to be provided to qualified individuals with a disability.

【中譯】

承運人不得因提供設施、裝備、服務而要求身心障礙旅客支付服務費用。

 第六節 SUBPART D－Administrative Provisions

§ 382.61 Training

(a) Each carrier which operates aircraft with more than 19 passenger seats shall provide training, meeting the requirements of this paragraph, for all its personnel who deal with the traveling public, as appropriate to the duties of each employee.

(1) The carrier shall ensure training to proficiency concerning:

  (i) The requirements of this part and other DOT or FAA regulations affecting the provision of air travel to persons with a disability; and

  (ii) The carrier's procedures, consistent with this part, concerning the provision of air travel to persons with a disability, including the proper and safe operation of any equipment used to accommodate passengers with a disability.

(2) The carrier shall also train such employees with respect to awareness and appropriate responses to persons with a disability, including persons with physical, sensory, mental, and emotional

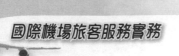
disabilities, including how to distinguish among the differing abilities of individuals with a disability.

(3) The carrier shall consult with organizations representing persons with disabilities in developing its training program and the policies and procedures concerning which carrier personnel are trained.

(4) The carrier shall ensure that personnel required to receive training shall complete the training by the following times:

(i) For crewmembers subject to training required under 14 CFR part 121 or 135, who are employed on the date the carrier's program is established under § 382.63, as part of their next scheduled recurrent training;

(ii) For other personnel employed on the date the carrier's program is established under § 382.63, within 180 days of that date;

(iii) For crewmembers subject to training requirements under 14 CFR part 121 or 135 whose employment in any given position commences after the date the carrier's program is established under § 382.63, before they assume their duties; and

(iv) For other personnel whose employment in any given position commences after the date the carrier's program is established under § 382.63, within 60 days of the date on which they assume their duties.

(5) Each carrier shall ensure that all personnel required to receive training receive refresher training on the matters covered by this section, as appropriate to the du ties of each employee, as needed to maintain proficiency.

(6) Each carrier shall provide, or require its contractors to provide, training to the contractors' employees concerning travel by persons with a disability. This training is required only for those contractor employees who deal directly with the traveling public at airports,

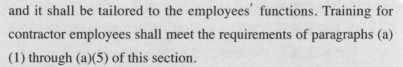

and it shall be tailored to the employees' functions. Training for contractor employees shall meet the requirements of paragraphs (a)(1) through (a)(5) of this section.

(7) Current employees of each carrier designated as complaints resolution officials, for purposes of § 382.65 of this part, shall receive training concerning the requirements of this part and the duties of a complaints resolution official within 60 days of the effective date of this part (i.e., by June 4, 1990). Employees subsequently designated as complaints resolution officers shall receive this training before assuming their duties under § 382.65. All employees performing the complaints resolution official function shall receive annual refresher training concerning their duties and the provisions of this regulation.

(b) Each carrier operating only aircraft with 19 or fewer passenger seats shall provide training for flight crewmembers and appropriate personnel to ensure that they are familiar with the matters listed in paragraphs (a)(1) and (a)(2) of this section and comply with the requirements of this part.

【中譯】

(a)一承運人使用機型為機位數大於19人座之機型時，當給其員工適當的任務，且其將觸及公共旅遊時，應提供訓練須符合本章節之要求。

(1)承運人應確保訓練純熟對於有關於：

　(i)對於本法規與其他美國運輸部與聯邦法規中將影響身心障礙者航空旅遊的章節；與

　(ii)本法組成之載運流程，關於身心障礙者航空旅遊時，執行身心障礙者的財產與安全之維護裝備，用來照料身心障礙者的需求；

(2)承運人應該訓練其員工，尊重體認與適當的回應身心障礙者，不論旅客是生理的、知覺的、精神的與情緒的障礙，包括學會如何去區分不同障礙的差異性的能力；

(3)承運人應該對身心障礙議題成立專責訓練人員與機構，對其員工教育訓練，發展訓練計畫與政策與流程擬定。

(4)承運人應確認員工被要求接受訓練且依下列之時間點完成訓練：

(i)機組員訓練計畫係依據14 CFR part 121 or 135，依照§382.63就其受聘之日在期在承運人訓練計畫頒布後，依此法擬定複訓的時刻表；

(ii)其他的現職員工依照§382.63承運人訓練計畫頒布後，起算180天內完成訓練；

(iii)機組員訓練計畫係依據14 CFR part 121 or 135擬定，就其受聘後被授與職位前與任務分派前需完成承運人訓練計畫；

(iv)其他員工其受聘後被授與職位係在承運人訓練計畫頒布後，依據§382.63規定，任務分派後60天內完成訓練。

(5)承運人須確保每位員工依本章節提及的問題要求與接受訓練與複訓，讓每位員工在其崗位工作時，維持必要的專業。

(6)承運人應提供或要求其代理公司，訓練代理公司員工有關身心障礙旅客服務，該訓練僅針對在機場提供身心障礙旅客服務之僱員量身訂作的訓練。訓練代理公司員工須依照本節法規中(a)(1)到(a)(5)的章節進行。

(7)美籍航空公司於1990年6月4日前，現職員工中需依據§382.65之目的設立投訴處理人，在其被指派為投訴處理人60日內接受完成投訴處理人訓練，依據§382.65最遲在其正式上任為投訴處理人須完成訓練，所有擔任投訴處理人之員工每年均須依本節法規進行任務複訓。

(b)一承運人使用機型為機位數少（等）於19人座之機型時，應對機組員會是當人員訓練，確保其熟知本章節(a)(1)與(a)(2)法規，並

遵從本節法規。

因本節中之規範有關382.63 Carrier programs. AUTHORITY: 49 U.S.C. 41702, 47105 and 41712運輸計畫；382.65 Compliance procedures. SOURCE: 55 FR 8046, Mar. 6, 1990 and amendments報怨處理程序；382.70 Disability-related complaints received by carriers 航空公司所收到有關身心障礙者的抱怨，由於皆係針對美籍航空公司所責成之規範，為顧及非美國籍航空公司因文化背景與各國法律規範不同而窒礙難行，遂於2008年提供簡易說明以利非美國籍航空公司執行本法，條列於後進行說明。

§ 382.143　When must carriers complete training for their personnel?

(1) Employees designated as CROs shall receive training in accordance with paragraph (a)(1) of this section, by May 13, 2009.

(2) For crewmembers and other personnel who are employed on May 13, 2009, within one year after that date;

(3) For crewmembers whose employment commences after May 13, 2010, before they assume their duties;

(4) For other personnel whose employment in any given position commences after May 13, 2010, or a date within 60 days after the date on which they assume their duties; and

(5) For crewmembers and other personnel whose employment in any given position commences after May 13,2009, but before May 13, 2010, by May 13, 2010 or a date 60 days after the date of their employment, whichever is later.

【中譯】

何時須完成人員之訓練？

(1)投訴處理人（carrier complaints resolution officials, CROs）人選須於2009年5月13日前完訓。

(2)組員及其他一線人員在2009年5月13日已受僱者，須自2009年5月

13日起一年內完訓。

(3)2010年5月13日以後受僱之組員，須於正式執勤前完訓。

(4)2010年5月13日後受僱人員（非組員），須於受僱後60天內結訓。

(5)2009年5月13日至2010年5月13日間受雇之組員及其他一線人員，須於受僱後60天內或2010年5月13日前完訓。

§ 382.151　What are the requirements for providing Complaints Resolution Officials (CROs)?

Each CRO must be thoroughly familiar with the requirements of this Part and the carrier's procedures with respect to passengers with a disability. The CRO is intended to be the carrier's ``expert'' in compliance with the requirements of this Part. You must ensure that each of your CROs has the authority to make dispositive resolution of complaints on behalf of the carrier. This means that the CRO must have the power to overrule the decision of any other personnel, except that the CRO is not required to be given authority to countermand a decision of the pilot-in-command of an aircraft based on safety.

【中譯】

投訴處理人需具備什麼條件？

投訴處理人（carrier complaints resolution officials, CROs）必須完全瞭解《航空器可及法案》與《身心障礙者搭機反歧視準則》，以及公司對身心障礙旅客之相關處理程序。CRO是承運人在本條款中處理抱怨的專家，CRO有權代表公司對相關之抱怨作出最後決定，亦即CRO是具有比其他人員更高支配決定權，但此決定不可違背航空器機長（pilot-in-command）因飛安考量所作之決定。

§ 382.153 What actions do CROs take on complaints?

(a) If the complaint is made to a CRO before the action or proposed action of carrier personnel has resulted in a violation of a provision of this

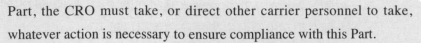

Part, the CRO must take, or direct other carrier personnel to take, whatever action is necessary to ensure compliance with this Part.

(b) If an alleged violation of a provision of this Part has already occurred, and the CRO agrees that a violation has occurred, the CRO must provide to the complainant a written statement setting forth a summary of the facts and what steps, if any, the carrier proposes to take in response to the violation.

(c) If the CRO determines that the carrier's action does not violate a provision of this Part, the CRO must provide to the complainant a written statement including a summary of the facts and the reasons, under this Part, for the determination.

(d) The statements required to be provided under this section must inform the complainant of his or her right to pursue DOT enforcement action under this Part. The CRO must provide the statement in person to the complainant at the airport if possible; otherwise, it must be forwarded to the complainant within 30 calendar days of the complaint.

【中譯】

投訴處理人接獲抱怨案件時應採取何種行動？

(a)如果接到投訴時，承運人的工作人員的行為或將要做出的行為尚未違反本條款，投訴處理人必須採取措施，或指導其他員工採取措施保證遵守本條款。

(b)如果投訴的聲稱已違反本條款，且投訴處理人已經確認，則投訴處理人必須提供一份書面說明，包括總結事件以及承運人將要採取的違規處理措施（如果有）。

(c)如果投訴處理人確認沒有違反本條款，則應該對投訴人提供一份書面說明，包括總結事件以及說明根據本法規做出這一決定的事實和原因。

(d)書面說明必須告知投訴人有權根據本條款向美國運輸部申請採取

執法行動。如可能，投訴處理人應該在機場親自將聲明交給投訴人；否則必須在投訴發生後30日內寄給投訴人。

§ 382.155　How must carriers respond to written complaints?

As a carrier, you are not required to respond to a complaint postmarked or transmitted more than 45 days after the date of the incident, except for complaints referred to you by the Department of Transportation.

As a carrier, you must make a dispositive written response to a written disability complaint within 30 days of its receipt. The response must specifically admit or deny that a violation of this Part has occurred.

(1) If you admit that a violation has occurred, you must provide to the complainant a written statement setting forth a summary of the facts and the steps, if any, you will take in response to the violation.

(2) If you deny that a violation has occurred, your response must include a summary of the facts and your reasons, under this Part, for the determination.

(3) Your response must also inform the complainant of his or her right to pursue DOT enforcement action under this Part.

【中譯】

承運人必須如何回應抱怨信？

除運輸部轉送過來之抱怨案件外，承運人對事件發生已超過45天的抱怨案件得不處理。

承運人須於收到書面抱怨後30天內，對於將接受抱怨或拒絕抱怨案件的明確說明，回覆給旅客。回覆內容應包含以下說明：

(1)如確認違反法規時，必須於回覆時提及相關說明與改進措施。

(2)如確認不違反法規時，必須於回覆時說明不成立之原因。

(3)回覆旅客時，須告知可繼續向美國運輸部提出申訴。

§ 382.157　**What are carriers' obligations for recordkeeping and reporting on disability-related complaints?**

You must submit this report by the last Monday in January of each year for complaints received during the prior calendar year. You must make submissions through the World Wide Web except for situations where you can demonstrate that you would suffer undue hardship if not permitted to submit the data via paper copies, disks, or e-mail, and DOT has approved an exception. All fields in the form must be completed; carriers are to enter "0" where there were no complaints in a given category.

【中譯】

承運人對身心障礙有關之抱怨記錄維護與報告遞送的義務是什麼？

每年一月份的最後一個星期一前，要將前一年度的所收到客訴做成報告，使用網際網路上傳，除非可以證明如果不通過紙質檔案，磁片或電子郵件會造成嚴重負擔或是證明美國運輸部批准的除外。表格必須全部填寫，如某一類別沒有被投訴的，承運人可以填入「0」。

參考文獻

A Guide to Disability Rights Laws, U.S. Department of Justice Civil Rights Division Disability Right Section, SEP. 2005.

Access to Information Technology Transportation by People with Disability Illustration of Implementation from the United States, Nation Council on Disability, Lex Frieden, Chairperson, 02 AUG. 2005.

Title 14--Aeronautics and Space, Chapter II—Office of The Secretary, Department of Transportation (Aviation Proceedings) Part 382-Nondiscrimination on Basis of Disability in Air Travel, *Federal Regulations 14*(4), 01 JUL. 2003.

觀光旅運系列

國際機場旅客服務實務

作　　　者／楊政樺、曾通潔
出　版　者／揚智文化事業股份有限公司
發　行　人／葉忠賢
總　編　輯／閻富萍
地　　　址／新北市深坑區北深路三段 260 號 8 樓
電　　　話／(02)8662-6826
傳　　　真／(02)2664-7633
網　　　址／http://www.ycrc.com.tw
　E-mail ／ service@ycrc.com.tw
印　　　刷／鼎易印刷事業股份有限公司
ＩＳＢＮ／978-957-818-974-4
初版四刷／2018 年 3 月
定　　　價／新台幣 650 元

國家圖書館出版品預行編目資料

國際機場旅客服務實務 / 楊政樺，曾通潔著.
-- 初版. -- 臺北縣深坑鄉：揚智文化，
2010.09
　　面；　公分. -- （觀光旅運系列）

ISBN 978-957-818-974-4（平裝）

1.航空運輸管理　2.客運

557.943　　　　　　　　　　　99016871